U0023861

全球化下的兩岸經濟關係

童振源◎著

「亞太研究系列」總序

　　「二十一世紀是亞太的世紀」，這句話不斷地被談起，代表著自信與驕傲。但是亞太地區絕非如此單純，未來發展亦非一定樂觀，它的複雜早已以不同形態呈現在世人面前，在開啓新世紀的同時，以沉靜的心境，深刻的瞭解與解決亞太區域的問題，或許才是我們在面對亞太時應有的態度。

　　亞太地區有著不同內涵的多元文化色彩，在這塊土地上有著天主教、基督教、佛教、回教等不同的宗教信仰；有傳承西方文明的美加澳紐、代表儒教文明的中國、混合儒佛神教文明的日本，以及混雜著不同文明的東南亞後殖民地區。文化的衝突不止在區域間時有發生，在各國內部亦時有所聞，並以不同的面貌形式展現它們的差異。

　　美加澳紐的移民問題挑戰著西方主流社會的民族融合概念，它反證著多元化融合的觀念只是適用於西方的同文明信仰者，先主後從、主尊客卑、白優黃劣仍是少數西方人面對東方移民時無法拋棄的心理情結。西藏問題已不再是單純的內部民族或政經社會議題，早已成為國際上的重要課題與工具。兩岸中國人與日韓三方面的恩怨情仇，濃得讓人難以下嚥，引發的社會政治爭議難以讓社會平靜。馬來西亞的第二代、第三代，或已經是第好幾代的華人，仍有著永遠無法在以回教為國教的祖國裡當家作主的無奈，這些不同的民族與族群問題，讓亞太地區的社會潛伏著不安的危機。

　　亞太地區的政治形態也是多重的。有先進的民主國家；也有的趕上了二十世紀末的民主浪潮，從威權走向民主，但其中有的仍無法擺脫派系金權，有的仍舊依靠地域族群的支持來建構其政權的合法性，它們有著美麗的民主外衣，但骨子裡還是甩不掉威權時期的心態與習性；有的標舉著社會主義的旗幟，走的卻是資本主義的道路；有的高喊民主主義的口號，但行的卻是軍隊操控選舉與內閣；有的自我認定是政黨政治，但在別人眼中卻是不折不扣的一黨專政，這些就是亞太地區的政治形態寫照，不同地區的人民有著不同的希望與訴求，菁英分子在政治格局下的理念與目標也有著顯著的差異，命運也有不同，但整個政治社會仍在不停的轉動，都在向「人民為主」的方向轉，但是轉的方向不同、速度有快有慢。

　　亞太地區各次級區域有著潛在的軍事衝突，包括位於東北亞的朝鮮半島危機；東亞中介區域的台海兩岸軍事衝突；以及東南亞的南海領土主權爭議等等。這些潛在的軍事衝突，背後有著強權大國的利益糾結，涉及到複雜的歷史因素與不同的國家利害關係，不是任何一個亞太地區的安全機制或強權大國可以同時處理或單獨解決。在亞太區域內有著「亞太主義」與「亞洲主義」的爭辯，也有著美國是否有世界霸權心態、日本軍國主義會否復活、中國威脅論會否存在的懷疑與爭吵。美國、日本、中國大陸、東協的四極體系已在亞太區域形成，合縱連橫自然在所難免，亞太地區的國際政治與安全格局也不會是容易平靜的。

　　相對於亞太的政治發展與安全問題，經濟成果是亞太地區最足以自豪的。這塊區域裡有二十世紀最大的經濟強權，有二次大戰後快速崛起的日本，有七〇年代興起的亞洲四小龍，八〇年代積極推動改革開放的中國大陸，九〇年代引人矚目的新四小龍。這個地區有多層次分工的基礎，有政府主導的經濟發展，有高度自由化的自由經濟，有高儲蓄及投資率的環境，以及外向型的經濟發展策略，使得世界的經濟重心確有逐漸移至此一地區的趨勢。有人認為在未來世界區域經濟發展的趨勢中，亞太地區將擔任實質帶領全球經濟步入二十一世紀的重責大任，但也有人認為亞洲的經濟奇蹟是虛幻的，缺乏高科技的研究實力、社會貧富的懸殊差距、環境的污染破壞、政府的低效能等等，都將使得亞洲的經濟發展有著相當的隱憂。不論如何，亞太區域未來經濟的發展將牽動整個世界，影響人類的貧富，值得我們深刻的關注。

　　在亞太這個區域裡，經濟上有著統合的潮流，但在政治上也有著分離的趨勢。亞太經合會議（APEC）使得亞太地區各個國家的經濟依存關係日趨密切，太平洋盆地經濟會議（PBEC）、太平洋經濟合作會議（PECC），也不停創造這一地區內產、官、學界共同推動經濟自由與整合的機會。但是台灣的台獨運動、印尼與東帝汶的關係、菲律賓與摩洛分離主義……使得亞太地區的經濟發展與安全都受到影響，也使得經濟與政治何者為重，群體與個體何者優先的思辨，仍是亞太地區的重要課題。

　　亞太地區在國際間的重要性日益增加，台灣處於亞太地區的中心，無論在政治、經濟、文化與社會等各方面，均與亞太地區有密切的互動。近年來，政府不斷加強與美日的政經關係、尋求與中國大陸的政治緩和、積極推動南向政策、鼓吹建立亞太地區安全體系，以及擬將台灣發展成亞太營運中心等等，無一不與亞太地區的全局架構有密切關係。在現實中，台灣在面對亞太地區時也有本身取捨的困境，如何在國際關係與兩岸關係中找到平衡點，如何在台灣優先與利益均霑間找到交集，如何全面顧及南向政策與西向政策，如何找尋與界定台灣在亞太區域中的合理角色與定位，也都是值得共同思考的議題。

　　「亞太研究系列」的出版，表徵出與海內外學者專家共同對上述各類議題探討研究的期盼，也希望由於「亞太研究系列」的廣行，使得國人更加深對亞太地區的關切與瞭解。本叢書由李英明教授與本人共同擔任主編，我們亦將極盡全力，為各位讀者推薦有深度、有分量、值得共同思考、觀察與研究的著作。當然也更希望您們的共同參與和指教。

張亞中

李序

　　中國大陸與台灣雖然只有一水之隔，歷史的軌跡卻讓彼此發展成兩個不相隸屬的政治實體，數十年來關山路遠，不通聲息。然而，隨著全球化浪潮帶動歷史脈絡的前進，兩岸關係產生了新的變化，中國大陸與台灣雖然在政治上纏綿糾結的心結無法解開，但是在經濟上，兩岸卻已經開始往一個新的方向過渡，全球經濟分工互賴體系的形成讓兩岸在金融往來、商業貿易、資訊連結上更是緊密的連結在一起，形成一個共榮共生、互助合作的發展趨勢。童振源兄的這本《全球化下的兩岸經濟關係》，便是著眼於這樣一個時代趨勢下作為背景來探討台灣與中國大陸在經濟互賴上所可能產生的種種行為與影響。

　　童兄關注的焦點在於當兩岸經貿往來愈形密切時，是否也會使得台灣在一定程度上受到大陸經濟的制約，而造成台灣在兩岸關係上的劣勢，當大陸對台灣進行經濟制裁／經濟封鎖時，台灣是否會因此而遭受莫大的損害。童兄在書中非常詳盡地論述了現階段台灣與中國大陸的經貿互動與依存關係，同時也將這種互動與依存關係放入全球經濟發展的框架下來審視，完整地論述兩岸經貿互賴與全球經濟分工之間的關係。童兄也對經濟制裁理論作了詳細的介紹，從定義到模型、成本、效力，讓我們可以清楚地瞭解實施經濟制裁的種種手段與作用，讓我們對經濟制裁有更深入且全盤性的瞭解與體會。

　　另外值得一提的是，童兄將論述核心集中在兩岸之間的經貿關係與中國大陸對台灣實施經濟制裁的可能性問題，考量之前已經發生過的事件（九六年的導彈試射、九九年的台海危機），並且從中國大陸內部的種種現象（包括經濟、社會和政治情勢）、中國大陸內部利益團體，以及台灣方面對中國恫嚇行為的回應（包括軍事與經濟），評估中國大陸對台灣經濟制裁所必須付出的代價與損失，進而推論出兩岸之間發生經濟制裁情形所可能產生的種種效應。童兄在書中引用了大量的數據與案例來作為論證的依據，並且根據這些數據資料來分析種種大陸對台灣經濟制裁後所可能引發的種種效益，這一點可以說是童兄的功力，也是本書中的精華。而書中的許多觀點與論述，都來自童兄多年的縝密觀察與詳盡分析，這也可以幫助我們對兩岸經貿關係的未來前景做出更進一步的思考。兩岸經貿關係的發展在全球市場分工體系下已經是一個不可逆轉的情勢，如何讓台灣在這一波全球化情勢中站穩腳步，甚至取得先機再創另一個經濟高峰，相信是我們最在意的事。

　　童兄學養深厚，見解獨到，得以為童兄大作貢獻序言，實為我至感榮幸之事。

兩岸交流遠景基金會執行長

李英明

FOREWORD

In *Cross-Strait Economic Relations in the Era of Globalization*, TUNG CHEN-YUAN has produced an elegant work of social science that has the rare virtue of reaching a clear conclusion about an important issue. The issue concerns the relationship between the People's Republic of China's possible initiation of economic sanctions against Taiwan and the dramatically expanding cross-Strait economic relationship. The author's conclusion, which will spawn debate and further research, is equally clear: "Overall, in terms of both initiation and outcome of economic sanctions, China has no economic leverage over Taiwan and Taiwan's vulnerability with respect to cross-Strait economic relations is almost non-existent."

Tung uses two eras of cross-Strait tension (1995-1996 and 1999-2000) to rigorously address three questions: How much leverage do cross-Strait economic ties give Beijing in dealing with Taipei? Why has Beijing been reticent to impose economic sanctions against Taiwan? And, how vulnerable is Taiwan to the economic coercion that Beijing might employ? In reaching his central conclusion, Tung's work bears cn a central issue in the debate over cross-Strait relations in Taiwan. Should Taipei seek to slow the growth of cross-Strait economic links for fear of their possibly adverse security consequences?　The implication of this research is that Taipei may be jeopardizing its economic future with no corresponding gain in security.　This volume is a must-read for those interested in regional peace and stability and Taiwan and its future.

David M. Lampton

David M. Lampton, George and Sadie Hyman Professor of China Studies, Johns Hopkins School of Advanced International Studies, Washington, D. C.

自序

　　這本書是根據我在美國約翰霍普金斯大學的博士論文翻譯、修改而成。這是一本嘗試結合理論與政策、經濟與政治、內政與外交的作品，試圖從全球化的角度剖析在兩岸經濟關係中的大陸經濟槓桿與台灣安全顧慮。未來幾年，兩岸經貿交流、三通、兩岸經濟合作機制、兩岸經濟正常化……等議題將是兩岸關係互動的主軸，希望這本書能對台灣內部的理性政策辯論提供理論基礎與實證分析，也希望能對大陸的對台政策有所啓示。

　　首先，非常感謝我的指導教授與摯友藍普頓教授（David M. Lampton）的悉心指導。他不僅對於我的論文寫作提供很多協助，更重要的是啓發我如何「作學問」，讓我一輩子受益無窮。也非常感謝霍普金斯大學諸多師長與同學的協助與鼓勵，使我的論文能順利完成。

　　這本書能順利出版，要感謝「兩岸交流遠景基金會」的經費贊助，特別是李英明執行長、馬子堅副執行長，以及魏宇成組長的長期鼓勵與支持。其次，竭誠感謝揚智出版社林新倫總編輯對於拙作的協助與信心，讓這本「學術」著作能有機會在經濟非常不景氣的時候順利出版。

　　最後，承蒙上海國際問題研究所潘忠岐研究員與陳東曉主任費心勞力翔實翻譯拙作，才能有機會在如此短暫的時間將我的論文呈現給讀者。不僅如此，我在 2001 年於上海進行田野調查時，他們還提供我莫大的研究協助，同時我常從與他們的討論中得到很多啓示。可以說，這本書也是他們創作的結晶。

　　過去三年，爲了完成論文，以致與內人、幼子分離美台兩地，實在非常虧欠他們。希望這本書的出版能彌補他們於萬一。本書在短期內匆促完成，意在拋磚引玉，偏差疏漏之處，在所難免，尚祈學界先進指正。

童振源

誌於國立政治大學

國際關係研究中心

目錄

第一篇

背景

第一章

背景

第一章

引 言

　　（我們應）大力發展兩岸關係，重點放在經貿往來和各項
交流方面，以經濟促政治，以民逼官，引導兩岸交往向有利於
祖國統一和我四化建設的方向發展。

　　　　　　　　　　——楊尚昆（中國國家主席），1990 年 12 月[1]

　　（中共刻意採取）「以民逼官」和「以商圍政」的手段，
對我政府施壓，企圖提昇我社會各界的焦慮感。針對這種情
勢，我們更必須秉持「戒急用忍」的大原則，來因應兩岸當前
的關係。

　　　　　　　　　　——李登輝（台灣總統），1996 年 9 月[2]

第一節　研究問題及其意義

　　台海兩岸的經貿交流為台灣的企業提供了巨大的商機，在
全球化的時代尤其如此。然而，由於台灣面對著這樣一個至今
仍不願放棄以武力解決兩岸問題的強大的政治上競爭對手，台
灣的領導人及其民眾十分擔心，對中國市場以及對在中國的台
商工廠的過分依賴，台灣將變得很脆弱。但是，絕大多數的台

---

[1] 〈楊尚昆在「全國對台工作會議」講話內容〉，行政院大陸委員會編
　　印，《大陸工作參考資料》，第二冊（台北：行政院大陸委員會，
　　1998），頁 56。
[2] 〈李總統登輝先生在第三屆全國經營者大會有關兩岸關係部分談
　　話〉，行政院大陸委員會編印，《大陸工作參考資料》，第一冊
　　（台北：行政院大陸委員會，1998），頁 568。

灣政界人士在闡述該問題的時候，並沒有充分地理解在全球化背景下兩岸經濟交流的複雜性，與此同時，台灣的經濟學界也僅僅從害怕中國的威脅和擔心過分依賴中國這個視角來認識該問題。

儘管如此，一位主管台灣的中國政策的資深官員曾坦率地告訴我：「我們不清楚兩岸的經貿交流是否會減少台灣和大陸之間的衝突，還是會危害台灣的國家安全。」事實上，他在正式接受我的訪談之前，向我指出了兩岸經貿交流所面臨的五個矛盾，是當前台灣內部沒有答案的問題。[3]他的想法其實代表了台灣決策層和普通民眾的一般看法。既然台海兩岸的經濟交流存在如此巨大的不確定性和矛盾，那麼，台灣倒不如採取像「戒急用忍」[4]這樣保守的政策以限制這種交流和往來。

但是，到了 90 年代後期，台灣政府意識到它已無力掌控兩岸巨大商業利益驅使下的經貿往來。從 2000 年至 2001 年，陳水扁政府開始調整其政策，放棄以往「戒急用忍」的策略，代之以「積極開放，有效管理」的政策。[5]那麼，台灣政府是否能通過有效管理其兩岸的經貿往來以消除其安全上的隱患呢？顯然，新的政策非但不能降低反而加快了台灣對大陸的依賴。那

---

[3] 作者訪談台灣的大陸政策資深官員，2001 年 5 月 22 日。

[4] 「戒急用忍」原則為李登輝總統在 1996 年 9 月 14 日開始提倡。1997 年 5 月，台灣政府頒訂新法規，禁止台灣公司投資大陸超過 5 千萬美元，而且不可以投資基礎設施及高科技產業。這些規定具體體現「戒急用忍」原則。

[5] 「積極開放、有效管理」原則是台灣在 2001 年 8 月分經濟發展諮詢會議所形成的共識。台北已經單邊地移除很多兩岸貿易與投資往來的障礙。

麼，台灣是否便宿命地必須面對大陸的經濟槓桿而變得更加脆弱呢？在此，作者的研究目標是從經濟槓桿和脆弱性的視角，分析兩岸經貿往來對台灣安全所帶來的風險，並希望能回答上述問題。

90 年代以後，台灣（中華民國）和中國（中華人民共和國）[6]之間的經濟關係在雙方共同具有的強烈的商業動機驅使下得到蓬勃發展。根據台灣方面的官方統計（往往低估了台灣在大陸的投資），到 2000 年底，中國大陸已成爲台灣對外直接投資（FDI）的最大市場，累計達到 171 億美元，占台灣全部對外直接投資的 38.3%。另據台灣陸委會的統計，2000 年兩岸的雙邊貿易總計 312 億美元（該數額也被低估，因爲沒有考慮兩岸的走私以及其他非正常的貿易往來）。其中，台灣對大陸的貿易盈餘達 188 億美元，大陸因此成爲台灣在全球的第三大貿易夥伴。如果加上台灣和香港之間的貿易數額，大陸將成爲台灣最大的出口市場。

台灣當局對於維持與這個強大的政治對手之間如此密切的經濟聯繫頗感憂慮。這部分是出於對大陸巨大的投資和貿易往來會使台灣在經濟上依賴大陸的擔心，並害怕因此損害台灣在政治上事實的獨立地位。實際上，正如本章開頭引用的楊尙昆講話中所顯示的那樣，大陸已明確地將兩岸經貿關係作爲其對付台灣的重要的政治槓桿之一，這又激發並強化了台灣方面的擔心和恐懼。

---

[6] 我將交換使用中華民國、台灣和台北等詞。再者，我也會交換使用中華人民共和國、中國、大陸和北京等詞。

1979 年 5 月，中國頒布了「關於展開對台灣貿易的暫行規定」。該規定第一條明確指出：「對台灣貿易是台灣回歸祖國過渡期間的一種特殊形式的貿易，爲了促進大陸和台灣的經濟聯繫，團結爭取台灣工商界人士，爲統一祖國創造條件。」中國 1990 年的一份內部報告指出，擴大兩岸經貿往來將產生四大作用：第一，是突破台灣當局三不政策[7]的限制；第二，是遏制台灣分離傾向的重要途徑；第三，有利於中國的四化[8]建設；第四，可以打破西方國家對中國的制裁。該文件特別強調，「未來台灣地區在政治上將出現一群與大陸具有密切關係的利益集團」，「發展兩岸經濟關係，對促進祖國和平統一具有決定性的作用。」[9]

在 1990 年 12 月召開的全國對台工作會議上，中國國家主席楊尚昆指出：「（我們應）大力發展兩岸關係，重點放在經貿往來和各項交流方面，以經濟促政治，以民逼官，引導兩岸交往向有利於祖國統一和我四化建設的方向發展。」他同時要求幹部從中國和平統一的戰略意義上理解和認識對台灣的經濟工作。[10]

1993 年 7 月，在大陸第八次駐外使節會議上，中國國家主席江澤民指出：「實現祖國統一，台灣回歸祖國，最重要的途徑是擴大兩岸交往，特別是加強經貿聯繫。要多做台灣大中企

---

[7] 「三不政策」指的是台灣不與大陸接觸、協商和妥協。

[8] 「四個現代化」指的是農業、工業、科技與國防的現代化。

[9] 高長，《大陸經改與兩岸經貿關係》（台北：五南出版社，1994），頁 115。

[10] 〈楊尚昆在「全國對台工作會議」講話內容〉，頁 56、58。

業的工作，吸引台資尤其是大宗台資到大陸，使大陸和台灣的經濟，您中有我，我中有您，密不可分，在經濟上把台灣拖住，這也就是用經濟促統一。」[11]

顯然，大陸的對台經濟政策明確包含著政治目的。除了發展自身的經濟外，大陸試圖利用經濟作為手段來推動和平統一，並阻止台灣獨立。台灣領導人還從大陸給予台商投資的優惠政策，以及容忍大陸對台灣鉅額的貿易逆差──2000年達到190億美元──這些事實進一步肯定了大陸的政策企圖。簡而言之，台灣將大陸的兩岸經貿交流戰略簡稱為「以商圍政」和「以民逼官」。

從根本上講，當一個行為體試圖利用經濟因素／能力來獲取政策目標時，一般存在兩種經濟槓桿的手段：中斷或是提供自由貿易和金融聯繫所帶來的經濟收益。[12]就台海兩岸的經貿關係而言，所謂大陸的經濟槓桿主要來自以下兩個方面：一、台海兩岸經濟互賴的不對稱性；二、中國大陸向台灣政府、集團和個人提供經濟利益（機會）的能力。不對稱的經濟互賴將使大陸獲得向台灣實施經濟制裁（economic sanctions，中斷經濟聯繫）的槓桿，而向台灣提供經濟上的誘惑（economic inducements）又使得北京在某種程度上能夠影響台北的決策者。

---

[11] 高孔廉，《兩岸經貿現況與展望》（台北：行政院陸委會，1994），頁8。

[12] Klaus Knorr, "International Economic Leverage and Its Uses," in Klaus Knorr and Frank Trager (eds.), *Economic Issues and National Security* (Lawrence, Kans. : University Press of Kansas, 1977), pp. 99-101.

中國大陸領導人認為，日益密切的兩岸經貿關係（台灣方面更依賴大陸）將使得北京獲取日後影響台北政策的槓桿。因此，北京政府對向大陸投資的台灣商人提供了較國內投資者更為優惠的政策，並且單方面地向台灣企業開放大陸的市場。大陸目前已成為吸收台灣對外投資最大的地區以及是台灣第三大貿易夥伴，從這層意義上講，大陸的政策的確卓有成效。台灣的企業界一直不斷地遊說自己的政府採取更為開放的兩岸經貿政策。眾多台灣知名企業家，包括王永慶、高清愿、吳思鐘、施振榮、張榮發、許文龍、張忠謀等，都敦促台灣當局放棄「戒急用忍」的政策，實現「三通」（台灣和大陸之間直接的通商、通郵和通航）。[13]根據台灣經濟部的一份調查報告顯示，超過在大陸已有投資的台灣企業的 70%，以及超過所有島內企業的 50%，都希望台灣當局能放鬆對大陸的投資限制。[14]

日益密切的兩岸經貿聯繫或許能為北京提供日後向台北實

---

[13] 王永慶是台塑集團的董事長，高清愿是統一集團董事長，吳思鐘是西陵公司的董事長，施振榮是宏碁集團董事長，張榮發是長榮集團董事長，許文龍是奇美集團董事長，張忠謀是台灣積體電路公司董事長。

[14] Ralph N. Clough, *Cooperation or Conflict in the Taiwan Strait ?* (Lanham, Maryland: Rowman & Littlefield Publishers, Inc., 1999), pp. 93-95. 單美雲，〈五成廠商要求「戒急用忍」解凍〉，《工商時報》，1998 年 9 月 7 日。王慧螢、林玲妃，〈對新政府期許 高科技業：不要限制廠商「登陸」〉，《工商時報》，2000 年 10 月 7 日。徐秀美，〈兩岸政策照舊，產業界猛轟新政府〉，《工商時報》，2000 年 10 月 14 日。王仕琦、楊少強、于國欽，〈張忠謀、施振榮籲開放廠商登陸投資〉，《工商時報》，2000 年 11 月 29 日。任曼瑋，〈許文龍呼籲政府應儘早開放大三通〉，《工商時報》，2001 年 1 月 3 日。

施經濟制裁的槓桿，然而大陸的政策並非是一種經濟誘惑的戰略。北京政府並沒有將向台商提供優惠政策與其政治上的要求掛鉤。大陸從未宣示說，如果台灣不作政治上的讓步（如更加開放的兩岸經貿政策，甚至接受一個中國原則）那麼北京將取消和停止給予台商的好處。事實上，並非是北京的戰略，而是市場的力量迫使台北採取了更為開放的兩岸經貿政策。

相反的，倒是台北當局本身，試圖利用與大陸的經貿往來這個經濟上的誘惑來獲取對北京關係上的一些政治目的，部分是因為台北看到了台灣對中國過分經濟依賴的潛在危險。最根本的是，台北方面希望以放鬆兩岸經貿往來的限制（向大陸提供經濟利益）來換取北京對台灣的安全保證。根據台灣《國統綱領》，李登輝政府時期堅持開放與大陸「三通」的三項條件，即中國大陸不能否認台灣作為一個對等的政治實體，不打壓台灣的國際生存空間，放棄對台灣使用武力。不過，台北當局並未成功地說服大陸政府採取重大的讓步，我們看到陳水扁政府在 2001 年元旦實行了「小三通」[15]，並且在當年晚些時候用「積極開放，有效管理」取代了「戒急用忍」的政策。

但是，台灣主要擔心的是一旦台灣和大陸之間出現了不對稱的相互依賴，大陸會利用其獲得的經濟槓桿，透過實施經濟制裁來達成政治目的。台北擔心北京會「運用經濟的互動迫使（台灣在）政治上的讓步。」[16]傳統的經濟治國術認為經濟的依

---

[15] 「小三通」合法化台灣離島（金門、馬祖）與中國鄰近港口之間的貿易與旅行。2001 年 1 月 2 日，金門與馬祖的船隻完成到廈門與福州的首航，這是 1949 年以來的第一次合法轉運。

[16] Lien Chan, "Government Work Report to the Legislative Yuan"

賴會增加敵對國（對本國）施加經濟制裁的機會，從而危及國家安全。克勞斯・諾爾（Klaus Knorr）聲稱：「權力產生於不對稱的相互依賴。」[17]台北害怕北京會使用這種經濟槓桿的力量來對付台灣。事實上，北京的確試圖在 2000 年中及其他情況下這樣做，將在後面討論。

因此，儘管面臨島內工商界大老的不斷施壓，為了避免依賴大陸所帶來的潛在危險，台北當局一直不願在兩岸經貿問題上採取合作政策。在李登輝政府期間，台灣拒絕與大陸「三通」，以及採取旨在限制台灣對中國直接投資的「戒急用忍」政策，試圖放緩兩岸經濟交流的步伐。此外，台灣當局還分散台灣與大陸的經濟聯繫，發展與東南亞國家的經貿關係（即所謂「南進」策略），但收效甚微，尤其在 1997 年亞洲金融危機後情況更糟。

即使北京的對台政策在 2000 年前變得越來越具對抗性，台北的努力仍然無法減緩兩岸經貿往來日益發展的步伐。在過去 10 年中，是台灣商人的巨大商業利益驅動著兩岸的經貿聯繫不斷擴展。即便在 90 年代後期，亞太地區經濟危機加劇，亞洲對中國投資下降，台灣卻依然保持著對中國投資的勢頭。對台灣當局而言，兩岸經貿依賴已成為事關台灣安全的嚴重問題。台灣當局既面臨著來自島內商界的強大壓力，又面臨來自北京經濟制裁可能帶來的潛在的安全危險，以及台北無法有效管制兩岸經貿往來的多重困境。

(September 6, 1996).

[17] Klaus Knorr, "International Economic Leverage," p. 102.

　　不過，雖然台北方面憂慮重重，事實證明，即使像在 1995
－1996 年以及 1999－2000 年台海局勢嚴重緊張時期，北京也並
不願意使用對台經濟制裁這個經濟槓桿。在 1995－1996 年台海
導彈危機時，北京作出極大努力向台商保證他們在大陸的投資
是安全的。同樣，當李登輝總統在 1999 年 7 月 9 日發表了「特
殊的國與國關係」的言論後，北京也表現得頗爲克制。然而，
在 2000 年 3 月 16 日，即台灣總統選舉前兩天，大陸海協會副
會長唐樹備發表談話，如果台灣台獨勢力贏得總統選舉，兩岸
經貿關係和交往將遭受嚴重破壞，台灣將再也不能從大陸賺取
每年 150 億至 160 億美元的利益。[18]此外，當陳水扁（一個支持
台灣獨立的反對黨領袖）在 2000 年 3 月的總統大選中勝出後，
北京曾公開點了幾個台灣商界巨頭[19]的名，並警告說如果他們支
援台獨，那麼其在大陸的利益將受影響。[20]即便如此，大陸當局
並沒有採取實際的後續步驟對付這些支持陳水扁的商人。

　　鑑於上述背景，本研究旨在探討兩類問題：

　　首先，北京運用經濟制裁這根經濟槓桿對付台灣的能力究
竟有多強？究竟那些因素會促使北京決定使用這根經濟槓桿？

　　第二，面對大陸運用經濟制裁這根經濟槓桿，台灣的脆弱
性究竟有多大？又是那些因素會導致制裁的成功或失敗？

　　鑑於台灣嚴重關注台海兩岸經濟互賴的不對稱性，本研究

---

[18] 王綽中，〈唐樹備：若出現台獨 兩岸難再對話〉，《中國時報》，
2000 年 3 月 17 日。

[19] 據報導，北京將懲罰許文龍、施振榮和殷琪（大陸工程公司董事
長），因為他們支持陳水扁。

[20] 〈中央台辦國務院台辦負責人答記者問〉，《人民日報》（海外
版），2000 年 4 月 10 日。

將重點考察中國運用經濟制裁來對付台灣的潛在能力。在本文中，經濟制裁是指由一國或國家聯盟（發起方）採取威脅或有關行動，中斷與他國（目標方）通常的經濟交往，目的是懲治目標國，或強行改變目標國的政策，或向國內和國際社會聽眾表明發起方對目標國相關政策的立場。中斷交往包括貿易制裁（禁運和封鎖）、停止援助、凍結金融資產，以及將公司或個人列入黑名單等形式。在本研究中，「經濟制裁」不包括「經濟戰爭」、「經濟誘惑」和「貿易戰」。[21]作者將在第三章中對經濟制裁的定義做進一步詳盡解釋。

　　最後，作者將通過經濟制裁的發起和結果兩個階段的測試，對中國大陸的經濟槓桿能力以及台灣的脆弱性進行分析。從而產生了四種可能的情景。第一，當兩岸局勢同時有利於大陸實施經濟制裁以及台灣作出妥協時，則大陸對台灣具備相應的優勢地位，台灣呈現相應的脆弱性。第二，當兩岸局勢既不利於大陸實施經濟制裁又不利於台灣讓步時，則大陸不具備對台灣的優勢地位，台灣對此也沒有脆弱性。第三，當局勢有利於大陸採取經濟制裁但不利於台灣作出妥協時，則大陸對台灣只具備象徵性的優勢地位，台灣同樣只呈現象徵性的脆弱性。第四，如果局勢不利於大陸實施經濟制裁但卻有利於台灣作出讓步時，則大陸對台灣具備准優勢地位，台灣也呈現准脆弱性。

---

[21] 在平時的軍備競賽或戰爭時期，經濟戰尋求削弱對手總體經濟實力，以降低對方的軍事實力。經濟誘惑牽涉到商業的優惠、技術移轉和其他經濟誘因，這些都是「發起方」希望從「目標方」得到政治讓步的交換利益。「經濟誘惑」也被稱為「正面制裁」。「貿易戰」是雙方在經濟政策或行為的爭議，而不是政治與安全的目標。

第二節　研究方法和假設

　　本研究的第二章從經濟視角出發，闡述了海峽兩岸經貿關係的基本概況。首先，它探討了兩岸經濟關係，包括貿易和金融關係。同時，它描述了兩岸經濟分工和相互依存的情況。此外，它也從全球經濟分工和相互依存的角度考察了兩岸經濟關係的實質。

　　隨後，本研究運用兩個步驟分析了上文述及的兩類問題。首先，考察了前人有關經濟制裁的研究成果及其意義。第三章詳細闡述了經濟制裁的定義、類型、目的、因果邏輯、成本，以及有效性。第四章對經濟制裁的啓用進行了分析，分別探討了國內政治／象徵性途徑、警示／威懾途徑，以及衝突預期模型。第五章對經濟制裁的結果進行了評估，分別探討了哈－梭－伊（Hufbauer-Schott-Elliot）途徑、國內政治／象徵性途徑、警示途徑，以及衝突期望模式。

　　第二，本研究透過實證研究的方法，分別考察了 1995－1996 年和 1999－2000 年兩個台海局勢緊張時期的案例。雖然本研究尚無法確切回答有關大陸的槓桿或台灣脆弱性的問題，但理論研究提供了一個分析問題的框架，而實證研究又進一步闡明了有關經濟制裁的一些重要變數的作用和意義。

　　1995－1996 年的導彈危機和 1999－2000 年的台海局勢導致了台灣和中國關係的嚴重緊張。北京方面要求台北接受「一個中國」（一中）的原則，試圖通過威懾迫使台灣回到原有的現狀，並阻止台灣宣布獨立。在兩個案例中，北京都對李登輝進

行了口誅筆伐，稱他爲中華民族的背叛者和維護外國利益的幫
兇。大陸方面還因此取消了原定於 1995 年夏舉行的第二輪汪辜
會談（汪道涵和辜振甫的會談）以及汪道涵在 1999 年底的台灣
之行。此外，中國人民解放軍還威脅對台灣動武，並相繼從
1995 年 7 月到 1996 年 3 月和從 1999 年 7 月至 9 月間進行了一
定規模的軍事動員，還將軍事演習範圍擴大到台灣附近。

　　鑑於北京存在強烈動機要求台灣重新確認「一中」原則，
並阻止台灣宣布獨立，那麼，爲什麼北京方面在以上這些情況
下如此克制，並沒有向台灣實施經濟制裁呢？根據第四章有關
經濟制裁理論的回顧，作者在兩個案例中檢驗下列第一組假
設：

1. 台灣和大陸之間的經濟制裁代價差異（從不對稱經濟互
   賴中產生的實施經濟槓桿的潛在權力）尚不足以使北京
   具備足夠的有利條件對台灣發起經濟制裁。需要說明的
   是，大陸方面的成本包括第三方對經濟制裁的反應和
   （或）報復。
2. 大陸極爲關注國內因素。由於擔心國內的經濟、社會和
   政治的不穩定，以及來自與經濟制裁有關的利益集團
   （如東南部沿海地區的領導人和台商）的反對，大陸方
   面因此不敢向台灣發起經濟制裁。
3. 大陸領導人認爲直接針對台灣的軍事威脅較之於經濟制
   裁更能有效的發送威懾信號。

　　爲了蒐集大陸方面關於經濟制裁的相對代價（其中包括國際社會的反應）、國內因素，以及發送信號（威懾）效用等方面的考量，作者對廈門、上海、北京地區主要智庫的中國學者，以及從中央到東南部沿海地區的大陸官員（在職和退休的）進行了實地探訪。同時，作者也採訪了兩岸台商協會的領導人和台商，詢問了他們對大陸軍事威脅和大陸政府的反應。此外，大陸方面相關的官方文件、報章和雜誌的文章也收入其中。

　　在第六章裡，基於大陸的認知和具體行爲，分析了大陸總體的國家戰略，旨在爲評估其外交和對台政策的基礎和優先性提供指導性的作用。它將有助於我們瞭解大陸向台灣實施制裁時所面臨的內部和外部的利害關係。第七章對上述兩個案例中大陸政府對軍事威脅和經濟制裁的威懾效用的認知進行了比較。第八章則分別評估了台灣和大陸的成本。這項評估同時依據了作者在第二章中討論後的計算，以及大陸在全球化背景下的認知作判斷。

　　第九章分析了大陸內部的考量因素，包括主要的經濟、社會和政治問題。由於本研究討論兩個案例（1995－1996 年和1999－2000 年台海危機），原則上資料更新到 2000 年爲止。第十章探討了在兩個案例中，包括台商投資企業和大陸地方政府等利益團體在中國決策中所起的作用。

　　另外，透過分析在 1995－1996 年和 1999－2000 年台海危機中台灣對大陸的軍事威脅究竟有多大的脆弱性，本研究將研判台灣對大陸經濟制裁的脆弱性。此項研究的比較是建立在下

列兩個理解上：第一，北京能夠同時運用經濟制裁和軍事威脅
向台灣表明北京以武力對付台灣的決心，以便最大程度地謀求
從台灣方面的政治讓步。[22]第二，無論是軍事威脅還是經濟制裁
都會給台灣帶來經濟上的痛苦。因此，軍事威脅和經濟制裁具
有類似的內在邏輯，即在其他條件相同的情形下，目標國被剝
奪的利益（價值）越大，它越有可能發生內部政治上的分裂，
因而對發起國作出相應妥協。

　　因此，探討台灣的領導人、政治精英、利益集團，以及選
民如何應對大陸在 1995－1996 年和 1999－2000 年兩岸緊張局
勢下的軍事演習，將為我們提供台灣會怎樣應對大陸的經濟制
裁某些線索。從本質上看，大陸對台軍事威脅情形下的台灣民
眾和台資企業對台灣當局的反應，類似於大陸對台經濟制裁情
形下北京的「以商圍政」和「以民逼官」戰略的核心要素。

　　根據第五章中對經濟制裁結果理論的回顧，作者在兩個案
例中檢驗的下列第二組假設：

1. 伴隨大陸的軍事威脅不斷加劇，台灣的民族主義情緒
   隨即高漲；從台灣民眾、精英和利益集團的反應來看，
   島內出現了強烈的「同仇敵愾」情緒，但也存在一定的
   「第五縱隊」效應。
2. 台灣決策層在兩岸衝突過程中更強調相對利得和信譽

---

[22] 在中國對台灣經濟制裁和軍事威脅案例中，美國的嚇阻對於防止中
國發動對台灣軍事攻擊可能扮演相同的角色。因此，既然美國嚇阻
在兩個案例中是一個固定變數，我們可以將它視為控制或條件變
數。

（信用）因素。

　　第十一章探討台灣民眾對 90 年代後期兩岸關係中的一些問題的民意走向，並分析了台灣的總統候選人對 1995－1996 年和 1999－2000 年大陸軍事威脅的反應。此外，本章還討論了在兩個案例中利益集團（台資企業）在台灣決策過程中的作用。最後，該章還分析了台灣決策者在上述案例中對相對利得和信譽（信用）問題的認知。

　　除了運用台灣官方的政策文件、報章雜誌上的文章、民調，以及總統選舉分析外，作者還探訪了當時主管兩岸政策的台灣政府官員，以及訪問台海兩岸的台商協會領導人和有關台商，分析他們對台灣政府的反應。在理論探討和實證研究的基礎上，第十二章就台海兩岸經濟關係中，大陸的經濟槓桿和台灣的脆弱性問題作了總結。

第二章

兩岸經濟關係的演變與

全球經濟互賴

這些年來，（兩岸）經濟聯繫不幸中斷。現在，祖國的建設正在蓬勃發展，我們也希望台灣的經濟日趨繁榮。我們相互之間完全應當發展貿易，互通有無，進行經濟交流。這是相互需要，對任何一方都有利無害。

——中國人民代表大會常務委員會，1979 年 1 月 1 日[1]

面對全球致力發展經濟的潮流，中國人必須互補互利，分享經驗。台灣的經濟發展要把大陸列為腹地，而大陸的經濟發展則應以台灣作為借鑑。

——李登輝（台灣總統），1995 年 4 月 8 日[2]

面對世界經濟在二十一世紀的發展，應該大力加速兩岸經濟交流與合作的速度，為大陸與台灣的經濟帶來共同的繁榮與民族的福祉。

——江澤民（中國國家主席），1996 年 8 月[3]

（兩岸）應該擱置爭議、促進經貿交流。

——陳水扁（台灣總統），2001 年 3 月[4]

---

[1] 〈中共「人大」常務委員會「告台灣同胞書」〉，行政院大陸委員會編印，《大陸工作參考資料》，第二冊（台北：行政院大陸委員會，1998），頁 4。

[2] 〈李總統登輝先生在國家統一委員會第十次全體委員會議講話〉，行政院大陸委員會編印，《大陸工作參考資料》，第一冊（台北：行政院大陸委員會，1998），頁 425。

[3] 江澤民主席的講話是在 1995－1996 年台海危機之後。"Chinese President Says Political Differences Should Not Hamper Trade with Taiwan," BBC Summary of World Broadcast, August 31, 1996, FE/D2705/F.

[4] "Taiwan President Urges Mainland to Step Up Economic, Trade Exchanges," Hong Kong AFP, March 26, 2001, in FBIS-CHI-2001-0326.

第一節　兩岸經濟關係的統計問題

　　在討論兩岸經濟關係的演變與互賴之前，我們有必要討論台灣與大陸對於兩岸貿易與投資統計的巨大差異。台灣與中國之間的貿易統計應該包括台灣透過香港和其他地方轉口貿易到中國、轉運（trans-shipment）、過境貨物（transit-shipment）和直接航運（漁民之間的進行的小額貿易，對中國是合法的、對台灣是非法的）及走私（對台灣與中國都是非法的）。台灣對華北的部分出口透過日本與韓國轉運，特別是透過日本的石垣島。根據高長與宋恩榮的研究，1993 年台灣透過石垣島轉運到大陸的出口大約有 10 億美元，也就是台灣透過香港轉口到大陸出口價值的十分之一。根據中華經濟研究院的估計，1980 年代末期，大陸商品以直接貿易的方式（漁民之間的小額貿易）對台灣出口大約占大陸透過香港轉出口到台灣商品的三分之一。1989 年，透過這種直接貿易的金額大約 2 億美元。根據大陸的海關資料，1993 年兩岸直接貿易額為 1 億美元，此後逐年遞減。隨著台灣對大陸進口的逐漸放鬆，及實行「小三通」，在2001 年合法化台灣離島與大陸鄰近港口的貿易，由於兩岸直接貿易所造成的統計誤差已經大幅度縮減。[5]

---

[5] 高長、宋恩榮，《兩岸雙邊貿易統計之探討》（台北：行政院大陸委員會，1998），頁 1-13。Kwok Chiu Fung, *Trade and Investment: Mainland China, Hong Kong and Taiwan*. (Hong Kong: City University of Hong Kong Press, 1997), pp. 34-37. K. C. Fung, "Accounting for Chinese Trade: Some National and Regional Considerations," *NBER Working*

　　除了台灣、香港與大陸的官方統計之外，有兩項對於兩岸
貿易的主要估計：一個是高長與宋恩榮的研究，另一個爲台灣
陸委會的估計。例如，根據台灣海關統計，1996 年台灣對中國
的出口爲 6 億美元，香港海關統計爲 97 億美元，中國海關爲
162 億美元。高長與宋恩榮的估計爲 203 億美元，陸委會爲 207
億美元。那一年，根據台灣海關統計，台灣自中國進口爲 31 億
美元，香港海關統計爲 16 億美元，中國海關統計爲 28 億美
元。高長與宋恩榮的估計爲 40 億美元，陸委會估計爲 31 億美
元（見表 2-1 和表 2-2）。

表 2-1 台灣對中國出口估計的比較：1994－1996 年

單位：百萬美元

時間	台灣海關	香港海關	中國海關	高長與宋恩榮	大陸委員會
1994	132	8,517	14,085	15,575	16,023
1995	377	9,883	14,784	19,020	19,434
1996	623	9,718	16,182	20,260	20,727

表 2-2 台灣對中國進口估計的比較：1994－1996 年

單位：百萬美元

時間	台灣海關	香港海關	中國海關	高長與宋恩榮	大陸委員會
1994	1,859	1,292	2,242	2,896	1,859
1995	3,091	1,574	3,098	3,686	3,091
1996	3,060	1,582	2,803	4,014	3,060

資料來源：
《兩岸經濟統計月報》（頁 19），第 92 期（2000 年 4 月），台灣經濟研究院編撰。
《兩岸雙邊貿易統計之探討》（頁 28），高長、宋恩榮。台北：行政院大陸委員
　　會，1998。

Paper Series, Working Paper 5595, May 1996, pp. 22-25.

　　台灣與香港海關經常低估台灣對大陸的出口。陸委會估計，台灣對大陸的出口相當於轉口貿易，加上台灣對香港出口及香港對台灣進口的差異（見表 2-3）。雖然高長與宋恩榮用更全面性的公式估計台灣對大陸的出口，但是得出來的數據與陸委會的估計相差不大。這兩項估計應該比中國海關統計要好，因為後者沒有將台灣對大陸出口的不同方式列入，因而低估台灣對大陸的出口。[6] 因為陸委會提供自 1981 年以來的一致性估計，因此本研究將採取它估計台灣對中國的出口。

表 2-3 陸委會估計的台灣對中國出口：1994－1996 年

單位：百萬美元

時期	（1）台灣經香港轉口輸往大陸	（2）台灣對香港出口（F. O. B.）	（3）香港自台灣進口（C. I. F.）	（4）=（2）-（3）台港統計差異	（5）=（1）+（4）台灣對大陸出口估計
1994	8,517	21,263	13,758	7,505	16,023
1995	9,883	26,124	16,573	9,551	19,434
1996	9,718	26,805	15,795	11,010	20,727

註：（1）、（3）為香港海關統計，（2）為台灣海關統計。
資料來源：
《兩岸經濟統計月報》（頁20），第 92 期（2000 年 4 月），台灣經濟研究院編撰。

　　台灣海關統計顯示台灣 1996 年從大陸進口 31 億美元，1999 年 45 億美元；中國海關的統計分別是 28 億美元和 40 億美元。台灣 1996 年和 1999 年的數字只高出大陸數字分別為 2 億 6 千萬和 5 億 7 千萬。因此，台灣與大陸的統計差距非常有限，可以視為統計上的誤差，包括離岸價格（F. O. B.）和抵岸價格

---

[6] 高長、宋恩榮，《兩岸雙邊貿易》，頁28。

（C. I. F. ）的差距。陸委會並不提供自己對於大陸出口到台灣的估計，在 1993 年之前採用香港海關的數據，之後便採用台灣海關的數據　高長與宋恩榮提供一項更爲仔細的估計，考慮轉運的附加價格及調整台灣、香港與中國之間的不同進口價格。他們的估計大約高出台灣海關統計的 20-30%。[7]

不過，這些差異不會明顯影響兩岸經濟關係的整體趨勢，特別是兩岸經濟互賴程度，因爲台灣自大陸的進口比起台灣出口到大陸的量相對小很多。因爲陸委會提供 1981 年以來的一致性估計，因此本研究將採用它對於台灣自大陸進口的數字。

關於投資方面，當台灣企業已經變得愈國際化，台灣政府便更難追蹤和管制資本流到中國。除了可以直接在台灣資本市場直接募款，台商至少還有五個途徑取得資金投資大陸：一、在國際或中國資本市場集資；二、與中國或外國夥伴形成合資企業；三、將在中國出口所賺外匯進行再投資；四、透過第三國的分公司或子公司投資；五、透過在英屬維京群島或開曼群島等稅賦優惠國家設立的境外空殼子公司投資。

根據各種調查，中國的中小型台商從台灣獲得 56-59%的資本，從中國獲得 25%，從第三國獲得 13%。大型台商應該有更多機會從中國或第三國集資。例如，旺旺集團在新加坡股市取得 6 千 3 百萬美元資金。1996 年 5 月，中國國務院批准台塑企業 30 億元的投資案，其中，台灣母公司只出資 4 億美元，占全部資金的 14%。台塑企業的海外子公司扮演主要的角色。此外，2000 年底台塑企業董事長王永慶的兒子王文洋，和江澤民

[7] 高長、宋恩榮，《兩岸雙邊貿易》，頁 27-35。

主席的兒子江綿恆，共同成立 16 億 3 千萬美元的合資企業，上海宏力半導體製造公司。此投資案的台灣大部分資金都是透過境外空殼子公司投資。美國超捷微電子公司（Silicon Storage Technology）投資 5 千萬美元，中國方面則要出資三分之二，也就是 11 億美元。[8]

　　再者，在 1990 年代中期以後，很多台商因為台灣政府的「戒急用忍」政策，將錢匯往稅賦優惠國家註冊的控股公司，再投資中國。例如，在 1990 年代後期，台灣對維京群島投資的增加趨勢與維京群島對中國投資的增加趨勢相當吻合。在 1995 年，台灣對英屬中美洲的投資只占當年台灣總對外投資的 15%，但是到了 1999 年卻高達 30%，成為台灣對外的第二大投資地區，僅次於中國。從中國的角度而言，在 1995 年維京群島對中國的投資僅占當年度中國總體外資的 0.8%，但到了 1999 年卻高達 6.6%，已經超越日本，成為僅次於香港與美國的中國外資來源（見表 2-4）。

---

[8] Clough, *Cooperation or Conflict in the Taiwan Strait?*, p. 53. Tse-Kang Leng, "Dynamics of Taiwan-Mainland China Economic Relations," *Asian Survey*, vol. 38, no. 5 (May 1998), pp. 501-4. Craig S. Smith, "Taiwan-China Plant Break Ground; Chip Factory Signals Shift in Industry and Growth in Cross-Strait Ties," *International Herald Tribune* (France), November 25, 2000, p. 16. "Silicon Invests $50 mln in China Foundry," Reuters, March 15, 2001, 5:51 am Eastern Time. 白德華，〈宏力獲大陸貸款約 350 億台幣〉，《中國時報》，2000 年，11 月 21 日。

表 2-4 台灣對英屬中美洲的投資和維京群島對中國的投資：1995-1999 年

時間	台灣核准對英屬中美洲的投資（維京群島和開曼群島）		維京群島對中國投資	
	金額（百萬美元）	占台灣當年對外投資總額比例	金額（百萬美元）	占中國當年直接外資總額比例
1995	370	15.1%	304	0.8%
1996	809	23.8%	538	1.3%
1997	1,051	23.3%	1,717	3.8%
1998	1,838	38.2%	4,031	8.9%
1999	1,360	30.1%	2,659	6.6%

資料來源：

《華僑及外國人投資、對外投資、對大陸間接投資統計月報》（頁 27、44），經濟
　　部投資審議委員會（台灣）編，1999 年 9 月。

《兩岸經濟統計月報》（頁 27、44），第 92 期（2000 年 4 月），台灣經濟研究院編
　　撰。

《兩岸經濟統計月報》（頁 48），第 71 期（1998 年 7 月），大陸委員會編。

　　根據一些報導，很多著名台商透過這個管道投資中國。例
如，1992 年頂新集團透過在開曼群島註冊的子公司，頂義控股
公司，投資中國。1996 年，統一企業集團透過在開曼群島的子
公司投資中國 3 億 3 千 3 百萬美元。2000 年初台灣的國僑與旺
宏企業便分別對維京群島的控股公司投資 8,200 萬及 7,500 萬美
元，國巨企業則對其在百慕達的控股公司投資 2 億 5 千萬美
元。2000 年底，裕隆汽車公司透過在開曼全島註冊的裕發公司
投資中國。華宇電腦也是透過開曼控股公司對大陸進行投資。
累計到 2001 年 10 月止，華宇總共投資新台幣 14 億新台幣（約
美金 4,200 萬）。[9]前上海台資企業協會會長楊大正和不少台商

---

[9] Clough, *Cooperation or Conflict in the Taiwan Strait ?*, p. 53. 中華經濟研
　　究院，《兩岸產業分工政策執行成效評估》（台北：經濟部工業局，

都印證，中國從維京群島來的直接外資絕大部分是台灣的資金。[10]

因此，台灣與大陸對於台灣對大陸投資統計存在巨大差距便不足爲奇。到 1999 年底，台灣經濟部核准的對大陸累計投資爲 145 億美元，但是大陸的累計實際投資金額爲 239 億美元，幾乎是台灣數字的兩倍。台灣中央銀行行長彭淮南估計，2000 年台灣累計對大陸投資的真實金額大約在 400 億到 500 億美元左右。[11]這是因爲很多對大陸投資的台商沒有向台灣政府報備或低報金額。[12]因爲台商一定要向大陸政府登記投資，大陸統計資料似乎較能反映真實情況，並且提供較一致性的資料。因此，本研究將採用大陸的台灣對大陸投資的數字。

1999），頁 224-28。陳國瑋，〈台商盈餘多匯入海外控股公司〉，《工商時報》，2000 年 11 月 10 日。沉美幸，〈裕隆間接投資大陸計畫端上檯面〉，《中國時報》，2000 年 12 月 8 日。林立綺、劉朱松，〈進軍大陸，華宇增資控股公司〉，《工商時報》，2001 年 10 月 12 日。

[10] 根據上海台資企業協會前會長楊大正，從維京群島到中國的資金，沒有 100%，也有 90%是台商所投資。他認為，除了台商之外，日、歐、美商根本沒有需要將錢匯到維京群島，再投資到中國。作者對楊大正在上海的訪談，2001 年 6 月 20 日。另外一位專門負責風險投資的上海台商也表示，非常多台商在維京群島與百慕達註冊。作者對上海台商的訪問，2001 年 6 月 18 日。成都的明昌建設公司（其董事長是成都台資企業協會會長）是先到維京群島註冊，再到大陸投資。作者對明昌建設公司總經理馬景仁的訪談，2001 年 7 月 24 日。

[11] 劉佩修，〈央行：資金匯大陸約 700 億美元〉，《工商時報》，2000 年 11 月 10 日。

[12] 中華經濟研究院，《大陸暨兩岸經濟情勢報告（民國 86 年至 87 年）》（台北：行政院陸委會，1999），頁 193-94。

第二節　台灣與中國的貿易關係

　　中國在 1979 年開始改革開放之後，便立即向台灣建議兩岸
進行「三通」（通商、通郵、通航）。儘管台灣方面因爲政治
上的考量至今並沒有答應直接「三通」，但是在 1980 年代後期
因爲台灣政策的放鬆與內部經濟轉型需要、中國對台商的優惠
與擴大開放政策及台商受到經濟利益的驅使，兩岸透過間接方
式的經貿交流便開始大量往來。在 1981 年，兩岸透過香港的貿
易額只有區區 4 億 6 千萬美元。到了 1989 年，兩岸的貿易額大
幅增長到 39 億美元。到了 2000 年，兩岸的貿易額高達 313 億
美元。這期間，台灣一直享有鉅額的貿易順差。在 1981 年，台
灣對中國的貿易順差爲 3 億美元；1989 年爲 27 億美元；2000 年
爲 188 億美元（見表 2-5）。

表 2-5 台灣與中國的貿易：1981-2000 年　　　　單位：百萬美元；%

年度	台灣對中國出口		台灣從中國進口		兩岸貿易總額		台灣對中國貿易順差	
	絕對值	年增率	絕對值	年增率	絕對值	年增率	絕對值	年增率
1981	385	n.a.	75	n.a.	460	n.a.	310	n.a.
1985	987	n.a.	116	n.a.	1,103	n.a.	871	n.a.
1989	3,332	n.a.	587	n.a.	3,919	n.a.	2,745	n.a.
1990	4,395	31.9	765	30.3	5,160	31.7	3,629	32.2
1991	7,494	70.5	1,126	47.2	8,619	67.0	6,368	75.5
1992	10,548	40.8	1,119	-0.6	11,667	35.4	9,429	48.1
1993	13,993	32.7	1,104	-1.3	15,097	29.4	12,890	36.7
1994	16,023	14.5	1,859	68.4	17,881	18.4	14,164	9.9
1995	19,434	21.3	3,091	66.3	22,525	26.0	16,342	15.4
1996	20,727	6.7	3,060	-1.0	23,787	5.6	17,668	8.1
1997	22,455	8.3	3,915	27.9	26,371	10.9	18,540	4.9
1998	19,841	-11.6	4,111	5.0	23,951	−199.2	15,730	-15.2
1999	21,313	7.4	4,522	10.0	25,835	7.9	16,790	6.7
2000	25,030	17.4	6,223	37.6	31,253	21.0	18,807	12.0

註：1. 以上數據由行政院大陸事務委員會估計。

　　 2. 由於 1981 年到 1989 年不列每一年資料，所以不列年增長率。

資料來源：

《兩岸經濟統計月報》（頁 22），第 101 期（2001 年 1 月），台灣經濟研究院編
　　 撰。

　　從 1993 年起，中國已經成為台灣的第三大貿易夥伴，僅次
於美國與日本。在 1993 年，台灣對美國、日本與中國的貿易額
分別為 402 億美元、232 億美元與 151 億美元；在 2000 年，分
別為 600 億美元、552 億美元與 313 億美元。此外，從 1993 年
起，中國已經成為台灣的第二大出口市場，僅次於美國。如果
將台灣對香港的貿易算入對中國的貿易，從 1994 年起，中國已
經成為台灣的最大出口市場。特別是香港在 1997 年期間回歸中
國之後，更應該如此計算。根據台灣海關的統計，在 2000 年，
台灣對中國（包括香港）、美國與日本出口的金額分別為 410
億美元、348 億美元及 166 億美元。

　　相對而言，從 1990 年起，台灣已經成為中國的第四大貿易
夥伴，僅次於日本、美國與香港。在 1990 年，中國對日本、美
國、香港及台灣的貿易額分別為 166 億美元、118 億美元、409
億美元、52 億美元；到了 2000 年，分別為 831 億美元、745 億
美元、540 億美元、313 億美元。此外，從 1993 年起，台灣已
經是中國的第二大進口來源，僅次於日本。在 1993 年，中國從
日本與台灣分別進口 233 億美元與 140 億美元；在 2000 年，分
別進口 415 億美元與 250 億美元。

一、台灣對中國出口商品的結構

根據台灣海關的統計，台灣對中國的出口主要集中在協調化關稅項目（Harmonized Tariff Schedule, HS）分類的四大類[13]：塑膠、橡膠及其製品（第七類）、紡織原料及紡織品（第十一類）、基本金屬及其製品（第十五類）、電子、機械用具及相關零件（第十六類）。這四類產品在 1992 年囊括台灣對中國出口的 61%，1994 年為 75%，1996 年為 77%，1998 年為 79%。台灣對中國出口的結構與同時期台灣整體對外出口結構非常類似，而且這四大類產品也一樣。

特別是，第十五類及第十六類的比重急劇增加。在 1992 年，第十五類只占台灣對中國出口的 5%，第十六類占 25%。在 1998 年，第十五類占台灣對中國出口的 13%，第十六類占 33%。這兩類產品占了台灣對中國出口的 46%。相對的，第十二類（鞋類、頭飾、人造花……等）在 1992 年占台灣對中國出口的 16%，但到了 1998 年已經衰退為 2%（見圖 2-1）。這樣的趨勢與台商到中國投資有相當密切的關係。在 1980 年代後期與 1990 年代初期，大部分的台商投資集中在鞋類、紡織、成衣及塑膠類（第七類及第十二類）。在 1990 年初期之後，絕大部分的台商投資集中在電子及相關產品（第十五類及第十六類）。[14]

---

[13] 根據 Harmonized Tariff Schedule 的系統，貿易項目總共分為二十二大類。

[14] 中華經濟研究院，《大陸暨兩岸經濟情勢報告（民國 86 年至 87 年）》，頁 212-219。

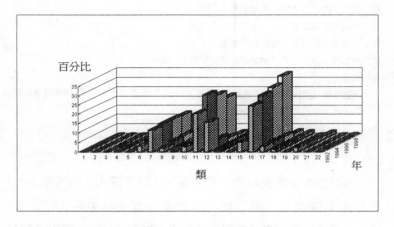

圖 2-1 台灣對大陸出口商品的結構：1992-98 年

註：

第一類：活動物、動物產品

第二類：植物產品

第三類：動物或植物油脂及分化後剩餘的產品

第四類：經配製的食品；飲料、酒及醋；煙草

第五類：礦產

第六類：化學及有關工業產品

第七類：塑膠及塑膠製品；橡膠及橡膠製品

第八類：未加工的獸皮、皮革；旅行用品、手袋；動物內臟製造

第九類：木及木製品；木炭；軟木及軟木製品

第十類：木漿及其他纖維質材料漿液

第十一類：紡織原料及紡織品

第十二類：鞋履、帽子、雨傘

第十三類：石、灰泥、水泥、石綿、雲母、陶瓷製品、玻璃製品

第十四類：珍珠或養珠、寶石、貴金屬

第十五類：基本金屬及製品

第十六類：電子、機械及機械用具、電動設備、有關零件

第十七類：車輛、航空器、船隻及有關的交通工具

第十八類：光學、攝影、電影、鐘錶、樂器、有關零件
第十九類：武器及彈藥、有關零件
第二十類：雜項製品
第二十一類：藝術品、珍藏品、古董
第二十二類：無須按產品類型而分類的貨物及交易
資料來源：
《大陸暨兩岸經濟情勢報告（民國 86 年至 87 年）》（頁 216-218），中華經濟研究
　　院。台北：行政院大陸委員會，1999。

二、台灣自中國進口商品的結構

　　台灣自中國的進口也是集中在四大類：礦產（第五類）、
化學及有關產品（第六類）、基本金屬及其製品（第十五
類）、電子、機械用品及零件（第十六類）。這四大類在 1992
年占台灣自中國進口總額的 61%，1994 年為 61%，1996 年為
69%，1998 年為 73%。這四類產品也是台灣在同一時期整體進
口的最大宗。

　　尤其是，第十六類產品的比重在 1992 年只占台灣從中國進
口的 0.3%，急速上升到 1998 年的 37%。在 1998 年，第十五類
與第十六類總共占台灣從中國進口的 57%。相對的，植物產品
（第二類）在 1992 年占台灣從中國進口的 15%，大幅下跌到
1998 年的 3%。第五類產品在 1992 年占 28%，但是到了 1998 年
只剩下 9%。整體而言，台灣對中國的進口不再是農產品或工業
原料，而是與台灣對中國投資的部門（第十五、十六類）密切
相關（見圖 2-2）。

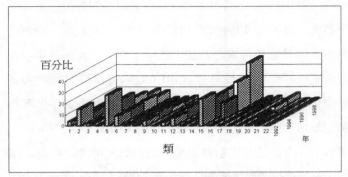

百分比

圖 2-2 台灣自中國進口商品的結構：1992-98 年

資料來源：

《大陸暨兩岸經濟情勢報告（民國 86 年至 87 年）》（頁 221-223），中華經濟研究
　院編。台北：行政院大陸委員會，1999。

第三節　台灣與中國的金融關係

　　如上所言，兩岸的貿易與台灣到中國的投資有相當密切關
係，因此分析台灣對中國投資的情形將是理解兩岸經貿交流的
核心。在 1987 年台灣政府解除外匯管制，因此台商開始對外大
量投資。到了 1980 年代末期，台商受中國廉價勞動力（最重要
原因）及潛在市場（第二大原因）[15]的吸引，很快便將投資重心
轉移到中國。根據台灣的統計，從 1992 年起，中國已經成為台
灣在每一年對外投資最多的地區。到 2000 年底，台灣累計對中
國投資總計 171 億美元，相當於台灣總對外投資額 441 億美元

---

[15] 經濟部統計處編，《製造業多角化暨國際化調查報告（中華民國八
　　十四年調查）》（台北，經濟部統計處，1995），頁 380-91。

的 39%。在短短十年之間，中國成爲台灣累計對外投資最多的地區。整體而言，在 1980 年代後期與 1990 年代初期，台灣的對外投資大部分屬於尋求海外加工的中小企業，大部分集中在中國及東南亞國家。在 1990 年代中期以後，台灣對中國的投資包括愈來愈多資本與科技密集的大型企業。這些企業不僅尋找海外加工基地，還希望開發中國潛在的龐大市場。[16]

事實上，台灣的官方數據嚴重低估台灣對中國的投資。根據台灣中央銀行總裁彭懷南的估計，在 2000 年底，台灣對中國累計投資總額高達 4、5 百億美元。[17]根據中國的統計，到 2000 年底，台灣累計對中國投資的協議金額爲 478 億美元，實際金額爲 262 億美元。從 1991 年到 2000 年，平均每件投資案大約在 1 百萬美元，平均每件投資案件規模成長約 20%（見表 2-6）。

至 2001 年 12 月，台灣對中國的直接投資的累計金額占中國全部引進外資的 7.4%。台灣是中國的第四大外資來源，僅次於香港（47.3%）、美國（8.7%）、日本（8.1%）。然而，中國的數據依然低估台灣對中國的真正投資金額。在 1990 年代中期以後，很多台商透過他們在英屬中美洲的控股公司投資大陸。

---

[16] 郭文政，〈我國對外投資狀況檢討及未來展望〉，《經濟前瞻》，第 54 期（1997 年 11 月），頁 57-59。高長，《大陸經改與兩岸經貿關係》（二版）（台北：五南，1999），頁 168-71。

[17] 劉佩修，〈央行：資金匯大陸約 700 億美元〉，《工商時報》，2000 年 11 月 10 日。

表 2-6 台灣對中國的投資：1991-2000 年

單位：百萬美元

年度	件數	協議金額	平均協議金額	實際金額
1991	3,446	2,783	0.81	844
1992	6,430	5,543	0.86	1,050
1993	10,948	9,965	0.91	3,139
1994	6,247	5,395	0.86	3,391
1995	4,778	5,777	1.21	3,162
1996	3,184	5,141	1.61	3,475
1997	3,014	2,814	0.93	3,289
1998	2,970	2,982	1.00	2,915
1999	2,499	3,374	1.35	2,599
2000	3,108	4,042	1.30	2,296
累計到 2000 年底	46,624	47,816	1.03	26,160
1992 年與 2000 年期間的平均值	4,798	5,004	1.04	2,813

註：資料係中國對外貿易經濟合作部的統計。1991 年的數據包括 1991 年以前。
資料來源：
《兩岸經濟統計月報》（頁 26），第 101 期（2001 年 1 月），台灣經濟研究院編
撰。

　　台商投資大陸的產業及地區分布，由於沒有中國的資料，所以只能採用台灣的資料。至 1999 年底，台灣累計對中國投資電子及電器製造業 33 億 3 千萬美元（占台灣對中國總投資額的 23%）、基本金屬製品製造業 12 億 4 千萬美元（9%）、食品及飲料製造業 12 億 4 千萬美元（9%）、塑膠製品製造業 11 億 5 千萬美元（8%）、化學品製造業 10 億美元（7%）、非金屬及礦產物品製造業 8 億 7 千萬美元（6%）、紡織業 7 億 9 千萬美元（5%）、精密器械製造業 7 億 7 千萬美元（5%）、運輸工具製造業 6 億 7 千萬美元（5%）、機械製造業 4 億 7 千萬美元（3%）。

以地區來分，1999 年底，台灣對廣東的累計投資額為 50 億
2 千萬美元（占台灣對中國總投資額的 35%），對江蘇及上海共
投資 46 億 4 千萬美元（32%），對福建投資 15 億 7 千萬美元
（11%），對河北及北京投資 8 億 8 千萬美元（6%），對浙江
投資 6 億 6 千萬美元（5%），對山東投資 3 億 7 千萬美元
（3%）。這六個沿海地區總共占台灣對中國全部投資總額的
92%。

此外，台商傾向與中國當地及外資企業合作。根據中華經
濟研究院 1993 年的調查，69%的台商與其他夥伴興辦合資企
業。根據台灣經濟部 1996 年的調查報告，包括 1,312 家公司的
樣本數，其中 36%的台商興辦合資企業。56%（複選題）的合
資台商與中國當地企業合作，35%與地方政府合作，28%與外資
企業合作。根據台灣經濟部 1999 年的調查報告，包括 1,627 家
公司的樣本數，其中 38%的台商興辦合資企業。這些台商之
中，59%只占少於 50%合資企業股份。31%（複選題）的合資台
商與中國當地企業合作，20%與地方政府合作，26%與外資企業
合作。[18]

台灣政府在 1990 年 5 月 21 日開始統計對大陸的個人匯出
款，1993 年 7 月 29 日開始統計台商對大陸匯出款和自大陸匯入
款。1993 年，台灣匯出 2 億 5 千萬美元到大陸，大陸匯出 2 千 6
百萬美元到台灣。1999 年，台灣匯出 8 億 4 千萬美元到大陸，

---

[18] 中華經濟研究院，《兩岸經濟情勢分析》（台北：行政院陸委會，
1997），頁 203。經濟部統計處（台灣）編，《製造業對外投資實況
調查報告》（台北：經濟部統計處，1997），頁 77。經濟部統計處
（台灣）編，《製造業對外投資實況調查報告》（台北：經濟部統
計處，2000），頁 220、223、226。

大陸匯出 5 億 1 千萬美元到台灣。在 1999 年底，台灣累計匯往
大陸的金額爲 45 億美元，大陸匯出 13 億美元到台灣。不過，
台灣政府的數字很難說明兩岸之間資金流動的真相。例如，台
灣的中央銀行估計，2000 年底台灣流往中國的資金大約在 7 百
億美元，其中 4 到 5 百億美元是台灣對大陸的直接投資。也就
是說，台灣對大陸的匯款可能高達 2-3 百億美元，包括台灣對大
陸的有價證券投資。

第四節　兩岸經濟分工

一、產業層面：投資帶動貿易與產業內貿易

隨著台灣在 1980 年代中期以後大幅對外投資，台灣的出口
結構也產生劇變：愈來愈多的中間財和資本財（半成品、設
備、零組件及機械等），愈來愈少的消費商品。中間財與資本
財在 1987 年時占台灣總出口的 41%，到了 1993 年，這些出口
比例增加到 69%。相反的，非耐久消費財則從 1987 年的 34%，
跌落至 1993 年的 18%。其他類產品項目的比例幾乎沒有變化。
[19]

根據高長與鄭竹園的研究及台灣經濟部國貿局的報告，台
灣出口型態的轉變是受到台灣公司的海外分公司所帶動。尤其

---

[19] Chen-yuan Tung, "Trilateral Economic Relations among Taiwan, China,
and the United States," *Asian Affairs: An American Review*, vol. 25, no. 4,
Winter 1999, p. 225.

是在台商投資中國的初期，很多台商都是依賴台灣的原料與機械設備。[20]中國的數據也顯示中國的進口為外商所帶動。在 1990 年時，在中國外商所帶動的進口為 123 億美元，占中國總進口的 23.1%；到了 1995 年，這些進口增加為 629 億美元，占總進口的 47.7%。在 1998 年，外商帶動的進口已經高達 767 億美元，占總進口的 54.7%。[21]

　　台灣出口到中國的大宗包括紡織纖維、塑膠材料、機械與設備、電機設備與電子設備，這些都是中間財和資本財。[22]1994 年這四類產品涵括 67%的台灣對中國出口產品，表示這些出口擴張很大一部分是由投資驅動。根據鍾琴，1995 年中間財占台灣對中國出口的比重仍高達 74%。根據台灣與香港海關，在 1996 年與 1998 年，有三分之二的台灣對中國出口是集中 HS 分類的三類，這些基本上都是中間財與資本財。1996 年，塑膠與橡膠製品占台灣對中國出口的 12%，紡織原料與紡織品占 25%，電子、機械、電動設備及零組件占 29%。1998 年，塑膠與橡膠製品占台灣對中國出口的 12%，紡織原料與紡織品占

---

[20] 高長，《兩岸經貿關係之探討》（台北：天一，1997），頁 82-85。Chu-yuan Cheng, "Economic Relations Across the Taiwan Straits: Mutual Dependence and Conflicts," paper presented for the 16th International Conference on Asian Affairs at St. John's University on October 3-4, 1998, pp. 2-5. 台灣經濟部國貿局，「大陸對外貿易發展暨兩岸貿易互動概況」，2000 年 4 月，http://www.moeaboft.gov.tw/prc&hk/trade-roc&prc-5.html, accessed December 5, 2000, 頁 33。

[21] 中華經濟研究院，《大陸暨兩岸經濟情勢報告（民國 86 年至 87 年）》，頁 38。

[22] 關於台灣出口到中國商品的更仔細分類，請參看台灣經濟研究院 編撰，《兩岸經濟統計月報》，各期。經濟部國貿局，《1998 年台海兩岸貿易形勢統計》（台北：國貿局，1999），頁 10-76。

22%，電子、機械、電動設備及零組件占 33%。[23]

　　1998 年，台灣輸出到中國的前幾項產品爲電機設備及其零件、機械用具及其零件、塑膠及其製品、人造纖維絲、鋼鐵，共 104 億美元或台灣對中國出口的 57%。1999 年，台灣輸出到中國的前幾項產品爲電機設備及其零件、機械用具及其零件、塑膠及其製品、鋼鐵、人造纖維絲和工業用紡織物，共 139 億美元或台灣對中國出口的 66%。[24]這些產品是典型的中間財和資本財，爲投資所驅動。

　　根據一項 1992 年對 431 家不同產業的台灣公司之調查，他們在中國分公司從台灣的母公司或其他公司進口 71%所需的原料及零組件。在另外一項類似的調查中，台商在 1995 年從台灣進口 69%的機械與設備。[25]根據高長在 1998 年的研究，65%的台商從台灣進口原料。[26]根據台灣經濟部的兩項報告，在 1995 年和 1998 年，台灣分別提供中國的台商 53%和 44%的原料。在

---

[23] Chin Chung, "Double-Edged Trade Effects of Foreign Direct Investment and Firm-Specific Assets: Evidence From the Chinese Trio", in Y.Y. Kuen (ed.), *The Political Economy of Sino-American Relations* (Hong Kong: Hong Kong University Press, 1997), p. 143. 中華經濟研究院，大陸暨兩岸經濟情勢報告（民國 86 年至 87 年），頁 216-18。

[24] 經濟部，《1998 年大陸經濟情勢評估》（台北：經濟部，1999），頁 33-34，50-51。「大陸對外貿易發展暨兩岸貿易互動概況」，經濟部國貿局，2000 年 4 月，http://www.moeaboft.gov.tw/prc&hk/trade-roc&prc-5.html, 34 頁中的第 21-23 頁。

[25] Chin Chung, "Double-Edged Trade Effects," pp. 146-47.

[26] 引自中華經濟研究院，《大陸暨兩岸經濟情勢報告》（1997 年至 1998 年），頁 198-200。

同時期，台商分別從台灣進口 56%和 48%的零組件與半成品[27]
（見表 2-7）。

表 2-7 中國的台商投入來源：1995－1998 年

單位：%

時間	原料				零組件與半成品			
	1995	1996	1997	1998	1995	1996	1997	1998
台灣	53	46	49	44	56	51	53	49
中國的台商	17	21	17	19	18	21	20	23
中國的非台資企業 [a]	18	21	22	23	19	21	19	22
其他國家	12	13	13	13	7	7	8	8

[a]：包括中國企業和外資企業。

資料來源：

《製造業對外投資實況調查報告》（頁 89、92、95、98），經濟部統計處編。台
    北：經濟部統計處，1997。

《製造業對外投資實況調查報告》（頁 29-30），經濟部統計處編。台北：經濟部統
    計處，2000。

　　根據中華經濟研究院、高長、高希均、林祖嘉及鍾琴的多
項研究，在 1990 年代初期，投資所驅動的出口大約占台灣對中
國出口的三分之一。[28]根據陳向明（Chen Xiangming）的研究，
在 1996 年時，67%的兩岸貿易是中國的外商對台灣的貿易。[29]

---

[27] 經濟部統計處編，《製造業對外投資實況調查報告》（台北：經濟
    部統計處，1999），頁 89-98。

[28] 中華經濟研究院，《兩岸經濟年報》（台北：中華經濟研究院，
    1993），頁 176。高孔廉，《兩岸經貿》，頁 26。高長，《大陸經
    改》，頁 164-66。Charles H. C. Kao and Chu-chia Steve Lin, "The
    Economic Impact of Taiwan's Investment in the Mainland," *Issue &
    Studies*, vol. 30, no. 6 (June 1994), pp. 19-20. Chin Chung, "Double-
    Edged Trade Effects," pp. 143-44.

[29] Chen, "Business Over Politics," p. 9.

在某種程度上，台灣從中國的進口也與台灣到中國的投資相關，特別是在電子產業方面。根據台灣經濟部的三項報告，在 1998 年以前，約 10%到 13%的台商產品是回銷台灣。[30]此外，台灣從中國的進口大部分是台灣投資中國最多產業的產品。例如，在 1998 年，台灣從中國進口的前幾項產品為電機設備及其零件、鋼鐵、機械用具及其零件、礦物燃料與礦油及其蒸餾產品、石料塗牆料及石灰水泥。這些產品占台灣自中國進口的 57%。在 1999 年，這些產品占台灣從中國進口的 62%。[31]

台灣與大陸之間的產業內貿易快速增長也反映了兩岸在產業內的分工。產業內貿易（intra-industry trade, IIT）指的是在一定時間內，同產業或生產群商品的同時出口和進口。產業內貿易指數（IIT 指數）迅速提高確認了透過台灣對大陸投資所造成的兩岸分工，其原因有四：一、商品的差異；二、生產技術的差異；三、生產的勞力密集度不同；四、經濟規模效應。[32]

---

[30] 經濟部統計處編，《製造業多角化》，頁 376-77。經濟部統計處編，《製造業對外投資實況調查報告》（台北：經濟部統計處，1998），頁 180-83。經濟部統計處編，《製造業對外投資實況調查報告》（2000），頁 289-92。

[31] 經濟部編，《1998 大陸經濟情勢評估》，頁 34。台灣經濟部國貿局，「大陸對外貿易發展暨兩岸貿易互動概況」，2000 年 4 月，http://www.moeaboft.gov.tw/prc&hk/trade-roc&prc-5.html, accessed December 5, 2000, 頁 21-3。

[32] 高長，《大陸經改》，二版，頁 219。Chonira Aturupane, Simeon Djankov, and Bernard Hoekman, "Determinants of Intra-Industry Trade between East and West Europe," working paper, August 1997, http://www.worldbank.org/ecspf/html/papers/IIT-EJ.html, accessed January 10, 2001.

　　根據嚴宗大、林昱君、鍾琴的研究，兩岸在製造業部門的 IIT 指數從 1980 年的 0.8 增加到 1991 年的 28.8。他們的研究是根據標準國際貿易分類（Standard International Trade Classification）三位數劃分所得到的數據。[33]根據 HS 分類，兩岸製造業的 IIT 指數從 1992 年的 16 增加到 1994 年的 16.2，然後 1996 年的 21.2，及 1998 年的 30.4。特別是，第 16、17、18、20 類在 1992 年到 1998 年期間增加非常迅速。第 16 類的 IIT 指數在 1992 年是 0.5，在 1998 年是 38；第 17 類的 IIT 指數在 1992 年是 1.5，在 1998 年是 32.3；第 18 類的 IIT 指數在 1992 年是 0，在 1998 年是 42.5；第 20 類的 IIT 指數在 1992 年是 2.6，在 1998 年是 78.5（見表 2-8）。

二、企業層面：企業間與企業內的分工

　　在 1980 年代中期以前，台灣有著「雙元經濟結構」的特徵：中小企業生產勞力密集的出口產品，大企業生產供給國內市場的中間財與資本財。在 1987 年台灣大量對外投資之後，台灣的國內經濟結構產生巨大的轉變：勞力密集的中小企業移往海外，資本與技術密集的大企業取代中小企業，成為台灣出口的主力。在 1987 年，中小企業占台灣總出口的 67%；到了 1997 年，中小企業出口的比重減少 18%，只占台灣總出口的 49%。[34]

---

[33] 高長，《大陸經改》，二版，頁 218-19。

[34] 馬凱，〈產業發展之展望與因應政策〉，中華經濟研究院編，《「我國邁向先進國家的產業政策之研究」－－總結報告》（台北：經濟部工業局，1997），頁 391-92。

表 2-8 兩岸貿易的產業內貿易指數：1992－1998 年

HS 的商品分類	1992	1994	1996	1998
第六類：化學及有關工業產品	67.2	43.6	43.4	43.7
第七類：塑膠及塑膠製品；橡膠及橡膠製品	1.9	2.1	2.5	5.1
第八類：未加工的獸皮、皮革；旅行用品、手袋；動物內臟製造	11.9	10.3	15.5	16.8
第九類：木及木製品；木炭；軟木及軟木製品	72.4	84.8	90.2	83.4
第十類：木漿及其他纖維質材料漿液	0.8	6.4	11.6	10.3
第十一類：紡織原料及紡織品	4.1	2.2	2.3	4.3
第十二類：鞋履、帽子、雨傘	14.8	43.8	51.3	54.7
第十三類：石、灰泥、水泥、石綿、雲母、陶瓷製品、玻璃製品	19.6	16.1	18.0	33.4
第十四類：珍珠或養珠、寶石、貴金屬	44.8	79.4	24.1	24.6
第十五類：基底金屬及製品	91.9	50.7	44.7	49.0
第十六類：電子、機械及機械用具、電動設備、有關零件	0.5	12.8	23.7	38.0
第十七類：車輛、航空器、船隻及有關的交通工具	1.5	1.7	9	32.3
第十八類：光學、攝影、電影、鐘錶、樂器、有關零件	0.0	8.9	26.8	42.5
第十九類：武器及彈藥、有關零件	n.a.	n.a.	n.a.	n.a.
第二十類：雜項製品	2.6	14.1	52.8	78.5
第六至二十類：製造業商品	16.0	16.2	21.2	30.4

註：1.對某個商品（ j ）出口（X_j）、進口（M_j），它的產業內貿易（IIT）指數（B_j）是：$B_j = \{1-(|X_j-M_j|/(X_j+M_j))\} \times 100$，$B_j$ 介於 0（完全產業間貿易）和 100（完全產業內貿易）之間。

2.兩岸貿易金額取自於中華經濟研究院，《大陸暨兩岸經濟情勢報告（民國 86 年至 87 年）》（台北：大陸事務委員會，1999），頁 215-22。這些金額與陸委會的估計幾乎一樣。

資料來源：作者提供。

在 1980 年代中期以後，台灣出口的目的地也有很大的改變。之前，台灣主要的出口市場是美國。在台灣對外大量投資之後，台灣出口的市場很大一部分轉移到中國和東南亞國家，而這些出口主要是由投資所驅動的中間財與資本財出口。也就是說，在 1980 年代以前存在台灣內部分工，已經轉型為由中小企業對外投資所驅動的企業間國際分工。勞力密集的中小企業建立包括中國在內的海外生產基地，並由大企業提供大部分的中間財與資本財。然後，台灣海外子公司的產品再出口到美國、日本和歐洲。台商對中國出口的貢獻將在後面討論。

除了企業間（包括產業內及產業間）的國際分工，兩岸經貿關係還存在企業內的國際分工。根據台灣經濟部一份 1998 年針對 1,264 家企業的調查報告，35%對中國投資的台灣企業表示他們在台灣生產的產品較中國的分公司高級或附加價值較高，只有 4%持相反的看法。按照企業規模分，44%的大企業表示他們在台灣生產的產品較海外分公司高級或附加價值較高，只有2%持相反看法。相對的，只有 24%的小企業持相同的看法，4%持相反的看法。因此，愈是大型企業愈傾向實行企業內部的分工，台灣生產較高級或附加價值較高的產品，中國的分公司則生產勞力密集的產品。就小企業而言，企業內部的分工仍然存在，只是程度上較大企業為低。[35]

---

[35] 經濟部統計處編，《製造業對外投資》（1998），頁 142-3。〈關於產業的垂直與水平分工的探討〉，參見陳麗瑛，《兩岸產業分工政策執行成效評估》（台北：中華經濟研究院，1997）。

三、生產層面：投入、生產、行銷與技術

　　除了提供生產投入給中國的台商之外，台灣的母公司也提供技術給中國的子公司，並負責產品的行銷。根據高長與季聲國在 1995 年的研究，約有 46%的中國子公司由台灣母公司負責外銷業務，54%的中國子公司由台灣母公司提供生產技術。[36]根據高希鈞、林祖嘉、Cher Hsu 及 Wennie Lin 在 1995 年的研究，81%（複選題）的中國子公司由台灣母公司提供行銷（包括出口）服務，35%的中國台商也負責行銷的業務。此外，85%（複選題）的中國子公司由台灣母公司提供市場資訊與負責產品研發，也有 25%的中國台商自己負責資訊蒐集與產品研發工作。[37]

　　根據台灣經濟部 1999 年的報告，68%（複選題）的中國子公司由台灣母公司提供行銷服務，而 57%的中國台商也自己負責行銷。再者，92%的中國子公司由台灣母公司提供生產技術，中國台商從合作夥伴獲得生產技術的只有 12%，另外有 18%的中國台商自己研發生產技術。[38]根據另一項經濟部報告，「台灣接單、大陸出口」的比例日趨提高：在 1997 年這項比例為 23.6%，到了 1998 年提昇到 26.3%。也就是說，台灣母公司接獲的外銷訂單中，有 26.3%的貨品是由中國子公司出口。[39]

---

[36] 引自高長、徐東海，〈台商赴大陸投資的趨勢發展與面對「三通」的問題〉，《東亞季刊》，第 27 卷第 3 期（1995 年冬季號），頁 65-7。

[37] 引自 You-tien Hsing, *Making Capitalism in China: the Taiwan Connection* (New York: Oxford University Press, 1998), p. 68.

[38] 經濟部統計處編，《製造業對外投資》（2000），頁 488、489、509。

[39] 于國欽，〈台灣接單大陸出貨比率突破 26%〉，《工商時報》，

第五節　全球經濟分工

一、全球商品鏈與生產網絡

　　事實上，兩岸的經濟分工是以全球商品鏈（global commodity chain）與全球生產網絡（global production network）為基礎的廣泛全球經濟整合之一環。Gary Gereffi、Pan Mei-lin 及陳向明都以全球商品鏈解釋包括台灣與中國在內的新國際分工型態。他們認為台商在海外的生產已經形成在太平洋盆地的垂直國際分工。台灣提供原材料、機械，以及外銷訂單。中國與東南亞的勞工則生產成品，然後再出口到發達國家，主要是美國。在每個全球商品鏈中，台灣、香港與中國的分工都是基於他們各自的比較利益：台灣的資本、製造業技術（包括機械、設備及中間財）及管理經驗；香港對國際市場的出口、國際金融服務和轉運中心；中國的廉價土地、原料及勞動力。[40]

2000 年 3 月 6 日。

[40] Gary Gereffi and Mei-lin Pan, "The Globalization of Taiwan's Garment Industry," in Edna Bonacich, Lucie Cheng, Norma Chinchilla, Nora Hamilton, and Paul Ong (eds.), *Global Production: The Apparel Industry in the Pacific Rim* (Philadelphia: Temple University Press, 1994), pp. 126-46. Xiangming Chen, "The New Spatial Division of Labor and Commodity Chains in the Greater South China Economic Region," in Gary Gereffi and Miguel Korzeniewicz (eds.), *Commodity Chains and Global Capitalism* (Westport, Connecticut: Greenwood Press, 1994), pp. 166-86. Xiangming Chen, "China's Growing Integration with the Asia-Pacific Economy," in Arif Dirli (ed.), *What Is In A Rim?*, 2nd ed. (Lanham: Rowman & Littlefield, 1998), pp. 187-217.

　　再者，白利‧諾頓（Barry Naughton）以「中國圈」
（China Circle）來形容在華人地區內部受到台灣與香港投資驅
動的全球生產網絡。在「中國圈」內，台商與港商將低技術、
勞力密集的生產階段移往中國生產，然而保留附加價值較高的
部分在台灣和香港。因此，全球生產鏈迅速在跨國界之間成
形：台灣與香港則專注在高附加價值與技術密集的生產，大部
分一般性的加工生產則轉移到中國。[41]

二、以台、中、美爲核心的全球商品鏈

　　自從 1980 年代後期，台灣、中國與發達國家之間的貿易轉
向反映了區域之間的全球生產鏈的重組。特別是，這些貿易轉
向很大一部分反映了以台灣、中國與美國爲核心的全球生產
鏈。基本上，中間財與資本財由台灣輸往中國，經中國的勞工
加工之後，再將成品輸往發達國家，特別是美國。此外，台灣
對發達國家的出口迅速減少，主要是被在中國的台商出口所取
代。因此，在台商大量投資中國之後，產生三項顯著的貿易轉
向效果：台灣對中國出口的中間財與資本財急遽增加、由台商
製造的中國勞力密集產品對發達國家出口快速增加，以及台灣
對發達國家出口的勞力密集產品大量減少。

　　自從 1980 年代後期，台灣對中國及美國的出口發生劇烈的
轉變。在 1986 年，台灣對美國的出口占了台灣總出口的 48%，

---

[41] Barry Naughton, "The Emergence of the China Circle," in Barry
Naughton (ed.), *The China Circle: Economic and Technology in the PRC,
Taiwan, and Hong Kong* (Washington, DC: Brookings Institution Press,
1997), pp. 4-9.

當時台灣對中國的出口只占台灣總出口的 2%。在 2000 年時，台灣對美國的出口只占台灣總出口的 23%，相對的，台灣對中國的出口則增加到 17%。此外，台灣的全球貿易順差不斷減少，從 1987 年的最高點 187 億美元，減少到 2000 年的 83 億美元。然而，台灣對中國的貿易順差卻持續攀升，從 1987 年的 9 億美元，增加到 2000 年的 188 億美元。

自從 1980 年代後期，中國與美國之間的貿易也迅速增長。根據美國的統計資料，從 1989 年到 2000 年期間，中國對美國的出口增加大約八倍。在 2000 年，中國對美國的出口為 1,001 億美元，進口為 163 億美元，中國享有 838 億美元的順差。

事實上，在中國的外商對於中國的出口產生非常重要的作用。在 1990 年，由外商製造的中國出口額為 78 億美元，占中國總出口的 12.6%。在 1998 年，在中國外商的出口額為 810 億美元，相當於中國總出口的 44.1%。到了 2000 年，在中國外商的出口額為 1,194 億美元，占中國總出口的 48%。此外，中國加工製造出口，主要由外商所製造，從 1990 年的 245 億美元（占中國總出口的 44%），增加到 1998 年的 1,046 億美元，占中國總出口的 57%。在 2000 年，中國加工製造出口金額為 1,377 億美元（占中國總出口的 55%）。[42]

特別是，在中國的台商對於促進中國出口方面扮演重要的角色。根據嚴宗大在 1992 年的研究，在中國台商生產的產品之中，85%的商品出口到第三國。高長發現在 1994 年大部分中國

---

[42] 中華經濟研究院，《大陸暨兩岸經濟情勢報告》，頁 38。Nicholas Lardy, *Integrating China into the Global Economy* (Washington, D.C. : Brookings Institution Press, 2002), pp. 7, 38.

台商的出口比率爲 85%，甚至有些高達 100%；相較之下，中國其他外商的出口比率只有 27%。[43]根據台灣國貿局的估計，在1996 年，70%的中國台商成品被輸往美國。[44]根據台灣經濟部的估計，在 1998 年前，大約 45%到 52%的中國台商產品是被輸往包括美國在內的第三國。[45]

另外，有多項針對台商對中國出口貢獻的研究。根據高長的研究，在 1995 年時，中國台商總共出口 214 億美元，占了中國總出口的 14.4%。[46]根據筆者的研究，在 1996 年時，中國台商總共出口 278 億美元，占中國總出口的 18.4%。再者，中國台商對美國出口的估計大約在 72 億美元到 112 億美元之間，相當於中國在 1996 年對美出口 512 億美元的 14%到 22%。[47]

因此，台灣出口製造基地的轉移對於台灣在美國及日本的進口市場的占有率產生立即而嚴重的衝擊。根據美國商務部，在 1987 年，台灣的商品占美國進口市場的 6.1%，中國只有1.6%。此後，台灣的占有率下跌到 1993 年的 4.4%，到了 2000年只有 3.3%。相較之下，中國的占有率攀升到 1993 年的5.5%，到 2000 年時高達 8.2%。相同的情形發生在日本進口市場。根據日本財政部，台灣商品在日本進口市場的占有率從

[43] 高長，《大陸經改》，頁 140-3。
[44] Kelly Her, "Losses Loom as US Targets Mainland," *Free China Journal*, May 24, 1996, p. 3.
[45] 經濟部統計處編，《製造業多角化》（1995），頁 376-77。經濟部統計處編，《製造業對外投資》（1999），頁 180-3。經濟部統計處編，《製造業對外投資》（2000），頁 492-94。
[46] 高長，《兩岸經貿》，頁 136-41。
[47] Tung, "Trilateral Economic Relations," pp. 229-35.

1987 年的 4.8%下降到 1993 年的 4.1%，再下跌到 1997 年的
3.7%。不過，台灣商品在日本進口市場的占有率在 2000 年回升
到 4.7%。中國的占有率卻從 1987 年的 5%上升到 1993 年的
8.5%，然後再躍升到 2000 年的 14.5%。[48]

在 1989 年到 1999 年之間，台灣在美國及日本勞力密集商
品的進口市場受到嚴重的衝擊。然而，台灣在美國市場占有率
的急劇減少卻相對應著中國占有率的快速增加。例如，在 1994
年之前，70%的台灣鞋業都已經遷移到中國；在 1994 年，中國
製的鞋子在美國市場的占有率高達 45%，相當於台灣在 1986 年
時的占有率。到了 2000 年，中國的占有率持續增加到 77.5%，
台灣則只剩下 0.7%。再者，台灣的玩具出口在 1988 年為 34 億
美元，中國則是不到 4 億美元；到了 1995 年，台灣的玩具出口
只剩下 27 億美元，中國卻在短短七年之間增加 9 倍達 34 億美
元。[49]如尼克‧拉迪（Nicholas Lardy）指出，這些趨勢很明顯
地與大批勞力密集工廠，包括台灣的工廠，遷移到中國有很密
切的關係。[50]

台灣對大陸投資所產生的貿易轉向效果可以相當程度解釋
美國與台灣及中國之間貿易逆差的改變，也可以解釋投資中國

[48] 台灣經濟研究院編撰，《兩岸經濟統計月報》，第 105 期（2001 年
5 月），頁 59-60。

[49] Tung, "Trilateral Economic Relations," p. 228. Chung, "Double-Edged
Trade Effects," pp. 146-49. 中華經濟研究院，《兩岸經濟情勢分
析》，頁 111-40。 "U.S. Footwear Imports: January – December 2000,"
conference memo, Footwear Distributors and Retailers of America
Leadership Conference & Annual Meeting, March 14-17, 2001.

[50] Lardy, Integrating China, pp. 158-63.

的東亞經濟體與美國的貿易逆差。例如，美國對台灣、新加坡、南韓和香港的貿易逆差從 1987 年的 340 億美元減少到 1995年的 78 億美元。在同時期，美國對中國的貿易逆差等比例地從 28 億美元增加到 338 億美元。這些數字大致反映了台灣、新加坡、南韓、香港到中國投資所造成的貿易轉向效果。大部分美國不斷增加的對中國貿易逆差來自於外商供應源，特別是勞力密集的產業，轉移到中國的效果。[51]

三、個案研究：電子與資訊產業

直到 2001 年 7 月，根據台灣的統計，台灣對大陸累計投資在電子及電器製造業的金額高達 55 億美元。這項產業是台灣投資大陸最大的項目，占台灣對大陸投資總額的 30%。而且，該產業也是台灣自 1996 年以來對大陸出口和進口的最大項目。在 1998 年，台灣對大陸出口中的 66 億美元（占台灣對大陸出口的33%）是電子、機械及機械用具、電動設備、有關零件（HS 分類的第 16 類），台灣從大陸進口的這類產品為 15 億美元，占台灣從大陸進口的 37%。由於這項產業在兩岸經濟關係如此重要，本研究將分析電子資訊產業，以取得涉及台灣與大陸雙方的全球商品鏈或全球生產網絡一個較清晰的圖像。

根據台灣資訊工業策進會（資策會），台灣全部（國內與海外）資訊產業的產值 1999 年為 399 億美元，2000 年為 470 億美元。自從 1997 年起，台灣的製造商已經成為世界資訊產品的第三大製造商，次於美國與日本的製造商。再者，台灣製造商

---

[51] Lardy, *Integrating China*, pp. 158-60.

是全世界超過 14 項資訊產品的最大生產商,包括筆記型電腦、桌上型電腦、監視器、主機板、電源供應器、電腦外殼、掃描器、電腦滑鼠、鍵盤、網路集線器、數據機、電腦晶片與網路卡,而且大部分占有世界市場份額的 50%以上。[52]

不過,台灣製造商的資訊產品很大部分在海外生產。表 2-9 顯示台灣海外生產占台灣製造商生產的比例不斷增加,到 2000 年已將超過一半的生產額。1992 年,90%的台商資訊產品在台灣生產,10%在海外生產。根據資策會的估計,台灣在 1990 年代對外大規模投資電子產業之後, 2000 年只有 48%的台灣資訊產品產值在台灣生產,52%是在海外生產。

特別是,台灣資訊產品由中國台商生產的比例大幅度增加。1995 年,中國台商所製造的資訊產品僅占台商全部資訊產品的 14%。隨著台灣在 1990 年代中期以後對大陸大量投資電子產業,2000 年大約 39%的台灣資訊產品在大陸生產(見表 2-9)。最突出的例子是電腦外殼的生產。1997 年,台灣製造商供給世界市場 73%的該項產品,其中 70%為台商在大陸的子公司所製造。從大陸的觀點,2000 年大陸資訊科技硬體產品總共 255 億美元,其中 185 億美元,或 72%的產品,由台商所製造。[53]

---

[52] 蔡宏明,〈資訊科技協定對資訊科技國際分工的影響〉,《經濟情勢暨評論季刊》,第六卷第三期(2000 年 2 月),頁 39-46。林志成,〈資策會提警訊:明年起 大陸電腦產值將超越台灣〉,《中國時報》,2000 年 10 月 27 日。傅建中、江靜玲、徐孝慈、侯南芬,〈新思維 邁向全球化世紀〉,《中國時報》,2001 年 1 月 2 日。

[53] Clough, *Cooperation or Conflict in the Taiwan Strait ?*, pp. 54-5. 〈大陸電腦硬體設備產值七成來自台商〉,《工商時報》,2001 年 4 月 14

表 2-9 台灣資訊硬體產業的國內與海外生產價值：1994-2000 年

單位：百萬美元

生產	1992	1993	1994	1995	1996	1997	1998	1999	2000 (e)
全部生產	9,364	11,384	14,582	19,543	25,035	30,174	33,776	39,398	48,076
國內生產	8,391	9,693	11,579	14,071	16,999	19,036	19,223	20,880	23,209
國內／全部生產（百分比）	90	85	79	72	68	63	57	53	48
中國／全部生產（百分比）	n.a.	n.a.	n.a.	14	17	23	29	33	39

註：全部生產等於台灣國內生產加上海外生產。2000 年的數據為資訊工業策進會估
　　計。
資料來源：
蔡宏明，〈資訊科技協定對資訊科技國際分工的影響〉，《經濟情勢暨評論季刊》，
　　第 6 卷第 3 期（2000 年 2 月），頁 44-46。
Michael Borrus, "Left for Dead: Asian Production Networks and the Revival of U.S.
　　Electronics," in Barry Naughton （ed.）, *The China Circle: Economic and Technology
　　in the PRC, Taiwan, and Hong Kong* （Washington, DC: Brookings Institution Press,
　　1997）, p. 153.

　　雖然台灣製造商是世界資訊產品的第三大製造商，但是大
部分的產品出口到台灣與中國之外的國際市場，主要是美國市
場。例如，2001 年 41%的台灣筆記型電腦和 38%的桌上型電腦
出口到美國。[54]根據陳向明 1999 年的研究，台灣製造 40%的
IBM 桌上型電腦，60%的 Dell 桌上型電腦。根據台灣經濟部，
1999 年國際對台灣電子科技產品的採購為 330 億美元，占台灣

　　日。
[54] Mark Landler, "These Days 'Made in Taiwan' Often Means 'Made in
China'," *New York Times*, May 29, 2001, P. A1.

電子產品的 84%。那一年，Compaq、IBM、Dell 和 HP 是對台灣下訂單的四大公司，占了 330 億美元的 63%。[55]

　　根據資策會，2000 年國際對台灣資訊產品的採購達到 376 億美元，占台灣總生產的 78%。Compaq 採購 100 億美元，是國際採購最多的公司；日本的東芝、日立、新力、NEC 和三菱總共採購 35 億美元。統計數字也指出，2000 年的美國前十大採購商包括 Compaq、IBM、HP 及 Dell，總共採購 296 億美元的產品，占國際從台灣採購 376 億美元的 78%。此外，台灣也在 2000 年成為日本最大的半導體供應國。[56]

　　根據中國海關統計，中國 2000 年高新科技產品的出口為 370 億美元，比去年增加 50%，占中國當年總出口的 15%。這些出口主要是資訊科技產品，包括電腦、通訊系統及零組件。不過，這些高科技出口當中，89%是加工出口，81%是由外資企業（包括台資企業）所製造。再者，大約 53%的產品被輸出到美國、歐盟及日本。[57]

---

[55] Xiangming Chen, "Business Over Politics," *China Business Review*, March-April 1999, p. 12. 周芳苑，〈日商擴大對台採購，金額直逼美商〉，《中國時報》，2000 年 11 月 13 日。歐素華，〈台灣擊退南韓成為日本主要IC供應國〉，《中國時報》，2000 年 12 月 15 日。

[56] Wen-hung Fang, "International Procurement in Taiwan Reaches $37.6 billion," Central News Agency (Taipei), January 11, 2001, in FBIS-CHI-2001-0111. Edward Chen, "Taiwan's IT Parts Sales Reach $34.64 Billion FY00" (in English), Central News Agency (Taipei), January 11, 2001, in FBIS-CHI-2001-0111. 歐素華，〈台灣擊退南韓成為日本主要 IC 供應國〉，《中國時報》，2000 年 12 月 15 日。

[57] "China's Hi-Tech Exports Up 50 Percent," Xinhua Economic News Service, January 22, 2001. 李道成，〈大陸高新技術產品 去年進出口劇增〉，《工商時報》，2001 年 2 月 7 日。

　　除了台灣與大陸之間的生產分工之外，很多國家在這個全球資訊產品鏈中扮演一定的角色。首先，美國與日本提供高科技的軟體與硬體給這個商品鏈的台灣與其他國家。整體來說，美國在提供系統軟體與特殊晶片設計上具有領先地位，日本則是提供資訊產業的大部分關鍵零組件。例如，台灣電子產業長期嚴重依賴日本的零組件進口，以致於對日本產生大量的電子產品貿易逆差。[58]特別是，2000 年台灣是半導體設備的第二大市場，僅次於美國。輸往台灣的半導體設備從 1999 年的 45 億美元增加到 2000 年的 94 億美元（占世界銷售的 19.5%），增加 108%。[59]

　　順著資訊產品價值鏈往下，台灣（某種程度上，韓國、新加坡）目前扮演非常重要的硬體製造、原始設計製造（ODM）和原始設備製造（OEM）分包者的角色，隨著市場的演進，有能力研發新的周邊產品與設備。例如，台灣已經成爲半導體的

---

[58] Chin Chung, "Division of Labor across the Taiwan Strait: Macro Overview and Analysis of the Electronics Industry," in Barry Naughton (ed.), *The China Circle: Economic and Technology in the PRC, Taiwan, and Hong Kong* (Washington, DC: Brookings Institution Press, 1997), p. 197. Dieter Ernst, "Partners for the China Circle? The East Asian Production Networks of Japanese Electronics Firms," in Barry Naughton (ed.), *The China Circle: Economic and Technology in the PRC, Taiwan, and Hong Kong* (Washington, DC: Brookings Institution Press, 1997), pp. 241-3.

[59] "Worldwide Semiconductor Equipment Shipments Increased 90 % in 2000," press release, Semiconductor Equipment and Materials International, March 1, 2001, http://www.semi.org/web/wpress.nsf/33fa5 ……006d9c77/7631fc3501bce6b988256a02000e724e!OpenDocument, accessed March 5, 2001.

生產中心，這是資訊產業的核心零件。2000 年台灣半導體產業的產出爲 233 億美元。[60]那一年，台灣提供將近 40 億美元的半導體給中國，超過台灣對中國總出口的 15%。[61]再者，新加坡和香港爭取成爲區域營運中心，並且提供主要的後勤支援的功用，例如，採購、測試、訓練、技術服務及某些產品設計。

　　在全球生產網絡的底層是中國、東南亞及其他發展中國家，形成生產部署的第一層、第二層及第三層資訊產業製造商的目的地。馬來西亞、泰國和菲律賓是中層和較高層產品大量生產的優勢地點。中國主要與印尼、印度和越南爭取低階組裝和簡單零組件製造的生產基地。最後，在中國及其他生產基地的最終產品則輸往發達國家，特別是美國。[62]

---

[60] 曾憲文，〈今年半導體產值可望成長 25%〉，《工商時報》，2001年 3 月 3 日。

[61] 于國欽，〈去年我對大陸貿易順差創新高〉，《中國時報》，2001年 2 月 28 日。

[62] Chung, "Division of Labor across the Taiwan Strait,"p. 197. Ernst, "Partners for the China Circle?," pp. 236-39.

第六節　兩岸經濟相互依賴

一、兩岸貿易依賴

　　根據台灣陸委會的估計，台灣對中國市場的依賴度（台灣
對中國出口占台灣總出口的比例）不斷地增加，從 1987 年的
2.3%躍升到 1999 年的 17.5%。從 1993 年起，中國已經成為台灣
的第二大出口市場，僅次於美國。部分因為台灣對中國進口的
限制，所以台灣對中國供給的依賴度（台灣從中國進口占台灣
總進口的比例）到了 1999 年仍然只有 4.1%。整體而言，在
1999 年台灣對中國的貿易依賴度（台灣與中國的雙邊貿易占台
灣總貿易的比例）為 11.1%。同一年，中國對台灣的進口依賴度
為 12.9%，出口依賴度為 2.3%。從 1992 年起，台灣已經成為中
國的第二大進口供應來源，僅次於日本。整體而言，在 1999 年
中國對台灣的貿易依賴度為 7.2%（見表 2-10）。

表 2-10　兩岸貿易相互依賴度：1987－1999 年

單位：%

年度	台灣對中國的貿易依賴度			中國對台灣的貿易依賴度		
	出口依賴	進口依賴	總貿易依賴	出口依賴	進口依賴	總貿易依賴
1987	2.3	0.8	1.7	0.7	2.8	2.1
1990	6.5	1.4	4.2	1.2	8.2	4.5
1993	16.5	1.4	9.3	1.2	13.5	7.7
1996	17.9	3.0	11.0	2.0	14.9	8.2
1999	17.5	4.1	11.1	2.3	12.9	7.2

註：所有數據根據台灣陸委會的估計。

資料來源：

《兩岸經濟統計月報》（頁 25），第 96 期（2000 年 8 月），台灣經濟研究院編撰。

二、兩岸貿易經濟依賴

　　然而，貿易依賴度只顯示如果兩岸貿易中斷對於台灣或中國貿易往來的潛在影響。相較於中國，台灣是一個高度貿易外向國家。因此貿易依賴度會低估兩岸經濟關係中斷可能對台灣經濟所造成的衝擊，也就無法反映真正兩岸經濟的相互依賴程度。因此，要衡量兩岸經濟依賴度，應該衡量兩岸貿易中斷可能對兩岸國內生產毛額（GDP）的影響，而不是對貿易量的影響。雙邊貿易（出口或進口）往來的總量占該國 GDP 的比例可以被稱為「貿易（出口或進口）經濟依賴度」。必須注意的是，這項指標可能超過百分之百，因為貿易（出口或進口）是生產價值的總量，而 GDP 則是附加價值的總和。例如，香港在 1992 年的全球貿易經濟依賴度便高達 252%，其中貿易量為 2,429 億美元，GDP 為 964 億美元。

　　在 1987 年時，台灣對中國的出口經濟依賴度為 1.2%，進口經濟依賴度為 0.3%，貿易經濟依賴度為 1.5%。在 1993 年，這些指標分別為 6.3%、0.5%及 6.8%。在 1999 年，這些指標分別為 7.2%、1.5%及 8.7%。相較之下，在 1987 年時，中國對台灣的出口經濟依賴度為 0.1%，進口依賴度為 0.4%，貿易依賴度為 0.5%。在 1993 年，這些指標分別為 0.2%、2.3%及 2.5%。在 1999 年，這些指標分別為 0.5%、2.1%及 2.6%。相對而言，在 1990 年代台灣對中國的經濟依賴度為中國對台灣經濟依賴度的三倍。貿易經濟依賴度顯示台灣對兩岸貿易依賴度遠較中國嚴重，這主要是因為台灣與中國不相稱的經濟實力（見表 2-

11）。

表 2-11 兩岸貿易經濟相互依賴度：1987－1999 年

單位：%

年度	台灣對中國的依賴度			中國對台灣的貿易依賴度		
	出口經濟依賴	進口經濟依賴	貿易經濟依賴	出口經濟依賴	進口經濟依賴	貿易經濟依賴
1987	1.2	0.3	1.5	0.1	0.4	0.5
1990	2.7	0.5	3.2	0.2	1.1	1.3
1993	6.3	0.5	6.8	0.2	2.3	2.5
1996	7.6	1.1	8.7	0.4	2.5	2.9
1999	7.2	1.5	8.7	0.5	2.1	2.6

註：所有兩岸貿易數據根據台灣陸委會的估計。

三、兩岸金融依賴

　　事實上，兩岸最重要的經濟互賴是金融互賴。台灣對中國的投資不僅造成兩岸貿易依賴，同時也對中國經濟發展產生不小貢獻。兩岸貿易的中斷或在中國台商經濟活動受到影響，都會對中國的經濟發展產生衝擊。根據 Thomas Chan、Noel Tracy 及 Zhu Wenhui，在 1994 年前，在中國的台商總共僱用 300 萬中國勞工。[63]根據高長的研究，在 1995 年時，台商對中國投資 32 億美元，占中國資本形成毛額的 1.1%；台商總共僱用 390 萬中國勞工，相當於中國都市勞動力的 2%；台商的產出總共 336 億美元，相當於中國工業總產值的 3.1%；台商出口高達 214 億美元，相當於中國 14.4%的總出口。此外，在 1994 年，台商總共

---

[63] Thomas Chan, Noel Tracy, and Zhu Wenhui, *China's Export Miracle: Origins, Results and Prospects* (New York: St. Martin's Press Inc., 1999), p. 65.

上繳 34 億人民幣的稅收，相當於中央政府稅收的 1%。[64]

　　根據高長的研究，假設台商對中國經濟發展的貢獻與台灣對中國累計投資成比例，我們可以據此推估台商在 1999 年對中國經濟發展的貢獻。根據中國的統計，台灣在 1995 年對中國的累計投資總額為 114 億 2 千 7 百萬美元，在 1999 年為 238 億 6 千 4 百萬美元。因此，用來推估 1999 年的乘數是 2.09（23864／11427）。在 1999 年，台商投資 26 億美元，相當於中國資本形成毛額的 0.7%；台商總共僱用 820 萬（2.09 x 3.9）中國勞工[65]，相當於中國都市勞動力的 3.9%；台商的產出總共 702 億美元（2.09 x 336），相當於中國工業總產值的 4.6%；台商出口高達 447 億美元（2.09 x 214），相當於中國 22.9%的總出口；台商總共上繳 98 億人民幣（2.89 x 3.4）[66]的稅收，相當於中央政府稅收的 1.7%。

四、香港的角色

　　香港的角色嚴重地混淆了兩岸經濟互賴的計算，特別是，

[64] 高長，《兩岸經貿》，頁 128-45。
[65] 根據台灣的海峽交流基金會經貿服務處長廖運源的估計，到 2000 年底共有 43000 家台商在大陸，平均如果以 500 人算，台商總共僱用 2000 萬大陸員工。作者對廖運源的訪談，2001 年 5 月 22 日。根據中華經濟研究院的問卷調查，在 1996 年，中國台商僱用的員工數平均為 589 人，而且計畫在 1997-1998 年期間平均增加 322 人。也就是說，到了 1999 年，台商僱用的大陸員工將至少達 900 人左右。據此推算，在 1999 年台商總共僱用大約 3600 萬大陸員工。不過，中經院的近一千份調查樣本只有回收 71 份，所以推估的數據仍待商榷。陳麗瑛，《兩岸產業分工》，頁 200-08。
[66] 在 1994 年，台灣累計對中國的投資為 82 億 6 千 5 百萬美元。因此，用來估計 1999 年的稅收之乘數應該是 2.89。

香港主權在 1997 年 7 月 1 日回歸中國之後，香港與台灣及中國都有非常密切的關係，而且對於兩岸經濟關係的發展扮演非常重要的角色。

根據中國的統計，直到 2000 年 6 月，香港是中國累計實際直接外資的最大來源，投資 1,614 億美元，占中國全部直接外資的 50%。2000 年中國的香港投資企業總共僱用 500 萬中國員工。[67]再者，中國企業透過香港股市在 2000 年募得資金高達 440 億美元，占當年香港股市籌獲資金的 74%。相較之下，中國企業在國內股市僅僅籌得 180 億美元。[68]此外，1990 年代中期，香港政府估計大約港幣總供給量的 22-25%（大約是 170 億港幣）在中國流通。[69]

另一方面，中國也對香港經濟發展有很大的貢獻。1997 年中國是香港的第二大直接外資來源，投資 183 億美元，占香港總直接外資的 19.4%。它的投資分散在香港的房地產、貿易、運輸和金融機構。例如，以存款的總量而言，1996 年中國銀行是香港的第二大銀行。根據香港大陸企業協會及媒體的估計，1998 年 12 月，中國企業投資香港超過 250 億美元，總資產超過 1,833 億美元。[70]

---

[67] Lardy, *Integrating China*, p. 57.

[68] "China Said Playing Increasingly Important Role in Global Capital Market," Beijing Xinhua, 13:21 GMT, February 15, 2001, in FBIS-CHI-2001-0215.

[69] Yun-Wing Sung, "WTO and the Economy of Greater China," 郭益耀、鄭偉民編，《經濟全球化與中美經貿關係》（北京：社會科學文獻出版社，2001），頁 227。

[70] 中華經濟研究院，《大陸暨兩岸經濟》，頁 333。Gong Chen,

　　1998 年，香港是中國最大的出口市場和第四大進口來源。根據香港海關，1998 年中國是香港的最大出口市場與進口來源。基本上，香港是中國的轉運中心。根據世界貿易組織（WTO），1999 年香港出口 1,744 億美元商品，其中 1,520 億美元從中國再出口到其他國家；同年，香港進口 1,807 億美元商品，其中 1,520 億美元商品是從其他國家再出口到中國。[71]

　　更重要的是，做爲中國通往世界之窗的香港，對於中國整體經濟發展有相當大的幫助。香港提供中國關鍵的運輸、倉儲、保險、裝櫃和加工服務。特別重要的是，中國非常需要香港在金融、貿易、公共行政方面的人才與技術。香港是 405 家銀行和分行的據點，其中 335 家屬於外國銀行。至 1996 年底，90%的中國公司債是透過香港籌資。此外，香港有大約 1,300 家會計公司和 3,000 家管理顧問公司，也是近 800 家外國公司的區域總部。[72]

　　至於台灣與香港經濟關係，根據台灣的統計，1999 年香港是台灣第三大出口市場，次於美國和中國。至 1998 年 12 月，香港累計對台灣的投資額爲 31 億美元，占台灣總體外資的9.5%。

"Capital Movement Between the Mainland, Taiwan, and Hong Kong," in Bin Yu and Tsungting Chung (eds.), *Dynamics and Dilemma: Mainland, Taiwan and Hong Kong in a Changing World* (New York: Nova Science, 1996), p. 128.

[71] "Table 1.5 Leading Exporters and Importers in World Merchandise Trade, 1999," World Trade Organization, http://www.wto.org/english/res_e/statis_e/wt_overview_e.htm, accessed January 23, 2001.

[72] World Bank, *China 2020: Development Challenges in the New Century* (Washington, D.C.: World Bank, 1997), pp. 86-87.

　　台灣、香港與大陸之間複雜而緊密的關係所造成的三邊互
賴關係可以從二個角度來看。一方面，因為兩岸經濟關係中斷
所引起對於台灣與大陸經濟的衝擊不僅會造成台灣與大陸的傷
害，也會對香港造成傷害。反之，對香港的傷害將會進一步擴
散到台灣與大陸。擴散效應所形成的對台灣與大陸的傷害將會
進一步造成香港的損失。因此，任何台灣、香港、大陸之間的
經濟關係中斷都會對三個經濟體造成惡性循環的傷害。再者，
大陸目前在兩岸經濟關係上有更大的利害關係，因為香港對於
大陸經濟發展有很大的貢獻已經數十年，而且香港在回歸大陸
之後，大陸對香港應該有更大的責任。

　　不過，情況非常複雜，要通盤瞭解非常困難，因為香港是
台灣與中國之間及中國與其他國家之間的中介角色。由於台灣
禁止直接對中國貿易與投資，因此很多台灣的貿易與投資是透
過香港進行。因為很多透過香港的兩岸經貿往來可能被重複計
算，所以很難釐清兩岸經濟關係中斷可能對台灣與中國的真正
影響。無論如何，香港的角色只不過是包括台灣、香港、中國
及其他國家在內的全球經濟分工的一部分。事實上，兩岸經濟
關係中斷不僅會影響台灣、香港、中國，而且還會影響亞太地
區的主要國家。下面將進一步闡述包括香港在內的全球經濟互
賴。

第七節　全球經濟相互依賴

一、全球貿易互賴

在 1990 年代，台灣、中國與他們的主要貿易夥伴（美國、香港、日本、新加坡和韓國）已經在太平洋盆地發展出相當密切的互賴關係。不過，全球分工不僅使得彼此的貿易關係變得複雜，同時也造成貿易統計上的困難，特別是台灣、中國、香港與美國之間的貿易數據。因此，在討論全球互賴關係之前，有必要先釐清貿易夥伴之間的統計差異。

在討論美國與中國之間的統計差異時，諾頓（Naughton）認爲美國與中國各自的進口數據差不多是「正確的」。每個國家根據自己統計的進口相當於對方宣稱的出口加上經由香港的轉出口部分。他認爲，爲了簡化和一致性，採用每個國家的進口數額應該是可以接受的。[73]

然而，如果中國出口到美國及其他國家的數據考慮到中國經香港轉出口的部分，香港「真正」從中國進口的數據應該採用中國對香港的出口數據。例如，在 1998 年，香港統計顯示香港從中國進口 750 億美元，但是中國的資料卻顯示中國出口到香港只有 387 億美元。這些差異應該可以說是中國經香港轉出

---

[73] Barry Naughton, "The United States and China: Management of Economic Conflict," in Robert Ross (ed.), *After the Cold War: Domestic Factors and U.S.-China Relations* (Armonk, New York: M. E. Sharpe, 1998), pp. 150-153.

口到其他國家的部分。此外，我們也必須修正香港的出口數據，因為很多從其他國家經香港轉出口到中國，或中國經香港轉出口到其他國家，這些都被算入香港的出口。

經此調整之後，在 1998 年時，台灣對亞太地區（台灣、中國、香港、美國、日本、新加坡和韓國）的出口依賴度為81%，中國為 91%。台灣對此地區的進口依賴度為 58%，中國為 71%。中國對亞太地區的出口和進口依賴度都比台灣高出很多。

再者，另外五個經濟體對於亞太地區的出口與進口依賴度也都非常高。在 1998 年時，香港對亞太地區的進口依賴度為77%，出口依賴度為 68%。美國對亞太地區的進口依賴度為30%，出口依賴度為 23%。日本對亞太地區的進口依賴度為47%，出口依賴度為 61%。新加坡對亞太地區的進口依賴度為51%，出口依賴度為 36%。韓國對亞太地區的進口依賴度為50%，出口依賴度為 54%。整體而言，區域內的貿易依賴度（這七個經濟體在區域內的貿易量占總貿易的比例）為 44%。也就是說，在 1998 年時，每個經濟體與其他六個經濟體之間的貿易平均而言占了該經濟體對外貿易總量的 44%（見表 2-12）。

表 2-12 台灣、中國及其重要貿易夥伴間的全球貿易依賴度：1998 年

單位：百萬美元

		出口國							總進口比例	區域內進口占
		台灣	中國	香港	美國	日本	新加坡	韓國		
進口國	台灣	X	4,111	1,952	19,679	27,001	2,697	5,669	58%	
	中國	28,275	X	6,658	16,884	28,275	4,235	15,014	71%	
	香港	13,343	38,742	X	13,848	23,359	8,116	9,434	77%	
	美國	33,123	75,095	10,935	X	125,090	18,654	24,805	30%	
	日本	10,156	37,089	1,732	67,480	X	4,719	12,076	47%	
	新加坡	3,256	5,690	2,850	18,831	17,029	X	4,080	51%	
	韓國	1,459	6,300	474	20,274	16,631	1,687	X	50%	
區域內出口占總出口比例		81%	91%	68%	23%	61%	36%	54%		
這七個經濟體的區域內貿易占總貿易的比例		44%								

註：1.除了香港之外，其他國家都是採用進口的數據。台灣的進口數據是根據台灣的
統計。

2.香港從中國進口的數據採用中國統計的中國對香港出口的數據。

3.關於香港對於亞太地區的進口和出口依賴度，本文採用香港海關的統計。根據
香港的統計，中國、美國、日本、台灣、韓國和新加坡總共占香港出口的
68%，及香港進口的 77%。

資料來源：

《兩岸經濟統計月報》，第 96 期（2000 年 8 月），台灣經濟研究院編撰。

Department of Economic and Social Affairs, United Nations （ed.）, *1998 International
Trade Statistics Yearbook*.New York: United Nations, 1999.

　　如此緊密的國際貿易互賴使得任何國家或社會想要在政治
上操縱雙邊經濟關係更加困難。「雙邊」的經濟關係在本質上
不再是雙邊的，而是「多邊」的和「全球」的。任何雙邊經濟
關係的中斷，甚至某個國家經濟的動盪，都會對區域內主要經
濟體有擴大的、深遠的、區域性的，甚至全球性的影響，1997

－1999 年的亞洲金融危機便很清楚說明這種效應。

　　例如，台灣對於大陸製造業對美國的出口有很大的貢獻，因此，如果美國對中國採取貿易制裁必然會對台商及台灣經濟造成災難性的後果。1995 年 2 月，美國威脅對中國出口 1 億美元的關稅制裁。根據鍾琴的估計，台灣將因此損失 2 億 7 千萬美元的訂單。也就是說，台商所製造的中國出口產品的 27%將受到美國制裁的影響。[74]再者，在 1991 年之後，台灣的企業加入中國與香港的行列支持中國的最惠國待遇地位（MFN，現在為永久正常貿易關係地位），因為很多中國出口到美國的商品為台商所製造。[75]更甚者，儘管中國在 1995 年 7 月到 1996 年 3 月期間對台灣進行軍事演習與飛彈威脅，有台灣經貿大使之稱的辜濂松竟然在 1996 年 5 月《華爾街日報》撰寫專文，要求美國延長中國的最惠國待遇，他說：「最惠國待遇對中國是好的、對台灣也是好的。」[76]

　　最後，2000 年 3 月在陳水扁當選台灣總統之後，在接受記者採訪時，他明確地要求「中美貿易關係正常化」及支持中國加入世貿組織。[77]2000 年 4 月 12 日，透過美國傳統基金會的視

[74] Chung, "Double-Edged Trade Effects," pp. 150-52. Wayne Morrison and William Cooper, *China-U.S.-Taiwan Economic Relations*, CRS Report for Congress (Washington, D.C.: Congressional Research Service, 1996), p. 47.

[75] 高孔廉，《兩岸經貿現況與展望》，頁 20。

[76] Jeffrey Koo, "MFN for China Is Also Good for Taiwan," *The Wall Street Journal*, May 7, 1996, p. 22.

[77] Jim Mann, "Taiwan's New President Backs Sino-American Trade," *Los Angeles Times*, March 22, 2000, p. A1.

訊會議,總統當選人陳水扁清楚地要求美國國會議員協助台灣與中國加入世貿組織,他提醒國會議員:「(美國)與中國的正常貿易關係不僅僅有助於發展中國的經濟。它也有助於提高台灣的經濟發展。」[78]

台灣、香港與中國之間的雙邊經濟關係如果出現的中斷,將會比 1997－1999 年亞洲金融危機更嚴重地影響世界經濟,因為台灣、香港和中國在世界經濟舞台上比泰國、印尼、馬來西亞和菲律賓還重要的多。1995 年,中國是世界上第 7 大經濟體,台灣是第 19 大經濟體,香港是第 27 大經濟體。那一年,這三個經濟體的國內生產毛額總額為 11,470 億美元。1999 年,中國是世界上第 9 大貿易國,香港是第 10 大貿易國,台灣是第 15 大貿易國。這三個經濟體的總貿易額為 9,484 億美元,占全世界貿易總額的 8.2%。1999 年底,這三個經濟體所擁有的外匯存底為 3,571 億美元。相較之下,1995 年泰國、印尼、馬來西亞和菲律賓(他們引發亞洲金融危機)的國內生產毛額總和為 5千億美元,只有大中華三個經濟體的 43.5%。1999 年,這四個經濟體的貿易總和為 4,001 億美元,為大中華三個經濟體的 42.2%。1999 年底,這四個經濟體的外匯存底只有 1,028 億美元,只有大中華三個經濟體的 28.8%。

二、全球金融互賴

全球經濟互賴除了貿易互賴之外,金融互賴更是顯著。香

---

[78] Chen Shui-bian, "A New Era of Opportunity for Taiwan," Heritage Lectures, no. 664, April 28, 2000.

港、美國、日本、新加坡、韓國及英屬中美洲（維京群島與開曼群島），對台灣及中國均有大量的投資。在 1998 年底，這六個地區對台灣總共投資 239 億美元，相當於台灣獲得直接外資的 73.1%。在 1999 年，香港、美國、日本、台灣、新加坡及維京群島及韓國爲中國的前七大外資來源，總共投資 2,622 億美元，占中國累計直接外資實際金額的 85.3%。

基本上，國際金融互賴，特別是證券投資，更容易受到國際政治糾紛與衝突的影響。1999 年底，每天有一兆五千億美元以電子轉帳的方式在全球流動，然而，1999 年整年的對外直接投資總額只有 8,650 億美元。[79] 例如，北大西洋公約組織（NATO）於 1999 年 5 月 8 日誤炸中國在貝爾格勒的大使館，因而引發連續兩天的激烈反美示威。在一天之內，上海股市的綜合指數下挫 4.4%，香港恆生指數下跌 2.2%。大部分人擔心情勢可能會惡化，並且會嚴重危害中美關係。

1999 年 7 月 9 日，台灣總統李登輝將台灣與大陸的關係定位爲「特殊國與國」關係，因此升高兩岸緊張。7 月 14 日，台灣股市加權指數下挫 3.9%。不過，大陸的股市也受到很大的影響，上海 B 股指數下挫 5.3%，深圳 B 股下滑 1.4%，香港恆生指數下滑 2.9%。7 月 16 日，新聞報導大陸開始進行軍事動員，台北股市指數嚴重下挫 6.4%，上海股市指數下挫 5.5%，深圳股市指數下挫 4.3%，香港股市指數下滑 1.6%。7 月 19 日（下一個交易日），由於台灣政府的干預，台北股市已經穩定下來，然

---

[79] Dita Smith, "How Global Are We?," *Washington Post*, February 10,2001, p. A15.

而上海股市指數卻持續下挫 9.5%，深圳股市指數下挫 8.8%。由於大陸目前金融市場仍然較為封閉，大陸股市的激烈反應可以說是非常顯著的。

2000 年 3 月 16 日，中國朱鎔基總理對台獨嚴厲警告一天之後，台灣投資人在台北股市開盤之後便立刻大量拋售股票，使得台灣股市指數一開始下挫 4.5%之多。在政府基金的強力支持之後，股市終場回升，以上揚 0.5%作收。不過，中國與香港股市在同一天跌幅很慘。香港恆生指數下跌 2.3%，深圳 B 股與 A 股指數都下挫 5%，上海 A 股指數下挫 4.5%，B 股下跌 2.5%。

2001 年 4 月初，美國公司獲利減少警訊與偵察機事件所引發的中美關係緊張[80]導致亞洲與美國股市的一連串反應。美國道瓊（Dow Jones）指數從 4 月 2 日到 4 日三天之內下跌 3.7%，那斯達克（Nasdaq）指數下挫 11.3%，香港恆生指數下挫 5.5%，台北加權指數下挫 6.9%，上海 A 股指數下滑 1.1%，深圳 A 股指數下滑 1.6%，深圳 B 股下跌 4.5%。中國在加入 WTO 之後將更大幅度開放其金融市場，中國的經濟與金融市場將會更大幅度受到國際經濟與政治動盪的高度影響。

不錯，在全球化時代，很難事先衡量雙邊經濟中斷的影響，而且有些效應會相對更為持久。再者，全球化的某些面向發展得非常迅速，可能已經超越任何一個國家能夠控制中斷雙邊經濟關係損害的能力，更不要說要事先評估經濟中斷的影響。例如，1999 年底，全世界上網的人數高達 2 億 5 千萬人，

---

[80] 2001 年 4 月 1 日，在美軍偵察機與中國戰鬥機相撞之後，美國偵察機在中國海南島迫降，中國羈留 24 位美國軍人。此一事件引發中美之間的嚴重對峙。

而且人數還在持續快速增長。1999 年 4 月 26 日,由一位二十五歲的台灣年輕人撰寫的病毒造成全世界數十萬部電腦損害,包括造成中國三萬六千台電腦損害,損失金額高達 1 億 2 千萬美元。[81]此外,2000 年 5 月 4 日,庠裝成「情書」的一種電腦病毒,據說源於菲律賓,開始在全球肆虐。在二天之內,光在美國一地因為這封「情書」及其變種所造成的傷害便高達 26 億美元,造成二百五十萬個檔案的損害。世界個人電腦的連結非常緊密,這個病毒甚至對美國政府機構,包括白宮、國防部、國會,以及英國的下議院造成損害。很幸運地,這種病毒是在亞洲營業日結束之後才被釋放出來,所以亞洲能夠逃過一劫。[82]

結論

過去 20 年,台灣與中國的經濟關係發展非常迅速。1987 年之前,兩岸貿易與台灣對中國的投資非常少。不過,自從 1993 年以來,大陸已經成為台灣的第三大貿易夥伴,第二大出口市場,2000 年的貿易額高達 312 億美元,台灣享有 188 億美元的貿易順差。如果台灣與香港的貿易加入對中國的貿易,中國自 1994 年起便成為台灣的最大出口市場。相較之下,自從 1990 年

---

[81] "Chernobyl Virus Caused $120 Mln Damage in China", *Reuters*, May 9, 1999.

[82] Jane Cheong, "Loveletter Computer Virus Causes Billions in Damage Worldwide," *Business Times* (Singapore), May 6, 2000, p. 1. John Markoff, "A Disruptive Virus Invades Computers Around the World," *New York Times*, May 5, 2000, p. A1.

開始，台灣已經成為中國第四大貿易夥伴，次於日本、美國和
香港。再者，從 1993 年開始，台灣已經成為中國第二大進口來
源，僅次於日本。

　　基本上，兩岸貿易是由台灣對大陸投資所驅動。根據大陸
的統計，2000 年底為止，台灣累計實際對大陸的直接投資高達
262 億美元，占大陸全部直接外資大約 8%。台商扮演非常重要
的角色，帶動中國從台灣進口中間財、資本財，以及出口製成
品給發達國家，特別是美國與日本。在 1990 年代中期，台灣對
大陸出口的大約三分之一到三分之二是由台商所驅動。此外，
中國總出口的大約 14-18%為台商所製造；大約中國對美國出口
的五分之一為台商所製造。

　　事實上，台灣對大陸的投資引發了新一波的國際分工，建
立各種全球商品鏈與全球生產網絡。基本上，在一個全球商品
鏈中，例如，電子產業，美國與日本提供台灣高科技的軟硬
體。然後，台灣提供中間財與資本財給台商，他們在生產之
後，將製造商品出口到發達國家。此外，新加坡和香港扮演跨
國公司區域總部的角色，提供橫跨海峽兩岸的全球商品鏈的各
種支援服務。

　　1990 年代，因為彼此經濟規模的不對稱，台灣對於兩岸貿
易的經濟依賴是中國的三倍。事實上，更重要的兩岸之間的經
濟依賴層面在於金融方面的依賴，也就是台灣對大陸的投資。
中國經濟發展對於台商生產有很大的依賴，包括資本形成、勞
工就業、產出、出口及政府稅收。不過，兩岸經濟分工只是更
廣泛全球商品鏈與全球生產網絡的一部分。任何對兩岸經濟關

係的影響都會有連鎖性、大規模的全球效應。在全球經濟分工與全球互賴的架構下，本研究將強調兩岸經濟關係的四個連結：投資－貿易、內部－外部、雙邊－全球與生產－消費的連結。

首先，投資－貿易連結：既然大部分兩岸貿易為台灣對中國投資所驅動，任何對台商生產的影響將會對兩岸貿易產生很大的衝擊。另一方面，兩岸貿易中斷也會對於台商生產活動產生相當大的衝擊。然後，對台商生產活動的影響將會進一步影響中國出口和其他經濟活動。

第二，內部－外部連結：大約有 36-38%的台商與中國當地企業、地方政府及外資企業有廣泛的夥伴關係，任何對於台商的內部（進口、生產與商業經營）制裁，將會激起內部與外部經濟行為者的反彈。再者，因為很多台商透過第三地註冊的子公司投資中國及募集資金，如香港、新加坡、美國和其他地方。中國對於台商的內部制裁將會引發一系列中國與其他國家之間的外部糾紛。

此外，因為台商對於中國出口貢獻很大，中國對台商的內部制裁將會中斷台商的生產，將進而導致中國對外（外部）出口的減少，反之亦然。例如，根據中華經濟研究院的 1999 年調查，台灣對中國的出口與台商製造的中國出口之相關係數在 1997 年為 20%。也就是說，如果台灣對中國的出口中斷 1 元，台商製造的中國出口將會減少 5 元。[83]

---

[83] 中華經濟研究院，《兩岸出口連動關係之研究》（台北：經濟部國際貿易局，1999），頁 122。

　　第三，雙邊－全球連結：既然台灣提供台商中間財與資本
財與台商生產都是廣泛全球商品鏈的一部分，任何兩岸貿易或
台商生產的中斷，甚至台灣經濟的動盪，都會對全球商品鏈造
成滾雪球般的效應。例如，如果兩岸電子產業生產中斷，台灣
自美國、日本進口重要的電子零組件與系統軟體將會大幅減
少。再者，新加坡和香港會喪失提供台灣與大陸支援全球商品
鏈的大量商業服務機會。最後，由於台灣、大陸、香港、美
國、日本、新加坡、韓國存在的密切經濟互賴關係，兩岸經濟
關係中斷將會對亞太地區的經濟有很大的影響。1998 年，上述
七個國家的平均貿易依賴度為 44%。從直接投資的角度而言，
其他五個經濟體對於台灣與大陸也有很龐大的經濟利益。

　　此外，2000 年台灣是世界半導體設備的第二大市場，占世
界半導體設備銷售的 19.5%。同時，台灣公司也是超過十四項資
訊產品的世界最大製造商。2000 年，台灣是世界第四大 IC 產品
的製造商，次於美國、日本與韓國。特別是，根據台灣經濟
部，台灣生產的可罩式唯讀記憶體占世界市場的 57.5%，積體電
路（IC）設計業占 20.6%，IC 代工業占 76%，IC 封裝業占
32%。同一年，台灣是可罩式唯讀記憶體、IC 代工、IC 封裝的
世界最大生產商，IC 設計則是世界第二大製造商，僅次於美
國。[84]因此，從半導體設備需求和半導體供給而言，台灣半導體

---

[84] 2000 年，台灣半導體產值在全球市場占有率五‧五%，排名第四；
其中動態記憶體（DRAM）全球占有率為一五‧三%，靜態記憶體
（SRAM）約占六‧一%，全球排名仍維持第四，僅次於美、日及韓
國。曾憲文，〈今年半導體產值可望成長 25%〉，《工商時報》，
2001 年 3 月 3 日。

（電腦的核心）生產如果受到影響，必然會對世界經濟造成很嚴重的衝擊。例如，台灣在 1999 年 9 月 21 日大地震之後，國際社會擔憂這次地震會中斷供應美國製造商的電腦晶體與其他高科技零組件，以致大規模拋售美國科技股。在 9 月 22 日，科技類股的那斯達克指數下跌 66.05 點，跌幅為 2.3%。

第四，生產－消費連結：全球生產網絡中斷將會對全球消費有立即的衝擊。台灣國內與台商所製造的商品大部分都是出口到發達國家。自從 1997 年開始，如果台灣內部與海外的生產均算在內，台灣公司已經成為資訊產品的第三大製造商。此外，台灣廠商是超過十四項資訊產品的世界最大製造商，而且大部分擁有超過 50%以上的世界市場份額。2000 年，78%的台灣國內和海外生產的資訊產品（376 億美元）銷往第三國。同一年，美國前十大採購商總共從台灣採購 296 億美元。再者，2000 年台灣第一次成為日本的半導體的最大供應商。因此，兩岸經濟活動（包括貿易與台商的生產）受到任何影響將嚴重損害世界電子產品的消費者，及全球的經濟發展。

最後，儘管本研究試圖描繪一個涉及台灣與中國的全球分工與互賴的完整圖像，但是仍然力有未逮。在全球化的時代，複雜的國際分工主導跨越政治國界的全球商品鏈之全球經濟運作。多國公司，而不是民族國家，是全球化過程的主角。不過，不是單一的多國公司便可以主導整個過程，更不要說單一的民族國家。任何單一民族國家都無法控制或操弄基於每個國家比較利益的全球分工。民族國家甚至無法完全掌握跨國界的貿易與資本流動的過程。

　　這便是台灣與大陸之間的經濟關係。基本上，台灣對大陸的投資帶動台灣、香港、大陸及很多國家之間的國際經濟分工的重組。因此，從經濟整合的角度而言，台灣更加接近大陸。不過，我們必須從全球化的背景來檢視兩岸經濟關係。台灣只是一座橋，將大陸整合進全球生產網絡與市場，因此台灣與大陸更加密切地融入國際相互依賴的國際經濟。

第二篇

經濟制裁理論

第二篇

第三章

經濟制裁剖析

　　一個被封鎖的國家是遲早要投降的。如果運用這種經濟和平、安靜、致命的懲治手段，則無須再使用暴力。這種手段著實可怕。被封鎖國之外不會有任何生命之虞，而該國家卻承受著壓力，依我看，沒有一個現代化的國家可以承受。

——威爾遜（美國總統），1919 年[1]

　　俄羅斯將成爲 21 世紀的帝國；我們無需領土擴張，我們能夠運用經濟手段實施影響。

——Sergei Karaganov

（俄羅斯國防外交政策委員會主席），1997 年[2]

第一節　經濟制裁定義

　　在國際關係中，經濟制裁的使用可謂源遠流長，依照哈福包爾（Gary Hufbauer）、梭特（Jeffery Schott）和伊利特（Kimberly Elliot）（以後簡稱 HSE）的研究，在第一次世界大戰以前，至少有 13 起著名的經濟制裁事件。[3]其中最出名的一起發生於西元前 432 年，當時伯里克利人頒布了「墨伽拉法令」

---

[1] Gary Clyde Hufbauer, Jeffery J. Schott, and Kimberly Ann Elliot, *Economic Sanctions Reconsidered: History and Current Policy*, 2nd ed. (Washington, D.C.: Institute of International Economics, 1990), p. 9. Quoted in Saul K. Padover (ed.), *Wilson's Ideals* (Washington: American Council on Public Affairs, 1942), p. 108.

[2] Chrystia Freeland, "From Empire to Nation State: As NATO Expands Eastwards Russia Is Having to Come to Terms with the Loss of Its Superpower Status," *Financial Times*, July 10, 1997, p. 29.

[3] Hufbauer et.al., *Economic Sanctions Reconsidered*, 2nd ed., pp. 28-32.

（Megaran decree），該法令限制墨伽拉國的產品進入雅典人的市場。由於隨後雅典人拒絕取消對墨伽拉的封鎖從而引發了伯羅奔尼撒戰爭。[4]

　　21 世紀日益融合的全球經濟已使經濟制裁成爲一項廣爲使用的治國之術，而 20 世紀 90 年代的美國對其應用尤爲突出。在 1919 年，美國伍德羅‧威爾遜總統認爲國際聯盟可用「經濟的和平的、安靜的、致命的」經濟制裁手段來管理國際社會。[5]賀緒曼（Albert Hirschman）在其研究中也說明了各國是如何儘量減少由中斷戰略物質的進口所引起的脆弱性，同時儘可能擴大別國對其貿易的需求。爲了對其他國家施加影響，納粹德國採取積極措施，不斷培養那些東歐鄰國在經濟上對其的依賴性。[6]進入冷戰時期，經濟制裁手段的運用更爲突出。由於認識到在諸如波斯尼亞、車臣、索馬利亞等地的軍事干預代價過高，許多大國紛紛尋找其他政策工具來實現其國家利益。例如，在 1997 年俄羅斯國防外交政策委員會主席 Sergei Karaganov 在闡述俄羅斯政策時聲稱，運用經濟手段施加影響，將使俄羅斯擁有帝國般的能力而無需對其他地區進行實際的領土控制。[7]

　　依照 HSE 三位學者的研究，從 1914 年到 1998 年之間共發

---

[4] Thucydides, *History of the Peloponnesian War*, translated by Rex Warner (New York: Penguin Books, 1972), pp. 72-3, 118.

[5] Hufbauer et.al., *Economic Sanctions Reconsidered*, 2nd ed., p. 9.

[6] Albert O. Hirschman, *National Power and the Structure of Foreign Trade*, expanded ed. (Berkeley, C.A.: University of California Press, 1980).

[7] Chrystia Freeland, "From Empire to Nation State," *Financial Times*, July 10, 1997, p. 29.

生了 165 起經濟制裁案件,其中 115 件與美國有關,而 68 件是由美國單方面發起的。[8]另外俄羅斯在 1992 年至 1997 年期間,爲了迫使新獨立國家(前蘇聯共和國)(Newly Independent States, NIS)作出政治讓步,動用經濟制裁多達 35 次以上。[9]聯合國安理會在其剛成立的 45 年內只動用了兩次制裁,分別是 1996 年針對羅得西亞以及 1977 年針對南非。然而,在 20 世紀 90 年代,聯合國安理會卻使用了全面或局部的制裁多達 16 次以上。[10]空前頻繁的經濟制裁活動引發了政界和學術界對其進行深入的探討。[11]這些討論圍繞以下幾個問題:制裁是否真的有效,及「有效」的定義是什麼?哪些變數會影響有效程度?如何評估制裁無意引發的副作用及其影響?對制裁發起方的影響究竟如何?

對於律師來說,消極的制裁是對觸犯法律的強制措施。這些處罰既限制了行動被允許的範圍,也鼓勵遵守現存規則。實

---

[8] Gary Clyde Hufbauer, "Trade as a Weapon," paper for the Fred J. Hansen Institute for World Peace, San Diego State University, World Peace Week, April 12-18, 1999, http://www.iie.com/TESTMONY/gch9.htm, accessed July 25, 2000, p. 3 of 5.

[9] Daniel W. Drezner, *The Sanctions Paradox: Economic Statecraft and International Relations* (New York: Cambridge University Press, 1999), p. 154.

[10] David Cortright and George A. Lopez, *The Sanctions Decade: Assessing UN Strategies in the 1990s* (Boulder, Colorado: Lynne Rienner, 2000), pp. 1-2.

[11] By 2000 the Carnegie Commission on Preventing Deadly Conflict, the Center for Preventive Action of the Council on Foreign Relations, Center for Strategic and International Studies, Institute for International Economics, and the Brookings Institution had all undertaken studies of sanctions policy either in general or toward a particular country.

克斯（Margaret Doxey）將經濟制裁定義爲：「對於目標國違背國際標準或不履行國際義務後，所採取的公開威脅或施加的處罰。」[12] 陶帝（M. S. Daoudi）和達佳尼（M. S. Dajani）則把經濟制裁定義爲：「由幾個國際行爲體，特別是諸如國際聯盟或聯合國等世界組織發起的懲治性行爲，旨在針對一個或多個違背全球公認的章程條例的國家，使其採取或不採取某些特定行爲，並遵守有關國際法律。」[13]

在 19 世紀 20 年代和 30 年代早期，爲了符合執行國際法的概念，經濟制裁即指國際聯盟的制裁。根據 HSE 的說法，只有五起經濟制裁是完全由國際聯盟發起的，它們是：1921 年針對南斯拉夫，1925 年針對希臘，1932 年針對巴拉圭和玻利維亞和 1935 年針對義大利。雖然目前聯合國採取制裁行爲已頗爲尋常，但僅僅將那些聯合國的執法措施貼上經濟制裁的標籤，或將經濟制裁局限在由國際組織對其成員採取的執法措施上是不切實際的。目前，國家採取經濟制裁手段已如此突出，且明顯帶有其他意圖，因此對經濟制裁進行一個精確的定義尤爲重要。

本質上，經濟制裁已成爲由一個國家、一群國家、或一個國際組織施加影響的一種權力形式，旨在影響另外一些國家的那些並非涉及違反國際法的行爲和政策。例如，賈頓（Johan Galtung）把經濟制裁定義爲：「由一個或多個國際行爲體

[12] Margaret P. Doxey, *Economic Sanctions and International Enforcement*, 2nd ed. (New York: Oxford University Press, 1980), p. 9.

[13] M. S. Daoudi and M. S. Dajani, *Economic Sanctions: Ideal and Experience* (Boston: Routledge & Kegan Paul, 1983), p. 8.

（「發起方」）發起針對一個或多個國家（「目標方」）的行為，旨在通過剝奪接受者的一些利益以及／或使接受者遵守發送者認爲重要的某些規範來懲罰接受者。」[14]

Miroslav Nincic 和 Peter Wallensteen 兩人對經濟制裁定義是：「一國政府爲達到某種政治目的，向另一方所施加的經濟痛苦。經濟制裁由那些能夠干預正常經濟關係活動的政治當局實施或至少由他們發起。」[15]

林賽（James Lindsay）經濟制裁定義爲：「一個國家（發起方）公開暫停與另一個國家（目標國）的大量貿易業務以達到某些政治目的的措施。」[16]裴博（Robert Pape）、裴瑞格（Ernest H. Preeg）、莊子納（Daniel Drezner）、Neta Crawford、Jean-Marc Blanchard、Edward Mansfield、Norrin Ripsman、陳史（Steve Chan）和杜瑞（A. Cooper Drury）對此有類似的定義。[17]加上「政治目的／目標」一詞是爲了排除那些

---

[14] Johan Galtung, "On the Effects of International Economic Sanctions," *World Politics*, vol. 19 (October 1966- July 1967), p. 379.

[15] Miroslav Nincic and Peter Wallensteen, "Economic Coercion and Foreign Policy," in Miroslav Nincic and Peter Wallensteen (eds.), *Dilemmas of Economic Coercion: Sanctions in World Politics* (New York: Praeger, 1983), p. 3.

[16] James M. Lindsay, "Trade Sanctions as Policy Instruments: A Re-examination," *International Studies Quarterly*, no. 30 (1986), p. 154.

[17] Robert A. Pape, "Why Economic Sanctions Do Not Work," *International Security*, vol. 22, no. 2 (Fall 1997), pp. 93-94. Ernest H. Preeg, *Feeling Good or Doing Good with Sanctions: Unilateral Economic Sanctions and the U.S. National Interest* (Washington, D.C.: Center for Strategic and International Studies, 1999), p. 4. Drezner, *The Sanctions Paradox*, pp. 2-3. Neta C. Crawford, "Trump Card or Threat?: An Introduction to Two Sanctions Debates," in Neta C. Crawford and Audie Klotz, *How*

爲了達到商業目的的制裁案例。

　　HSE 三位在《重新思考經濟制裁》這部開拓性的著作中，將經濟制裁界定爲：「由政府授意，故意取消或威脅取消常規的貿易或金融關係。在此『常規』並不意味著『合同』；它單指在非制裁的情況下貿易和金融活動通常達到的水平。」[18] Donna Kaplowitz 對有關文獻進行綜述後，將經濟制裁定義爲：「由一個或是多個國家（發起方）發起的針對其他一個或是多個國家的（目標國）經濟或金融封鎖，目的是懲罰目標國，或迫使目標國改變其政策，或向國內或國際社會顯示發送方對目標國的有關政策立場。」[19]顯然，發送方可以同時尋求兩種目標，即改變目標國行爲，以及向國內或國際社會傳遞有意義的符號。

　　經濟制裁有時與「經濟威壓」（economic coercion）同義，其在表現形式、使用目的和運用時機上與經濟戰（戰略禁

Sanctions Work: Lessons from South Africa (New York: St. Martin's Press, 1999), p. 5. Jean-Marc F. Blanchard, Edward D. Mansfield, and Norrin M. Ripsman, "The Political Economy of National Security: Economic Statecraft, Interdependence, and International Conflict," Jean-Marc F. Blanchard, Edward D. Mansfield, and Norrin M. Ripsman, *Power and the Purse: Economic Statecraft, Interdependence, and National Security* (Portland, OR: Frank Cass, 2000), p. 3. Steve Chan and A. Cooper Drury, "Sanctions as Economic Statecraft: An Overview," in Steve Chan and A. Cooper Drury (eds.), *Sanctions as Economic Statecraft: Theory and Practice* (New York: St. Martin's, 2000), pp. 1-2.

[18] Hufbauer et.al., *Economic Sanctions Reconsidered*, 2nd ed., p. 2.

[19] Donna Rich Kaplowitz, *Anatomy of a Failed Embargo: The Case of the U.S. Sanctions against Cuba*, vol. I, Ph.D. dissertation, Johns Hopkins University, 1995, p. 32.

運）、經濟誘導（economic inducements）和貿易戰爭（trade war）的概念有明顯區別。根據包德溫（David Baldwin）的理解，經濟制裁基本上只是經濟治國術中的一種而已，主要依賴具有合理的市場價格特徵的資源來實施影響。經濟戰（戰略禁運）則試圖削弱對手的綜合經濟潛能以達到減弱其無論是在軍備競賽（和平時期）還是在戰爭中的軍事能力。經濟戰代表著一種與敵手較量的長期方法，而經濟制裁則通常帶有直接的政治目的。經濟誘導指傳遞者爲獲取目標國政治順從所給出的經濟好處，如商業讓步、技術轉讓及其他的經濟利益。「經濟誘導」又被稱爲「正面制裁」。貿易戰則指由非政治安全目標引起的有關經濟政策和行爲的糾紛。[20]

本研究中的經濟制裁的定義是：「由一個國家或一個國家聯盟（發起方）採取中斷與另一個國家（目標國）常規經濟往來的威脅措施或實際行爲，目的是懲罰對方，脅迫其改變政策，或向國內或國際社會表明發起方對目標國有關政策的立場。」發起方是指發起制裁行爲的主要國家或是國際組織。目標國是指直接成爲制裁目標的一個國家。經濟制裁不包含經濟戰、經濟誘導和貿易戰爭。

<hr>

[20] David Baldwin, *Economic Statecraft* (Princeton, N.J.: Princeton University Press, 1985), pp. 12-40. Nincic and Wallensteen, "Economic Coercion and Foreign Policy," p. 3. Richard J. Ellings, *Embargoes and World Power: Lessons from American Foreign Policy* (Boulder: Westview Press, 1985), p. 8. Richard N. Haass (ed.), *Economic Sanctions and American Diplomacy* (New York: Council on Foreign Relations, 1998), p. 1. Drezner, *The Sanctions Paradox*, pp. 2-3. Chan and Drury, "Sanctions as Economic Statecraft," pp. 1-2.

第二節 經濟制裁類型

發起方主要運用四種制裁手段：分別是貿易控制、暫停資助或技術援助、凍結目標國的金融資產，以及將從事雙邊商業往來的公司列入黑名單。[21]

第一，由發起方實施的貿易控制（無論是貨物還是服務）主要包含以下一項或多項要素：一、進／出口限額；二、限制發放進／出口許可證；三、有限的或全部出口限制（禁運）；四、有限的或全部進口限制（封鎖）；五、歧視性的關稅政策（包括取消最惠國待遇）；六、限制或取消捕魚權；七、中止或取消貿易協定；八、取締戰略性物品和高新技術產品出口。

第二，由發起方實施的暫停資助或技術援助包含以下一項或多項要素：一、減少、中止或取消依照市場價格或特別優惠的信用條件；二、減少、中止或取消技術援助，軍事援助，發展援助和培訓計畫；三、由國際組織投票反對給予技術或其他援助的貸款、捐助、補助和基金。

第三，由發起方實施的金融資產凍結包含以下一項或多項要素：一、凍結或沒收目標國的政府或國家的銀行資產；二、沒收或徵用目標國的其他資產，包括其在發起國的投資；三、凍結利息或其他轉帳款項；四、拒絕提供資金或重新考慮債務償還款項（包括利息和本金）；五、中止或取消合作專案。

---

[21] Doxey, *Economic Sanctions and International Enforcement*, 2nd ed., pp. 14-15.

　　第四，由發起方實施的將從事雙邊貿易的公司列入黑名單，主要包括以下一些行爲方式：一、將發起國或第三方與目標國有商業往來，包括貿易往來、投資專案往來的公司列入黑名單；二、將與發起方有貿易和投資等商業往來的目標國公司列入黑名單。

　　本文將分析上述四種範疇內的四個特定情景：一、中國大陸對台灣可能實行的禁運；二、中國大陸對台灣製造産品可能採取的封鎖；三、中國大陸可能凍結或是徵用台商的投資；四、中國大陸可能將台灣公司列入黑名單。本文集中關注這些可能的槓桿手段，主要出於如下幾點考慮：首先，貿易制裁（禁運和封鎖）是經濟制裁中最常用的手段，因此，這兩個名詞通常被認爲是同一個概念。其次，禁運和封鎖的結果更全面性，因此它比其他形式的貿易制裁手段更能有效地使對方付出代價。第三，台灣和中國大陸都沒有向對方提供官方或技術援助。因此沒有必要考慮中止官方或技術援助。第四，陳水扁在2000 年總統選舉獲勝後，北京方面曾公開警告一些台商，如他們支援台獨勢力，他們在中國大陸的利益將會受到負面影響。[22]

　　此外，設定中國大陸可能對台灣實行禁運和封鎖，以及凍結台商在中國大陸的投資等幾種前景，是爲了表明中國大陸爲謀取其政治目標時幾種最極端的情景。如果中國大陸運用這些極端手段尚不能使台灣讓步，那麼中方使用溫和的制裁手段迫使台灣讓步則更難了。

---

[22] 〈中央台辦國務院台辦負責人答記者問〉，《人民日報》（海外版），2000 年 4 月 10 日。

第三節 經濟制裁目的

　　幾乎所有從事制裁研究的學者都認爲確定制裁發起方的目的是頗爲困難的，特別是當發起方的目的主要爲了顯現給國內和國際社會時，情況尤其如此。同樣，發起方通常是由不同成員組成的多元實體，各自具有不同的目的。因此，除了研究那些公開表明的目標外，有必要探究隱藏在制裁背後的目標。通過對各種經濟制裁事件和對前人研究成果的回顧，我們發現經濟制裁的目的主要包含以下五種類型：懲罰（威懾）、順從（威壓）、破壞穩定（顛覆）、警示和象徵性符號（示範性效果）。[23]

---

[23] Nincic and Wallensteen, "Economic Coercion and Foreign Policy," pp. 6-8. Thomas O. Bayard, Joseph Plezman, and Jorge Perez-Lopez, "Stakes and Risks in Economic Sanctions," *World Economy*, vol. 6, no. 1 (March 1983), p. 74. Lindsay, "Trade Sanctions as Policy Instruments," pp. 155-6. David Leyton-Brown, "Lessons and Policy Considerations about Economic Sanctions," in David Leyton-Brown (ed.), *The Utility of International Economic Sanctions* (New York: St. Martin's Press, 1987), pp. 303-6. Hufbauer et.al., *Economic Sanctions Reconsidered*, 2nd ed., pp. 11, 38. Makio Miyagawa, *Do Economic Sanctions Work?* (New York: St. Martin's Press, 1992), pp. 89-106. David W. Hunter, *Western Trade Pressure on the Soviet Union: An Interdependence Perspective on Sanctions* (New York: St. Martin's Press, 1991), pp. 44-6. Kaplowitz, *Anatomy of a Failed Embargo*, pp. 34-42. Margaret P. Doxey, *International Sanctions in Contemporary Perspective*, 2nd ed. (New York: St. Martin's Press, 1996), pp. 54-65.

一、懲罰（威懾）

　　無論從歷史還是概念的角度來看，經濟制裁都用於懲罰違規行爲。如同將一個罪犯送入監獄一樣，其目的不僅僅是讓犯錯者悔過自新，而是對他的冒犯進行懲處同時亦可阻止其他人的一意孤行。以懲治爲目的的經濟制裁就是爲了界定哪些行爲不可容忍，無論這種界定是由單方面還是由多邊來完成，從而有助於建立一個國際認同的合法行爲標準。[24]

　　更確切地說，發起方運用制裁手段，是爲了表明其進行報復的意願和能力，並以此來挫敗未來一些令人討厭的政策。只要給予那些不受歡迎的行爲足夠嚴厲的懲處，那麼目標國也許不敢再貿然行事。例如，傑米・卡特總統在宣布對蘇聯進行糧食禁運以制裁其入侵阿富汗時明確宣布：「我們將阻止侵略。」[25]

　　同樣，發起方運用制裁是要向第三方證明行爲不當可能付出的代價，以此阻止其他國家也採取不受歡迎的行爲。例如，1960 年以來美國對古巴進行經濟制裁是要防止其他拉丁美洲國家試圖仿效卡斯楚的政策。同樣，蘇聯分別對南斯拉夫（1948－1955）以及對立陶宛（1990）進行經濟制裁是爲阻止其他國家也仿效它們，採取不合作政策。

---

[24] Leyton-Brown, "Lessons and Policy Considerations about Economic Sanctions," p. 303.

[25] Jimmy Carter, "Transcript of President's Speech on Soviet Military Intervention in Afghanistan," *New York Times*, January 5, 1980, p. 6.

二、順從（威壓）

發起方實行經濟制裁是爲了讓目標國改變其政策或行爲，以符合發起方的意願或特定的政治目的，諸如強迫其採取發起方期望的行爲，鼓勵其接受國際規範，或者恢復現狀。威懾（deterrence）是爲了阻止目標國的行動。而順從（compliance）是指發起國想要逼迫對方取消某一特定行爲。正如 Alexander George 和 William Simons 在他們所編輯的《威壓外交的局限性》一書中所解釋的那樣，後者更難成功。[26]

例如，英國和國際聯盟在 1935 年―1936 年對義大利進行制裁，力求迫使墨索里尼從阿比西尼亞（即今日的衣索比亞）撤軍。蘇聯在 1948 年―1955 年制裁南斯拉夫，1960 年―1970 年制裁中國和在 1961 年―1965 年制裁阿爾巴尼亞，是爲了贏得在社會主義國家中的領導地位。美國對蘇聯實行糧食禁運，以迫使蘇聯從阿富汗撤軍。聯合國在 1965 年―1979 年對羅得西亞進行經濟制裁是有計畫地迫使其接受符合國際標準的人權規定。聯合國在 1990 年―1991 年對伊拉克進行經濟制裁是爲了迫使海珊從科威特撤軍，並允許聯合國軍事檢查人員執行任務。1998 年美國對印度進行經濟制裁是爲了迫使印度無條件地立即簽署「全面禁止核子試驗條約」。

---

[26] Alexander L. George and William E. Simons, *The Limits of Coercive Diplomacy*, second edition (Boulder: Westview Press, 1994).

三、破壞穩定（顛覆）

　　發起者可運用經濟制裁破壞目標國的政權穩定或顛覆整個目標國的政權。例如，1948 年—1955 年史達林想通過對南斯拉夫的經濟制裁，達到起用親蘇維埃政權的領導人來替代鐵托（Tito）的目的。1991 年—1996 年美洲國家組織和美國對海地進行經濟制裁，要求恢復被 Raoul Cedras 中將領導的軍事政變推翻的民選總統 Jean-Bertrand Aristide 的職位。

四、警示

　　發起方實施經濟制裁是爲了向目標國及發起方的同盟者傳遞其決心。它意味著發起方將以實際行動表明他們的態度。由一個強國或一個國際組織發起的經濟制裁，往往暗示要對目標國採取更爲激烈的行動（如軍事行動）。HSE 認爲，制裁手段經常作爲針對敵對國的一系列外交攻略中的附屬手段使用。根據他們的計算，在 115 個制裁案例中有 34 起經濟制裁同時伴隨著准軍事行動或（和）常規軍事行動。經濟制裁可先於或伴隨著真正的武裝對抗發生。這表明發起方運用經濟制裁作爲一個信號，告知目標方在對其採取軍事行動之前必須接受發起方的要求。

　　例如，美國和聯合國在 1991 年決定對伊拉克採取軍事行動之前，於 1990 年對其實施全面的經濟制裁，同時結合強有力的外交努力，並不斷加強軍事集結。Eric Melby 認爲美國和聯合國於 1990 年 8 月 2 日對伊拉克實行經濟制裁是當時對海珊吞併科

威特行爲表示憤怒和堅決反對的最佳工具。[27]另外，馬汀（Lisa
Martin）認爲由強國發起的代價高昂的制裁行爲可明示他們的決
心，並且可以說服其他國家共同加入制裁行列。[28]

五、象徵性符號（示範性效果）

　　通常，人們並不把制裁背後的顯示性因素當作明確的目
標。然而，有時顯示性因素是最重要的目標，或是制裁政策中
最有意義的功能。經濟制裁常被用於消解國際、國內社會的壓
力，並表達國際、國內社會的憤怒。

　　對於國內聽衆，經濟制裁會消解要求採取進一步極端行爲
的壓力，同時又使其他人滿意地看到政府正採取強硬措施。例
如，前英國外交部長 David Lloyd George 在 1935 年談及國際聯
盟對義大利（1935 年—1936 年）的經濟制裁時稱：「制裁對於
拯救阿比西尼亞來得太遲了，但是他們恰好拯救了英國政
府。」[29]1960 年 11 月，僅僅在總統選舉日兩周前，美國艾森豪
總統或許想幫助共和黨總統候選人尼克森一臂之力，宣布美國
將對古巴實行出口禁運（1960 年）。另一個總統候選人甘迺迪
也向其選民承諾將對古巴領導人費德爾‧卡斯楚採取行動。

　　同樣，許多政府支援對 Ian Smith 領導下的羅得西亞（1965

[27] Eric D. K. Melby, "Iraq," in Richard N. Haass (ed.), *Economic Sanctions and American Diplomacy* (New York: Council on Foreign Relations, 1998), pp. 107-28.

[28] Lisa L. Martin, *Coercive Cooperation: Explaining Multilateral Economic Sanctions* (Princeton, New Jersey: Princeton University Press, 1992), pp. 36-38.

[29] Quoted in Hufbauer et.al., *Economic Sanctions Reconsidered*, 2nd ed., p. 3.

－1979）進行經濟制裁，以表示對種族主義政策的反對，並且可緩解國內壓力。1981 年 12 月 13 日波蘭政府宣布戒嚴令後，美國總統雷根受到國內與日俱增的壓力，最終於 12 月 22 日宣布對蘇聯進行全面制裁（1981 年－1982 年）。

對於國際社會的觀衆而言，經濟制裁可以轉移國際社會批評，顯示對問題的關注，提昇某個問題的能見度或展示領導者的主動性以及所承擔的義務，表達對不道德行爲的憤慨或對某政權的譴責，因爲此時沉默往往被視作對該政權（行爲）的默許。例如，美國 1983 年對蘇聯進行經濟制裁是爲了激發人們對莫斯科政府擊落一韓國客機事件的譴責。1989 年天安門事件後，西方社會對中國實施經濟制裁，其主要目的是緩和國內民衆壓力並且表明其道德立場。例如，美總統布希在 1989 年 6 月 6 日的聲明中稱：「美國不會寬恕暴力攻擊行徑，也不會無視它對美中關係所帶來的後果。」[30]其主要重點還是爲了譴責暴力鎮壓民運政策，引起全世界對中國暴行、中國政府反民主行徑的關注，從而使北京政權喪失信譽。

對經濟制裁的啓用理論更爲全面的討論，即爲何發起者會對目標國採取經濟制裁將在第四章中討論。

第四節　經濟制裁的因果邏輯

一個半多世紀之前，賀緒曼在他所著的《國家權力和對外

---

[30] "Case 89-2 U.S. v. China," http://www.iie.com/FOCUS/SANCTION/china2.htm, accessed January 10, 2001.

貿易結構》一書中寫道：「一個政府如果具有威脅中斷與另一
方貿易的能力，便可把它作爲『權力鬥爭中的有效武器』。」
其中，他論述了如果一種貿易關係對於某一政府比另一政府更
重要，那麼後者就不僅可能向前者要求更有利的貿易條款，而
且還能取得重大的政治讓步。[31]

　　順著賀緒曼的觀點，傳統的經濟制裁應用理論認爲，經濟
關係的中斷對目標國所產生的巨大經濟壓力，會誘使或迫使它
採取更能被發起國認可的行爲。該觀點基於經濟理論的一個基
本主張，即國際貿易會給國家帶來實際收益，並且如果被迫取
消這種貿易會減少國民收入。如果目標國在雙邊經濟關係中比
發起國更爲受益，發起國便會要求目標國在政治方面做出補
償，以換取保持原有的雙邊經濟關係。另外，傳統理論假設政
治變動與經濟傷痛之間具有直接的對應關係，因此，經濟制裁
引發的經濟傷痛越厲害，政府妥協的可能性就越大。因此，傳
統理論通常認爲，經濟制裁獲勝的首要決定性因素是目標國所
承受的負效用程度。[32]

　　然而賈頓認爲傳統理論太過「天真」，因爲它沒有考慮到
利益價值剝奪首先有可能加強政治凝聚力，只有到後期才會出
現政治瓦解，或許這種情形來得很晚，甚至永遠不可能出現。

---

[31] Hirschman, *National Power*, pp. 17, 26.

[32] Donald L. Losman, International Economic Sanctions: The Cases of Cuba,
Israel, and Rhodesia (Albuquerque: University of New Mexico Press,
1979), pp. 124-128. David Cortright and George A. Lopez, "Sanctions
and Incentives as Tools of Economic Statecraft," in Raimo Vayrynen (ed.),
Globalization and Global Governance (Lanham, Maryland: Rowman &
Littlefield Publishers, Inc., 1999), p. 114.

賈頓強調了兩點：第一，傳統理論忽視了在遭遇經濟制裁情況下，日益強勁的政治凝聚力所引起的「同仇敵愾」效果。第二，它忽視了許多目標國用來抵消經濟打擊程度的反制手段。[33]雖然賈頓指出經濟制裁也許會導致政治凝聚力強化這樣的悖論，但是他沒有提出一個全面闡述經濟制裁因果邏輯的理論。

正因為發起方試圖通過經濟制裁去影響目標國的行為和政策，制裁實質上成為了國家之間的權力運用。商保（George Shambaugh）這樣論述道：「一旦某一發起國擁有為目標國珍視的足夠特殊資源，那麼它就會對另一方使用該權力。」[34]因此，為了使經濟制裁發揮功效，發起國必須運用有利的不對稱互賴這樣一種經濟資源去影響目標國的行為與政策。

總體而言，基歐漢（Robert Keohane）和奈伊（Joseph Nye）將權力定義為「行為方以自己可接受的代價指使別人做某些他們本不願做的事情」並「控制結果」的一種能力。[35]定義的第一部分是潛在權力，指權力資源，它可給予行為者潛在的能力去影響其他人。定義的第二部分是實際權力，指行動者對結果真正的影響。

基歐漢和奈伊強調，不對稱的相互依賴是控制資源的力量源泉，或是影響結果的潛能。它是一種潛在權力。他們認為：

---

[33] Johan Galtung, "On the Effects of International Economic Sanctions," World Politics, vol. 19 (October 1966- July 1967), pp. 378-416.

[34] George E. Shambaugh, States, Firms, and Power: Successful Sanctions in United States Foreign Policy (Albany, New York: State University of New York Press, 1999), pp.6-10.

[35] Robert O. Keohane and Joseph S. Nye, *Power and Interdependence*, 3rd ed. (New York: Longman, 2001), p. 10.

「在一對互相關係中，依賴較少的行動方通常具有重要的政治資源，因此這種關係（該行為者有能力發起或威脅這種關係）的改變會使該行為者付出比對方更少的代價。」[36]因此，較少的依賴會為發起者提供潛在權力或權力源泉來影響目標國。

　　此外，基歐漢和奈伊區分了不對稱相互依賴（潛在權力）的兩個維度：敏感性（sensitivity），即經濟制裁短期成本，以及脆弱性（vulnerability），即經濟制裁長期成本。他們解釋道：「敏感性指在某一政策框架內的反應程度———一個國家發生改變會以多快的速度導致另一個國家產生代價高昂的變化？其後果有多大成本？衡量這一點不僅要看跨邊界的貿易流量，還要看交易變化對社會和政府產生的高昂影響。敏感性互相依賴是由政策的某一框架中的互動造成的……脆弱性的相互依賴則是依據各個行為者獲得替代選擇的相對能力以及成本……敏感性在依賴成本方面表現為在調整政策改變狀況之前，行為者容易受到外界施加的昂貴影響的可能性。脆弱性則被定義為即使政策改變後，行為者容易遭受外部事件施加的損失之可能性。」[37]

　　基歐漢和奈伊認為在提供發起者權力資源方面，敏感性互相依賴的重要性要低於脆弱性互相依賴，因為前者沒有考慮到發起者之外可供（目標國）選擇的市場和供應商。脆弱性互相依賴考慮到了目標國相對具有的替代選擇以及成本。如果目標

---

[36] Keohane and Nye, *Power and Interdependence*, 3rd ed., p. 10.

[37] Keohane and Nye, *Power and Interdependence*, 3rd ed., p. 10-11. See also Shambaugh, *States, Firms, and Power*, p.16.

國能夠通過在國內或國際上改變其政策來減少成本,那麼,敏感性互賴模式就無法爲權力資源提供一個良好的指導。同樣,賈頓、陳史和杜瑞也都強調了在理解經濟制裁有效性時脆弱性互賴模式的重要性。[38]

三個要素進一步形成了脆弱性互相依賴。首先,來自第三方的援助將削弱甚至逆轉不對稱互相依賴的關係。其次,目標國的反制措施以及第三方對發起國的報復將提高發起國對目標國實行經濟制裁的代價,因而會緩解甚至逆轉雙邊不對稱互相依賴的關係。第三,發起者能否忍受發動經濟制裁所付出的絕對成本也將影響經濟制裁效力。儘管根據國民生產總值損失計算,過去發生的大部分經濟制裁對發起者來說,其成本都是微不足道的。[39]

然而,對於發起國來說,由脆弱性(潛在權力)產生的有利的不對稱互賴優勢並不能保證它能產生超強的實際權力。制裁的經濟效力並不必然將潛在權力轉化爲實際權力。在通常情況下,大部分的潛在權力在轉化、轉換成實際權力的過程中已經喪失。因此,經濟制裁究竟能產生多大的脅迫壓力,又同發起者的權力資源與目標國的價值分布結構之間的相互關係密切聯繫在一起。[40]所以,基歐漢和奈伊強調:「相當的權力資源並

---

[38] The effectiveness of unilateral and multilateral sanctions will be discussed in Chapter 5. Keohane and Nye, *Power and Interdependence*, 3rd ed., pp. 13-14. Galtung, "On the Effects of International Economic Sanctions," p. 385. Chan and Drury, "Sanctions as Economic Statecraft," p. 9.

[39] Hufbauer et.al., *Economic Sanctions Reconsidered*, 2nd ed. pp. 75-90. Preeg, *Feeling Good or Doing Good with Sanctions*, p. 193.

[40] Keohane and Nye, *Power and Interdependence*, 3rd ed., p. 10. Hunter,

不能自動地轉變成影響結果的有效權力。這種轉變發生於政治
交易的過程中，其中政治技巧、政治承諾和一致性可能會與基
於權力資源分配所預測和理解的結果不同。因此，我們必須對
轉換的過程給予同等的關注，因爲在此過程中，權力資源會轉
變成影響最終結果的實際影響力。」[41]

　　由潛在權力向實際權力的轉變過程可從三個方面加以分
析：第一，如果某一國家被視爲一個單一和理性的行爲者，只
有當讓步的代價小於經濟制裁的成本，該國才會讓步。目標國
也會把發起國實施經濟制裁的成本作爲一個考量的因素。發起
國付出的可知代價越高，目標國屈服的可能性就越小。雖然用
GNP 損失可以算出在敏感性和脆弱性方面經濟制裁的代價，但
是卻難以量化出政治讓步的成本。影響目標國的價值高低分布
的因素有許多種。例如，目標國最高的「願望」、「決心」、
「甘受痛苦」、「承諾」和「核心社會價值」可能會提高政治
讓步的代價，減少經濟制裁的成本，在這種情形下，順從對目
標國來說比反抗可能意味著更多的負效應。[42]

　　第二，從決策者的角度來看，對經濟制裁和政治讓步的判
斷和認識將決定經濟制裁最終的效用。第三，從社會角度來
看，老百姓和利益集團究竟怎樣認識和回應經濟制裁將決定制

Western Trade Pressure on the Soviet Union, p. 47.

[41] Keohane and Nye, *Power and Interdependence*, 3rd ed., p. 196.

[42] Keohane and Nye, *Power and Interdependence*, 3rd ed., p. 16. R. Harrison Wagner, "Economic Interdependence, Bargaining Power, and Political Influence," *International Organization*, vol. 42, no. 3 (Summer 1988), pp. 476-7.

裁的效力。例如，裴博認為：「制裁或者可以通過說服目標國不值得爲爭議的事務付出代價，來直接進行強制，或者間接地通過激發群衆壓力來迫使政府讓步，也可以通過引發全民起義來顛覆政府，最終建立起願意讓步的新政權。」[43]

同樣，Jonathan Kirshner 斷言：「（經濟制裁）壓力可通過三種主要的機制帶來政治上的變遷。第一，發起國可以通過直接的偏好向目標國的政府和核心支援集團施壓，迫使其屈服於發起國的意願。第二，這種壓力可以導致現存體制的顛覆。第三，也是最微妙的，制裁能對中央政府以及各核心集團本身產生微妙影響，從而調整政府中政治力量的平衡並改變其偏好。」[44]

總之，有利的不對稱互相依賴爲發起國提供了潛在權力或是實際的權力資源。這種潛在權力需要一個過程轉化成實際權力，這個過程考慮當事個人和團體的主觀反應。在第五章中將更詳盡地闡述經濟制裁效力。

第五節　經濟制裁成本

儘管事實上經濟制裁對發起國的影響要比目標國小得多，但是經濟制裁是把雙刃劍，它同時影響發起國和目標國。基歐漢和奈伊認為，依賴少的行爲者（發起國）在對外關係上有明顯的政治資源，因爲在對外關係上，政策變動使行爲者（發起

---

[43] Pape, "Why Economic Sanctions Do Not Work," pp. 93-94.
[44] Jonathan Kirshner, "The Microfoundations of Economic Sanctions," *Security Studies*, vol. 6, no. 3 (Spring 1997), p. 42.

國）所付出的代價要比他的同伴（目標國）少。但是中斷目標國和發起國的經濟關係，實施經濟制裁的成本（按照 GNP 計算）究竟是多少呢？這取決於以發起國根據其對外政策目標去影響目標國行為的能力（潛在權力和權力資源）。

就敏感性互相依賴而言，貿易制裁會立即給發起國和目標國造成靜態經濟資源分配可靠性和效益的損失。例如，未實現的常規進出口貿易損失、未來出口貿易高額訂單損失、工程服務或建設專案的延期交易損失和運輸、通信服務的損失。就脆弱性互相依賴而言，貿易制裁通過影響動態效益而減弱未來經濟增長基礎，增加了建立新的貿易模式的調整成本。例如，生產者競爭優勢喪失、失業、消費者無法購買廉價商品的損失。

一般而言，如果發起國擁有對目標國某些必須商品和服務的壟斷或買主壟斷權，中斷發起國與目標國之間的貿易將引發目標國較嚴重的經濟傷痛。也就是說，目標國不可能找到另一個替代市場和替代產品，並且如果那些被禁運或封鎖的商品和對目標國的經濟有重要價值，它將蒙受經濟傷痛。

發起國實施經濟制裁會付出一些特定的代價。第一，發起國將負擔執行和管理費用，包含預防走私、官僚政治，以及國內協調等費用。第二，發起國可能面對目標國或第三方的報復。相反，如果目標國能夠得到來自其他國家的幫助，或者從第三國找到關鍵商品的替代市場或替代品，那麼經濟制裁對目標國造成的損失會減少。

在國家之間存在複雜的貿易關係情況下，由於目標國有資源改變需求或是供應的可能性，因此對目標國進行制裁所產生的實際影響，不能只看目標國與發起國在制裁前的貿易程度。面對發起國的封鎖（進口控制），目標國會找到其他市場，面對發起國的禁運（出口控制），目標國會找到替代商品。然而，制裁前的貿易程度在決定目標國找到替代市場和替代品的方便程度上仍起一定作用。

如果發起國並不對某特定商品擁有賣方壟斷權或買主壟斷權，中斷雙邊貿易關係只會惡化發起國和目標國的貿易條件，減少雙方利益。例如，發起國的禁運政策將導致其出口貿易額下降。在進口價格一定的情況下，發起國的貿易條件（出口價格與進口價格的比例）惡化。而目標國進口價格的增長也會導致其貿易條件的惡化。相反，發起國實施封鎖也會提高發起國進口商品的價格。在出口價格一定的情形下，發起國的貿易條件惡化。同樣，目標國出口價格會降低並導致貿易條件惡化。以上兩種情形中，發起國和目標國的貿易條件都變壞。事實上，貿易條件影響抓住了脆弱性成本的重要性，因爲它考慮到了需求和供給的替代資源的獲得能力及其成本。

除了對經濟制裁成本進行概念分析以外，還有幾項實證研究。HSE 在其 1990 年的著作《重新審視經濟制裁》一書中，建立了一個基礎分析模式以指導他們確定目標國和發起國的制裁成本。目標國和發起國的福利取決於最初損失規模、供應彈性（Es）和需求彈性（Ed），並從中計算出「制裁乘數」（1／Es+Ed）。依據國民生產總值，目標國或發起國的福利損失等於「制裁乘數」和目標國或發起國經歷的最初損失規模的乘積。也就是說，制裁乘數是 GNP 百分比變化與貿易百分比變化的比例。HSE 計算出被最初剝奪的市場或供應，他們還可根據自己的判斷去估測用於特定案例中的「制裁乘數」。爲了闡明這些，他們將一個近似於 1 的乘數用於絕大多數減少援助的案例，將 0.10 至 0.50 的乘數用於絕大多數減少供應或需求的案例。他們假設目標國在全球市場中只是一個次要角色，因此在多數情況下，供給和需求彈性相加通常會超過 5.0。彈性相加大於 5 等同制裁乘數小於 0.2。[45]但是，必須承認，不是所有的成本都能用數量方法來計算，如動態效益損失和競租活動。

Gary Hufbauer、Kimberly Elliot、Tess Cyrus 和 Elizabeth Winston（以下簡稱 HECW）在他們 1997 年的研究中，試圖去估測所有美國對其他國家實施經濟制裁的國家成本。研究結果說明美國制裁的歷史重點——許多都是單方面的——是企圖限制對外援助，並阻止與特定發展中國家發展貿易往來。HECW 分析結果表明，對美國年國民收入而言，美國對 26 個國家實施經濟制裁的所有成本只有 10 億美元，這個數字從每年損失 150 億美元至 190 億美元的商品出口中計算得出。[46]用於研究的資料是 1995 年的國民收入和商品出口額，分別約等於 6 萬億和 0.7 萬億美元。結果表明，它們對美國經濟的總體影響僅占美國 GNP 的 0.02%以及出口額的 5%。法茂（Richard Farmer）指出這個制裁乘數（0.05）最能代表對個別的發展中國家實施單邊制裁的長

---

[45] Hufbauer et.al., *Economic Sanctions Reconsidered*, 2nd ed., pp. 120-22.

[46] Gary C. Hufbauer, Kimberly A. Elliot, Tess Cyrus, and Elizabeth Winston, *U.S. Economic Sanctions: Their Impact on Trade, Jobs, and Wages*, Working paper (Washington, D.C.: Institute for International Economics, 1997), available at http://www.iie.com/CATALOG/WP/1997/SANCTION/sanctnwp.htm, accessed August 10, 2000, p. 2 of 9.

期（脆弱性）影響。但是他同時指出，由於方法論上的因素，
HECW的數值可能過高。[47]

　　儘管 HECW 的研究結果很難運用於多邊制裁或是對工業國
家的制裁之中。然而，我們可以從某些關於降低貿易壁壘導致
福利收益的研究中計算制裁的成本。這些研究著眼於影響整個
美國貿易，而美國貿易又是與工業國爲主。因此，只要改變在
貿易開放政策下的福利收益的符號即可推估制裁乘數。法茂運
用這些研究結果得出對外貿易乘數——即經濟福利的絕對改變與
相關貿易價值絕對改變的比率。中斷一定的貿易所產生的全部
成本實際上就是該乘數和中斷貿易價值的乘積。[48]

　　雖然這種方法論爲評估經濟制裁成本提供了一些線索，但
是必須認識到，該方法論存在三個潛在缺陷。第一，貿易自由
化通常是多邊的，而經濟制裁經常是雙邊的。第二，貿易自由
化往往時間持久，而經濟制裁則是短暫的。第三，貿易自由化
通常發生於幾個互惠互利、關係和諧的國家之間，而經濟制裁
是政治緊張局勢下的敵對國強行實施。

　　哈福包爾和伊利特在 1994 年所做的計量經濟學研究顯示，
單方面減少美國 21 項產業的貿易保護後，每增加 1 美元出口將
會產生 20 美分的經濟效益。Farmer 認爲，這個乘數（0.2）最能
表示增加美國主要產業的貿易保護而產生的制裁短期單位成
本，雖然該估測似乎誇大了國家成本。[49]W. J. McKibbin 在其
1998 年的分析報告中闡述部門與國家之間投資和需求轉化的後

---

[47] Richard D. Farmer, "Costs of Economic Sanctions to the Sender," *World Economy*, vol. 23, no. 1 (2000), pp. 109-11.

[48] Farmer, "Costs of Economic Sanctions to the Sender," pp. 105-09.

[49] Farmer, "Costs of Economic Sanctions to the Sender," p. 112.

果。該研究指出，工業化國家多邊制裁的長期單位成本也許是每減少 1 美元的出口中含 10 美分的損失。[50]

　　根據表 3-1 顯示的幾個多邊貿易自由化研究結果，貿易自由化的短期收益相當於每增長 1 美元的出口帶來 15 至 35 美分的收益。這些數字很大程度上反映了靜態分配收益以及資本投資對經濟增長的綜合影響。長期乘數相當於每增長 1 美元的出口帶來 45 至 85 美分的收益。在同一地區，多邊貿易自由化的每 1 美元出口收益大於單邊貿易自由化。原因是多邊貿易行為比單邊貿易行為更能消除貿易障礙，推進貿易和投資活動。這些數字反映了大工業國家之間多邊制裁的一些極端事例，這些大國之間都具有報復和緊張升級的可能[51]（見表 3-1）。

　　這些研究為評估台灣和大陸承受潛在的制裁成本大小提供了一個初步的規模。此外，還有幾項實證研究對於分析假想中的大陸對台灣的制裁也頗有幫助。Yang Yongzheng 根據全球貿易分析專案模型[52]的模擬分析，探討了中國貿易自由化的宏觀經濟效果，並預測了到 2005 年中國在四種前景之下，貿易自由化的宏觀經濟效果：中國以發展中經濟體身分加入 WTO；中國以發達經濟體身分加入 WTO；關稅減免和消除差別；中國不參加烏拉圭回合談判。根據他的研究，中國對外貿易乘數分別為 27.4%、23.6%、13.7%和 35%[53]（見表 3-2）。

---

[50] Farmer, "Costs of Economic Sanctions to the Sender," p. 112.

[51] Farmer, "Costs of Economic Sanctions to the Sender," pp. 113-14.

[52] The Global Trade Analysis Project was led by Thomas Hertel of Purdue University.

[53] Yongzheng Yang, "China's WTO Membership: What's at Stake?," *World Economy*, vol. 19, no. 6 (November 1996), pp. 661-82.

表 3-1 對發展中和工業化經濟體的多邊和單邊制裁相關的對外貿易乘數

政策改變的本質	乘數	
	短期	長期
當前制裁的成本研究，側重發展中經濟體		
Hufbauer, Elliot, Cyrus 和 Winston（1997 年）	n.a.	0.05
貿易自由化的收益研究，側重工業化經濟體		
Mckibbin（1998 年）：美國對從 APEC 和歐洲進口產品的關稅	n.a.	0.10
Hufbauer 和 Elliot（1994 年）：對美國 21 個大產業的全面保護	0.20	n.a.
涉及特定部門的多邊變化		
Brown, Deardorff, Fox 和 Stern（1995 年）：工業商品稅	0.35	n.a.
涉及所有部門的多邊變化		
McKibbin（1998 年）：APEC 與歐洲的關稅	n.a.	0.45
Ho 和 Jorgenson（1994 年）		
純關稅	0.15	0.70
關稅和其他數量壁壘	0.35	0.85

資料來源：

Gary C. Hufbauer, Kimberly A. Elliot, Tess Cyrus, and Elizabeth Winston, *U.S. Economic Sanctions: Their Impact on Trade, Jobs, and Wages,* Working paper.Washington, D.C.: Institute for International Economics, 1997, available at http://www.iie.com/CATALOG/WP/1997/SANCTION/sanctnwp.htm, accessed August 10, 2000.

W. J. Mckibbin, "Unilateral versus Multilateral Trade Liberalization: The Importance of International Financial Flows," paper presented at the United States International Trade Commission APEC Symposium, Washington, D.C., September 11-12, 1997.

Gary C. Hufbauer and Kimberly A. Elliot, *Measuring the Costs of Protection in the United State.* Washington, D.C.: Institute for International Economics, 1994.

D. K. Brown, A. V. Deardorff, A. K. Fox, and R. M. Stern, "Computational Analysis of Goods and Services Liberalization in the Uruguay Round," in W. Martin and L. A. Winters(eds.), *The Uruguay Round and the Developing Economies*, Discussion Paper no. 307. Washington, D. C.: World Bank, 1995.

M. S. Ho and D. W. Jorgenson, "Trade Policy and U.S. Economic Growth," *Journal of Policy Modeling*, vol. 16, no. 2, 1994, pp. 119-46.

表 3-2　2005 年中國貿易自由化的宏觀經濟效果

單位: 十億美元

	作爲發展中經濟體	作爲發達經濟體	關稅削減和消除差別[b]	不參加烏拉圭回合談判
均等差異[a]	18	19.1	27.4	-23.9
出口量	29.8	35.4	81.2	-30.3
進口量	35.9	45.5	119.1	-38
外貿乘數	27.4%	23.6%	13.7%	35%

註：

a：均等差異（equivalent variation）是消費剩餘變化的希克斯（Hicks）度量，可以衡量社會福利的變化。

b：假設中國降低關稅最多到 10%。

資料來源：

Yongzheng Yang, "China's WTO Membership: What's at Stake?," *World Economy*, vol. 19, no. 6 （November 1996）, pp. 677-79.

　　王直（Wang Zhi）運用了一種集 12 個地區、14 個部門構成的全球貿易和產量的總體均衡模式（以下簡稱 CGE）來計算中國和台灣加入 WTO 後對台灣和中國的潛在影響。他估測，如果在穩定封閉資本市場[54]的情形下，以 1992 年的固定價格模擬，中國加入 WTO，並另外根據 1996 年 4 月的關稅減讓承諾再削減 35%，那麼在上述情況下，中國對外貿易乘數將是 19.4%，而台灣將是 25%。同樣，在其 1998 年的研究中，他又估測，如果在穩定封閉資本市場的情形下，以 1995 年的固定價格模擬，中國和台灣同時加入 WTO，大陸又另外在 1998 年 2 月關稅減

---

[54] Under the steady-state capital market closure, the return of capital is held constant while the capital stock in each region is endogenously determined.

讓的承諾基礎上再削減 30%的，那麼中國對外貿易乘數將是
28.7%，而台灣將是 32%。王直和蘇艾（G. Edward Schuh）在
2000 年又運用 CGE 模式估測，如果在穩定封閉資本市場的情形
下，以 1995 年的固定價格模擬，台灣、香港、中國、美國、日
本和歐盟都減少 50%的關稅，在此情況下，中國對外貿易乘數
將是 26.8%，而台灣爲 22.3%（見表 3-3）。

表 3-3 自由化對台灣和大陸的宏觀經濟影響

單位：十億美元

	中國加入 WTO，並另外根據 1996 年 4 月的關稅減讓承諾再削減 35%[a]		中國加入 WTO，又另外在 1998 年 2 月的關稅減讓承諾基礎上再削減 30%[b]		中國主要貿易夥伴之間減免 50%的關稅，進行多邊自由貿易[b]	
	中國	台灣	中國	台灣	中國	台灣
均等差異	21.5	4	23.5	3.9	55.5	15
出口量	65.7	8.2	49.4	5.8	103.3	33
進口量	46.2	7.8	37.8	6.4	104	33.4
外貿上升率	19.2%	25%	28.7%	32%	26.8%	22.3%

註：
a: 該數額是 1992 年的固定價格。
b: 該數額是 1995 年的固定價格。
資料來源：

Zhi Wang, *The Impact of China and Taiwan Joining the World Trade Organization on U.S. and World Agricultural Trade: A Computable General Equilibrium Analysis*, Technical Bulletin Number 1858. Washington, D.C.: The United States Department of Agriculture, 1997, pp. 12-24.

Zhi Wang, *Jiaru Shijie Maoyi Zuzhi （WTO） Duei Liangan Maoyi Guanxi De Yingxiang*. The Impact of Taiwan and China Entering the World Trade Organization on Cross-Strait Trade Relations. Taipei: Chung-Hwa Institution for Economic Research, 1998, pp. 10-13.

Zhi Wang and G. Edward Schuh, "Economic Integration Among Taiwan, Hong Kong and China: A Computable General Equilibrium Analysis," *Pacific Economic Review*, vol. 5, no. 2, June 2000, pp. 256-60.

　　王直和蘇艾認爲，按 CGE 模式，貿易自由化會帶來三種收益：一、能更有效地利用資源；二、效益收入帶來更快的資本積累、更高的儲蓄和投資；三、由於資本增長和從其他國家引進仲介產品，使技術轉移速度增快，從而加速提高各種要素的生產力。[55]按 CGE 模式估測出的貿易自由化所帶來的福利收益應視爲長期和多邊的收益。對大陸和台灣而言，這些估測出來的外貿乘數都應用於多邊和長期的情形中。

　　總之，根據以上研究，大陸對台灣的單方面制裁將對台灣和大陸產生的短期乘數大約是 0.2。考慮到台灣和其他國家可能會對中國的制裁實施報復和緊張升級，中國多邊的短期乘數估計在 0.15 至 0.35 之間。如果考慮長期制裁的影響，對台灣和大陸而言，大陸單方面對台制裁產生的乘數約在 0.05 至 0.10 之間。同樣考慮到台灣和其他國家的報復行爲，對大陸而言，多邊的長期乘數在 0.14 至 0.35 之間。

　　然而，乘數只能大致得出發起國和目標國的一般成本估計。在某些情況下，貿易制裁有可能集中在目標國的一些關鍵和瓶頸的部門。與一般的封鎖或禁運情況相比，在此情形下，目標國在這些部門中將比發起國付出更大的成本。

---

[55] Zhi Wang and G. Edward Schuh, "Economic Integration Among Taiwan, Hong Kong and China: A Computable General Equilibrium Analysis," *Pacific Economic Review*, vol. 5, no. 2 (June 2000), pp. 243-44.

第六節　經濟制裁效力

在有關經濟制裁文獻中最經常會出現的一個問題是：「經濟制裁是否有用？」或「經濟制裁是否有效？」絕大多數學者認爲經濟制裁總體上是無效的，一些學者在他們闡述中表明這一共識：[56]

賈頓認爲：「經濟制裁的效用通常是負面的。」[57]

諾爾（Klaus Knorr）認爲：「強制使用貿易報復或特殊貿易優勢等經濟權力很少獲得成功。」[58]

竇克斯指出：「案例研究表明，幾乎很少有經濟制裁能提供誘使他國遵守國際行爲準則的可靠方法。」[59]

布來辛（James Blessing）指出：「一般來講……中止援助看來不能有效地誘使對方改變行爲。」[60]

任武克（Robin Renwick）也認爲：「至少到目前爲此，（經濟制裁）很少能成功地產生所希望的結果。」[61]

---

[56] For more witnesses on the effectiveness of economic sanctions, see M. S. Daoudi and M. S. Dajani, *Economic Sanctions: Ideal and Experience* (Boston: Routledge & Kegan Paul, 1983), pp. 174-188.

[57] Galtung, "On the Effects of International Economic Sanctions," p. 409.

[58] Klaus Knorr, *The Power of Nations: The Political Economy of International Relations* (New York: Basic Books, 1975), p. 165.

[59] Doxey, *Economic Sanctions and International Enforcement*, 2nd ed., p. 125.

[60] James A. Blessing, "The Suspension of Foreign Aid: A Macro-Analysis," *Polity*, vol. 13, no. 3 (Spring 1981), p. 533.

[61] Robin Renwick, *Economic Sanctions* (Cambridge, Massachusetts: Center for International Affairs, Harvard University, 1981), p.91.

林賽認爲：「有關制裁文獻的一個共識是，貿易制裁一般無法改變目標國的行爲。」[62]

HSE 也指出：「以制裁手段來達到外交政策目標，即強迫目標國去做他們堅決抵制的事情的作用是有限的。」[63]

哈斯（Richard Haass）則指出：「幾乎可以肯定，不斷利用制裁手段去達到外交政策目標的結果是無效的。」[64]

摩根（T. Clifton Morgan）和史衛巴赫（Valerie Schwebach）認爲：「在多數情況下，一個國家用制裁手段來對付其對手，所得到的結果與不採取制裁手段的結果幾乎沒有差別。」[65]

裴博同樣認爲：「很少有跡象表明制裁可以達到雄心勃勃的外交政策目標。」[66]

裴瑞格也說：「總體評價，20 世紀 90 年代美國發起的單邊經濟制裁幾乎很少能達到它們的外交政策目標，卻反而會給美國的其他利益帶來各種負面影響。」[67]

然而，學者們對於如何定義經濟制裁的成功有很大的辯論。包德溫認爲運用經濟制裁手段——更一般意義上指經濟治

[62] Lindsay, "Trade Sanctions as Policy Instruments," p. 155.

[63] Hufbauer, et. al., *Economic Sanctions Reconsidered*, 2nd ed., p. 92.

[64] Richard N. Haass, "Sanctioning Madness," *Foreign Affairs*, vol. 76, no. 6 (November/December 1997), p. 75.

[65] T. Clifton Morgan and Valerie L. Schwebach, "Fools Suffer Gladly: The Use of Economic Sanctions in International Crises," *International Studies Quarterly*, no. 41 (1997), p. 46.

[66] Robert A. Pape, "Why Economic Sanctions *Still* Do Not Work," *International Security*, vol. 23, no. 1 (Summer 1998), p. 66.

[67] Preeg, *Feeling Good or Doing Good with Sanctions*, p. 207.

國之術，都包含到多目標的，針對多個目標國。如果要從發起國角度來評判制裁是否成功，最有說服力的做法是用其他治國之術手段與經濟治國之術手段的實施成本和收益進行比較。雖然包德溫並沒有明確指出經濟制裁有可能成功，但他的概念框架，以及在重新探討經典案例過程中，把多重目的因素納入考量之中則表明，從發起國的視角來看經濟手段比學者通常認為的要相對有用些。[68]

但事實上，包德溫論述的是經濟制裁的效用或功效，而不是效力。他將政治家定義的多重目標、成本與效力平衡表，以及在評判經濟制裁效力時，幾種治國之術相互比較等因素都納入考量範疇。包德溫的方法有異於其他分析方法，並且會混淆經濟制裁內在的權力關係的本質。而權力關係又是本文關於大陸的優勢和台灣的脆弱性方面的首要考慮因素。包德溫的方法對發起國決策者選擇其他治國之術手段具有重要意義，但是他並沒有回答經濟制裁的效力問題。[69]

同樣，陶帝和達拉尼認為實行制裁時，制裁效果的國內認知功能非常重要。他們指出，即使制裁不能成功地贏得他們的最初目標，但並不表示它們徹底無效。雖然他們並沒有主張制裁是贏得公開聲明的外交政策目標的有效工具，但是他們的確認為，如果將它用於其他目的，例如，達到象徵性的目標或對目標國採取嚴厲的經濟剝奪等，制裁會是治國之術的重要工

[68] Baldwin, *Economic Statecraft*, pp. 115-205.
[69] David Baldwin, "The Sanctions Debate and the Logic of Choice," *International Security*, vol. 24, no. 3 (Winter 1999/2000), pp. 80-107.

具。[70]

一些學者承認，發起國實施經濟制裁往往有多重目標，但是這些專家又將經濟制裁的效用與效力這兩個概念加以區分。例如，林賽認為：「貿易制裁很少能強制目標國順從或顛覆目標國政府，並且其威懾作用也很有限，當然，制裁在發揮國際和國內象徵性影響方面往往頗為成功。」[71]羅培芝（George Lopez）和柯立芝（David Cortright）也指出：「如果對於制裁的效力分析僅僅按照字面上的主要目標（官方或公開聲明的制裁目標）來理解，那麼制裁的效力確實十分有限。」[72]美國國會審計總署向美國參議院對外關係委員提交的有關報告中，也認為經濟制裁對於贏得有限和未明確表明的目標更為有效，諸如捍衛國際規範，阻止未來的不當行徑等。但是，對於迫使目標國順從發起國聲明的願望這一制裁最主要的目標而言，制裁就不那麼成功。[73]

HSE 的研究把經濟制裁的成功界定為兩個方面：政策結果和制裁貢獻。政策結果是衡量發起國達成政策目標的程度，而制裁貢獻是衡量制裁在多大程度上有助於實現這一結果。就政

[70] Daoudi and Dajani, *Economic Sanctions*, pp. 159-69.

[71] Lindsay, "Trade Sanctions as Policy Instruments," p. 154.

[72] George A. Lopez and David Cortright, "Economic Sanctions in Contemporary Global Relations," in David Cortright and George A. Lopez (eds.), *Economic Sanctions: Panacea or Peacebuilding in a Post-Cold War World?* (Boulder, Colorado: Westview Press, 1995), p. 7

[73] United States General Accounting Office, *Economic Sanctions: Effectiveness as Tools of Foreign Policy*, Report to the Chairman, Committee on *Foreign* Relations, U.S. Senate, GAO/NSIAD-92-106, February 1992, p. 2.

策結果而言：1 表示失敗，2 表示情況不明但有可能是正面的結果，3 表示一個正面的且部分成功的結果，4 表示成功。就制裁貢獻而言：1 表示沒有或是負面貢獻，2 表示有微小貢獻，3 表示有中等貢獻，4 表示重大貢獻。如果政策結果與制裁貢獻的指標乘積大於或等於 9，則表示制裁是成功的。[74]

HSE 用比率系統來判定目標國是否按照發起國的目標行事以及經濟制裁是否促成變化的主要原因，他們計算出制裁的總體成功率是 34%，即 115 個案例中有 40 個成功的例子。其中，發生於 1973 年前期的制裁的成功率是 44%，而發生於 1973 年後的制裁的成功率不足 25%。更爲明顯的情況是，用制裁去實現有限目標的成功效也呈下降趨勢，由以往的 75%下降至 21%，絕大多數涉及美國。另外，由美國在近幾年發起的單邊制裁也大都無效，在 1970 年至 1990 年之間，美國單邊制裁取得效果的只有 13%（39 個內有 5 個）。[75]

裴博經過對許多 HSE 認爲的成功案例進行重審，並且分辨

---

[74] Hufbauer, et. al., *Economic Sanctions Reconsidered*, 2nd ed., pp. 41-42.

[75] According to Cortright and Lopez, in 1999 a revised and updated version of HSE study, encompassing 170 sanctions episodes from 1914 through 1999, gives an overall success rate of approximately 35 percent. Hufbauer, et. al., *Economic Sanctions Reconsidered*, 2nd ed., p. 93. Kimberly Ann Elliot, "Factors Affecting the Success of Sanctions," in David Cortright and George A. Lopez (eds.), *Economic Sanctions: Panacea or Peacebuilding in a Post-Cold War World?* (Boulder, Colorado: Westview Press, 1995), p. 54. Kimberly Ann Elliott, "The Sanctions Glass: Half Full or Completely Empty," *International Security*, vol. 23, no. 1 (Summer 1998), p. 58. David Cortright and George A. Lopez, *The Sanctions Decade: Assessing UN Strategies in the 1990s* (Boulder, Colorado: Lynne Rienner, 2000), p 15.

出成功産生的不同起因後，總結認爲，制裁真正的成功率應低於 5%。諾沙（Kim Nossal）認爲自 1945 年以來的許多制裁事件中，只有 14 起看來是毫無疑問的成功，因爲它們真正促使目標國改變其行爲。諾沙通過對 HSE 研究的全部 115 個案例進行考察，認爲只有 8 起是成功的。[76]

根據裴博的定義，經濟制裁是通過減少國際貿易來降低目標國的經濟福利總和，以強迫目標國政府改變其政治行爲。他指出該定義應排除貿易戰和經濟戰，這點 HSE 也同意。此外，裴博認爲經濟制裁的成功須達到三個標準：一、目標國向發起國要求的主要的部分妥協；二、經濟制裁威脅使用或實際使用必須先於目標國改變其態度之前；三、對目標國的態度行爲不存在其他更具說服力的解釋。[77]

裴博指出，在 HSE 所指的 40 個成功案例中，經考察顯示，事實上只有 5 個是明確成功的。其他 35 個所謂成功的例子中則存在 4 類統計上的錯誤：一、其中 18 個最終是由武力而非經濟制裁促成；二、8 個是失敗的，因爲目標國沒有向發起國的要求做出讓步；三、6 個是貿易糾紛，而非經濟制裁；四、3 個結果是無法確定的。[78]

裴博指出，有兩個問題導致了 HSE 的錯誤結論。第一，雖然他們的目的是研究運用經濟制裁去爭取政治目的，但他們的

---

[76] Kim Richard Nossal, "Liberal Democratic Regimes, International Sanctions, and Global Governance," in Raimo Vayrynen (ed.), *Globalization and Global Governance* (Lanham, Maryland: Rowman & Littlefield Publishers, Inc., 1999), pp. 128-129, 135.

[77] Pape, "Why Economic Sanctions Do Not Work," pp. 93-97.

[78] Pape, "Why Economic Sanctions Do Not Work," pp. 99-105.

資料都不恰當地包含了其他兩種經濟治國術手段的例子：商業
談判和經濟戰。第二，HSE 基本上沒有把武力因素進行對照比
較。根據裴博分析，大約有一半 HSE 聲稱的成功事件，事實上
是以武力取勝的例子，而 HSE 則基本上低估甚至沒有充分說明
這一原因。[79]

　　伊利特對裴博的批評進行辯駁，對裴博詮釋的 7 個案例提
出異議，並且指出只有 12 起成功的經濟制裁沒有軍事干預。莊
子納一方面同意裴博的觀點，認爲在 HSE 統計的 40 起成功案件
中有 7 起是有誤的，並且 11 起是與軍事暴力有關，但同時對裴
博之兩個案例的詮釋提出異議。此外，伊利特和莊子納都批評
裴博沒有闡述經濟制裁是否能夠提高武力效力的問題，這主要
是因爲裴博的目標只判斷制裁的單獨作用。[80]

　　然而，裴博指出他的研究和 HSE 的研究針對的都是相同問
題：即如果經濟制裁不作爲武力的輔助手段而作爲獨立的外交
政策工具，它的效果究竟如何？也就是，選擇經濟制裁手段是
否比選擇武力手段更好？[81]事實上，沒有經濟制裁的軍事行動照

---

[79] Pape, "Why Economic Sanctions Do Not Work," pp. 105-106.

[80] Daniel Drezner argues the following success cases in HSE data set are
either economic warfare or strategic embargoes: 14-1, UK vs. Germany;
21-1, League of Nations vs. Yugoslavia; 25-1, League of Nations vs.
Greece; 39-1, Allied powers vs. Axis; 62-1, UN vs. South Africa; 77-4,
Canada vs. the European Community; 79-3, Arab League vs. Canada.
Elliott, "The Sanctions Glass," pp. 60-65. Pape, "Why Economic
Sanctions *Still* Do Not Work," pp. 72-76. Drezner, *The Sanctions Paradox*,
pp. 103-06. Daniel W. Drezner, "The Complex Causation of Sanction
Outcomes," in Steve Chan and A. Cooper Drury (eds.), *Sanctions as
Economic Statecraft: Theory and Practice* (New York: St. Martin's, 2000),
pp. 218-19.

[81] Pape, "Why Economic Sanctions *Still* Do Not Work," pp. 69-70.

樣可以通過正規戰爭或是封鎖手段，對目標國施加同等或更大的經濟損失。因此一般不會把經濟制裁作爲武力的輔助手段，除非用於警示目的。

另外，柯立芝和羅培芝像包德溫一樣，也對 HSE 只注重研究制裁聲明的政策目標，而忽略制裁可能用於其他目標的研究方式提出質疑。他們認爲如果只狹窄地側重制裁的工具性目標，不但會導致制裁無效這一錯誤印象，還會低估制裁產生的廣泛政治影響。除了官方與公開聲明的目標，制裁能夠用於其他目的或是起象徵性作用，其中包括用於阻遏將來的不當行爲，或是向盟國或是國內選民表明決心，或是捍衛國際規範，或是向反感的行爲表示反對。[82]然而這些批評似乎無的放矢，因爲在這裡，柯立芝和羅培芝討論的是制裁的用處而不是制裁的效力。

最後，莊子納就制裁文獻中關於成功／失敗的區分提出了兩點認識。第一，他認爲，成功的程度應該由目標國相對於現狀的讓步大小進行判斷，而不是相對於發起國初始要求的讓步大小。第二，成功的程度取決於要求的類型。相對於完成一項簡單的任務中獲得很高成功而言，在完成一項較難的任務中取得有限的成功也許更有成效。他運用這個標準去考察了俄羅斯從 1992 年到 1997 年 39 起對新獨立國家的制裁案件。[83]莊子納的分析將在第五章中進一步討論。

總之，既便我們考慮到 HSE、裴博和諾沙對成功經濟制裁的判斷分歧，如果我們根據嚴格的經濟制裁定義，並排除經濟

---

[82] Cortright and Lopez, *The Sanctions Decade*, pp. 15-6.
[83] Drezner, *The Sanctions Paradox*, pp. 18-19, 68, 131-247.

戰和貿易糾紛，那麼按照 HSE 的資料，經濟制裁的成功率也只有在 4.6%（109 個案例中有 5 個）[84]和 10.4%（115 個案例中有 12 個）之間。這個成功率非常低，由此我們可以總結經濟制裁一般是無效的。基於 HSE 的資料，圖 3-4 顯示了 HSE，裴博和諾沙對成功制裁的不同判斷，在第五章中將進一步對經濟制裁效力進行更廣泛的理論探討。

表 3-4 根據 HSE 資料自 1945 年以來成功的制裁

年分	發起國	目標國	HSE 結果[a]	裴博結果[b]	諾沙結
1914	英國	德國	成功（d）	不適用（b）	失敗
1921	國際聯盟	南斯拉夫	成功（c）	不適用（b）	失敗
1925	國際聯盟	希臘	成功（c）	不適用（b）	失敗
1933	英國	蘇聯	成功（a）	成功	失敗
1938	美國／英國	墨西哥	成功（a）	不適用（d）	失敗
1939	聯合國	日本／德	成功（d）	不適用（a）	失敗
1948	美國	荷蘭	成功（c）	不確定	成功
1948	印度	海德拉巴	成功（e）	不適用（d）	失敗
1951	美國／英國	伊朗	成功（b）	不適用（c）	失敗
1956	美國／英國／法國	埃及	成功（a）	失敗	失敗
1956	美國	老撾	成功（b）	不適用（c）	失敗
1956	美國	英國／法	成功（c）	不適用（b）	成功
1958	蘇聯	芬蘭	成功（b）	不適用（d）	成功
1960	美國	多明尼加	成功（b）	不適用（b）	失敗
1961	美國	錫蘭	成功（a）	不適用（d）	失敗
1962	美國	巴西	成功（b）	不適用（c）	失敗
1962	聯合國	南非	失敗	失敗	成功
1963	美國	埃及	成功（a）	失敗	失敗
1963	美國	南越	成功（b）	不適用（c）	失敗
1964	法國	突尼斯	成功（a）	不適用（d）	失敗
1965	美國	智利	成功（a）	不適用（d）	失敗
1965	美國	印度	成功（a）	失敗	成功
1965	英國／聯合國	羅得西亞	成功（b）	不適用（b）	失敗
1967	尼日利亞	比夫拉	成功（e）	不適用（a）	失敗
1968	美國	秘魯	成功（a）	不適用（d）	失敗
1970	美國	智利	成功（b）	不適用（c）	失敗
1972	美國／英國	烏干達	成功（b）	不適用（a）	失敗
1973	阿拉伯聯盟	美國／荷	成功（e）	失敗	失敗
1975	美國／加拿大	朝國	成功（a）	成功	成功

---

[84] 109 cases exclude 6 cases in the HSE database, which, Pape argues, are trade disputes, not instance of economic sanctions.

（續）表 3-4　根據 HSE 資料自 1945 年以來成功的制裁

1976	美國	台灣	成功（a）	失敗	成功
1977	加拿大	厄瓜多爾	成功（a）	不確定	失敗
1977	美國	巴西	成功（a）	失敗	失敗
1977	美國	尼加拉瓜	成功（b）	不適用（a）	失敗
1979	美國	伊朗	成功（a）	失敗	失敗
1979	阿拉伯聯盟	加拿大	成功（a）	成功	成功
1981	美國	波蘭	成功（e）	失敗	失敗
1982	美國／荷蘭	蘇里南	成功（a）	不適用（b）	失敗
1982	南非	賴索托	成功（b）	不確定	失敗
1982	英國	阿根廷	成功（c）	不適用（a）	失敗
1987	美國	薩爾瓦多	成功（a）	成功	失敗
1989	印度	尼泊爾	成功（e）	成功	失敗

註：

a：成功（a）：輕微的政策改變。

　　成功（b）：政治動盪。

　　成功（c）：中斷軍事行動（不包括主要戰爭）。

　　成功（d）：損害軍事潛力（包括主要戰爭）。

　　成功（e）：其他主要政策改變。

b：不適用（a）：結果是由武力決定，不是經濟制裁（殘暴的軍事勝利）。

　　不適用（b）：結果是由武力決定，不是經濟制裁（軍事威迫）。

　　不適用（c）：結果是由武力決定，不是經濟制裁（外國策劃的暗殺與軍事政變）。

　　不適用（d）：不是經濟制裁的案例。

資料來源：

Robert A. Pape, "Why Economic Sanctions Do Not Work," *International Security*, vol. 22, no. 2（Fall 1997）, pp. 100-03.

Kim Richard Nossal, "Liberal Democratic Regimes, International Sanctions, and Global Governance," in Raimo Vayrynen （ed.）, *Globalization and Global Governance*. Lanham, Maryland: Rowman & Littlefield Publishers, Inc., 1999, p. 129.

第四章

經濟制裁啟用理論

如第三章所示，經濟制裁一般無效，尤其在 1975 年至 1990 年的時間裡，經濟制裁促使目標國順服的成功率不斷下降（見表 4-1）。儘管經濟制裁不斷被起用，根據 HSE 三位學者的計算，認爲經濟制裁總體上的成功率爲 34%，即 115 個案例中只有 40 個是成功的。在第三章中已討論過，裴博和諾沙認爲 HSE 運用了一些不含有經濟制裁特質的案例而高估了總體的成功率。無論如何，經濟制裁運用率的增長與成功率不斷下降之間構成鮮明對照。

表 4-1 HSE 資料的經濟制裁成功率

時期	總案例數	成功案例數	成功率
1914-1929 （16 年）	5	3	60%
1930-1944 （15 年）	7	3	43%
1945-1959 （15 年）	20	7	35%
1960-1974 （15 年）	34	14	41%
1975-1989 （15 年）	52	13	25%
1990-1999 （10 年）	50	／	／

資料來源：

Kim Richard Nossal, "Liberal Democratic Regimes, International Sanctions, and Global Governance,"in Raimo Vayrynen （ed.）, *Globalization and Global Governance*. Lanham, Maryland: Rowman & Littlefield Publishers, Inc., 1999, p. 129.

Gary Clyde Hufbauer, Jeffery J. Schott, and Kimberly Ann Elliot, *Economic Sanctions Reconsidered: History and Current Policy*, 2nd ed., Washington, D.C.: Institute of International Economics, 1990.

　　如果發起國的領導人是理性的，並且知道制裁作爲政策工具的相對無效性，他們將不會選擇經濟制裁作爲達成外交政策目標的手段，或至少不經常使用，或只在環境最有利的情況下使用。決策者是不是沒有吸取歷史的教訓？經濟制裁理論究竟如何解釋制裁無效與不斷頻繁使用經濟制裁之間的矛盾？爲什麼在 1975 年以後，當經濟制裁頻繁失敗的時候還被經常起用？

　　一般來說，對於經濟制裁爲何仍是通用的外交政策工具存在三種不同的解釋途徑即：國內政治／象徵性途徑、警示／威懾途徑，以及衝突預期模型。

第一節　國內政治／象徵性途徑

　　國內政治／象徵性途徑主要著眼於發起者的國內政治。國內壓力導致發起國決定發起制裁去懲罰目標國，表明發起國的譴責或是道義上的憤怒。如果目標國的行爲違背了發起國的利益或是國際規範，發起國國內的民眾或團體會覺得必須去「做一些什麼」。此外，實施軍事干預的代價太大，因此發起國會轉向以「非最佳」的代替手段——經濟制裁去實施威壓。制裁本身可能無效，但是它的執行會使外交政策決策者避免受到「什麼都不做」的譴責。[1]

　　許多作者都將此作爲制裁的一個根本原因。賈頓指出：「當軍事行動由於這個或那個原因不能付諸實施；或者當出於這樣或那樣的原因不能什麼都不做的時候；並且當什麼都不做

---

[1] Leyton-Brown, "Lessons and Policy Considerations about Economic Sanctions," pp. 305-06. Hufbauer, et. al., *Economic Sanctions Reconsidered*, 2nd ed., pp. 3, 13. Christopher C. Joyner, "Sanctions and International Law," in David Cortright and George A. Lopez (eds.), *Economic Sanctions: Panacea or Peacebuilding in a Post-Cold War World?* (Boulder, Colorado: Westview Press, 1995), pp. 74-5. Drezner, *The Sanctions Paradox*, pp. 11-2.

會被視爲與敵同謀的時候,就必須去做一些事情來表明道義,而這些事情至少能向每個人傳遞一個明確的信號——目標國所作所爲是受到譴責的。即便制裁不能達到具體目的,它至少具有表達上的功能。」[2]諾爾同樣認爲經濟力量可以被用來表示不滿和懲罰對方,雖然它不能夠強制對方,只是爲了滿足發起者想去傷害某個不聽話政府的情緒。[3]

任武克指出:「決定採取制裁也許並非出於制裁本身的優點考慮,而是由於它與其他替代選擇(如沒有行動或採取軍事行動)相比更具吸引力。」[4]陶帝和達佳尼也認爲:「實施制裁吸收了最初要求採取措施的反應。」[5]包德溫也強調:「實施經濟制裁旨在緩和國內民意,並非決策者把它作爲治國之術的工具。」[6]林賽同樣指出:「採取制裁行爲更像是爲了發揮它的象徵性功能……當軍事行動不適宜或是不理想,並且發起者想對目標國的行爲作強烈反應的時候,制裁提供了一個『幹點什麼』的手段。」[7]

---

[2] Galtung, "On the Effects of International Economic Sanctions," pp. 411-412.

[3] Knorr, *The Power of Nations*, p. 138.

[4] Renwick, *Economic Sanctions*, p. 1.

[5] Daoudi and Dajani, *Economic Sanctions*, p. 161.

[6] Baldwin, *Economic Statecraft*, pp. 97-98.

[7] Lindsay, "Trade Sanctions as Policy Instruments," p. 170.

一、20 世紀 80 年代前的論據

儘管有上述論證，但現有的 20 世紀 80 年代以前制裁案例
的統計並不能完全支援國內政治／象徵性途徑的論證。例如，
布來辛比較了兩組資料，它們分別由 59 個國家組成，第一組 59
個國家在 1948 年至 1972 年期間曾被美國中止過援助，另外一
組 59 個國家在此期間未被中斷過美援。他發現國內壓力在導致
制裁行爲中只起到很小的作用，並且總結認爲，126 個案例的絕
大部分中，美國行政當局決定中止援助更多的是針對目標國的
行爲而不是出於國內或是國會的公開壓力。但是這個發現的可
信度較低，只能被看作是一種假設。[8]

爲了確定國家爲何會發起經濟制裁，艾林斯（Richard
Ellings）考察了 107 起從 1945 年至 1982 年間的制裁威脅和制裁
行爲。美國參與了 75 起多邊制裁和 63 起單邊制裁。9 起涉及美
國的案例和 2 起不涉及美國的案例是威嚇。他發現國內政治變
數對發起制裁的影響很小。當美國在維護國際體系與和平過程
中，其國家利益受到威脅時，它就實施經濟制裁。這個原因，
加上美國總統的人格，似乎可以解釋絕大多數的制裁和威嚇行
爲。[9]

然而，杜瑞卻認爲在 1948 年至 1978 年間，國內因素確實
對發起經濟制裁產生作用。他運用 logistic 回歸法對 22 對在這

---

[8] Blessing, "The Suspension of Foreign Aid," pp. 524-35.
[9] Ellings, *Embargoes and World Power*, pp. 113-155.

個時期的經濟制裁案例和同一時期未被美國制裁的抽樣國家案例（控制組）進行分析後，他認爲美國總統決定對拉美國家發動制裁只是著眼於美國與目標國之間的國際關係，而美國對其他國家的制裁則是由國內和國際壓力共同驅動的。他因此推測，所謂國內因素對最初決定向非拉美國家發動制裁的影響，可能就是總統對公眾要求行動的反應。[10]

20 世紀 80 年代以前的論據基本上否決了這樣的假設，即實施經濟制裁是迫於對公眾意見的回應，或者由於沒有其他切實可行方法而把制裁作爲象徵性手段。艾林斯和布來辛的研究否認了上述假設。杜瑞的研究成果則在一定程度上支援國內因素的解釋。然而這三個統計演算卻有著一個非常重要的缺陷：他們只討論 20 世紀 80 年代以前的案例，所以可能不適用於後冷戰時期。20 世紀 80 年代之前與之後可能存在很大的不同，其原因一方面包括國會、利益集團和非政府組織在外交政策制定上發揮越來越重要的作用；另一方面，運用武力的合法性不斷降低以及經濟互相依賴不斷增強。

二、20 世紀 80 年代至當前的論據

根據 HSE 的新研究，從 1980 年至 1997 年，美國總共參與了 77 起經濟制裁行動中的 56 個，占總數的 72%。[11]因此有必要

---

[10] A. Cooper Drury, "How and Whom the US President Sanctions: A Time-series Cross-section Analysis of US Sanction Decisions and Characteristics," in Steve Chan and A. Cooper Drury (eds.), *Sanctions as Economic Statecraft: Theory and Practice* (New York: St. Martin's, 2000), pp. 17-36.

[11] Gary Clyde Hufbauer, "Trade as a Weapon," paper for the Fred J. Hansen

考察一下 1980 年以後美國的制裁動機。其中有四個因素促使美國在 1980 年以後，特別是 20 世紀 90 年代頻繁使用經濟制裁。[12]首先，美國國會不斷干涉美國總統在各種外交政策上的決定權，迫使其在許多情況下使用經濟制裁。例如，在 1993 年至 1996 年間，美國國會通過了 5 項制裁法案：1994 年的核擴散防治法案；1996 年的古巴自由和民主團結法案（赫爾姆斯－伯頓法案）；1996 年的反恐怖主義和有效死刑法案；1996 年的伊朗－敍利亞制裁法案和 1996 年的自由緬甸法案。

　　第二，自從 20 世紀 90 年代開始，利益集團和非政府組織（簡稱 NGOs）在影響美國外交政策上扮演著越來越重要的角色。蘇聯解體以後，安全問題和抵制蘇聯擴張已不再主導美國外交政策。非安全問題，例如，民主化、宗教自由和人權顯得

Institute for World Peace, San Diego State University, World Peace Week, April 12-18, 1999, http://www.iie.com/TESTMONY/gch9.htm, 7/25/00, pp. 4-5 of 5.

[12] Kimberly Ann Elliott and Gary Clyde Hufbauer, "'New' Approaches to Economic Sanctions," in Arnold Kanter and Linton F. Brooks (eds.), *U.S. Intervention Policy for the Post-Cold War World* (New York: W. W. Norton, 1994), chapter 5, pp. 143-144. Peter A. G. van Bergeijk, "The Impact of Economic Sanctions in the 1990s," *World Economy*, vol. 18, no. 3 (May 1995), pp. 445-449. Lopez and Cortright, "Economic Sanctions in Contemporary Global Relations," pp. 4-6. Haass (ed.), *Economic Sanctions and American Diplomacy*, pp. 2-4. Zachary Selden, *Economic Sanctions as Instruments of American Foreign Policy* (Westport, Connecticut: Praeger, 1999), pp. 1-3. Robert G. Sutter, *U.S. Policy Toward China: An Introduction to the Role of Interest Groups* (Lanham, Maryland: Rowman & Littlefield, 1998). Randall Ripley and James Lindsay (eds.), *Congress Resurgent: Foreign and Defense Policy on Capitol Hill* (Ann Arbor, Michigan: University of Michigan Press, 1993).

更爲突出。結果，利益集團和非政府組織的數量空前增長。20
世紀 50 年代和 60 年代的美國，只有很少以外交政治爲使命的
非政府組織。而到了 1998 年底，在美國參議院秘書處註冊的遊
說人員已達 18,590 人。另外，在美國有 7,500 多個利益集團和
非政府組織，其中 2,300 個組織的總部設在離國會大廈二十英里
的範圍內。各種各樣的關注這些議題的利益集團和非政府組織
通過遊說行政者和立法機關以增強對決策制定過程的影響。[13]

　　第三，冷戰結束降低了使用武力的合法性，而制裁作爲軍
事干預的一項替代品，既有很高的能見度，代價又相對較低。
最後，國際貿易投資量以及各國經濟相互依賴急劇增長。在國
際投資方面，1960 年全球對外直接投資總額只有 680 億美元，
而 1997 年達到 35,410 億美元。全球跨國公司，在 1997 年創造
的附加值達 2 萬多億美元。它們在全球 GDP 中的份額持續上
升：1997 年已接近 7%，而 80 年代中期還只占 5%。這些跨國公
司占 1995 年世界出口總量的三分之一，而 80 年代中後期還只
占四分之一。在世界貿易方面，1980 年發展中國家（受制裁的
潛在目標國）的國際貿易量占其 GDP 的 40%，而到 1993 年已
達到 48%。因此，高度互相依賴使經濟制裁變成發起國影響目
標國政策的一個方法。

　　伊利特和哈福包爾指出，冷戰結束意味著美國行政部門的
權力已分散至國會、次聯邦政府行爲體，以及非政府組織。他
們還認爲，當改變目標國行爲的可能性微乎其微的時候，美國

---

[13] David M. Lampton, Same Bed, Different Dreams: Managing U.S.-China
　　Relations, 1989-2000 (Berkeley: University of California Press, 2001), pp.
　　282-8.

總統仍感到不得不實施制裁來對付外國的不當行爲。他們考察了 20 世紀 90 年代的 50 個案例後認爲,許多代價高昂的制裁都是受國內利益集團驅動,並且行政部門是在不斷遊說壓力下才被迫接受的。這其中包括,西方國家對南非的種族隔離政策和對中國天安門暴力鎮壓事件的制裁,它們主要是爲了安撫國內選民。[14]

哈斯和裴瑞格經過對後冷戰時期由美國發起的近期幾起著名經濟制裁案例的分析,認爲制裁提供了一種能見度明顯,且相對於軍事干預更經濟的替代方法,同時,相對於美國無所事事或只能口頭反應而言,制裁也成爲更好的選擇。另外,Ivan Eland 和諾沙也認爲經濟制裁在 20 世紀 90 年代比較盛行有兩個原因:一、國家用來影響其他國家行爲的政策選擇不多;二、制裁較外交和輔助軍事/軍事行動是更好的選擇。[15]

一位頗富有影響力的美國參議員赫姆斯(Jesse Helms)強

---

[14] Elliott and Hufbauer, "'New' Approaches to Economic Sanctions," pp. 132-58. Kimberly Ann Elliott and Gary Clyde Hufbauer, "Same Song, Same Refrain? Economic Sanctions in the 1990's," *AEA Papers and Proceedings*, May 1999, pp. 403-8.

[15] Richard Haass's study examines eight cases, including China, Cuba, Haiti, Iran, Iraq, Libya, Pakistan, and the former Yugoslavia. Ernest Preeg's study examines five cases, including China, Cuba, Iran, Myanmar (formerly Burma), and Vietnam. Haass (ed.), *Economic Sanctions and American Diplomacy*.Preeg, *Feeling Good or Doing Good with Sanctions*. Ivan Eland, "Economic Sanctions as Tools of Foreign Policy," in David Cortright and George A. Lopez (eds.), *Economic Sanctions: Panacea or Peacebuilding in a Post-Cold War World?* (Boulder, Colorado: Westview Press, 1995), pp. 29-31. Nossal, "Liberal Democratic Regimes, International Sanctions, and Global Governance," pp. 127-32.

調認爲:「如果沒有制裁,美國又將如何對付恐怖分子、擴散者和種族滅絕獨裁者?我們的政策選擇要麼就是空談,要麼就派遣海上陸戰隊。沒有制裁,美國根本無法在『非戰爭』情況下施加影響。制裁也許並不完美,而且常常不是辦法,但他們通常是唯一的武器。」[16]

此外,公共選擇理論把對國際關係行爲者的關注從主權國家轉向這些國家之中的個人和團體。該理論認爲政策是由選民(投票人)、利益集團、政客和官僚集體選擇的產物。這個觀點特別強調利益集團的介入對外交政策的影響。(制裁)發起國政府經常試圖滿足利益集團的要求,而利益集團又迫使政府採取行動去對付違背某些行動規範的外國政府。[17]

利益集團不僅包括國內的集團,還包括「全球的」利益集團,他們的出現是由於世界經濟的快速全球化、資訊全球化,以及人們共同關注的大量全球性問題。在全球化時代,這些集團在發起國,特別是在美國,扮演著重要的角色。這些集團包括國外實體(政府和政治組織)和個人、國際遊說團體、國際

---

[16] Jesse Helms, "What Sanctions Epidemic?," *Foreign Affairs*, vol. 78, no. 1 (January／February 1999), p. 5.

[17] William H. Kaempfer and Anton D. Lowenberg, "A Public Choice Analysis of the Political Economy of International Sanctions," in Steve Chan and A. Cooper Drury (eds.), *Sanctions as Economic Statecraft: Theory and Practice* (New York: St. Martin's, 2000), pp. 158-86. William H. Kaempfer and Anton D. Lowenberg, *International Economic Sanctions: A Public Choice Perspective* (Boulder, Colorado: Westview Press, 1992). William H. Kaempfer and Anton D. Lowenberg, "The Problems and Promise of Sanctions," in David Cortright and George A. Lopez (eds.), *Economic Sanctions: Panacea or Peacebuilding in a Post-Cold War World?* (Boulder, Colorado: Westview Press, 1995), pp. 51-71.

人權組織和宗教團體、跨國公司組成的商業協會和其他非政府
組織。這些全球和國內的利益集團將他們關注的事情強加給美
國行政當局和國會，正如在美國國內辯論給予中國最惠國待遇
的問題一樣。關於這一點，我們將隨後討論。

　　兩位公共選擇理論的專家卡佛（William Kaempfer）和羅文
伯（Anton Lowenberg）認爲，制裁是專爲使發起國內部的利益
集團受益而設計的，例如，提供經濟租金、獲取不擴張政策的
成效、或是阻止侵犯人權的行爲。這些制裁本質上是一種重新
分配的政策，它只關注狹窄的特殊利益，創造出金錢上或非金
錢上的私有收益。一般來講，該理論強調制裁的決定、形式和
嚴厲性至少取決於以下三個要素：一、發起國內各種利益集團
的相對影響力；二、政策決策者在利益集團壓力下獨立行動的
能力；三、發起國內個人和團體掌握有關目標國令人反感政策
的信息量。特別是，當目標國的政策引起的反感越明顯，發起
國內推動制裁的力量就越強。[18]

　　例如，卡佛和羅文伯發現，在 20 世紀 80 年代後期，西方
國家對南非採取貿易制裁是爲了將發起國內利益集團承受的成
本降到最低點。同樣，美國 1998 年 5 月針對印度的核子試驗所

---

[18] William H. Kaempfer and Anton D. Lowenberg, "A Public Choice
Analysis of the Political Economy of International Sanctions," in Steve
Chan and A. Cooper Drury (eds.), *Sanctions as Economic Statecraft:
Theory and Practice* (New York: St. Martin's, 2000), pp. 159-181.
William H. Kaempfer and Anton D. Lowenberg, "The Problems and
Promise of Sanctions," in David Cortright and George A. Lopez (eds.),
*Economic Sanctions: Panacea or Peacebuilding in a Post-Cold War
World?* (Boulder, Colorado: Westview Press, 1995), pp. 63-64.

採取的貿易制裁事實上被有意削弱了，這是因爲具有強大政治
影響的美國農場主遊說集團要求美國農產品對這些國家的出口
不被列入制裁之列。最後，哈斯認爲媒體對某特定事件的高度
暴光，所謂「CNN 效果」將刺激美國人作出反應。[19]

此外，國內政治／象徵性途徑通常推定：民主體制會比獨
裁政體更頻繁地運用經濟制裁。在民主政體下，較之一個獨裁
政體，公衆和利益集團更有可能將壓力施加給政府，使其至少
採取一些象徵性行爲（「幹點什麼」）。例如，莊子納發現，
除了經濟戰爭（戰略的和戰時禁運），在 HSE 的資料中有 84%
的制裁是由民主政府發起的。他們的案例包括那些可以多元觀
察的案例。這樣，從 1917 年至 1989 年，經觀測的案例數量結
果有 114 起。以後，這將被稱爲 HSE-Drezner 資料庫。[20]

然而，認爲民主政治更頻繁地運用經濟制裁的論點似乎言
過其實。根據 HSE 的資料，從 1950 年至 1997 年，美國實施的
制裁占世界全部制裁的 71%，即 149 起中有 106 起是美國人發
起的。在這段時間裡美國同時也是世界經濟霸權。[21]這就很難判

[19] William H. Kaempfer and Anton D. Lowenberg, "A Public Choice Analysis of the Political Economy of International Sanctions," in Steve Chan and A. Cooper Drury (eds.), *Sanctions as Economic Statecraft: Theory and Practice* (New York: St. Martin's, 2000), pp. 160-161. Richard N. Haass, "Introduction," in Richard N. Haass (ed.), *Economic Sanctions and American Diplomacy* (New York: Council on Foreign Relations, 1998), p. 3.

[20] In testing the causes of sanctions outcomes, the cases of regular military force are excluded, reducing the number of observations to 103. Drezner, *The Sanctions Paradox*, pp. 102-06, 118-19.

[21] From 1980 to 1993, the U.S. GDP was about 25 percent of world GDP. World Bank, *World Tables 1995* (Baltimore: Johns Hopkins University

斷美國之所以成爲主要制裁發起國，究竟是因爲其民主體制，
還是源於其經濟力量。[22]

公共選擇觀點同樣用於解釋如果利益集團和公衆會在制裁
中受損，他們將阻止發起國向目標國發起經濟制裁。有關制裁
的研究文獻通常對發起國中反對啓動經濟制裁的力量忽略不
計，因爲在多數制裁案件中發起國所付出的代價是微不足道
的，有時還因中止而受益。例如，在冷戰時期美國商界沒有行
動起來反對華盛頓企圖向共產主義國家實施制裁，這有可能是
因爲他們在東西方貿易中沒有大的利益可圖。

有關發起國的代價問題將在衝突預期模型部分作進一步討
論。然而，衝突預期模型討論的是決策者如何理性地使制裁對
其國家產生最大效用，而不是討論公衆和利益集團如何影響決
策者以實現自己的最大效用。美國給予中國最惠國待遇是一個
很好的例子，全球和國內的各種利益集團在發起國（美國）政
策制定過程中都施加了強烈的影響。

一些利益集團，特別是中國的異議團體和人權組織遊說美
國政府，主張利用美國給予中國最惠國待遇問題來懲罰北京政
府侵犯人權或其他違背美國所支援的事件。他們認爲美國與中
國之間極不對稱的貿易關係將有利於美國。最明顯的是在 20 世
紀 90 年代中國對美國存在長期的，與日俱增的貿易順差。當

Press, 1995), pp. 28-29.

[22] Gary Clyde Hufbauer, "Trade as a Weapon," paper for the Fred J. Hansen
Institute for World Peace, San Diego State University, World Peace Week,
April 12-18, 1999, http://www.iie.com/TESTMONY/gch9.htm, 7
/25/00, pp. 4-5 of 5.

時，這些利益集團的邏輯是：如果中斷目前的貿易關係，北京
將比華盛頓損失更大。另一方面，其他一些利益集團，特別是
商業集團，反對美國中止給予中國最惠國待遇。從 1990 年起，
每當美國行政部門和國會在爭論是否給予中國最惠國待遇的時
候，中國政府和美國商業集團會同香港企業家、香港政府和韓
國政府一道，遊說延長中國最惠國待遇。此外，在近十年長期
鬥爭中，台灣企業家稍後也加入了這些團體支援延長中國的最
惠國待遇。[23]

　　Jim Mann 特別指出，1991 年美國農場主人和穀物出口團體
在支援喬治·布希總統投票否決國會企圖延長中國最惠國待遇
時附加一些苛刻要求過程中，發揮了至關重要的作用。此外，
Charles Goldman 和 Yuan I 也指出在 1994 年柯林頓總統決定將最
惠國待遇與中國人權實施情況脫鉤，反映了在中國有利益關係
的美國商業團體所作的巨大努力。最後，制裁過程中，強調限
制中國向美國出口，而非限制美國向中國出口，也足以證明了

---

[23] Steven M. Teles, "Public Opinion and Interest Groups in the Making of
U.S.-China Policy," in Robert Ross (ed.), *After the Cold War: Domestic
Factors and U.S.-China Relations* (Armonk, New York: M. E. Sharpe,
1998), pp. 40-69. Steve Chan, "Economic Sanction: The U.S. Debate on
MFN Status for China," in Steve Chan and A. Cooper Drury (eds.),
Sanctions as Economic Statecraft: Theory and Practice (New York: St.
Martin's, 2000), pp. 112-17. David M. Lampton, "A Better Approach in
Waging the Next MFN Battle," *Topics*, vol. 27, no. 6 (August 1997), pp.
43-48. Robert G. Sutter, *U.S. Policy Toward China: An Introduction to the
Role of Interest Groups* (Lanham, Maryland: Rowman & Littlefield,
1998), pp. 26-65. 高孔廉，《兩岸經貿現況與展望》，頁 20。Jeffrey
Koo, "MFN for China Is Also Good for Taiwan", *The Wall Street Journal*,
May 7, 1996, p. 22.

美國國內考慮是如何推動經濟制裁的。根據公共選擇觀點，美國更願意實施貿易封鎖而不是禁運，這是因爲生產者團體比起消費者團體更具有政治影響力。進口限制（封鎖）有益於生產商在美國生產進口代替品，而消費者卻受到損失。出口限制（禁運）傷害美國出口商，而消費者得益。[24]

此外，作者在第五章中以國內政治／象徵性途徑論證當目標國政府面臨政治和經濟的不穩定時，將感到制裁的壓力而作出讓步。由於經濟制裁是把雙刃劍，因此，這個因素也極有可能作用於目標國政府。當發起國政府在政治和經濟不穩定的情況下，它不太可能向目標國施加代價高昂的經濟制裁，因爲制裁的負面影響將使其國內政局更加不穩。傳統文獻之所以忽略這個問題是因爲發起者通常強大而有力，這樣經濟制裁對於發起國的 GNP 損失會微不足道，甚至有時還對它有利。當然，如果發起的社會、經濟和政治方面的情況不穩定，它勢必會非常關注代價問題。

Melvin Gurtov 和 Byong-Moo Hwang 指出，在毛澤東時期，當中國領導人在進行重大軍事鬥爭的時候，都把國內不穩定問題作爲一個重要考量因素。他們強調，國家越是不穩定或越是

---

[24] Jim Mann's and I Yuan's arguments are cited from Robert G. Sutter, *U.S. Policy Toward China: An Introduction to the Role of Interest Groups* (Lanham, Maryland: Rowman & Littlefield, 1998), pp. 2-3. Charles A. Goldman, *Managing Policy Toward China Under Clinton: The Changing Role of Economics*, Center for Asia-Pacific Policy Working Paper 95-1 (Santa Monica, CA: The RAND Center for Asia-Pacific Policy, 1995), pp. xv-xvi. Steve Chan, "Economic Sanction," pp. 123-24. Miyagawa, *Do Economic Sanctions Work?*, pp. 73-75.

弱小，領導人的精力就可能更多地著眼於國內。因此，中國的
內政不穩定制約了中國領導人在外交上的主動性。[25]Alastair
Johnston 和 J. David Singer 研究了從 1949 年至 1992 年有關中國
軍事衝突行爲的 118 個案例後發現，內政不穩定減少了中國向
其他國家實施強制行爲。他們發現中國內政越是不穩定，中國
越會減少捲入軍事衝突的可能。也就是說，如果中國爲國內動
盪所困，它就不願向外使用武力。[26]這意味著，如果中國迫於國
內的政治和經濟不穩定的壓力，它將不太可能對台灣發動經濟
制裁。

　　相反的，Mark Burles 和 Abram Shulsky 卻認爲，有關中國
捲入軍事衝突行爲的一些重要案例表明中國領導者想通過對外
衝突來轉移國內的注意力，從而鞏固他們的國內政治地位，並
且可動員國民支援政權的目標。例如，1950 年的中國捲入朝鮮
戰爭、1958 年的台灣海峽危機、1962 年的中印衝突、1969 年的
中蘇邊界衝突和 1979 年的中越戰爭都屬此性質。[27]然而，

[25] Melvin Gurtov and Byong-Moo Hwang, *China under Threat: The Politics of Strategy and Diplomacy* (Baltimore: Johns Hopkins University Press, 1980), pp. 249-50.

[26] Alastair Iain Johnston, "China's Militarized Interstate Dispute Behavior 1949-1992: A First Cut at the Data," *China Quarterly*, no. 153 (March 1998), pp. 18-20. J. David Singer, "Statistical Regularities in Chinese and Other Foreign Policy: A Basis for Prediction?," presented at the conference of "China in the 21st Century", sponsored by the Democratic Progressive Party, International Reception Hall, Taiwan University, Taipei, on November 6-7, 1999, http://www.future-china.org/csipf/activity/19991106/mt9911_05e.htm, accessed November 20, 2000, p. 7 of 8.

[27] Mark Burles and Abram N. Shulsky, *Patterns in China's Use of Force: Evidence from History and Doctrinal Writings* (Santa Monica, CA: Rand,

Melvin Gurtov 和 Byong-Moo Hwang 卻指出中國有限使用武力，其本質上是軍事防禦戰略，其目的是解除危機和排除怯弱形象。因此，中國的領導者在小範圍內運用武力不僅與毛澤東關注內政的立場一致，還可以防止衝突升級。[28]

此外，在北京的一位研究台灣問題專家認爲中國在 1995－1996 年對台灣的軍事威脅恰恰是弱者的反應，因爲中國與美國相比實在太弱小了，不得不考慮美國干涉的可能性。他解釋道，中國的領導者想運用有限的衝突來阻止台灣採取進一步提升緊張局勢的行爲，但那時中國並不願對台灣發動軍事打擊。[29]

第二節 警示／威懾途徑

警示／威懾途徑認爲由於國家總在資訊不全的情況下實施外交政策，因此制裁具有有效的警示和威懾作用。如果一個國家不瞭解另一個國家的偏好，就容易在國際衝突中虛張聲勢。因此，國家經常運用警示手法來證明自己的可信度。經濟制裁就是一種警示和威懾的途徑，用以區分哪些是可信的威脅，哪些只是嚇唬而已。[30]根據 David Leyton-Brown 的解釋：「儘管

2000), p. 17.

[28] Gurtov and Hwang, *China under Threat*, pp. 249-259.

[29] 作者對北京一位台灣研究學者的訪談，2001 年 7 月 30 日。

[30] Baldwin, *Economic Statecraft*, p. 24. Pape, "Why Economic Sanctions Do Not Work," pp. 98-106. Drezner, *The Sanctions Paradox*, pp. 15-17. Valerie L. Schwebach, "Sanctions as Signals: A Line in the Sand or a Lack of Resolve?," in Steve Chan and A. Cooper Drury (eds.), *Sanctions as Economic Statecraft: Theory and Practice* (New York: St. Martin's,

『向自己腳上開槍』的舉動令人懷疑,但是如果發起國在發出
警示過程中甘願承受一定的代價,那麼它就會加強所發出意志
的嚴肅性。這種現象會讓人回想起先前的威懾理論,那就是如
果發起方在執行其威脅政策時付出了一些代價,那麼其威脅的
可信度和有效性會被增強。」[31]

因此,警示假設表明,發起國所承受的代價與動用軍事力
量的範圍呈正相關性。也就是說,當發起國威脅或使用軍事力
量時,他會以較大的代價來展現他的決心。

統計依據

莊子納根據 HSE-Drezner 資料庫所測試的統計結果強有力
地支援了警示假設。Chi 平方測試(Chi square test)顯示,發起
國的代價與軍事威懾升級之間的正相關顯著性在 1%的水平上。
運用平均數差異測試(difference-of-means test)顯示,運用軍事
手段與不運用軍事手段的差距顯著性在5%的水平。[32]

第三節 衝突預期模型

莊子納建立了一個衝突預期模型,這個模型有兩種假設:
一、國家作為理性的、單一的以及追求最大效用的行為體採取
行動;二、國家的偏好部分是由衝突預期所引發。特別是存在

2000), pp. 187-211.

[31] Leyton-Brown, "Lessons and Policy Considerations about Economic
Sanctions," p. 305.

[32] Drezner, *The Sanctions Paradox*, pp. 120-21.

兩種源於雙邊衝突預期的國際政治效果。一、由於某國當前的讓步可能對其今後產生不利影響，因此國家會比較注重這種相對收益。如果國家認爲在將來的衝突中這將不利於他們的協商地位，他們對這種再分配會非常在意；二、國家擔心當前的讓步會在將來的互動中損害他們的信譽。由於重複博弈和未來衝突陰影的預期增大，國家會特別關注其信譽。對將來衝突的期望會轉換成對目前相對收益和信譽的短期關注，它會隨著對「發起國－目標國」雙邊關係中未來威脅和衝突的預期變化而不斷調整。[33]

　　該模型對制裁企圖模式作了兩種特定的預設。第一，制裁不會使發起國付出的代價比目標國多。換句話說，當代價差異應該大於零。代價差異指的是分別以 GNP 百分比計算的目標國代價與發起國代價的差額。第二，衝突預期與發起國所付出的代價應該呈正相關性，而與目標國代價呈負相關性。一般來說，如果在經濟制裁中，目標國的損失會大於發起國，且發起國預期將來存在衝突時，發起國往往會向目標國施加經濟制裁。當發起國制裁的是盟國，而非敵國時，它將只願意付出更低代價，或者說，發起方與目標國的代價差異要更大。換句話說，發起國與目標國之間的敵對關係更有可能引發經濟制裁[34]（見圖 4-1）。

---

[33] Drezner, *The Sanctions Paradox*, pp. 32-35. Drezner, "The Complex Causation of Sanction Outcomes," pp. 216-17.

[34] Drezner, *The Sanctions Paradox*, pp. 27-42, 114-28, 233-36, 307-09.

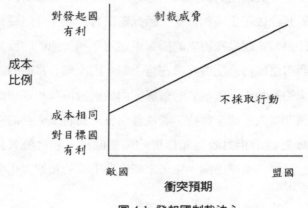

圖 4-1 發起國制裁決心

資料來源：

Daniel W. Drezner, *The Sanctions Paradox: Economic Statecraft and International Relations*. NewYork: Cambridge University Press, 1999, p. 42. Reprinted with the permission of Cambridge University Press.

統計依據

　　莊子納從兩方面批評了傳統制裁文獻存在選擇案例偏頗的現象。第一，文獻典型地討論了一些最著名的案例，因而不具有普遍的代表性。他認為如果從失之偏頗的觀察中歸納出理論，那麼該理論充其量只能解釋有限的美國作為經濟制裁主要發起者的那部分資料。第二，HSE 資料包含的案例不僅有經濟制裁還有非經濟制裁案例（經濟戰爭）。

　　為了建立一個經濟制裁的普遍性理論，莊子納不僅評估了HSE-Drezner 的資料庫中有關美國是最主要經濟制裁發起國的案例，還分析了一套俄羅斯是唯一的發起者的資料。他考察了從1992 年至 1997 年間 39 個運用經濟制裁對付新獨立國的案例。

有關俄羅斯的案例很有價值，因爲它糾正了過去文獻中只關注美國作爲主要發起者的傾向。[35]

此外，莊子納指出，以解釋性變項對依附性變項產生獨立影響爲假設，做出的統計推斷，往往忽視了不同因素的結合影響結果的可能性。世界中複雜的因果關係，往往使統計推斷或個案研究無法解釋互動效應。因此，他建議使用 Boolean 方法去決定因果關係，該方法假定所有結果都存在多種因果機制。Boolean 分析方法的優點是它可能測試出所有可能導致制裁成功，並且排除了外生變數的因果組合。它可以確定某種特定條件是否是必要條件和／或充分條件或什麼都不是。[36]

根據 HSE-Drezner 資料庫中發起者成本的序數揭示，發起者在 45%的制裁案件中沒有遭受損失，而在另外的 40%的案例中只遭受很小的損失。也就是說，大約 85%的制裁案例，發起者沒有遭受或只遭受很小的損失。這是因爲大量的案例涉及中斷援助而不是中斷貿易往來。雖然莊子納和其他一些學者只討論了發起者與目標國的實際損失而沒有討論發起國中決策者的誤判和誤算，但是有關發起者損失的基數表明，在 114 個案例中只有 1 起是發起者的損失比目標多。[37]在所有的其他案例中，目標國爲僵局所付出的代價大於或等於發起國所付出的代價。

---

[35] Drezner, *The Sanctions Paradox*, pp. 18-21, 102-06.

[36] Drezner, "The Complex Causation of Sanction Outcomes," pp. 219-29. Drezner, *The Sanctions Paradox*, pp. 239-45.

[37] The only case with greater costs to the sender is Canada's sanctions against Japan in 1974. Canada imposed a cost of 0.04 percent of Canada's GNP, but only a cost of 0.01 percent of Japan's GNP.

也就是決策者的誤判、誤算在經濟制裁的決策過程中只產生很
有限的作用。因此，發起國往往只有在全面、精心地計算了目
標國與自己的制裁代價後才會發起制裁，或至少制裁的代價明
顯不利於目標國。[38]

關於衝突預期，布來辛運用 Chi 平方測算方法檢驗了 27 起
從 1927 年至 1948 年期間被美國中止外援的案例。在其博士論
文中，他發現援助水平越高，越有可能發生制裁，其統計結果
的顯著性在 1%的水平。事實上，大多數接受高額援助的國家都
是美國的盟國（27 個案例中占 22 個），而大多數的低額受援國
則不是。美國援助額度對於發起者意味著正成本（贏利），對
於目標國則是負成本（損失）。因此發起者與目標國的成本差
額越大（援助中止水平），發起者就越有可能向同盟國施加經
濟制裁。[39]

不過，布來辛的研究已經過時，他的研究樣本中沒有包含
貿易制裁。莊子納運用 HSE-Drezner 資料庫來證實衝突預期假
設。他在研究中運用了平均數差異測試法，其結果揭示了在制
裁事件的樣本中，衝突預期與發起者的成本成正相關性，但是
與目標國的成本成負相關性。當雙邊關係由敵對轉向中立時，
目標國成本的平均值明顯增大，超過兩倍以上。T 測算（t-test）
顯示其顯著性在 10%的水平。當關係由中立轉向友好時，目標
國的平均成本進一步明顯上升，平均值增加 3 倍。T 測算方式顯

---

[38] Drezner, *The Sanctions Paradox*, pp. 108-28.

[39] James Blessing, *The Suspension of Foreign Aid by the United States, 1927-1948*, Ph.D. dissertation, State University of New York at Albany, 1975. Cited from Drezner, *The Sanctions Paradox*, pp. 62-64.

示其顯著性達 1%。這個結果證實了目標國的成本與結盟成負相
關性。如果發起國喜歡對盟國實施制裁威脅（對未來的衝突預
期最小），目標國必須承擔顯著的損失。[40]

　　莊子納運用序數法估算發起國成本時發現，當雙邊關係由
敵對（持久對立）轉向中立時，發起國的成本明顯減少。T 測算
顯示其顯著性達 1%。Chi 平方測算方法顯示同盟與發起國的成
本成負相關性，其顯著性達 1%。另外，他發現當雙邊關係由中
立轉向友好時（正式同盟），發起者的成本有些許減少。這個
變化以 HSE 對於同盟的衡量方式，不具有統計的顯著性，以莊
子納的衡量方式，其統計顯著性在 10%的水平。對發起者成本
的基數法測算結果類似。[41]

　　從 1992 年至 1997 年俄國的 39 起經濟制裁事件中，莊子納
發現俄國由於經濟制裁導致自身成本適度增加，只有 13%的制
裁是針對盟國的，而 54%的制裁都是針對敵國的。Chi 平方測算
顯示衝突預期與俄國制裁成本成正相關性，其顯著性在 5%的水
平。也就是說，在相同的制裁成本下，發起者更願對敵人實施
制裁而不是對朋友。[42]

結論

　　國內政治／象徵性途徑有助於我們理解發起國（無論是否

---

[40] Drezner, *The Sanctions Paradox*, pp. 115-17.

[41] Drezner, *The Sanctions Paradox*, pp. 117-18.

[42] Drezner, *The Sanctions Paradox*, pp. 236-37.

是民主政體）對目標國施加經濟制裁時的決心以及爲何猶豫不
決。然而，最終結果取決於不同國家中的特定環境。一方面，
公衆和全球／國內利益集團要求通過制裁獲得金錢上的或者是
非金錢上的利益，他們的壓力將推動發起國政府對目標國施加
經濟制裁。特別是，相對於武裝干涉或是什麼也不做而言，經
濟制裁向發起國提供了一項既有形又成本較低的政策選擇。另
一方面，當公衆和全球／國內利益集團由於制裁將承受金錢上
的或者是非金錢上的損失時，他們又會向發起國施壓，反對制
裁政策。因此，這兩股力量的動態平衡將決定發起者是否對目
標國實施制裁。

　　另外，還有一個很有可能發生的情況是，如果發起國政府
面對國內政治經濟不穩定的局面時，不太會以高昂的代價向發
起國施加經濟制裁，因爲制裁的負面影響將加劇國內不穩定。
1949 年至 1992 年中國的軍事經歷特別能支援這個論點。

　　因此，制裁的決策、形式、嚴屬程度將主要取決於以下五
個因素：一、各種利益集團和公衆的相對收益或損失；二、發
起國內利益集團和公衆的相對影響力；三、在公衆和利益集團
的壓力下，政策決策者獨立行動的能力；四、發起國國內個人
與集團就目標國令人反感政策所掌握的信息量；五、發起國內
政治與經濟的穩定狀況。

　　警示／威懾途徑認爲，制裁是個有效的警示和威懾工具。
當發起國威脅要動用武力時，它會通過蒙受巨大損失來表示他
的決心。統計測算已對此提供了充足的論據。

　　由莊子納發展的衝突預期模式對制裁企圖的形式提出了兩

個預設：第一，沒有一個制裁會使發起者蒙受的損失大於目標國的損失。第二，衝突預期與發起者的成本成正相關性，但是與目標國的成本成負相關性。兩個論點都得到充分的統計論據的證明。

　　有關經濟制裁啓用與效用的這三種途徑包含兩個截然不同的假設，此假設將在以下的章節中討論。國內政治／象徵性途徑假設國家是個多元的社會。經濟制裁的起源與效力取決於國內各種行爲者之間的動態平衡，包含公眾（選民）、利益集團、政客和官僚主義者。相反，警示／威懾途徑和衝突預期模式都是國家中心理論，它們都假定國家行爲是理性的、單一的效用最大化者。經濟制裁的發起和效用取決於發起者與目標之間的雙邊關係，以及其決策者是如何考慮警示／威懾的必要性，相對收益的平衡以及聲譽問題。

　　儘管這些途徑在假設和預測方面大相徑庭，但它們仍可以互爲補充。普南（Robert Putnam）認爲，國內集團通過向他們的政府施壓，促使政府採取對他們有利的政策，從而得以在政府決策的國家層面追求他們的利益。國家層面的政治家則在這些利益集團中構建同盟來追求權力。在國際層面，國家政府會一方面儘可能提高自身能力以滿足國內壓力，同時，將國外發展的不利影響降低到最低程度。被普南稱爲外交政策中「雙層博弈」中的每個層面對發起國決策者來說都是非常重要的，他們將同時致力滿足國內和國際的需要。[43]

---

[43] Robert D. Putnam, "Diplomacy and Domestic Politics: The Logic of Two-Level Games," in Peter B. Evans, Harold K. Jacobson, and Robert D.

　　至於對兩岸經濟關係的影響而言，首先，大陸對台灣施加經濟制裁的必要條件是大陸的成本比台灣要低。第二，只要大陸對台灣在經濟互賴關係中享有優勢地位，大陸也許會運用經濟槓桿威脅台灣或向台灣示意其決心。第三，公眾、全球／國內利益集團之間的動態平衡，以及政治經濟穩定等條件將最終決定大陸是否將向台灣實施制裁。中國的領導人必須同時協調雙層博弈中的國內和國際的需要。

　　通過考察 1995－1996 年台灣海峽緊張局勢和 1999－2000 年台灣海峽事件這兩個案例，本文第六章至十章將進一步測試以下三部分關於大陸向台灣發起制裁的假設。

　　第一，對於北京政府來說，台灣與大陸之間的成本差距（由不對稱經濟互賴產生的潛在經濟槓桿力量）尚不足以使其具備充分的有利條件對台灣實施制裁。需要進一步指出的是，大陸方面成本還包括第三方對經濟制裁的反應或報復。

　　第二，中國面對嚴峻的國內問題，無法承受因制裁台灣所引發的國內經濟、社會和政治的不穩定，以及來自利益集團（如東南沿海地區的領導人和台灣商人）的反對。

　　第三，中國領導人相信直接對台灣進行軍事威脅在警示和威懾效果上比實際的經濟制裁更有效。

Putnam, *Double-Edged Diplomacy: International Bargaining and Domestic Politics* (Berkeley: University of California Press, 1993), pp. 431-468.

第五章

經濟制裁結果理論

　　某些人把經濟槓桿作用視作利用經濟制裁實施懲罰，並大
肆宣揚說，如果要取消制裁，便必須先滿足各種條件。這種手
段根本沒用，有時還會產生反作用。

　　　　　　　　　　　　　　──尼克森（美國總統），1982 年[1]

　　因為估測伊拉克為經濟制裁所付出的成本是其 GNP 的
48%，比其他案例中的成本高出許多，根據我們的經濟制裁模型
計算出的最初結果是，（對伊拉克的經濟制裁的）成功率接近
100%。

　　　　　　　　　　　　　　──經濟學家哈福包爾和伊利特
　　　　　　　　　　1991 年 1 月 14 日，波斯灣戰爭爆發前兩天[2]

　　有關制裁如何起效的傳統理論假設經濟痛楚與政治改變直
接相關。制裁所導致的經濟傷痛越大，政治順從的可能性就越
高。該理論假定，目標國的民眾會將制裁的傷痛轉向政治領導
人，並強烈要求改變政策。這個理論受到許多批評，他們認為
經濟因素不能解釋經濟制裁的成功或失敗，只有國際和國內的
政治因素才是決定其成敗的關鍵。賈頓稱這個理論為制裁的
「天真理論」。制裁的經濟效力不必然轉換成政治影響力，因
為它們之間沒有直接的傳動機制。[3]
　　巴格達面對以美國為首的經濟制裁時，一直給予抵抗，這

---

[1] Daoudi and Dajani, *Economic Sanctions*, p. 187.

[2] Gary C. Hufbauer and Kimberly A. Elliott, "Sanctions Will Bite-and
Soon," *New York Times*, January 14, 1991, A 17.

[3] Cortright and Lopez, "Sanctions and Incentives," pp. 111-16.

和傳統的預期大相徑庭。整個 20 世紀 90 年代伊拉克在西方社會的制裁下遭受巨大的磨難，但是海珊仍然掌權並且沒有擱置發展大規模殺傷性武器的計畫。聯合國從 1990 年 8 月 6 日對伊拉克實施制裁，到 1999 年末，伊拉克國內嬰兒的死亡率增長了7 倍，年通貨膨脹率已超過 4000%，個人平均收入比 1990 年的水平下降到一半以下。面對持續的經濟損失和美國的言辭挑釁，伊拉克政權只有當面臨軍事威脅時才勉強同意聯合國的要求。在任何問題上，當壓力僅來自於經濟制裁時，伊拉克從來沒有讓步。在國內，海珊的政權並沒有崩潰的跡象，如果有的話，那就是制裁反而鞏固他的政權。儘管它是人類歷史上最有力的制裁，但是經濟制裁沒有使伊拉克做出任何重大讓步。[4]

　　爲了測定是否增加對目標國懲罰會使目標國更有可能屈服，裴博對 HSE 的資料進行分層分析，其中排除了貿易糾紛、經濟戰，以及重複計算的案例。他把資料分爲強經濟影響和弱經濟影響兩類，並把區分限定在目標國損失 GNP 4.6%的水平上。如果將在原來 HSE 資料中被裴博認爲確定過度和確定不足的案例都看作制裁完全成功的例子，那麼在強經濟影響類別中成功率是 2 比 8，即 25%，在弱經濟影響類別中是 5 比 77，即6%。這一論證至少爲制裁取勝與經濟損失有相互關聯的論點提供了一些支援。

　　然而，在強經濟影響類別中僅有的兩個可被認爲成功的案

---

[4] Chantal de Jonge Oudraat, "Making Economic Sanctions Work," *Survival*, vol. 42, no. 3 (Autumn 2000), pp. 106-111. Drezner, *The Sanctions Paradox*, pp. 1-2.

例卻是經濟懲罰最輕的兩個制裁案件。如果把強類別與弱類別
之間的界限從 4.6%提高到 5.2%的話,那麼在強類別中就根本沒
有成功案例。此外,普通的最小平方回歸法(ordinary least
square regression)也確認,目標國的 GNP 損失與制裁成功之間
不存在統計上的顯著性關係。[5]

因此,向目標國施加更多的經濟傷痛不是經濟制裁致勝的
必要條件。經濟的不對稱並不能告訴我們目標國是如何評估尋
求政治讓步,或者發起國與目標國之間經濟關係的淨利。在雙
邊關係中,無論占支配地位或是弱勢地位目標國都可能會受到
政治認步的代價和經濟利益間不同折扣率的相互影響。要理解
目標國的算計,僅僅分析經濟本身是不夠的。以下有四種全面
分析經濟制裁後果的途徑。

第一節 哈-梭-伊途徑

第一種途徑被稱為哈福包爾-梭特-伊利特(哈-梭-
伊)途徑。HSE 已經蒐集了最全面的經濟案例資料,並且被廣
泛運用。HSE 途徑從經濟制裁研究中歸納而來。根據哈福包
爾、梭特、伊利特、羅培芝、柯立芝、Joseph Collins 和

---

[5] Of HSE's entire database of 115 cases, 30 inappropriately included 10
cases of economic disruption in war; 15 cases of trade disputes or
strategic embargoes; and 5 cases counted twice. This leaves a total of 85
valid cases, including 5 successes, or an overall success rate of 6 percent
(9 percent if we include the overdetermined and indeterminate cases)
versus the 34 percent HSE report. Pape, "Why Economic Sanctions Do
Not Work," pp. 107-09.

Gabrielle Bowdoin 的研究，通過對有關制裁的分析和歷史文獻調查後發現制裁和制裁威脅在以下的條件下是最有效的。

1. 經濟制裁的目標相對適中。制裁很少給目標國帶來巨大的政策變動。

2. 目標國經濟脆弱，且政局不穩。在 HSE 資料中，雖然發起國的平均經濟規模比目標國大 187 倍，但在絕大多數情況下，兩者的差異並無助於預測制裁的成功性。

3. 目標國由於制裁遭受高額損失，而發起國只付出低額的、可承受的代價。目標國因制裁，其付出的成本超過 GNP 的 2%，而發起國卻只付出微不足道的代價。

4. 發起國與目標國是朋友關係。當經濟制裁是針對以往的盟友時，似乎最爲有效。相反，目標國是發起國長期的敵人時，它往往很少成功。

5. 目標國的總體貿易對發起國相當集中，其占目標國貿易總額的 25%還多。

6. 經濟制裁實施迅速，動作嚴厲，且目標國的貿易夥伴無法向其提供大量的國際援助。時間將會提供目標國尋找新的供應夥伴，從而建立新的聯盟，並能鼓動國內民衆支援其政策調整。

7. 在多數實例中，多邊制裁鮮有成功的例子。平均而言，國際合作程度在成功的制裁案例中的比例要低於在失敗的案例中。也就是說，單邊制裁將比多邊制裁有效，因爲多邊制裁會使發起國承擔重大的協調成本。

8.在可能的情況下,最好是金融制裁而不是貿易制裁。金
融制裁對於目標國來說成本較低(甚至有利可圖),而
且比貿易控制更有效。[6]

第二節 國內政治／象徵性途徑

國內政治／象徵性途徑關注發起國與目標國的國內政治。
其後果很大程度上由目標國國內的政治經濟情況決定。國內政
治／象徵性解釋途徑提供了三個不利於經濟制裁效力的因素。
一、具有真正破壞性的制裁例子很少;二、由民族主義強化的
「同仇敵愾」效果;三、操縱經濟制裁的再分配效果。相反,
這個途徑也提出了兩個有利於制裁效力的因素:「第五縱隊」
效應、目標國的政局不穩定。

第一,公共選擇分析理論認為,使用損害性的制裁並不頻
繁。發起國政府通常並非全心全意地實施制裁,而只是為了滿
足國內來自於公眾和利益集團的政治壓力,要求發起國對目標
國的爭議行為做出一些反應。因此,制裁是象徵性的;其作用
如何不是首要考慮。另外,制裁成本會傷害一些利益集團甚至

---

[6] Reference includes Hufbauer et. al., *Economic Sanctions Reconsidered*, pp.
49-115; George A. Lopez and David Cortright, "Economic Sanctions in
Contemporary Global Relations," and Kimberly Ann Elliot, "Factors
Affecting the Success of Sanctions," in David Cortright and George A.
Lopez (eds.), *Economic Sanctions: Panacea or Peacebuilding in a Post-
Cold War World?* (Boulder, Colorado: Westview Press, 1995), pp. 9, 53;
Joseph J. Collins and Gabrielle D. Bowdoin, *Beyond Unilateral Economic
Sanctions* (Washington, DC: Center for Strategic and International Studies,
1999), pp. 15-16.

廣大公衆的利益，因此他們也會反對嚴厲的制裁措施。因此，實施制裁似乎並無成效，而目標國在威懾不足的情形下不願考慮妥協也就不足爲奇了。[7]

第二，即便制裁強有力，目標國政府也會利用經濟制裁製造「同仇敵愾」效應。賈頓使用「同仇敵愾」一詞說明目標國的領導者會利用由國外造成的經濟傷痛去團結他們的民衆一起反對「外來干預」。制裁還爲目標國領導者提供藉口，以證明他們有能力與人民同甘共苦。在此種案例中，制裁非但沒有瓦解目標國，反而激發起目標國的政治凝聚力，強化了領導人抵制經濟壓力的能力。[8]

賽登（Zachary Selden）進一步說明了「同仇敵愾」效應是建立在一種理念上，它認爲制裁爲目標國國內的民衆團結起來提供了一個共同的外部敵人，並且提高了當前領導層的威望。一旦人們認識到正受共同敵人的攻擊後，不同社會的組成會迅速地團結起來，制裁正是提供這種集體的受辱感。國家經受戰爭的經歷相似。不管社會整體內部有怎樣的不和諧，與一個共同敵人作戰會團結民衆，會提供一個焦點，把人們的關注點從國內問題上轉移開。[9]

另外，諾爾、奈伊、裴瑞格、裴博、柯立芝和羅培芝都指出，現代國家正是由於民族主義不斷上升，才不再變得脆弱。目標國的政治領導者將制裁譴責爲對本國的恥辱和冒犯，從而

---

[7] Kaempfer and Lowenberg, "A Public Choice Analysis," pp. 159-61.

[8] Galtung, "On the Effects of International Economic Sanctions," pp. 388-99.

[9] Selden, *Economic Sanctions*, pp. 4-5, 20-23.

激起全民的民族主義情緒，進而促使民族團結。經濟制裁激發
了民族主義，促進了國內政治的凝聚力。[10]

　　特別是，經濟制裁不能區別對待目標國內的「有罪」與
「無辜」的人群，這事實上將推動目標國內形成統一陣線。換
句話說，在實踐中，制裁採用的是一種集體有罪的原則，或至
少是集體懲罰。制裁雖然能用來懲罰政府某一特定的政策，但
是制裁將對無辜者產生更多的負面影響。經濟制裁往往嚴重影
響那些並不對政策制定負責的人們，如公眾和商業團體；而那
些應該對其負責的精英們，如政策制定者和他們的合夥人，特
別在獨裁國家，卻因他們有能力逃避制裁而安然無恙。這種毫
無區別的結果將明顯地減弱經濟制裁的作用。[11]

　　裴博認為：「廣泛的民族主義將使國家和社會願意承受相
當大的懲罰，而不願放棄在他們眼裡的國家利益，即便是衰弱
或是紊亂的國家也不願屈服於國外的要求……甚至在最弱小的
最為衰敗的國度裡，外來的壓力更可能會增強而不是削弱統治
者民族主義合法性。」[12]

　　例如，過去西方國家對北韓、北越和伊拉克的戰略轟炸給

---

[10] Knorr, *The Power of Nations*, pp. 111-12. Preeg, *Feeling Good or Doing Good with Sanctions*, p. 9. Robert A. Pape, *Bombing to Win: Air Power and Coercion in War* (Ithaca, NY: Cornell University Press, 1996), pp. 21-27. Cortright and Lopez, *The Sanctions Decade*, p. 20.

[11] Renwick, *Economic Sanctions*, pp. 88-89. Richard N. Haass, "Conclusion: Lessons and Recommendations," in Richard N. Haass (ed.), *Economic Sanctions and American Diplomacy* (New York: Council on Foreign Relations, 1998), pp. 201-03. Preeg, *Feeling Good or Doing Good with Sanctions*, pp. 194-95.

[12] Pape, "Why Economic Sanctions Do Not Work," pp. 93, 107.

這些國家帶來嚴重的經濟損傷，但並沒有導致國內民衆的起義去反對他們各自的政權。另外，奈伊斷言，西方國家在 1973 年石油危機時期，之所以沒有對石油輸出國組織成員國採取殖民政策，僅僅是因爲他們認識到對這些被民族主義喚醒的石油生產國民衆實行武力將要付出高昂代價。[13]1991 年在伊拉克發生的情形部分地說明了這個問題。

此外，莊子納和實克斯認爲目標國政府將把他們自己裝扮成國家和民族利益的捍衛者。目標國政府的領導者會一直運用外來威脅來支援自己的政權統治。相反，敵對團體如果此時不「同仇敵愾」，將會因此可能受到不愛國或是不忠誠的攻擊。[14]

例如，西方對古巴的經濟制裁被描述成來自富有的帝國主義政權的進攻，認爲制裁不是用來反對卡斯楚，而是用來反對整個國家及其理想。這給了卡斯楚一個替罪羔羊，使其能夠轉移內部的矛盾及其政權所犯的錯誤。在羅得西亞，制裁產生了國內凝聚力，特別是強化了歐洲移民內部的團結。抵制成了愛國主義的同義詞，而反對者則成了賣國賊。制裁削弱了種族溫和派，以及白人中最忠於女王的那些人的影響。巴基斯坦 25 年來遭受了美國各種各樣的制裁。然而，其結果是巴基斯坦的人民漸漸地把美國變成爲他們的敵人。[15]

---

[13] Joseph S. Nye, Jr., Understanding International Conflicts: An Introduction to Theory and History (New York: Longman, 2000), p. 190.

[14] Margaret P. Doxey, International Sanctions in Contemporary Perspective, 2nd ed. (New York: St. Martin's Press, 1996), p. 104. Drezner, "The Complex Causation of Sanction Outcomes," p. 214.

[15] Miyagawa, Do Economic Sanctions Work?, pp. 84-86. Losman, International Economic Sanction, pp. 127-131. "New American Sanctions

　　第三，目標國政府也許寧願被制裁，藉此他們便可向其支持者分配貿易限制中的經濟租金，並削弱他們在國內的反對勢力——在獨裁體制社會中，這些反對派常是最容易受外來制裁傷害的「自由派」和「改革派」。儘管長期來看，經濟制裁會剝奪目標國收入，打擊目標國經濟中的貿易導向部門；但短期而言，發起國向目標國實行禁運，卻給予了目標國中進口代替部門以尋租機會，並鞏固了這些部門。另外，目標國政府可以將外來壓力轉嫁給國內被孤立或是受壓制的社會團體，從而使自己安然無恙。因此，制裁造成的後果是使目標國政府更堅強，並且加強了其抵禦發起國政府強制企圖的能力。[16]

　　例如，當英國聯合其他國家對羅得西亞實施制裁的時候，黑人家庭的收入減少而白人家庭的收入增加。再以海地爲例，儘管當時情況極爲糟糕，海地軍政府並沒有感到有必要同意國際社會的要求，把國家領導權交給民選領導人，這是因爲海地的許多上層人士和精英恰恰從制裁後形成的黑市貿易中牟取暴利。同樣，自從 1990 年伊拉克經受著由美國領導的世界上最嚴厲的制裁之一，但是海珊卻藉機向那些與伊拉克政府與軍隊或是與巴斯（Baath）政黨有密切聯繫的人物或團體，贈送了豪華

Against Pakistan," Rawalpindi Nawa-I-Waqt (in Urdu), November 23, 2000, trans. FBIS-CHI-2000-1124.

[16] Pape, "Why Economic Sanctions Do Not Work," p. 107. Paul D. Taylor, "Clausewitz on Economic Sanctions: The Case of Iraq," *Strategic Review*, vol. 23, no. 3 (Summer 1995), pp. 50-56. David M. Rowe, *The Domestic Political Economy of International Economic Sanctions*, working paper no. 93-1, (Cambridge, MA: The Center for International Affairs, Harvard University, 1993), p. 31.

轎車和其他獎賞物品。在聯合國對南斯拉夫的制裁案例中，塞爾維亞領導人米洛舍維奇同樣利用了聯合國禁運把稀缺物資獎賞給家族企業，並且利用聯合國援助去獎賞他個人的內部精英，同時趁機懲罰他的政治競爭對手。因此，這些國家的領導者有著一種希望制裁一直存在下去的動力。[17]

然而，在一定的環境下，經濟制裁可以是有效的。根據公共選擇觀點，制裁如果被設計成有選擇性地打擊目標國中的特定團體（如統治集團或「有罪者」），它會發揮功效。柯立芝和羅培芝認為，經濟制裁能夠增加國內政治勢力的力量，使其更有效地反對現政權的那些不得人心的政策，即產生一種「國內的反對效應」。換句話說，隨著時間的推移，支援現政策的力量被削弱，制裁的效果就得到了發揮。賽登稱這種影響為「第五縱隊」效應。[18]

Jonathan Kirshner 進一步認為，為了使目標國崩潰，重點應從「國家經受多少痛苦」轉向「誰將經受痛苦」。制裁越能直接地傷害目標國中央政權，就越有機會影響其政策。除此之外，制裁的勝利還基於是否政權的核心支援集團受到影響，並

---

[17] Selden, *Economic Sanctions*, pp. 4-5, 102-03. Gideon Rose, "Haiti," in Richard N. Haass (ed.), *Economic Sanctions and American Diplomacy* (New York: Council on Foreign Relations, 1998), pp. 67-68. Drezner, "The Complex Causation of Sanction Outcomes," p. 215. Howard Schneider, "10 Years On, Iraqis Shrug Off Embargo," *Washington Post*, February 24, 2001, p. A1.

[18] Kaempfer and Lowenberg, "The Problems and Promise of Sanctions," pp. 65-9. Kaempfer and Lowenberg, *International Economic Sanctions*, p. 8. Kaempfer and Lowenberg, "A Public Choice Analysis," pp. 164, 186.

向政府施加壓力。更進一步講,也是最微妙的,就如 Kirshner
所指出那樣,經濟制裁可以在其中央政權及其核心集團之間產
生不同的影響,從而打破政府內的政治權力平衡,同時改變其
政策偏好。[19]

因此,Kirshner 提出掌控制裁結果的中心問題是:一、在什
麼樣的情況下,制裁會直接影響目標國政府(或統治集團內成
員)?二、施加制裁後那些私人團體有可能受影響?制裁效力
將依賴於制裁將如何幫助或阻礙目標國內的反對組織開展工
作。[20]

例如,在美國 90 年代延長中國最惠國待遇的案例中,李潔
明(James Lilley)和藍普頓(David Lampton)都認為,取消最
惠國待遇將削弱中國國內自由派領導人討價還價的實力,卻加
強了保守派的影響,因此它最終將與美國的目標背道而馳。如
果取消了中國的最惠國待遇,最快最直接傷害的是那些對外貿
依賴的沿海地區和城市中的團體和部門。但這些地區代表了中
國精英層中最具開放性和世界眼光的那部分,也是經濟與政治
改革的最有力的倡導者。此外,取消中國最惠國待遇將使其回
到更為中央集權和官僚決策的狀態,從而有利於中國的內地、
大型國有企業,以及負責意識形態教化和工業計畫的政經幹
部。因此,李潔明和藍普頓認為,美國經濟制裁真正削弱的是
在中國提倡對美國妥協的改革者的地位,卻讓中國那些不會支
援、向美國讓步的強硬派得到了一筆政治上的意外收穫。[21]

---

[19] Kirshner, "The Microfoundations of Economic Sanctions," pp. 41-50.

[20] Kirshner, "The Microfoundations of Economic Sanctions," pp. 46-50.

[21] James R. Lilley, "Trade and the Waking Giant – China, Asia, and

　　爲了加強第五縱隊效應，儘可能減少同仇敵愾的影響，柯立芝和羅培芝建議對目標國實施有針對性的金融制裁，避免對易受打擊的公衆產生有害的影響。有針對性的金融措施使制裁目標國內的政治集團無法團結起廣泛的政治支援。資産凍結和類似的方法主要向應對錯誤負責的政治和軍隊精英施加壓力，而並非懲罰普通群衆。相反的，貿易收入和貿易條件的影響在目標國經濟中分布很廣，並且不能非常精確地去針對某些團體，同時避開一些不相干團體。雖然限制進出口可以破壞當地經濟（如此造成對目標國嚴厲的懲罰），但其對普通居民影響遠遠超過對實際制定政策的精英的影響。[22]

　　在對南非國際經濟制裁分析中，Xavier Carim、Audie Klotz和 Olivier Lebleu 總結後認爲，迅速凍結向南非提供短期債務融資給了美國直接討價還價的槓桿。根據他們的研究，金融制裁加劇了白人執政團體內部的分裂，統治南非直至 1994 年的布林人（Afrikaner）控制的民族黨與商人之間的聯盟也因此緊張。這說明金融制裁提高了制裁的效果。[23]

　　最後，國內政治／象徵性途徑認爲，特別當目標國政府面

American Engagement," in James R. Lilley and Wendell L. Willkie II (eds.), *Beyond MFN: Trade with China and American Interests* (Washington, D.C.: AEI Press, 1994), pp. 48-53. Lampton, "A Better Approach in Waging the Next MFN Battle," p. 45.

[22] Cortright and Lopez, "Sanctions and Incentives as Tools of Economic Statecraft," pp. 114-16.

[23] Xavier Carim, Audie Klotz, and Olivier Lebleu, "The Political Economy of Financial Sanctions," in Neta C. Crawford and Audie Klotz (eds.), *How Sanctions Work: Lessons from South Africa* (New York: St. Martin's Press, 1999), pp. 159-77.

臨沉重代價時，國內政治和經濟不穩定會增強經濟制裁的效
力。如果目標國政府當前政局不穩，它就更易受到制裁的打
擊。因此，在這種環境下，目標國將更可能屈服以避免制裁。
相反的，另一種可能的情況是，如果發起國正經受著國內經濟
和政治動盪，它將不太可能維持制裁，而目標國也不太會屈
服，因為經濟制裁是把雙刃劍。

有關由制裁引發的同仇敵愾、民族主義或是第五縱隊效
力，事實上並沒有對它們做過統計研究。因此很難去量化這些
影響。然而，除了 HSE 研究，對於金融制裁和經濟健康，以及
政治穩定性等問題還是有一些統計測算的。

關於金融制裁效力，布來辛從 1948 年至 1972 年對 59 個國
家 126 個案例的研究後，他認為中止援助不見得是改變目標國
行為的一種極為有效的方法。不過，他又指出，這個發現沒有
統計上的顯著性，只可看作是一種假設。[24]

HSE 找到了一個更肯定的結論去證明在 1914 年至 1989 年
間，115 個案例中，金融制裁比單獨貿易制裁更具有效性。在
41%的案例中，單獨使用金融制裁有助於部分取得外交目標，而
單獨使用貿易，其比例只有 24%。另外，在 HSE 資料庫中，金
融制裁的減少與經濟制裁成功率的降低呈一致性。在 1973 年以
前，金融制裁作為制裁的一部分，占了全部案例的 90%。但在
1974 年至 1989 年間，金融制裁比例只有三分之二。無獨有偶，
1973 年前，大約有一半的制裁是成功的，而在 1974 年至 1989

[24] Blessing, "The Suspension of Foreign Aid," pp. 524-35.

年間，制裁的成功率則低於 25%。[25]

　　關於經濟健康與政治不穩定的問題，藍杉霖（San Ling Lam）利用概率模式（probit model）去分析 1985 年 HSE 資料庫中 98 個案例，[26]其中剔除雙重計算和那些只威脅而未被實施的制裁案例後研究發現，目標國總體經濟健康和政治穩定的顯著性在 10%的水平。另外，伊利特和游孟能（Peter Uimonen）利用相同的方法去測試 HSE 案例，排除制裁威脅案例以及與經濟制裁一同實施的軍事行動案例。伊利特和游孟能發現，目標國經濟健康與政治穩定的顯著性在 1%的水平。[27]

　　根據對 HSE 資料庫進行規則邏輯（ordered logit estimation）估算，杜瑞發現，身處困境的目標國往往比強大、健康的目標國更容易向制裁屈服，但它們之間關係的顯著性並

[25] Hufbauer et. al., *Economic Sanctions Reconsidered*, 2nd ed., pp. 102-11. Hufbauer, Gary Clyde, and Barbara Oegg, "Targeted Sanctions: A Policy Alternative?," presented at Georgetown Journal of Law and Policy in International Business and Georgetown Asia Forum Symposium on Sanctions Reforms? Evaluating the Economic Weapon in Asia & the World, February 23, 2000, http://www.iie.com/TESTMONY/targsanc.htm, accessed November 27, 2000, p. 3 of 6.

[26] Gary Clyde Hufbauer and Jeffery J. Schott, *Economic Sanctions Reconsidered: History and Current Policy*, (Washington, D.C.: Institute of International Economics, 1985).

[27] San Ling Lam, "Economic Sanctions and the Success of Foreign Policy Goals," *Japan and the World Economy*, vol. 2 (1990), pp. 239-247. Kimberly Ann Elliott and Peter P. Uimonen, "The Effectiveness of Economic Sanctions with Application to the Case of Iraq," *Japan and the World Economy*, vol. 5 (1993), pp. 403-09.

不明顯。[28]通過對 HSE-Drezner 資料庫進行概率回歸法（probit
regression）計算，莊子納發現，制裁目標的政權健康這個變數
的顯著性在 5%的水平。該變數與讓步尺度呈負相關性。[29]此
外，莊子納運用 Boolean 方法對俄國在 1992 年至 1997 年發起的
39 個經濟制裁的案件進行分析後發現，如果制裁導致目標國政
權的重大損失，那麼該國的內政穩定性便是決定其制裁結果的
至關重要的因素。[30]

　　根據以上分析，國內政治／象徵性途徑強調經濟制裁的效
力將取決於目標國內同仇敵愾效應與第五縱隊效應的動態平衡
關係。由於公眾與利益集團有能力向目標國政府施壓以維護或
放棄那些不受歡迎的政策，因而公眾與利益集團在這兩個效用
中扮演著重要的角色。我們由此可以假定，制裁在一定民主自
由的社會中比在嚴格的獨裁政權國家中更有效。獨裁國家更可
能盛行同仇敵愾效應，第五縱隊效應則更有可能在民主主義國
家盛行。可以說，獨裁國家通常比民主國家有更強的國內政治
體系，因此獨裁統治者與民主國家領導者相比，他們更有能力
操縱他們自己的社會。[31]

---

[28] A. Cooper Drury, "Revisiting *Economic Sanctions Reconsidered*," *Journal of Peace Research*, vol. 35, no. 4 (1998), pp. 507-508.

[29] Drezner, *The Sanctions Paradox*, pp. 121-25.

[30] Drezner, *The Sanctions Paradox*, pp. 131-247. Drezner, "The Complex Causation of Sanction Outcomes," pp. 212-33.

[31] Cortright and Lopez, The Sanctions Decade, p. 22. Brian Walsh, Economic Sanctions and International Power: The Emergence of Defensive and Co-optive Power, Ph.D. dissertation, the University of Maryland, College Park, 1998, p. 288. Stephen D. Krasner, "Domestic Constraints on International Leverage," in Klaus Knorr and Frank N.

Ivan Eland 分析認為:「當目標國政府對社會進行絕對的極權主義控制的情況下,特別是當該國內部的媒體和政治反對派的形成受到這種控制,那麼同仇敵愾效應便會盛行,而不會有第五縱隊效應向政府施壓,使其順從發起國的意願。」[32]

與此同時,獨裁國家通常能夠抵禦經濟制裁的壓力。Richard Haass 指出了三個可能原因:一、制裁有時候會引發同仇敵愾和民族主義效應;二、制裁引起的貨物缺乏,便於政府更好地控制貨物分配;三、制裁造成一種受圍攻的總體感覺,使政府能加以利用來維持其政治控制。[33]

然而裴博並不同意此觀點。他指出:「民主化進一步使個人與國家目標緊密相聯的觀念深入人心。既便在最脆弱與最易破裂的國家裡,外來壓力往往更能提高而不是去破壞統治者民族主義的合法性。在某些情況下,溝通優勢會進一步提高政府增強國家及政策合法性的能力。」[34]有時,有效的選舉制度能夠成功地抵禦國際制裁的企圖。事實上,HSE 至少指出了 11 個制裁在民主體制失敗的案例。[35]

Michael Mastanduno 也同意裴博的觀點。他認為民主主義國家面對制裁時,就像在戰爭時那樣,往往呈現政治上的融合而不是分裂。正式的政治結構在重要性上要低於國內政治行為體

Trager (eds.), Economic Issues and National Security (Lawrence, Kansas: University Press of Kansas, 1977), p. 178.

[32] Eland, "Economic Sanctions as Tools of Foreign Policy," p. 35.

[33] Haass, "Sanctioning Madness," p. 80.

[34] Pape, "Why Economic Sanctions Do Not Work," pp. 106-07.

[35] Eleven cases refer to cases 48-3, 54-1, 54-3, 56-1, 57-1, 63-5, 71-1, 74-1, 74-2, 78-4, and 83-1 in the HSE database.

的利益及影響，以及行爲體與國家的相互關係。他總結認爲，
國內行爲體發揮「傳輸帶」的能力，把制裁的經濟效力帶到目
標國的政治進程中。因此，他建議研究策略應深入正式的政治
結構內部，去研究制裁對特定的國內行爲體以及對國家、支持
者和其反對者之間的關係的影響。[36]

統計依據

　　諾沙觀測到自 1945 年起發生的案例中，絕大多數的（14 起
中有 12 起）制裁成功案例發生在自由民主政體的目標國內。他
還指出，獨裁國家通常發現抵制懲罰性制裁比較容易，統治者
一般將制裁成本轉嫁給被統治者。相反，裴博考察了 HSE 案例
（除去經濟戰和貿易糾紛）後發現如果制裁成功案例中包含不
確定的案例，那麼在民主體制目標國中有 4 個成功的制裁案
例，在獨裁政體的目標國中也有 4 個（關於制裁成功的討論參
見第三章）。這與諾沙的發現形成強烈對比。[37]

---

[36] Michael Mastanduno, "Economic Statecraft, Interdependence, and National Security: Agenda for Research," Jean-Marc F. Blanchard, Edward D. Mansfield, and Norrin M. Ripsman, *Power and the Purse: Economic Statecraft, Interdependence, and National Security* (Portland, OR: Frank Cass, 2000), pp. 297-298.

[37] For Robert Pape, four sanctions successes for democratic targets refer to cases 48-1, 77-4, 79-3, and 87-3 in the HSE database; four sanctions successes for authoritarian targets refer to cases 33-1, 75-1, 82-3, and 89-1 in the HSE database. Kim Nossal argues that among the many sanctions episodes since 1945, only fourteen stand out as unequivocally successful, in the sense that the target state was prompted to alter its behavior by the use of sanctions. Nossal, "Liberal Democratic Regimes," pp. 134-35. Pape, "Why Economic Sanctions Do Not Work," pp. 98-106.

　　雖然有時制裁成功與政治形態的相互關係看似存在，但是
要說明制裁究竟怎樣或爲什麼能在自由民主國家，或者在有一
定自由民主政治的結構、形式和實踐的國家中運作得更好又絕
非顯而易見，或不言自明。例如，儘管發現制裁成功與目標國
的政治體制有很強的關聯，諾沙總結認爲，只有當目標國具有
民主政體形式，而且虛弱不堪、依賴性強，經濟制裁才會有
效。[38]

　　然而，諾沙和裴博的結論仍有失偏頗，因爲他們沒有把對
民主的目標國制裁失敗的例子計算在內。因此，瞭解是否制裁
在所有針對民主政體目標國的制裁中更有效，比單純瞭解是否
在所有針對民主與專制的目標國的成功制裁中，對民主國家的
成功率占多數更加有用。另外，我們需要比較針對制裁的成功
率，即針對民主目標國與針對獨裁目標國的成功率作比較。

　　根據 HSE 資料庫，在針對自由民主國的經濟制裁中，成功
的例子有 8 個，11 個是失敗的例子。對民主目標國的制裁成功
率爲 42%。相比較而言，有 32 個對獨裁政體的經濟制裁事件是
成功的，64 個是失敗的，其成功率爲 33%。雖然對民主目標國
的成功率高於對獨裁主義目標國，用 Chi 平方測算顯示，在政
體形式與經濟制裁後果之間沒有統計上顯著的相關性（見表 5-
1）。

---

[38] Nossal, "Liberal Democratic Regimes," pp. 147-48.

表 5-1 對民主與獨裁國家的制裁後果

	民主目標國	獨裁目標國
成功 (案例數)	8	32
失敗（案例數）	11	64
成功率	42%	33%

註：

a：對民主國家制裁成功的案例包括 HSE 資料庫中的案例 48-1、56-3、58-1、65-2、73-1、77-4、79-3 及 87-3。

b：對民主國家制裁失敗的案例包括 HSE 資料庫中的案例 48-3、54-1、54-3、56-1、57-1、63-5、71-1、74-1、74-2、78-4 及 83-1。

c：對於目標國是民主或獨裁政權的判斷主要是依據 Freedom House 每年公布的自由度標準。如果政治權利指標低於或相當於 3（1 代表最自由、7 代表最不自由），目標國將被視為民主國家。如果指標高於 3，目標國將被視為獨裁國家。

資料來源：

Gary Clyde Hufbauer, Jeffery J. Schott, and Kimberly Ann Elliot, Economic Sanctions Reconsidered: History and Current Policy, 2nd ed., Washington, D.C.: Institute of International Economics, 1990.

Freedom House Survey Team, Freedom in the World. New York: Freedom House, 1980-1999.

第三節 警示途徑

　　警示途徑認為，在資訊不全的世界裡，如果發起國承擔相當的代價，就可以向目標國發出明確的信號，表明會落實威脅。只要發起國能忍受重大經濟制裁的成本並且附以相當的軍事威脅，那麼目標國往往會讓步。制裁從這層意義上講，其作用是傳遞（自己）決心的訊號，並且經濟制裁也不會獨立發揮功效。這派觀點的因果推論是，制裁的成功與否事實上是隱含的軍事威脅的結果。經濟制裁不是讓步的真正起因，它僅僅是傳遞引人注目的軍事力量或是武力威脅的信號。例如，HSE 認為，幾乎一半的成功的例子其實是運用武力的結果。似乎證明了經濟制裁事實上只是一個信號，表示其將運用更爲強制的手段。[39]

林賽詳細闡述了只有當制裁符合以下四個條件，才能成功發揮警示作用。第一，發起國必須明確地表達其反對目標國的行爲，並試圖改變它。第二，潛在目標國必須能認識到發起國能夠承受的經濟傷痛。第三，發起國認識到潛在目標國沒有足夠的反制措施。第四，潛在的目標國更看重可能的制裁代價，而不是有爭議的行爲。林賽總結到，鑑於上述條件的嚴格性，制裁只具有有限的警示作用。[40]

此外，包德溫、David Leyton-Brown、和馬汀卻指出，發起國承受相當的成本對於利用制裁來發送一種意願信號來說是至關緊要的。如果實施制裁使發起國付出高昂的代價，它就不太可能只是虛張聲勢。因此，制裁之所以能發揮警示作用，它不是來自於對目標國造成的傷害，而是來自於發起國的代價。相反，如果發起國實施制裁是由於國內需要它「做些什麼」並且不願使用武力，那麼低成本的制裁實際上只傳遞了缺乏意志的信號。[41]

---

[39] Drezner, "The Complex Causation of Sanction Outcomes," pp. 215-16. Pape, "Why Economic Sanctions Do Not Work," pp. 98-106.

[40] Lindsay, "Trade Sanctions as Policy Instruments," pp. 164-70.

[41] Baldwin, *Economic Statecraft*, p. 372. Leyton-Brown, "Lessons and Policy Considerations about Economic Sanctions," pp. 305-06. Martin, *Coercive Cooperation*, pp. 5, 36-38.

然而，史衛巴赫認爲猶豫不決的行爲者有時候會以實施制裁嚇唬對方。由於猶豫不決的行爲者動輒試圖以此虛張聲勢，那麼使制裁發揮傳遞意志信號作用的潛在能力反而會削弱它們的警示效用。這樣，這種嚇唬行爲會混淆制裁與決心的聯繫，從而減少了制裁作爲警示信號的效用。例如，HSE 指出僅用制裁威脅就足以使目標國屈從的例子只有 6 個。[42]

總之，警示途徑爲經濟制裁後果作了兩種預測。第一，發起者應當承受較高的成本，並且以武力相威脅；發起國對此向目標國傳達了一個可信的信號。因此，發起國的成本應該與讓步尺度呈正相關性。第二，威脅使用武力，總體力量之間的差異應與讓步尺度成正相關性。因此，決定了經濟制裁成功的是未來的軍事衝突，而不是使用經濟制裁本身。[43]

統計依據

關於發起國的代價，藍杉霖利用概率方法對 1985 年的 HSE 資料庫進行了測算，結果發現，發起國的代價與制裁成功成負相關性，其結果的顯著性在 5%的水平。摩根和史衛巴赫利用 Logistic 回歸方法對 HSE 資料庫（不包括經濟戰）進行了測算結果發現，發起國的代價與制裁成功成負相關性，其顯著性在 1%的水平。[44]

關於動用武力與讓步尺度的相互關係，藍杉霖發現，無論

[42] Schwebach, "Sanctions as Signals," pp. 188-203.
[43] Drezner, *The Sanctions Paradox*, pp. 113, 122.
[44] Lam, "Economic Sanctions and the Success of Foreign Policy Goals," pp. 244-246. Morgan and Schwebach, "Fools Suffer Gladly," pp. 38-47.

是隱蔽的還是公開的軍事行動對制裁後果的影響沒有統計上的
顯著性。依據 HSE 資料庫，利用概率回歸法（不包括經濟威脅
案例和軍事行動案例），伊利特和游孟能計算後發現，軍事力
量對成功產生負影響，其顯著性在 5%的水平。關於發起國與目
標國的國民生產總值比例問題，藍杉霖的研究結果與伊利特和
游孟能的研究結果一樣，即如果發起國比目標國的實力明顯強
大，經濟制裁成功的可能性反而會小。該結果的顯著性在藍杉
霖的研究中是 5%，在伊利特和游孟能的研究中是 1%。另外，
摩根和史衛巴赫發現，發起國與目標國之間相對的軍事能力對
經濟制裁的結果有負面的影響，其顯著性是 1%。也就是說，當
發起國相對的能力增強的時候，發起國屈服的可能性就越小。[45]

　　莊子納運用規則概率方法（ordered-probit measures）去測算
HSE-Drezner 資料庫後發現，警示途徑的假設無法被證明。軍事
戰術在相應的統計中不具有顯著性。根據莊子納的計算，整體
實力的顯著性在 5%的水平，但它是一個負係數。即發起國獲得
更大權力的時候，反而越不能取得重大讓步。在莊子納的另一
個估測中，軍事戰術和整體實力假設都沒有統計上的顯著性。[46]

　　此外，莊子納運用 Boolean 對俄國在 1992 年至 1997 年發起
的 39 起經濟制裁的分析之後認為，對於經濟制裁迫使目標國做
出重大的或是適度的讓步而言，軍事威脅既不是必要的也不是
充分的條件。事實上，不使用軍事戰術反而是目標國讓步的充

[45] Lam, "Economic Sanctions and the Success of Foreign Policy Goals," *Japan and the World Economy*, vol. 2 (1990), pp. 244-46. Elliott and Uimonen, "The Effectiveness of Economic Sanctions," pp. 403-09. Morgan and Schwebach, "Fools Suffer Gladly," pp. 38-47.
[46] Drezner, *The Sanctions Paradox*, pp. 122-25.

分條件。在絕大多數的案例中，武力要麼不起作用要麼起反作用。[47]

第四節　衝突期望模式

　　莊子納利用他的衝突期望模式論證：如果目標國與發起國互爲敵手關係，目標國將更不情願在發起國的經濟制裁下屈服，這是由於在目標國的眼裡，屈服代表將政治槓桿拱手讓給了發起國，並且這會擴大讓步後產生的長期影響。與發起國的敵對關係會使目標國考慮兩個政治問題：相對收益與聲譽。當相對收益問題突出的時候，讓步代表著發起國所得即是目標國的所失。當聲譽問題突出的時候，屈服會強化發起國作爲強硬談判對手的可信度，從而削弱了目標國的聲譽。[48]例如，天安門事件以後美國國會不斷向北京政府施壓，由於北京不能確定對美國的讓步是否會使美國變本加厲，因此北京政府沒有讓步。[49]

　　根據 Peter Liberman 和其他新現實主義學者的解釋，國家對相對收益的敏感性取決於特定敵對國所造成的安全威脅程度及持續時間。國家更害怕的是那些臨近而強大的，又有攻擊性武裝的敵對國家所取得的相對獲益，而不是那些遙遠而弱小，只有防禦性武裝的友好國家所獲取的相對獲益。例如，在冷戰時期的東西方貿易就是一個極好的例證。美國相信貿易會爲贏弱的蘇聯經濟提供巨大的利益，因此美國官方在二十世紀 50 年代

[47] Drezner, "The Complex Causation of Sanction Outcomes," pp. 221-29.
[48] Drezner, *The Sanctions Paradox*, pp. 27-35.
[49] Lampton, *Same Bed, Different Dreams*, p. 305.

與 60 年代中止了與蘇聯集團的貿易，此後又一直對其採取高科技產品的出品禁運。[50]

如果目標國是同盟國，相對收益與聲譽問題就不會那麼突出了，這是因爲目標國很少預期未來會發生「零和」衝突。因此在同盟國之間，目標國更關心的是僵局導致的當前成本和收益，而並非擔心優勢轉移後長期的影響。因此，目標國爲了減少僵局的成本更可能退讓。假設其他條件一樣，當目標國與發起國的關係越密切，目標國的讓步就會越大。另外，莊子納認爲，缺乏衝突預期值是經濟制裁產生重大讓步的必要條件。如果目標國與發起國之間的關係是敵對關係時，即便爲了產生有限的讓步，雙方也必須存在巨大的制裁成本差異[51]（見圖 5-1）。

---

[50] Peter Liberman, "Trading with the Enemy: Security and Relative Economic Gains," *International Security*, vol. 21, no. 1 (Summer 1996), pp. 150-55. Duncan Snidal, "Relative Gains and the Pattern of International Cooperation," in David A. Baldwin (ed.), *Neorealism and Neoliberalism: The Contemporary Debate* (New York: Columbia University Press, 1993), pp. 170-233. Beverly Crawford, *Economic Vulnerability in International Relations: The Case of East-West Trade, Investment, and Finance* (New York: Columbia University Press, 1993).

[51] Drezner, *The Sanctions Paradox*, pp. 27-35, 43-47, 244-45. Daniel W. Drezner, "Allies, Adversaries, and Economic Coercion: Russian Foreign Economic Policy Since 1991," *Security Studies*, vol. 6, no. 3 (Spring 1997), pp. 66-71.

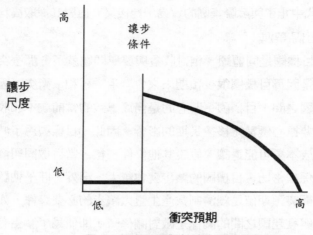

圖 5-1 衝突預期對於讓步尺度的影響

資料來源：

Daniel W. Drezner, The Sanctions Paradox: Economic Statecraft and International Relations. NewYork: Cambridge University Press, 1999, p. 46. Reprinted with the permission of Cambridge University Press.

衝突期望模式還認為，當目標國與發起國之間因僵局付出的成本差異拉大，目標國的讓步將會加大。根據莊子納的模式，制裁的預期成本對制裁結果產生單一的影響。當目標國的僵局成本增大的時候，假設其他條件一樣，發起國從均衡結果中的收益將增大。同樣當發起國的僵局成本減小的時候，假設其他條件一樣，它的收益也將增大。也就是說，只有目標國與發起國之間存在充分的不對稱的互賴才會使發起國的經濟制裁對目標國產生足夠的壓力進而使其讓步。[52]

表 5-2 說明成本變數與聯盟變數之間是如何互動的。如表所

---

[52] Drezner, *The Sanctions Paradox*, pp. 45-46. Nincic and Wallensteen, "Economic Coercion and Foreign Policy," pp. 2-3, 12.

示，成本差距對結果有持續穩定的影響，而聯盟因素對此存在相反影響。[53]

表 5-2 經濟制裁的類比形式

成本差距	盟國	敵對國
成本差距巨大	重要讓步	適度讓步
成本差距微小	無制裁意圖	較小的讓步

資料來源：

Daniel W. Drezner, The Sanctions Paradox: Economic Statecraft and International Relations. NewYork: Cambridge University Press, 1999, p. 54. Reprinted with the permission of Cambridge University Press.

　　總而言之，衝突期望模式對制裁成功作了兩種假設。第一，當發起國與目標國之間爲僵局付出的成本差距拉大的時候，發起國將能通過經濟制裁迫使目標國做出實質性的讓步。假設其他條件一樣，當發起國爲僵局付出的成本增大時，它就不太可能通過經濟制裁向目標國施壓。即便發起國採取制裁方式，他也不會贏得明顯的讓步。發起國的成本增加將使經濟制裁的可行性與獲利減少。相反，目標國的成本增加，經濟制裁的可行性與獲利將增加。

　　第二，如果發起國與目標國之間的衝突預期較低，那麼目標國將做出更多的讓步。相反，當衝突預期值增大的時候，目標國越不會讓步。此時，即便目標國與發起國之間有很大的成本差距，目標國也只會做出適度的讓步。然而，如果發起國的要求大於目標國可能讓步的最優值並且是不可妥協的，那麼結

---

[53] Drezner, The Sanctions Paradox, pp. 47, 53-4.

果就是僵局，這樣發起國更不可能從目標國身上得到任何讓
步。

統計依據

　　關於成本差距，HSE 的研究結果在一定程度證明了下述判
斷。當發起國與目標國之間的成本差距拉大的時候，發起國很
有可能成功地通過經濟制裁獲得預期的回報。他們的分析還特
別指出，對於成功的案例，目標國的平均制裁成本率爲 GNP 的
2.4%，發起國的平均成本指數爲 1.8（指數由 1 至 4，1 表示淨
收益而 4 代表發起國的重大損失）。在失敗的案例中，目標國
的成本指數爲 1，而發起國的成本指數爲 2。[54]

　　藍杉霖運用概率計算模型，對 1985 年的 HSE 資料庫計算後
發現，目標國成本的重要性在 5%的水平。伊利特和游孟能運用
概率回歸法，對 HSE 資料庫進行測算（排除制裁威脅與軍事行
動案例）後發現，目標國成本的顯著性在 1%的水平。杜瑞運用
Logistic 回歸法去分析 HSE 資料庫，他發現目標國成本與成功結
果呈正相關性，其顯著性在 5%的水平。摩根和史衛巴赫運用
Logistic 回歸方法對同樣資料進行測算後也發現目標國成本的顯
著性在 1%的水平。總而言之，這些結果表明目標國成本與制裁
結果有明顯的相互關聯性。[55]

---

[54] Hufbauer et. al., *Economic Sanctions Reconsidered*, pp. 102-03.

[55] Lam, "Economic Sanctions and the Success of Foreign Policy Goals," pp. 244-46. Elliott and Uimonen, "The Effectiveness of Economic Sanctions," pp. 403-9. Morgan and Schwebach, "Fools Suffer Gladly," pp. 43-5.

　　藍杉霖、摩根和史衛巴赫在他們的研究中將發起國成本計算包括在內。藍杉霖運用概率模型對 1985 年 HSE 的資料測算後發現，發起國成本與制裁成功呈負相關性，其顯著性是 5%。藍杉霖還發現，發起國 GNP 對目標國 GNP 對數比的顯著性為 5%。摩根和史衛巴赫運用 Logistic 回歸法對 HSE 資料庫測算後發現了相同的相關性，其顯著性在 1%的水平。他們發現發起國的成本越高，制裁成功可能性越低。然而，摩根和史衛巴赫卻指出，排除成本因素，制裁並不能促使預期結果有大幅改變。要對制裁結果造成些微的變化需要極大的成本差距。[56]

　　Makio Miyagawa 詳細分析了在 1933 年至 1990 年之間 31 起經濟制裁事件。Miyagawa 發現，發起國的成本將減小制裁效力。[57]莊子納運用規則概率方法去測算 HSE-Drezner 資料庫後發現，成本差距起正面效果；成本差距越大，目標國越有可能讓步。在他的兩個回歸統計方法的測算中，成本條件的顯著性都在 1%的水平。[58]

　　關於衝突預期效應，美國總審計署對第一次世界大戰後開始的 27 起制裁事件進行研究，它在 1992 年給參院外交關係委員會的一份報告中總結認為：「經濟制裁如果是由多國施加，或者是用於對付與發起國在政治經濟上有合作關係的友好國家時，它是最有效的。」[59]

---

[56] Lam, "Economic Sanctions and the Success of Foreign Policy Goals," pp. 239-47. Morgan and Schwebach, "Fools Suffer Gladly," pp. 43-45.

[57] Miyagawa, *Do Economic Sanctions Work?*, pp. 61-88.

[58] Drezner, *The Sanctions Paradox*, pp. 122-24.

[59] United States General Accounting Office, *Economic Sanctions*, p. 3.

藍杉霖對 1985 年 HSE 資料測算後,運用概率計算方法發現原先關係(結盟)的統計顯著性達 10%。[60]莊子納利用規則概率方法分析 HSE-Drezner 資料庫後發現,聯盟條件與制裁結果呈正相關性。其顯著性在第一個回歸計算結果中是 1%的水平,在其第二個回歸計算結果中是 5%的水平。這表明兩個國家之間的未來衝突預期值越少,目標國越是會做出更大的讓步。另外,如果聯盟國和對手國都面對相同的僵局成本,聯盟國會比敵對國讓步更多。[61]

莊子納運用了 Boolean 方法分析 1992 年至 1997 年間由俄國發起的 39 起經濟制裁事件後認為,如果目標國與發起國是親密的聯盟關係,並且發起國並未威脅要採取軍事武力,經濟制裁將能取得目標國明顯的讓步。沒有衝突預期值是發起國贏得目標國重大讓步的必要條件。軍事威脅或目標國國內政局不穩定對於制裁成功來說即不是必要的也不是充分的條件。如果存在衝突預期值,那麼必須要有明顯的制裁成本差距才能取得制裁成功。[62]

結論

首先需要強調的是經濟制裁基本無效,尤其在 1975 年至 1990 年間,迫使目標國順服的成功率不斷降低。排除經濟戰爭

---

[60] Lam, "Economic Sanctions and the Success of Foreign Policy Goals," pp. 239-247.

[61] Drezner, *The Sanctions Paradox*, pp. 122-24.

[62] Drezner, *The Sanctions Paradox*, pp. 131-247.

和貿易糾紛的案例之外，經濟制裁成功率僅有 4.6%至 10.6%的水平。

以 HSE 途徑研究後發現：經濟制裁在滿足以下條件時最爲有效：發起國目標適度，目標國國力衰弱、政局動盪，目標國承受高昂的代價，發起國只要付出較低的成本，發起國與目標國之間關係良好，目標國對發起國有很高的貿易依賴，快速、嚴厲的單邊制裁，第三國無法向目標國提供援助，最後，制裁主要以金融方式爲主，而非貿易制裁。儘管有學者批評，在選擇案例時有失偏頗，包含了貿易糾紛與經濟戰，但是以上大部分的變數都被本章中其他三種途徑論證後證實。

國內政治／象徵性途徑關注發起國與目標國國內的政治經濟情勢。該途徑提供了三種不利經濟制裁發揮效力的因素：一、很少有破壞性制裁；二、民族主義增強了同仇敵愾的效應；三、目標國對制裁再分配效應進行操縱。此外，如果發起國正經受國內經濟與政局不穩定的困擾，那麼發起國會更在乎制裁成本，因而目標國讓步的可能性也會減少。

經濟制裁在目標國內會被視作對本國的羞辱和冒犯，從而引發同仇敵愾的效應。席捲全國的民族主義，以及對「有罪者」與「無辜人」不分清紅皂白會極大地煽動起同仇敵愾效應。發起國成了目標國心目中的公敵。國內團體與公衆對經濟制裁的反抗會等同於愛國主義，任何反對意見會被譴責成不忠實或是叛逆。這些影響將促使目標國內的政治融合，導致制裁失敗。

相反的，這種途徑也提到了兩種有助於制裁效力因素：第

五縱隊效力,以及目標國內政治與經濟不穩定。第五縱隊效力
是指當目標國內某些特定的團體受到了制裁傷害,他們會呼籲
政府順從發起國的要求。目標國的中央政府受到制裁的直接傷
害越厲害,那麼通過制裁影響其政策的可能性就越高。另外,
如果制裁對目標國內的核心支持團體產生負面影響,那麼他們
將向其政府施壓。事實上,大陸對台灣採取的「以民逼官」
(利用公眾對官方施壓)和「以商圍政」(利用商業對政治施
壓)戰略,就是希望看到出現「第五縱隊效應」。此外,目標
國內的政治與經濟不穩定也會使其屈服於發起國的要求。

然而,經濟制裁在產生第五縱隊效應的同時會引發同仇敵
愾效應。爲了改變那些令人反感的政策,第五縱隊效力必須壓
過同仇敵愾效應。換句話說,制裁必須減少政權擁護團體的影
響,設法增加反對團體的影響。在此,金融制裁往往會增加第
五縱隊效力,同時減少同仇敵愾效力。相反的,貿易制裁由於
不能十分準確地針對任何特定團體,它們更可能引發同仇敵愾
效力。

有關金融制裁以及目標國政局不穩的條件已有幾項統計測
試,但是對於同仇敵愾效力、民族主義和第五縱隊效力尚無統
計測試。整體而言,對於金融制裁更有效的觀點已有一定的統
計證據證明,對於目標國政治與經濟不穩定導致向發起國讓步
的結論則有大量的統計證據支援。

然而,尚無足夠的統計證據證實民主政體目標國是制裁成
功必要或充足的條件。一般來說,民主政體將給公眾與利益集
團提供更多的空間去影響目標國政府。但是獨裁政體也需要對

利益集團或是政權內部成員的壓力作出反應，比如派系或是競爭關係的領導者、官僚部門，地方領導者，核心商業集團，有時甚至是公眾。

警示途徑認為，制裁可以發揮向目標表示採取進一步威懾手段的警示作用。該途徑對制裁結果做了兩種預測。第一，發起國的成本應與讓步尺度成正比關係。第二，威脅使用武力或是整體力量的差異應與讓步尺度成正比關係。

然而，統計結果並沒有對警示途徑提供任何證據。統計的結果完成否定了發起國付出的高昂代價將有效地顯示其決心，並最終導致制裁成功的說法。發起國高昂的成本與制裁成功呈負相關性。另外，無論是軍事力量還是軍事威脅都不會影響制裁結果。因此軍事威脅或者相對能力對於經濟制裁沒有輔助作用。

衝突預期模式提供了兩種主要預測。第一，發起國與目標國之間的成本差距越大，目標國的讓步就越大。發起國成本的增長將使經濟制裁的可行性和獲益減小。相反，目標國的成本增大將增加經濟制裁的可行性和收益。第二，如果發起國與目標國是敵對國，目標國在經濟制裁的壓力下，考慮到自身的相對收益與聲譽等問題將會不願做出讓步。如果目標國與發起國預期將來很少會有政治衝突，那麼目標國讓步尺度會增加。因此經濟制裁要取得重要的讓步，沒有預期衝突是必要的條件。如果目標國與發起國是敵對國，即便制裁成本差距很大，也只能從目標國內獲得有限的讓步。統計結果對此提供了堅實的證明。

　　從理論上講，考慮到對海峽兩岸經濟關係的影響，中國對台灣的經濟制裁趨於無效。中國對台灣實施經濟制裁的成功可能性只在 4.6%至 10.4%之間。另外，使中國制裁成功，並使台灣做出有限讓步的必要條件是：中國享有很大的成本差距。

　　以下條件有助於經濟制裁發揮效力：一、與台灣相比，中國享有明顯的經濟制裁成本差距；二、中國的制裁能產生第五縱隊效應；三、中國對台灣實施金融制裁而不是貿易制裁，但是目前的金融流量更有利於台灣；四、台灣政局不穩定；五、中國迅速對台灣採取最嚴厲的制裁，同時國際社會沒有給予台灣明顯的援助。

　　相反，以下的條件將不利於經濟制裁發揮效力：一、中國的制裁引發台灣國內民族主義及同仇敵愾效應；二、中國正經受國內政局不穩的困擾；三、台灣政府能夠對制裁影響進行操縱和重新分配，並且有利於統治集團；四、台灣的政策決策者在海峽兩岸的衝突中非常關注相對收益及聲譽問題。

　　去預見中國與台灣內部的政治局勢，去預測是否北京政府會對台灣實施迅速而嚴厲的經濟制裁，或者當北京政府對台灣施以經濟制裁時，台灣政府是否能操縱制裁影響，進行重新分配使其有益於統治集團，都是不可能的。這些變數對於影響經濟制裁的效力來講都不是最重要的。他們對於以下的變數來說都是次要的：北京與台北間的制裁成本差距（包含國際社會對中國實施制裁的反應）、同仇敵愾效應、第五縱隊效應和台灣島內政策制定者的想法。因此，本研究著重於分析最後的四項變數，以評估海峽兩岸的經濟關係中的台灣脆弱性。

　　第八章將評估中國如果對台灣實施經濟制裁可能產生的代價。通過調查 1995－1996 台灣海峽導彈緊張事件和 1999-2000 台灣海峽事件這兩個案例，第十一章將進一步驗證如果中國對台灣可能實施制裁後的兩種假設：

　　第一，根據台灣公眾、精英和利益集團的反應，當中國的軍事威脅增大，台灣民族主義情緒上升並形成強烈的「同仇敵愾」的效應，同時也會形成輕微的第五縱隊效應。

　　第二，台灣的政策制定者在兩岸衝突中更看重的是相對收益和信譽（信用）問題。

第三篇

案例研究

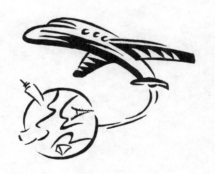

第六章

中國國家總體目標和雙層博弈

　　國家這麼大，這麼窮，不努力發展生產，日子怎麼過？我們人民的生活如此困難，怎麼體現出社會主義的優越性？「四人幫」叫嚷要搞「窮社會主義」、「窮共產主義」，胡說共產主義主要是精神方面的，簡直是荒謬之極。

　　　　　　　　　　　　——鄧小平，1982 年 9 月 18 日[1]

　　中國的最高利益就是和平以及國家建設。任何對發展與和平的威脅，無論它來自何方，中國人民都將與世界人民一道共同阻止並將它消滅。

　　　　　　　　——江澤民（中國國家主席），1997 年 10 月 17 日[2]

　　每個社會的領導人都面臨著來自內部以及外部互相矛盾的壓力。一方面領導人往往想打民族主義這張牌，而另一方面，如果這些領導人使用民族主義失當，以至於全球市場和投資者對此恐慌時，他們又會受到世界體系的懲罰。

　　　　　　——藍普頓（David Lampton，中國問題專家），2001 年[3]

---

[1] Deng Xiaoping, "We Shall Concentrate on Economic Development," in *Selected Works of Deng Xiaoping*, vol. III (1982-1992), translated by the Bureau for the Compilation and Translation of Works of Marx, Engels, Lenin and Stalin under the Central Committee of the Communist Party of China (Beijing: Foreign Languages Press, 1994), pp. 21-22.

[2] "Jiang: The Supreme Interest of China Is Peace and Nation-Building," *Washington Post*, October 19, 1997, p. A22.

[3] Lampton, *Same Bed, Different Dreams*, p. 8.

第一節　經濟發展

經過大躍進和文化大革命的三十年創傷，加上周邊非共產主義鄰國（如日本和亞洲新興工業化國家）的成功，中國領導層終於在 70 年代末認識到，繼續維持共產主義衰微統治的唯一出路就是提高人民大眾的生活水準。正如鄧小平在 1982 年所指出的：「胡說共產主義主要是精神方面的，簡直是荒謬之極！」[4]1989 年 6 月 4 日天安門事件前夕，鄧小平認識到：「如果我們沒有一定的經濟基礎，不用說一個月，學生抗議 10 天之後，農民就會起來造反。」[5]

中國領導人非常清楚自身面臨的執政合法性危機。天安門事件之前，天津市長李瑞環在政治局會議上指出，在過去的 40 年中，「我們黨已經吸取了沉痛的教訓，反右、文革……等。從現在的形勢來看，再犯一次主要政治錯誤可能會讓我們完全喪失民眾支援。」同樣在「六‧四」前，中共總書記趙紫陽在政治局常委會上也對中國高層領導表達了類似的擔憂。[6]

執政合法性危機感在中國官員和學者中間普遍存在。一位北京的資深官員直言不諱，他說：「貧窮不是共產主義！文化大革命是一場災難！沒有經濟發展，中國老百姓就不會支援共

---

[4] Deng Xiaoping, "We Shall Concentrate on Economic Development," pp. 21-22.

[5] Liang Zhang (comp.), Andrew J. Nathan and Perry Link (eds.), *The Tiananmen Papers* (New York: Public Affairs, 2001), p. 218.

[6] Zhang (comp.), *The Tiananmen Papers*, pp. 134, 192.

產黨。」[7]來自北京和上海的幾位國際關係學者也都同意,只有經濟發展,才能維持共產黨的統治。[8]另外兩位上海的國際關係資深研究員強調,在中國大多數精英和民眾中有一種強烈的共識,即經濟發展是第一位重要的。[9]北京的一位國際關係資深研究員則表示:「經濟發展是維持國內穩定和共產黨合法執政的最重要支柱。」[10]

北京一位台灣研究的專家指出:「文化大革命是一個悲慘的教訓。社會主義或共產主義應該提高人民的生活水平。文革的結果是非常荒謬的。」[11]北京一位研究國際關係的學者進一步指出:「大陸目前對發展有崇拜感!」[12]另外一位則強調,「中國人民對歷史不穩定、動亂和戰爭的頻繁發生已經深惡痛絕。為避免重蹈歷史覆轍,經濟發展是必不可少的。」[13]上海的一位台灣問題專家認為,「經過大躍進和文化大革命,中國已經得到了深刻的教訓。中國經濟曾經瀕臨崩潰。鄧小平的政策改變了這種狀況。中國將來會更務實。」[14]

為改善執政合法性,通過經濟改革和融入國際政治經濟秩序,中國領導人不斷加速經濟的現代化進程。例如,天安門事

[7] 作者對北京一位資深官員的訪談,2001 年 8 月 2 日。
[8] 作者對北京一位國際關係資深學者的訪談,2001 年 7 月 11 日。作者對上海兩位國際關係資深學者的訪談,2001 年 7 月 4 日。
[9] 作者對上海一位國際關係資深學者的訪談,2001 年 6 月 15 日。作者對上海一位國際關係資深學者的訪談,2001 年 6 月 21 日。
[10] 作者對北京一位國際關係資深學者的訪談,2001 年 7 月 17 日。
[11] 作者對北京一位台灣研究資深學者的訪談,2001 年 7 月 29 日。
[12] 作者對北京一位國際關係學者的訪談,2001 年 7 月 10 日。
[13] 作者對北京一位國際關係學者的訪談,2001 年 7 月 10 日。
[14] 作者對上海一位台灣研究資深學者的訪談,2001 年 6 月 25 日。

件後，在討論由誰接替中共總書記趙紫陽時，鄧小平強調，中國的新領導人「必須根據其對改革開放的承諾來選擇」，改革開放是「贏得民心的唯一出路」。另外，他還說：「沒有改革開放，我們的發展就會停滯，我們的經濟就會走下坡路。如果我們走回頭路，人民的生活水平就會下降。改革的動力不能停止。我們必須一直堅持這一點。」[15]

當羅馬尼亞獨裁者齊奧塞斯庫於 1989 年底被處決時，中國有些政治局委員和離休老幹部都認爲，這恰恰證明了在天安門廣場鎮壓「反動分子」的決定是確保共產黨生存的正確選擇。然而，面對西方的制裁和共產主義制度在前蘇聯和東歐各國的崩潰，鄧小平卻得出結論，「如果我們不實行改革，給人民以實惠」，那麼中國領導就會面臨與齊奧塞斯庫同樣的命運。[16]不僅如此，在 1992 年南巡期間，鄧小平還指出，誰要改變十一屆三中全會以來的路線、方針、政策，老百姓不會答應，「誰就會被打倒」，偏離改革開放的結果可能是動亂，「亂就打內戰」。鄧小平的結論是「軍隊、國家政權，都要維護這條道路、這個制度、這些政策。」[17]

上海的一位台灣問題專家和國際關係學者表示，經濟改革和對外開放不僅得到了社會精英，而且也得到了中國大眾的強

---

[15] Zhang (comp.), *The Tiananmen Papers*, pp. 311, 360-61.

[16] Benjamin Yang, *Deng: A Political Biography* (Armonk, N.Y.: M. E. Sharpe, 1997), p. 257.

[17] " 'Main Points' of Deng Xiaoping's Talks" (in Chinese), Beijing Xinhua Domestic Service, November 5, 1993, in FBIS-CHI-93-214, pp. 21-26.

烈支援。[18]上海的一位學者甚至警告說：「誰不繼續推行改革開放，誰就是中國的民族罪人。」[19]

1997 年 9 月，在黨的 15 大期間，中國共產黨將鄧小平理論寫入黨章，將鄧小平的「三個有利於」──「是否有利於發展社會主義社會的生產力，是否有利於增強社會主義國家的綜合國力，是否有利於提高人民的生活水平」定為判斷行動的根本標準。[20]1998 年 12 月 8 日，在一次紀念十一屆三中全會召開 20 周年的慶祝活動上，國家主席江澤民強調，「發展是決定性的。解決所有中國問題的關鍵是中國的自身發展。」[21]此外，中國總理朱鎔基在 2001 年 3 月 5 日向人大作第十個五年計畫的報告時也指出，「發展是至關重要的。在各種社會矛盾面前，我們一直堅持把發展經濟作為我們的首要任務，並採取有效辦法促進國民經濟的持續、快速和健康發展，從而為解決其他矛盾提供基礎。」[22]

---

[18] 作者對上海一位台灣研究資深學者的訪談，2001 年 7 月 3 日。作者對上海一位國際關係資深學者的訪談，2001 年 6 月 21 日。

[19] 作者與上海一位學者的對話，2001 年 7 月 2 日。

[20] "China: Comparison: Jiang's Political Report" (in Chinese), Beijing Xinhua Domestic Service, September 21, 1997, in FBIS-CHI-97-264.

[21] "Chinese President's Speech to Mark 20 Years of Reform - Third and Final Part," British Broadcasting Corporation, BBC Monitoring Asia Pacific – Political, December 18, 1998.

[22] "China: Full Text of Premier's Report to NPC on 10th Five-Year Plan" (in Chinese), China Central TV, March 5, 2001, in BBC Monitoring Asia Pacific – Political, March 5, 2001.

第二節　國內穩定

中國為了實現經濟現代化，必須營造一個穩定的國內環境。鄧小平早在 1989 年 3 月 4 日會晤中國共產黨中央委員會主要領導人時曾指出：「我們搞四化、搞改革開放，關鍵是穩定……凡是妨礙穩定的就要對付，不能讓步，不能遷就。……要放出一個信號：中國不允許亂。」[23]另外，他還在 5 月 13 日與當時中共總書記趙紫陽和國家主席楊尚昆的會面時指出：「我已經反覆講了，中國要發展，穩定是必須的。」[24]

1998 年 12 月 18 日，江澤民主席又強調：「穩定是中國改革與發展的根本前提。沒有穩定什麼都不能辦到……在改革、開放、發展社會主義經濟的進程中，人民內部矛盾會明顯上升，有時甚至會相當突出……因此我們必須把那些破壞社會穩定的因素消滅在萌芽狀態，無論這些因素來自何方。」[25]直至 2001 年，穩定仍然是中國領導人的首要目標。2001 年 3 月 6 日，江主席在與香港行政長官董建華的會晤中，針對法輪功問題特別指出：「穩定高於一切。沒有穩定任何國家或者社會都是沒有前途的。只有穩定才能使經濟發展和繁榮。」[26]

---

[23] Deng, *Selected Works of Deng Xiaoping (1982-1992)*, vol. 3, p. 279.

[24] Zhang (comp.), *The Tiananmen Papers*, p. 148.

[25] "Chinese President's Speech to Mark 20 Years of Reform - Third and Final Part," British Broadcasting Corporation, BBC Monitoring Asia Pacific – Political, December 18, 1998.

[26] "Chinese President Says Hong Kong to Deal With Falungong on Its Own," Agence France Presse, March 6, 2001.

　　鄧小平和江澤民主席也非常明確地向外國客人傳達它們對「穩定」的關注。1989 年 2 月 26 日，鄧小平會晤布希總統時強調：「中國的問題，壓倒一切的是需要穩定。沒有穩定的環境，什麼都搞不成，已經取得的成果也會失掉……中國正處在特別需要集中注意力發展經濟的進程中。」[27] 1998 年 6 月 27 日，江主席在北京與比爾‧柯林頓的一場電視直播中，再次強調了中國對穩定問題的關注，並指出政府在 1989 年末對天安門廣場上學生示威活動採取斷然措施是完全必要的，以維護中國的穩定。[28]

　　事實上，中國公眾也意識到保持穩定的必要性。一位北京的國際關係問題專家強調指出：「經歷了文化大革命以後，中國大陸老百姓最害怕的就是會再經歷一場文化大革命。這就是為何天安門事件後，大陸這麼快就得到穩定。因為老百姓最怕動亂。」[29]對法輪功活動的鎮壓也證明中國人害怕「不穩定」的本能。在北京的一位資深的國際關係問題學者指出，雖然中國官方對法輪功的鎮壓太過暴力，但是老百姓基本上還是支援政府此項決策的，因為他們發現法輪功危害了社會的穩定。[30]

---

[27] Deng, *Selected Works of Deng Xiaoping (1982-1992)*, vol. 3, p. 277.

[28] Erik Eckholm, "Clinton in China: News Analysis," *New York Times*, June 28, 1998, p. 1.

[29] 作者對北京一位國際關係學者的訪談，2001 年 8 月 13 日。

[30] 作者對北京一位國際關係資深學者的訪談，2001 年 7 月 11 日。

第三節　開放政策及穩定的國際環境

　　從二十世紀 70 年代末開始，外部環境已成爲中國經濟現代化建設的一個重要因素。例如，鄧小平在天安門事件後指出：「我們絕不能閉關自守。中國不可能再退回到孤立狀態。閉關鎖國只會帶給我們像『文化大革命』那樣的災難⋯⋯當今世界的進步是飛躍和跳躍著的⋯⋯我們要趕上它將十分地困難。」[31]

　　由於中國需要發展外貿、吸引外資，以及引進國外先進技術，因此保持對外合作以及一個穩定的國際環境對中國而言至關重要。凡是有利於中國國內經濟發展的都能反映到北京的對外政策之中。中國領導人已經不斷表明了亞太地區的穩定、繁榮，以及和平是中國的中心利益。1994 年 8 月，中國外交部長錢其琛解釋了中國尋求的三個基本的外交政策目標：一、穩定和繁榮；二、持續、穩定和安寧的周邊環境；三、在相互尊重和平等的基礎上展開對話與合作。[32]1997 年 3 月，中國總理李鵬在他的政府工作報告中指出，持久和平以及穩定的國際環境是中國實現自身經濟現代化目標的先決條件。[33]

　　1999 年 10 月，江澤民主席在對美國聽眾解釋中國的政策時指出：「中國的最高利益就是和平以及國家建設。任何對發展

---

[31] Deng, *Selected Works of Deng Xiaoping (1982-1992)*, vol. 3, p. 291.

[32] "China's Position on Asia-Pacific Security," *Beijing Review*, August 8-14, 1994, p. 22.

[33] "Governmental Work Report for the 8th National People's Congress," *Renmin Ribao* [People's daily] (Overseas edition), March 17, 1997, p. 2.

與和平的威脅,無論它來自何方,中國人民都將與世界人民一道,共同攜手阻止並將它消滅。」[34]1998 年 8 月,江主席在第九次外交使節會議上重申,中國外交工作最重要的任務就是「努力尋求和平並爲國家實現社會主義現代化而服務。爲了實現社會主義現代化,搞好改革與開放,我們需要一個安定團結的國內政治局面,以及一個和平的國際環境。」[35]

爲了促進經濟發展,中國已顯示出它有能力與前敵對國重新建立合作關係,如它在 1969 年後與美國的關係、1972 年後與日本的關係、1982 年後與蘇聯的關係以及 80 年代中期之後與印度的關係。從這些事件中,中國領導人既開始意識到進一步衝突所帶來的成本,又認識到收益可以從更多的合作中獲取。90年代初,中國與印尼、新加坡、越南和韓國實現了關係正常化,促成日本天皇首次訪華,並且積極地參加諸如亞太經濟合作組織(APEC)和東盟地區論壇(ARF)等多邊組織。中國在柬埔寨和平進程中發揮了建設性的作用,還和其他國家合作阻止北朝鮮發展核武器。中國在 1992 年批准了「核不擴散條約」、遵守大氣核禁試的禁令,在 1993 年簽署了「化學武器公約」,並且同意遵守「導彈技術控制協定」(雖然還不是正式的成員國)。另外,雖然中國在 1995 年進行了核子試驗,但是中國在 1996 年簽署了「全面禁止核子試驗條約」。[36]

---

[34] "Jiang: The Supreme Interest of China Is Peace and Nation-Building," *Washington Post*, October 19, 1997, p. A22.

[35] "President Makes Speech on Diplomacy" (in Chinese), Xinhua Domestic Service Beijing, August 28, 1998, in BBC Summary of World Broadcasts, September 1, 1998, FE/D3320/G.

[36] Harry Harding, "China's Co-operative Behaviour," in Thomas W.

　　從 90 年代起至二十一世紀初發生的五起事件，即 1989-
1990 年對天安門事件後西方對中國的制裁、1991 年蘇聯解體、
1995-1996 年的台海危機、1999 年北大西洋公約組織（北約）
轟炸中國駐南斯拉夫大使館，以及 2001 年中國戰機與美偵察機
相撞事件，都引發了一場是否還要堅持中國 80 年代制定的堅持
和平與發展的外交路線的爭論。每次爭論都重新確認了繼續執
行鄧小平關於發展中國國內經濟的路線。不過，中國也進一步
加快了發展國防現代化的步伐。[37]

　　本研究將運用以下三個案例，進一步評估中國整體的國家
目標，這些案例牽涉最敏感的中國主權問題，它有助於說明是
否或在怎樣的程度上，中國將優先考慮經濟發展、國內穩定，
以及一個穩定的國際環境。

Robinson and David Shambaugh (eds.), *Chinese Foreign Policy: Theory and Practice* (New York: Oxford University Press, 1997), pp. 375-376. Barry Naughton, "The Foreign Policy Implications of China's Economic Development Strategy," in Thomas W. Robinson and David Shambaugh (eds.), *Chinese Foreign Policy: Theory and Practice* (New York: Oxford University Press, 1997), pp. 65-66.

[37] H. Lyman Miller and Liu Xiaohong, "The Foreign Policy Outlook of China's 'Third Generation' Elite," in David M. Lampton (ed.), *The Making of Chinese Foreign and Security Policy in the Era of Reform* (Stanford, CA: Stanford University Press, 2001), p. 141. Jiang Zemin, "Text of Speech by Jiang Zemin at Opening Banquet for the Fortune' Global Forum, 2001, in Hong Kong" (in Chinese), Beijing Xinhua Domestic Service, May 8, 2001, in FBIS-CHI-2001-0508.

第四節　案例研究：釣魚島爭端

　　1972 年，美國向日本歸還了沖繩島和釣魚島（中國名稱）的控制權。那時，中國副總理鄧小平同意中國與日本政府都擱置對釣魚島的爭議，日後再處理。1978 年中國與日本就「中日和平友好條約」進行雙邊談判的時候，鄧小平指出：「我們這一代沒有解決釣魚島爭端的聰明才智，讓我們把這個問題留給後人去解決吧。」[38]

　　1996 年 7 月中旬，日本青年協會（日本右翼組織）在釣魚島的其中一個島嶼上建造了一座燈塔。同時，在 8 月 28 日，日本外相池田行彥與香港官員的談話中，重申日本對釣魚島擁有主權。北京認爲池田的言論是「極不負責任的，釣魚島自古就是中國的一部分……它們屬於中國領土的事實不容置疑。」[39]儘管北京對此予以譴責，但是它沒有採取任何行動干預釣魚島事件。

　　該事件在中國內地、香港以及台灣引發了強烈的民族主義浪潮。9 月 1 日，257 名來自北京與天津的市民給中國領導人寫信，要求中國政府出動海軍軍艦拆除日本團體在釣魚島上建造的燈塔以及所有的設施。另外，來自上海九所大學的學生申請要求對日本的行徑進行示威遊行。同時，在北京的 35 名記者聯

---

[38] "Facts About Disputed Diaoyutai/Senkaku Islands," Deutsche-Agentur, September 21, 1996, 14:07 Central European Time.

[39] "China Blasts Ikeda's Remarks on Senkaku Islands," Japanese Economic Newswire, August 29, 1996.

名簽署了一份公開信，敦促中國政府動用海軍保護開往釣魚島的中國漁船。9 月 8 日，數千名香港市民湧上街頭要求日本放棄對釣魚島的領土要求。據 9 月 13 日報導，江澤民主席在中南海會見了一些將軍，其中包括張愛萍、陳錫聯和廖漢生，他們都呼籲努力「抵制日本軍國主義，重新奪回釣魚島」。當時，張愛萍將軍就贈給江主席一幅親手寫的八字橫幅，上面寫道：「寧失千金，勿丟寸土」。[40]

根據中共中央委員會出版的中流 9 月 14 日報導，中央有關部門和官方媒體共收到了 37,300 多封電報和書信，上面有152,000 個簽名，其中 18,000 個的簽名來自香港、澳門、台灣和海外。他們敦促北京對日本採取強硬態度，甚至不惜動用軍艦收復島嶼。另外，9 月 15 日，10,000 多人湧上香港街頭，舉行了最大規模的遊行示威，抗議日本對釣魚島的領土要求。

然而，據報導，早在 9 月 6 日，北京就決定勸阻中國漁船靠近釣魚島以避免與日本軍艦發生武裝衝突。北京還禁止所有報紙和雜誌刊登對日本言辭激烈的文章。新華社甚至沒有報導 9 月 15 日香港人舉行的大規模示威遊行。此外，9 月 18 日當天，也就是「9‧18 事件」65 周年的時候，中國政府也沒有舉行任何紀念活動，北京的報紙上也沒有刊登任何有關「9‧18 事件」的文章。

另外，北京還下令驅散針對日本軍國主義和占領釣魚島事

---

[40] Lo Ping, "Army, Civilians Call Jiang Zemin to Account" (in Chinese), Hong Kong *Cheng Ming*, October 1, 1996, no. 228, pp. 6-8, in FBIS-CHI-96-213.

件的集會、示威遊行和抗議活動。當香港與台灣反日示威活動
不斷高漲時,中國政府卻拒絕了學生和其他一些團體要求舉行
公眾抗議的請願。五位抗議日本占領島嶼的請願領導人被下令
離開北京。一位遭驅逐的名叫董曾的請願者,被政府指控爲
「干涉外交事務並影響中日關係。」[41]北京擔心「保衛釣魚島的
活動會引起一場矛頭針對腐敗而無能政府的社會動亂。」[42]

中國官方對釣魚島事件的反應顯得溫和謹慎。9 月 17 日,
中國外交部發言人指出:「我們相信日本方面會儘快採取積極
措施消除消極的影響。但是鑑於釣魚島周圍環境的複雜性,我
們必須告誡開往那裡的台灣與香港公民船隻。」[43]9 月 24 日,外
交部長錢其琛向日方表達了中方的嚴正關切,同時也談及維持
兩國關係的重要性。

然而,到九月末,一艘載有 18 位香港抗議者的生繡貨船駛
往釣魚群島。抗議者發誓要以中國的名義奪回釣魚島,拆除日
本人的燈塔。當他們接近目的地的時候,日本海岸護衛艦驅趕
貨船,並不斷地要求其不要再靠近,當時,貨船上飄揚著中國
的國旗。不幸的是,一位香港人跳離貨船並試圖游向小島,結
果在 9 月 26 日被淹死。當日方一方面對這起事故表示哀悼時,
另一方面繼續揚言其對該島擁有主權。

---

[41] "Beijing Warns Diaoyu Activists," *South China Morning Post*, September 13, 1996, p. 1.

[42] Lo Ping, "Army, Civilians Call Jiang Zemin to Account" (in Chinese), Hong Kong *Cheng Ming*, October 1, 1996, no. 228, pp. 6-8, in FBIS-CHI-96-213.

[43] "China Cautions H.K., Taiwan on Disputed Islands Issue," Japan Economic Newswire, September 17, 1996.

　　其後，在香港暴發了多起反日的抗議活動。其中在 1997 年和 1998 年，香港與台灣的活躍分子兩次試圖登上釣魚島，但都被日本海岸護衛艦擋住。1999 年與 2000 年香港活躍分子又先後兩次要求日本政府停止對釣魚島的侵擾，同時不斷呼籲北京政府介入，他們打出的標語是：「寧失千金，勿失寸土。」[44]

　　但是，北京沒有採取任何步驟介入此事，並且試圖制止國內公衆的抗議活動。例如，1998 年香港船隻在釣魚島附近被日本人毀壞後，中國外交部發言人對此的回應是：「中方已通過外交途徑向日方解釋了中國的立場，並且強烈要求日方從歷史中吸取教訓，避免再採取過激的行爲或行動，防止衝突升級。」[45]

　　日本對於中國來說是重要的技術、資金和市場來源，這或許也是中國採取溫和態度的原因。1996 年，中國經過協商重新獲得了日元貸款，而該貸款自 1995 年中國核子試驗後被中止。從 1979 年至 1998 年日本向中國提供了 231 億美元的金融援

[44] "Taiwan, Hong Kong Activists Head Home After Failing to Land on Islands," Kyodo News Service, May 26, 1997, in BBC Summary of World Broadcasts, May 27, 1997. "H.K. Isles Activists Abandon Damaged Protest Ship," Japan Economic Newswire, June 24, 1998. NG Kang-Chung, "Scuffles Break Out As Policy Try to Bar Protesters From PLA Barracks," *South China Morning Post*, August 2, 1999, p. 3. "PRC FM Spokesman on 'Shrine' Set Up on Diaoyu Islands" (in Chinese), Beijing Xinhua Domestic Service, April 29, 2000, in FBIS-CHI-2000-0429. "Hong Kong Protestors Demonstrate Against Japan's Claims on Diaoyus," Agence France Presse, May 2, 2000.

[45] "FM Spokesman on Diaoyu Island Issue," Xinhua News Agency, June 25, 1998.

助，到 1996 年日本是中國累計外國直接投資的第四大來源，實際投資額共計 142 億美元。日本還是中國最大的貿易夥伴，雙方貿易金額已達到 601 億美元。一位在北京的資深國際關係學者這樣解釋中國的立場：「解決該事件非常困難，因此中國打算擱置爭議。中國不會為了一個小島，冒險與日本發生軍事衝突，從而壞破壞中國經濟發展以及現代化的進程。」[46]另外一位在北京的資深國際關係學者同意該觀點，他認為中國政府在處理中日關係時，會著重考慮經濟因素。[47]

第五節　案例研究：南海島嶼爭端

　　1995 年 1 月底，菲律賓海軍在美濟礁上發現了中國人建造的固體建築。中國和菲律賓都聲稱對美濟礁擁有主權，該島位於菲律賓主要島嶼——巴拉望島的西側 200 公里處。儘管北京聲明該建築只是漁船的棲息地，但是 3 月末，菲律賓政府命令海軍與空軍摧毀了美濟礁上的建築，並且拆除了中國人安置于南沙群島內有爭議的幾個暗礁與珊瑚島上的測量標記。不過，當菲律賓政府安排國內與國外記者參觀其他馬尼拉聲稱屬於其領土的島嶼時，它們的船隻遭到中國軍艦的阻撓。作為報復，3 月 27 日，菲律賓海軍逮捕了 62 名靠近美濟礁的中國船員，並以非法入侵罪指控他們。6 月中旬，菲律賓軍隊炸毀了設在另外一個珊瑚島上的中國邊界標記。[48]

---

[46] 作者對北京一位國際關係資深學者的訪談，2001 年 7 月 17 日。

[47] 作者對北京一位國際關係資深學者的訪談，2001 年 8 月 2 日。

[48] Hurng-yu Chen, "The PRC's South China Sea Policy and Strategies of

　　爲了緩和緊張局勢，北京告訴馬尼拉，中國人將不會在有爭議的地區建造新的建築，並且隨即提議在 1995 年曼谷舉行的東盟首腦會議上與東盟一起討論南海爭端問題。在 1995 年 8 月 11 日發表的聯合公報上，菲律賓與中國都同意以和平友好的方式解決雙邊領土糾紛，並且都不使用武力，或不威脅使用武力。這些原則在隨後的一次有關美濟礁問題的雙邊會議上再次得到了重申。[49]

　　然而，1996 年 3 月，中國人在美濟礁上又重建了建築物。到 1998 年底，菲律賓人認爲中國已在該礁上完成了它的軍事建築。但是中方堅持說美濟礁上的設施只是漁民的棲息所，不帶有任何軍事目的。1999 年 3 月，菲律賓人發現中國人在暗礁上建造了另外兩個固體建築物。

　　北京除了在美濟礁上建造了三個「棲息所」以外，沒有對菲律賓採取任何更進一步的挑釁性措施。相反，北京採取合作的姿態。1997 年 5 月 4 日，中國放棄在有爭議的南沙群島上建造小屋型建築物，而該地非常接近馬尼拉聲稱主權的島嶼。另外，自從馬尼拉提出抗議後，中方便從菲律賓人聲稱擁有主權的兩個島嶼上撤回了四艘武裝船隻。1998 年 11 月 30 日，菲律賓海軍發現位於美濟礁附近的 20 名中國漁民並將其逮捕，但是北京並沒有對這些逮捕行爲採取任何咄咄逼人的干涉措施。

Occupation in the Paracel and Spratly Islands," *Issues & Studies*, vol. 36, no. 4 (July/August 2000), pp. 105-113.

[49] Chien-peng Chung, "The Spratlys and Other South China Seas Islands Disputes," *Journal of Social, Political & Economic Studies*, Spring 1999, pp. 17-36.

在南海黃岩島上,還發生了另一起嚴重的領土爭端事件。1991 年,中國在黃岩島上豎起了主權標牌。1996 年菲律賓人將它炸毀,並且次年將它們的國旗插在島嶼上。另外,在 1997 年 5 月至 2001 年 3 月發生的八起衝突中,29 艘中國漁船在黃岩島附近的海域被菲律賓海軍追擊和撞擊,部分船隻因此沉沒。此外,在 1997 年 5 月至 1998 年 3 月發生的 3 起衝突中,菲律賓海軍在黃岩島附近逮捕了 72 名中國漁民。

中國政府強烈要求菲律賓政府懲罰那些應對事件負有責任的人,要求賠償損失,並採取行動防止這類事件的重演。但是菲律賓總統發言人稱中國漁民應該對入侵菲律賓海域承擔責任,並且要求北京「尊重菲律賓主權」。對此,北京呼籲菲律賓「採取克制態度,不要製造新的麻煩,以便與中國合作,維護南海的和平與穩定。」[50]

自從二十世紀 80 年代後期,中國便提倡擱置主權爭端,用和平方式解決所有的領土爭議,在南海建立經濟合作探勘計畫,並且按照 1982 年聯合國海洋公約法的精神來協商爭端。即便在中國與菲律賓和越南發生嚴重衝突後,其政策也沒有變化。中國為了在南海區域周圍營造一個穩定的國際環境和外交關係,表現出相當的自我克制和通過協商尋求緩解緊張局勢的態度。在美濟礁事件中,當菲律賓人拆除測量標記、拆掉中國人建築物,並逮捕百名接近美濟礁和黃岩島的中國漁民時,中

---

[50] "Philippines, China Renew War of Words Over South China Sea Dispute," Agence France Presse, January 27, 2000. "China Makes Representations Over South China Sea Dispute," Agence France Presse, February 6, 2001.

國都沒有採取任何咄咄逼人的行動。同樣在越南邊界涉及中國
石油鑽井爭端中，當 1997 年 4 月越南提出抗議後，中方馬上停
止了動作。一年後，當中國探險船與兩艘武裝漁船駛近南沙群
島的時候，越方表示了抗議，中方撤出了這些船隻，因此沒有
發生事端。此外，當 1997 年末至 1998 年爆發亞洲金融危機
時，中國儘管已具備相當的軍事力量，而東南亞當時經濟和政
治局勢一片混亂，但中方也沒有採取任何大的舉動。[51]

　　1997 年 12 月 16 日在東盟和中國領導人發表的《聯合公
報》中，再一次確認了北京和平解決爭端的政策。發生於 1999
年 3 月至 2000 年 3 月的至少 6 起事件中，中國領導人都重申了
中國對於南沙群島爭端的立場，他們指出「擱置爭議，共同開
發」的原則將有助於維護該區域的和平與穩定，儘管中國在共
同開發方面並沒有任何實際步驟。中國領導人一方面堅持中國
對於南沙群島和周邊海域的主權是無可爭辯的，不過頗為矛盾
的是，中國還希望通過對話和磋商來解決這個問題。儘管中國
對南沙群島的爭端，傾向雙邊談判方式解決，但是 1999 年 11
月 25 日，中國同意與東盟就「行為準則」問題進行多邊協商，
以便緩和南海區域的衝突問題。[52]

---

[51] Chen, "The PRC's South China Sea Policy," pp. 120-1. 陳欣之，〈東協諸國對「中國威脅論」的看法與回應〉，《問題與研究》，第 35 期，第 11 卷（1996 年 11 月），頁 24-9。 "Drawn to the Fray," *Far Eastern Economic Review*, April 3, 1997, pp. 14-6. Flex K. Chang, "Chinese Energy and Asian Security," *Orbis*, vol. 45, no. 2 (Spring 2001), p. 211.

[52] Chen, "The PRC's South China Sea Policy," pp. 121-22. "FM Spokesman Reiterates Stance on Nansha Islands," Xinhua News Agency, March 30,

中國一方面在言辭上希望和平解決衝突，另一方面又於 1988 年[53]武裝介入「赤瓜」島，並在 90 年代對南沙群島進行爬行擴張，對於中方這種言行上的矛盾，Chung Chien-peng、H. Lyman Miller 和 Liu Xiaohong 在他們各自的文章中都予以解釋。他們認為，中國一方面擔心除非它積極地表明其在南沙群島中的存在，否則，中方的要求會邊緣化。1996 年越南控制了南沙群島中 20 個島嶼，菲律賓控制了 8 個，中國控制了 6 個，馬來西亞控制了 3 個，台灣控制了 1 個。2001 年越南對南沙群島的控制數增加到了 27 個。因此，中方矛盾的言行充其量只是對該地區其他國家活躍的主權要求的一種反應。[54]

1999. Anthony Kuhn, "China Says Philippines Ramping Up Spratlys Rift," *Los Angeles Times*, April 1, 1999, p. A13. "Chinese Foreign Ministry Says Nansha Islands Sovereignty Indisputable," Xinhua News Agency, May 20, 1999. "Chinese Defense Minister Reiterates China's Stand on South China Sea Issue," Xinhua News Agency, September 15, 1999. "China Agrees to Negotiate for Spratlys 'Code of Conduct'," Deutsche Presse-Agentur, November 25, 1999, 12:37 Central European Time. Jamie Tarabay, "China Makes Proposal in South China Sea Dispute," Associated Press, November 29, 1999. "China Calls for Ban on Military Exercises in S. China Sea," Japan Economic Newswire, March 15, 2000.

[53] In 1988 Chinese military forces took six Spratly atolls and sank three Vietnamese ships in the process. Several smaller exchanges of fire followed in subsequent years. Chen, "The PRC's South China Sea Policy," pp. 98-103.

[54] Chung, "The Spratlys," pp. 17-36. "AFP: Vietnam Holds Firm in Spratlys Dispute During Chi Haotian Visit," Hong Kong AFP, February 10, 2001, in FBIS-CHI-2001-0210. Miller and Liu, "The Foreign Policy Outlook of China's 'Third Generation' Elite," p. 141. 王鳴鳴，〈亞太地區安全形勢與中國的睦鄰友好戰略〉，滕藤編，《鄧小平理論與世紀之交的

1984 年，鄧小平這樣解釋中國立場：「處理該問題的一種方法是用武力把它（南沙群島）全部（包括被台灣、菲律賓、越南和馬來西亞占領的島嶼）收回，另一種就是把主權問題置於一邊，共同開發……我們中國人代表和平，希望用和平的手段來解決這些爭端。」[55]一位在北京的國際關係資深學者解釋道：「中國從未用武力來奪取南沙群島。中國只是像其他國家一樣，在一些無人居住的淺灘上建造了一些棲息所。目前中國的占領的淺灘數量太少，並且行動上也太遲了。中國不得不尊重現狀，避免使用武力。中國的目標是維護穩定。中國是不會為了一些小的領土爭端，冒險去打破整體的和平環境。中國也不願破壞自己的經濟發展。」[56]

第六節　案例研究：兩岸問題

雖然大部分人認為，由於歷史情感和地緣政治原因，兩岸問題將是中國所有外交政策中的一個例外。但是，以下分析表明，中國在處理這個最敏感的問題時，仍然符合其國家目標，即重點放在經濟發展、國內穩定和培養一個有利於國內發展的國際環境。特別在 1978 年後，中國在對待兩岸問題上表現出了審慎和耐心，並且根據國內外局勢的發展，相應調整對台政策。

中國國際戰略（北京：人民出版社，2001），頁 597。
[55] 鄧小平，《鄧小平文選》（北京：人民出版社，1993），頁 87-8。
[56] 作者對北京一位國際關係資深學者的訪談，2001 年 7 月 17 日。

　　根據史溫（Michael Swaine）的說法，直至 70 年代末至 80
年代初，中國對台政策才出現根本轉變，從以往的對抗轉向通
過協商達成和平統一。他認爲，這些變化源自於其他一些重大
政策的調整，包括中美關係正常化，採取經濟改革與開放政
策。特別是經濟改革和開放政策需要一個和平與穩定的外部環
境，這將有利於經濟增長，它包括與各主要強權以及與亞洲鄰
國和睦相處。[57]在 1978 年至 1995 年的改革期間，儘管中國並沒
有放棄以武力解決兩岸問題，但期間中國並未用武力威脅要求
實現統一。

　　雖然，李登輝總統 1995 年 6 月訪美以及其在 1999 年 7 月發
表的「兩國論」挑起中國對台灣的軍事威脅，但是北京在處理
海峽兩岸關係和中美關係時仍保持克制。例如，儘管中國領導
人在 1995 年 8 月初的北戴河會議上再次確認了美國有可能試圖
利用台灣遏制中國，但是他們還是認識到，北京需要和美國保
持可行的關係。江澤民主席和李鵬總理都認爲中國沒有能力與
西方抗衡，擁護鄧小平長期以來把經濟改革和發展放在中國總
體戰略的重要地位的政策。江主席在八月分和九月分的一系列
會議上，又反覆重申這個主題。[58]

[57] Michael D. Swaine, "Chinese Decision-Making Regarding Taiwan, 1979-
2000," in David M. Lampton (ed.), *The Making of Chinese Foreign and
Security Policy in the Era of Reform* (Stanford, CA: Stanford University
Press, 2001), p. 311.

[58] Suisheng Zhao, "Chinese Nationalism and Beijing's Taiwan Policy: A
China Threat?" *Issues & Studies*, vol. 36, no. 1 (January/February 2000),
p. 94. Swaine, "Chinese Decision-Making Regarding Taiwan, 1979-
2000," p. 324.

　　在 1995－1996 年和 1999－2000 年期間，北京雖然提昇了台海兩岸緊張局勢，但是無論其在言辭上，還是更為嚴肅的軍事上的舉動，都只是為了表明大陸的姿態。儘管大陸在海峽地區部署了有限的軍事設施，但仍表明其並不真正想進攻台灣——大陸聲稱武力集結是為了「懾止」（台灣的獨立）。中國沒有部署足夠的軍備落實軍事入侵台灣。另外，中國分析家甚至也相信，美國領導人（和台灣領導人）通過衛星偵察蒐集到的情報也瞭解到，中國的意圖只限于影響台灣領導人和公眾的心理。[59]

　　1996 年 2 月，美國駐北京大使館得知，北京並不準備進攻台灣。在 2 月和 3 月，中國外交部副部長（後來的駐美大使）李肇星，中國國務院外事辦公室主任劉華秋與美國國務院、國防部門和國家安全委員會的官員舉行了一系列密集會議。在這些會議上，中國官員向美國鄭重保證了軍事和導彈演習在時間、規模和地點的有限性。他們向美國政府明確保證，解放軍不會進攻台灣，同時敦促美國不要插手海峽兩岸爭端。根據美國國防部發言人的說法：中國已在全部的公開和私下的會談中告知美國，它不打算進攻台灣。甚至要將「意外事件」發生的可能性控制在最小程度。解放軍前線司令部嚴令演習部隊避免任何「有害情況出現」。北京的保證確實反映了這個意圖，因為這項保證是在 1996 年 3 月中國多次導彈演習以及美國派遣兩

[59] John W. Garver, *Face Off: China, the United States, and Taiwan's Democratization* (Seattle: University of Washington Press, 1997), p. 104.

艘航空母艦前往台灣海峽附近水域用於威懾中國之前做出的。[60]

　　表面上看，一方面中國需要和平與穩定，而另一方面，北京又發出了武力恫嚇，兩者似乎頗為矛盾。事實上，北京的軍事邊緣政策同時包含了戰爭的博弈和避免戰爭的努力。正如You Ji 所解釋的那樣，北京的邏輯是：「一、如台灣宣布獨立，中國將不得不向台灣開戰；二、軍事威脅會減少台灣宣布獨立的可能性；三、軍事威脅就減少了戰爭可能性。」[61]最終，中國想要避免與台灣發生軍事衝突。

　　雖然北京在整個危機過程中使用了邊緣政策，但到了 1996 年 3 月還是接受了台灣選舉結果的既成事實，並且把重新當選的李登輝稱為「地方」領導人。軍事演習結束後，並沒有暴發戰爭。儘管中國政府在總統選舉前幾個月一直試圖將反台獨的

---

[60] Allen S. Whiting, "China's Use of Force, 1950-96, and Taiwan," *International Security*, vol. 26, no. 2 (Fall 2001), p. 123. Gary Klintworth, "Lessons Learned," in Greg Austin (ed.), *Missile Diplomacy and Taiwan's Future: Innovations in Politics and Military Power* (Canberra, Australia: Australian National University, 1997), p. 253. Robert S. Ross, "The 1995-96 Taiwan Strait Confrontation: Coercion, Credibility, and the Use of Force," *International Security*, vol. 25, no. 2 (Fall 2000), p. 108. Suisheng Zhao, "Military Coercion and Peaceful Offence: Beijing's Strategy of National Reunification with Taiwan," *Pacific Affairs*, vol. 27, no. 4 (1999), p. 511. Swaine, "Chinese Decision-Making Regarding Taiwan, 1979-2000," p. 326. Denny Roy, "Tensions in the Taiwan Strait," *Survival*, vol. 42, no. 1, Spring 2000, p. 80. You Ji, "Changing Leadership Consensus: The Domestic Context of War Games," in Shuisheng Zhao (ed.), *Across the Taiwan Strait: Mainland China, Taiwan, and the 1995-1996 Crisis* (New York: Routledge, 1999), p. 90.

[61] You Ji, "Making Sense of War Games in the Taiwan Strait," *Journal of Contemporary China*, no. 15 (March 1997), p. 300.

矛頭集中指向李登輝，但是表面上看，選舉後，北京的評論主
要指向反對派民進黨候選人彭明敏。由於彭得票比民進黨前幾
次選舉所得的選票明顯減少，北京便宣稱這是促統勢力在台的
勝利。[62]

　　2000 年 2、3 月的大部分時間，中國高層領導都在威脅，如
果民進黨總統候選人陳水扁當選的話，台灣會有麻煩。朱鎔基
總理指出，如果台灣選了支援獨立的領導人，那麼它將不會再
有選擇的機會。但是 3 月 18 日當陳宣布獲勝後，中國政府仍然
聲明：「台灣領導人的選舉及其結果不能改變台灣是中國領土
一部分的事實……我們對台灣新領導人會聽其言，觀其行，對
於他如何引導台海兩岸關係，我們將拭目以待。」[63]直至 2002
年初，北京仍未在官方報紙上公開地譴責台灣總統陳水扁。

　　1995 年 11 月底，由中共中央辦公廳的民意調查顯示，如果
台灣獨立運動不斷發展的話，90%的中國民眾會支援政府對台灣
採取軍事行動。根據中國社會調查事務研究所 2000 年 3 月在北
京、上海和廣州進行的電話民意調查顯示，95%接受察訪者稱：
「如果台獨分子掌權，我們會堅決支援政府對台灣實施武
力。」然而，在這兩起台海危機中，北京並沒有利用中國的民
族主義升高危機，甚至也沒有利用它支援對台動武。相反，北
京表現得頗為謹慎、小心。

　　不過，中國當局也發現，他們往往被自己過激的言辭所束

[62] "PRC: Results of Taiwan Election Reported" (in Chinese), Xinhua Domestic Service, March 23, 1996, in FBIS-CHI-96-058.

[63] Elisabeth Rosenthal, "Decision in Taiwan," *New York Times*, March 19, 2000, p. A18.

縛。當人們得知陳水扁在 2000 年 3 月 18 日贏得總統大選後，在重慶市和武漢市的大街上馬上出現了 5,000 多名中國學生的遊行隊伍，要求政府採取強硬立場。當然，示威早早地被當地警察制止了。政府顯然成功地阻止了上海和北京兩地發起的抗議行爲。當地警察馬上拒絕了兩地學生提出的「反台獨示威遊行」的申請。[64]

爲了降低中國民衆的情緒反應，據說政府發了一則「內部通知」，該通知保證北京有「決心和能力」在某個（雖未闡明）時間段內收復台灣。通知特別敦促包括學生和士兵在內的公衆，不要採取包括示威在內的輕率舉動。通知還說：「我們非常理解公衆對民進黨上台後的憤怒反應。但是，國家必須致力於經濟建設，必須緊密地團結在黨中央周圍。」[65]

儘管北京在對台動武問題上頗爲謹慎，但是 1996 年 3 月中國的導彈和軍事演習還是引起了國際關注。爲了消除國際社會的疑慮，中國軍方高級將領和外交部發言人不斷對外保證，中國對台灣既無侵略意圖也無入侵計畫。中央軍委第一副主席劉華清再次保證說：「中國不會侵略任何國家也不會參與軍備競賽。」總參謀部部長傅全友將軍也說：「中國不僅需要一個穩定的國內政治和社會環境，也需要一個和平的國際環境，特別是一個穩定的周邊環境。」另外，中國外交部發言人還指出：

---

[64] 林則宏、李道成，〈兩岸發生任何狀況，台商權益不受影響〉，《工商時報》，2000 年 3 月 20 日，版 4。Henry Chu and Jim Mann, "Chen Says Preserving Peace Is Top Priority," *Los Angeles Times*, March 21, 2000, p. A12.

[65] Willy Wo-lap Lam, "Beijing 'Has Timetable for Unity," *South China Morning Post*, March 22, 2000, p. 1.

「中國從未試圖用戰爭方式破壞地區經濟發展。」在導彈危機過後的一段時間內,即 1996 年 3 月至 1997 年中期,中國軍方和文職領導人出訪了亞洲與歐洲的一些城市,再次向全世界表明,中國仍致力於以和平方式解決兩岸問題,絕不會威脅亞洲的和平、穩定和發展。[66]

另外,1995－1996 年和 1999－2000 年兩起台海危機發生的過程中,北京再三向在中國的台灣投資者鄭重保證,中國會保護他們的合法權益。中國領導人還不斷向台灣投資者保證,台灣海峽不會有戰事。這些保證都反應了中國的國家目標,關於這一點將在第十章中作進一步討論。

結論

自 1978 年以來,中國首要的目標就是推行改革與開放政策,強調國內穩定和一個有利的國際環境,以此發展自身經濟。國內穩定非常重要,它不僅有利於中國的經濟發展,也有利於吸引外資。另外,一個和平與穩定的國際環境對於發展經濟、吸引國外投資和推動國際貿易來說都是必要條件。此外,中國爲了吸引國外投資者,同時保持一個和平與穩定的國際政治和經濟環境,也需要在國際體系中表現出審慎與願意合作的態度。

---

[66] Tan Tarn How, "No Invasion Plans, Say China's Top Generals," *Strait Times* (Singapore), March 15, 1996, p. 1. Swaine, "Chinese Decision-Making Regarding Taiwan, 1979-2000," p. 328.

　　本章的三個案例已經非常明顯地證實了中國上述的國家目標。在每個案例中，中國都試圖把民族主義情緒對其整體的經濟發展與國內穩定的影響降到最低程度。此外，北京在其主權要求上採取了低姿態，並且避免把包括台灣在內的領土爭端問題上升至直接的軍事衝突。甚至在處理與日本和菲律賓的領土爭端時，兩國採取了在中國人看來是侵略性的舉動，並且激發了中國民眾的民族主義情緒，但北京最多只是譴責，並且只運用了有限的武力威脅表明姿態。

　　北京不僅沒有煽動公眾的民族主義情緒，反而盡力控制人們的過激反應。在釣魚島事件和兩岸問題上，北京禁止人們示威抗議。在南海島嶼爭端中，北京採取的行動與菲律賓和越南相比，主要是防禦性的。當菲律賓人和越南人在美濟礁上摧毀中國人的建築，並且拆除了置於許多環礁上的中國標誌時，北京沒有對他們採取任何具體的反擊行動。另外，當菲律賓人在雙方有爭議的島嶼附近逮捕中國數百漁民的時候，中國還是克制住自己，沒有根據自己的法律禁止外國軍艦和漁船未經批准地通過南沙群島。北京不斷強調通過擱置主權爭議、聯合開發、不採取武力和武力威脅的方式保持該地區和平與穩定的重要性。

　　一位北京的美國問題資深學者這樣解釋中國立場道：「中國外交政策的根本目標是維持長期發展和平和穩定的國際環境。中國不僅需要一個有利發展的國際環境，也要求不干擾經濟發展事業。因此中國不想與其他國家對抗。例如，在釣魚島事件中，中國表現得極其克制。另外，北京也不允許學生對南

海事件或中印邊界事件進行抗議示威。」[67]另一位在北京的美國
問題資深學者強調指出：「經濟發展是中國外交政策的核心。
中國所有外交政策都遵循和平與發展的路線。」[68]一位在北京的
國際關係資深學者也持相同觀點，他指出：「中國大陸在考慮
其外交政策的時候，首要考慮的是經濟發展和現代化問題。」[69]

　　關於北京措辭強烈與行動審慎之間強烈反差的現象，一位
北京的台灣問題資深學者坦言道：「中國最關心的是經濟。政
治掛帥只是幌子。北京需要考慮人民的生活水平和福利。這是
公眾與精英之間一個主要的共識。北京應該能對美國、日本和
台灣採取更強硬一點的態度，但是北京顧慮經濟利益受損。北
京在考慮是否對台動武時，仍把經濟放在第一位。」[70]

　　中國國家總體目標為以下各章節對大陸對台政策的討論，
提供了一個全景和價值判斷體系。特別是雙層博弈[71]的分析有助
於瞭解中國對外政策以及對台政策決策及相關的複雜考量。第
四章所論及的經濟制裁啓用理論也建議以雙層博弈框架分析中
國的經濟槓桿。第七章至第十章將進一步利用該分析框架來分
析台海兩岸經濟關係中，中國是如何考量內外利益和因素。

---

[67] 作者對北京一位美國研究資深學者的訪談，2001 年 7 月 30 日。

[68] 作者對北京一位美國研究學者的訪談，2001 年 7 月 12 日。

[69] 作者對北京一位國際關係資深學者的訪談，2001 年 7 月 16 日。

[70] 作者對北京一位台灣研究資深學者的訪談，2001 年 7 月 29 日。

[71] Putnam, "Diplomacy and Domestic Politics," pp. 431-468.

第七章

警示與遏制的效力

第一節　1995－1996 年台海事件

　　1995 年 5 月 22 日，美國白宮爲台灣總統李登輝發放簽證，准許他訪美參加母校康乃爾大學的校友會。李總統 1968 年由康乃爾大學獲得博士學位。就在簽證發放的第二天，中國外交部發表聲明，指責這是一個極端嚴重的舉動，美國在公開製造「兩個中國」和「一中一台」，完全違背了中美三個聯合公報中所體現的基本原則。聲明還指出，這是李登輝製造「一中一台」的最後一步。[1]

　　6 月 16 日，當李登輝由美國返回台灣的時候，中國國務院台灣事務辦公室（國台辦）宣布暫停第二輪「辜汪會談」，中國召回駐美大使李道豫。另外，新華社 6 月 17 日發表評論，批評美國自 1994 年以來一直調整對台政策，並最終發展到允許李登輝訪美這樣嚴重的程度。評論認爲，「李登輝的言行已經再清楚不過地向世界暴露了他製造『兩個中國』或『一中一台』的企圖。」[2]1996 年年初，中國總理李鵬指出，台灣當局的根本目的是要把台灣從中國分裂出去，實現「台獨」。[3]

　　爲回應李登輝總統訪美，北京從 1995 年 7 月到 1996 年 3 月

---

[1] "Chinese FM Statement on U.S. Allowing Lee Teng-hui's Visit," Xinhua News Agency, May 23, 1995.

[2] "USA; Commentary on Sino-US Relations Denounces US 'Perfidy'" (in Chinese), New China News Agency Domestic Service, June 17, 1995, in BBC Summary of World Broadcasts, June 19, 1995, FE/2333/G.

[3] "Text of Li Peng's speech on reunification of motherland" (in Chinese), Beijing Xinhua Domestic Service, January 30, 1996, in FBIS-CHI-96-021.

發動了六輪針對台灣的軍事演習。自 1995 年 7 月 21－26 日開始，中國人民解放軍在台灣附近水域發動了一系列導彈試驗和海空軍事演習。解放軍在距離台灣大約 185 公里的地方發射了六枚地對地導彈。8 月 15－25 日，解放軍進行了第二輪軍事演習，在台灣以北大約 136 公里的海域發射了制導導彈、大炮，並進行了其他軍事試驗。11 月底，解放軍發動了艦隊和坦克在戰機和軍艦掩護下進行灘頭登陸的演習。

1996 年 3 月 8－18 日，解放軍針對設在台灣兩個最大港口城市海岸線外的目標進行地對地導彈試驗。解放軍共發射了三枚導彈，打擊目標就在世界第三大集裝箱口岸高雄港的外邊，距台灣第二繁忙海港基隆僅有 20 海浬。3 月 12－20 日，解放軍在台灣附近水域進行了海空實彈演習。3 月 18－25 日，解放軍在平潭島附近舉行了陸海空聯合軍事演習，該島離台灣實際控制的島嶼不足 10 海浬。

北京旨在通過這些行動向台灣和美國發出不滿的警示，並顯示遏制台北和華盛頓進一步支援「台獨」的決心。北京選擇軍事演習和導彈試驗，加上言辭威脅，作爲傳達其決心與意志的手段。例如，在 1995 年 7 月底第一輪軍事演習和導彈試驗之後，北京新華社就說：「如果有人膽敢把台灣從中國的領土中分離出去，中國人民將不惜鮮血和生命捍衛國家的主權與領土完整。」[4]

因此，中國的文職和軍方領導人一再重申，特別是在台灣 1995 年 12 月立法院選舉和 1996 年 3 月總統選舉之前強調：

---

[4] Zhao, "Military Coercion and Peaceful Offence," p. 497.

「對於國家每一寸領土的分割,中國人民解放軍都不會坐視不管」,軍事演習顯示了中國「捍衛主權和領土完整的決心和能力」。此外,北京想「讓美國明白中美關係的重要性,提醒美國選擇正確的道路」,並阻止美國干涉中國內政或企圖推動「台獨」。[5]

北京還試圖迫使台灣改變政策。例如,1995 年 9 月 1 日,中國國防部長遲浩田警告說:「如果台灣當局頑固地堅持走分裂中國的道路,中國政府絕不會袖手旁觀。」[6]從 1 月底到 2 月,解放軍在台灣海峽正對面的福建共集結了 15 萬軍隊。北京認為,「台灣當局最緊要的事情是放棄試圖製造『兩個中國』或『一中一台』的努力,並放棄其分裂主義政策。」[7]

不僅如此,北京還想影響 1995 年 12 月台灣的立法院選舉,並通過破壞李登輝總統的地位影響 1996 年 3 月的總統選舉。譬如,1995 年 8 月,中國媒體大約發表了 400 多篇文章指名道姓地攻擊李總統。[8]

1996 年 3 月 7 日,解放軍向台灣鄰近水域發射了 3 枚 M—

[5] "Taiwan; PLA Chief Zhang Wannian Says Army Will Not 'Sit Idly' on Sovereignty Issue," Xinhua News Agency, August 24, 1995, in BBC Summary of World Broadcasts, August 25, 1995, FE/D2391/G. "China Defends Intimidatory Military Exercise," Agence France Presse, November 28, 1995. "PRC: Editorial on Jiang's speech on Taiwan Issue" (in Chinese), Xinhua Hong Kong Service, January 30, 1996, in FBIS-CHI-96-021.

[6] "Chinese Defense Minister on Taiwan Issue," Xinhua News Agency, September 1, 1995.

[7] Steven Mufson, "China Masses Troops on Coast Near Taiwan," *Washington Post*, February 1, 1996, p. A16.

[8] Whiting, "China's Use of Force, 1950-96, and Taiwan," p. 121.

199 導彈。同一天，國防部長遲浩田說：「我們有這麼多軍隊駐紮在福建是因爲我們正面臨著非常嚴峻的形勢，李登輝及其政黨正在妄圖分裂中國。」[9]3 月 9 日，《人民日報》和《解放軍報》發表聯合社論聲稱，「台灣海峽出現的緊張局勢，完全是由李登輝鼓吹『台獨』、大搞『兩個中國』和『一中一台』的倒行逆施造成的。真正的危險是聽任李登輝繼續搞『台獨』，破壞祖國的統一。這將給 2 千 1 百萬台灣同胞帶來沉重的災難。」[10]

第二節　1999－2000 年台海事件

1999 年 7 月 9 日，李登輝總統在接受「德國之音」採訪時指出，中華人民共和國與中華民國在台灣的關係是一種「國家與國家，至少是特殊的國與國的關係」（兩國論）。7 月 15 日，陸委會主委蘇起對此解釋說，李總統的意思是要揭穿北京關於「一個中國」的神話。[11]

李登輝總統的「兩國論」再次激起了中國的嚴厲批判。7 月 11 日，中國國台辦發言人指出，「李登輝厚顏無恥地將兩岸關係歪曲爲『國與國關係』的事實，再一次暴露了他分裂中國領

---

[9] Ross, "The 1995-96 Taiwan Strait Confrontation," p. 107.

[10] Editorial Departments of *Renmin Ribao* and *Jiefangjun Bao*, "Li Denghui Practicing Taiwan Independence Is the Biggest Danger for Taiwan" (in Chinese), Xinhua Domestic Service, March 10, 1996, in FBIS-96-048.

[11] Wendy Chung, "Su Chi Says Taiwan Seeks to Build Democratic 'New China'," Taiwan Central News Agency, July 15, 1999, in FBIS-CHI-1999-0715.

土完整和主權的一貫險惡用心。他的話表明他和『台獨』分裂勢力串通一氣,在分裂祖國的道路上越走越遠。」[12]

7 月 14 日,《人民日報》評論員文章嚴厲指出,李登輝的分裂主義言論「將他們一貫蓄意分裂中國領土和主權……的意圖暴露無遺。」[13]7 月 19 日的《人民日報》評論員文章強調,李登輝「兩國論」的政治實質同「台獨」別無二致。[14]

作爲對李登輝總統「兩國論」的回應,北京取消了原計畫汪道涵對台灣的訪問。同時,中國各級官員給人的印象是,中國正在考慮對台灣採取某種形式的軍事行動。根據台灣陸委會的統計資料,1999 年 7 月到 8 月,香港媒體發表了 124 條關於台灣海峽危機的頭條新聞。由於台灣在 9 月 21 日發生了大地震,中國通過減少解放軍和其他渠道的威脅而暫時舒緩了台灣海峽的緊張氣氛。然而,10 月以後,關於兩岸關係緊張的報導又開始增加起來。到了 11 月,有 43 條關於台海危機的頭條新聞出現在香港媒體上。從 1999 年 7 月 11 日到 2000 年 2 月 18 日,有 179 篇報導和評論談及中國針對台灣的可能軍事行動。[15]

這些報導和評論不一定全出自中國當局的操縱,但是由於

---

[12] "CPC Taiwan Affairs Spokesman Criticizes Li's Remarks" (in Chinese), Beijing Xinhua Domestic Service, July 11, 1999, in FBIS-CHI-1999-0711.

[13] Renmin Ribao Commentator, "Undermining the One China Principle Is the Crucial Issue" (in Chinese), Beijing Xinhua Domestic Service, July 13, 1999, in FBIS-CHI-1999-0713.

[14] 郭泰文,〈分裂鬧劇背後〉,《人民日報》(海外版),1999 年 7 月 19 日,版 1。

[15] 蔡禎昌,〈中共在台海心戰的特色〉,台灣陸委會,大陸工作簡報,2000 年 3 月 9 日,http://www.mac.gov.tw/mlpolicy/mwreport/8903/1-3.htm, accessed June 20, 2002.

中國的軍事演習和部署，數量如此巨大的報導和評論實際上變成了中國對台灣實施遏制的一部分。7 月 15 日，中國公開承認，中國擁有建立中子彈的技術，還有最先進的微型彈頭 W-88，這一點國際安全專家多年前早已知曉。7 月 17－18 日，中國在台灣對面的沿海一帶舉行了「戰時動員訓練」。中國和台灣的戰鬥機在 7 月中旬和 8 月上旬沿著台灣海峽的中心線飛行數百架次，在這條中心線上兩岸預留了較寬的分界水區。8 月 2 日，中國試射東風 31 型（DF-31）導彈。該導彈射程達 5,000 公里，並可攜帶微型核彈頭。11 月 23 日，中國媒體報導，10 月中旬在台灣對面建立的導彈基地開始重新擴建，在這個導彈基地，將部署近 100 個北京最新式的短程導彈（CSS-7 或 M-11）系統。從 1999 年 10 月到 2000 年 2 月，中國共進行了 5 次大規模的軍事演習。另外，就在這段時間，美國試圖向中國保證，美國不接受李登輝的「兩國論」。

恰如 1995－1996 年的危機一樣，北京嘗試著發出反對台灣政策的警示，遏制台北對「台獨」的進一步支援行動，並脅迫台北改變政策，使 2000 年 3 月台灣的總統選舉向有利於北京的方向發展。1999 年 7 月 15 日，《解放軍報》評論員文章警告說：「我們絕不坐視任何一寸領土從祖國的版圖上分裂出去。……中國人民解放軍有堅強的決心和足夠的實力，保衛國家的主權和領土完整，維護祖國的統一。」[16]

---

[16] A *Jiefangjun Bao* commentator, "Li Denghui, Don't Play with Fire Again!" (in Chinese), Beijing Xinhua Domestic Service, July 14, 1999, in FBIS-CHI-1999-0714..

　　另外，2000 年 2 月 21 日中國發表台灣議題的「白皮書」，明確提出了對台灣使用武力的三個前提條件：一、如果出現台灣被以任何名義從中國分割出去的重大事變；二、如果出現外國侵占台灣；三、如果台灣當局無限期地拒絕通過談判和平解決兩岸統一問題。[17]第三個條件反映了一種全新的、明確的、正式的威脅，並向台北施加了相當大的心理壓力。

　　3 月 5 日，台灣總統大選的兩周前，朱鎔基總理重申了中國的威脅。他警告說：「我們對任何損害中國主權和領土完整，推行『兩國論』和『台灣獨立』等嚴重分裂活動，絕不會坐視不管。」[18]另外，中央軍委副主席張萬年重申北京使用武力的三個條件，並且警告說：「中國人民解放軍完全有決心、有信心、有能力、有辦法維護國家主權與領土完整，絕不容忍、絕不坐視任何分離祖國的圖謀得逞。……『台獨』就意味戰爭，分裂就沒有和平。」[19]

　　2 月 25 日，國台辦發言人張銘清暗示性地警告，如果陳水扁當選總統，那麼台灣和中國之間將會有一場戰爭。[20]3 月 14 日，台灣大選前 4 天，中國外交部發言人孫玉璽明確警告，如果中國不喜歡台灣總統選舉的結果，即如果陳水扁當選總統，

---

[17] "One China Principle & Taiwan Issue (Excerpts)" (in Chinese), Beijing Xinhua Domestic Service, February 21, 2000, in FBIS-CHI-2000-0221.

[18] "Zhu Rongji: China Will Not Tolerate 'Separatist' Activity," Beijing Xinhua, March 5, 2000, in FBIS-CHI-2000-0305.

[19] Yuwen Luo, "Zhang Wannian Discusses Taiwan Issue with NPC Delegates" (in Chinese), Beijing Xinhua Domestic Service, March 5, 2000, in FBIS-CHI-2000-0305.

[20] 王銘義，〈大陸國台辦：白皮書不存在最後通牒問題〉，《中國時報》，2000 年 2 月 26 日。

那麼中國將採取堅決行動。[21]3 月 15 日，朱鎔基總理在一說次記者招待會上說：「中國人民一定會以鮮血和生命來捍衛祖國的統一、民族的尊嚴。……現在，台灣人民面臨著緊急的歷史時刻，何去何從，切莫一時衝動，以後後悔莫及。……還有三天，世事難測，台灣同胞，你們要警惕啊！」[22]

第三節　中國關於警示和遏制的思考

從以上的討論中可以看出，北京通過 1995－1996 年台海事件和 1999－2000 年事件要達到的共同目標主要有四個：一、傳達對台灣政策不滿的警示；二、迫使台灣領導人重新接受「一個中國」原則、或放棄進一步「台獨」活動，亦即台灣的彈性外交；三、遏制台灣領導人使其不要正式宣布台灣獨立；四、勸阻台灣選民不要投票給支援獨立的候選人，即李登輝、彭明敏和陳水扁。此外，北京還試圖通過 1995－1996 年危機促使美國堅持更公開、更堅決的反「台獨」立場。[23]

中國軍事威脅是威壓和遏制外交的典範。威壓外交是指發起方採用威脅手段敦促目標方停止或徹底改變一種行為。遏制外交是指發起方對目標方施加威脅勸阻其不要採取相信於發起方有害的行為。軍事力量通過示範的方式使用可以幫助使用者

[21] "AFP: PRC FM Spokesman Warns Taiwan on Election Result," Hong Kong AFP, March 14, 2000, in FBIS-CHI-2000-0314.

[22] 〈朱鎔基總理會見中外記者回答記者提問〉，《人民日報》（海外版），2000 年 3 月 16 日，版 1。

[23] Ross, "The 1995-96 Taiwan Strait Confrontation," pp. 89-110.

「展示一旦需要就將升級爲高水準軍事行爲的決心與意志」。[24]
威壓和遏制戰略通過軍事邊緣政策充分利用了台灣對戰爭的恐懼。爲了使這個戰略更加有效，北京故意在導彈試驗宣布前後製造一種解放軍正準備軍事調遣的秘密氛圍。同時，新聞媒體也被動員起來，發動對「台獨」的攻擊，並突出北京制止「台獨」發展的決心。[25]約翰・嘎沃爾（John Garver）指出，「北京希望在（台灣）人民心目中營造一種緊張和恐懼感。戰爭及其一切苦難就在眼前！無論代價多高，中國共產黨人都決心並準備發動攻擊！」[26]

　　雖然中國的官方報紙認爲「兩國論」的政治實質就是台灣獨立，但北京從來沒有在 1995－1996 年和 1999－2000 年台海事件中認真地考慮過使用武力，更毫無任何真正的開戰準備。這一點在第六章台灣問題部分已經有過討論。一位國台辦的官員指出，1995－1996 年和 1999－2000 年軍事演習的真實目的只是威脅台灣。[27]上海一位從事美國研究的資深學者認爲，「1995－1996 年的軍事演習主要是爲了迫使、威脅和遏制台灣不要宣布獨立。中國從未想過真的動武。」[28]北京一位從事美國研究的資深學者強調，「在 1995－1996 年間，懲罰台灣是中國的本能反應。另外，中國也希望提醒美國及其他西方國家不要支援台

---

[24] Alexander George, "Introduction: The Limit of Coercive Diplomacy," in Alexander L. George and William E. Simons (eds.), *The Limits of Coercive Diplomacy* (Boulder, Colo: Westview Press, 1994), p. 7.

[25] Zhao, "Military Coercion and Peaceful Offence," pp. 497-498.

[26] Garver, *Face off*, p. 118.

[27] 作者對國台辦一位官員的訪談，2001 年 8 月 1 日。

[28] 作者對上海一位美國研究資深學者的訪談，2001 年 7 月 2 日。

灣獨立。當時，中國攻打台灣是絕對不可能的。中國甚至沒有
這樣想過，因爲根本就沒有軍事準備。中國想做的只是嚇唬台
灣。」[29]許多其他知名的中國學者也表達了同樣的看法。[30]

不僅如此，中國領導人「的確沒有想要和台灣打仗」，[31]他
們「希望避免對抗，而且非常克制」，[32]因爲「中國的主要優先
考慮還是經濟發展」。[33]上海的一位國際關係學者這樣解釋，
「在 1995－1996 年事件中，『有人』保證（中國）軍事演習不
會發生任何意外，因爲所有的炮彈都是過時的。軍方只想銷毀
它們，所以才開始走強硬路線。」[34]

實際上，北京從來沒有評估過通過軍事威脅或者經濟制裁
進行警示和遏制在這兩次事件中的比較效果。一位國台辦高級
官員說：「在 1995－1996 年，沒有人提過經濟制裁。如果台灣
宣布獨立，中國將直接攻打台灣，因此根本不需要經濟制
裁。」[35]北京的一位台灣問題研究資深學者講得很清楚，「在

---

[29] 作者對北京一位美國研究學者的訪談，2001 年 7 月 12 日。

[30] 作者對上海一位台灣研究資深學者的訪談，2001 年 6 月 15 日。作者
　　對上海一位國際關係資深學者的訪談，2001 年 6 月 18 日。作者對上
　　海一位國際關係資深學者的訪談，2001 年 6 月 25 日。作者對上海一
　　位台灣研究資深學者的訪談，2001 年 7 月 3 日。作者對北京一位美
　　國研究資深學者的訪談，2001 年 7 月 12 日。作者對北京一位台灣研
　　究資深學者的訪談，2001 年 7 月 13 日。作者對北京一位台灣研究資
　　深學者的訪談，2001 年 7 月 29 日。

[31] 作者與中國軍事科學院的一位資深學者的對話，2001 年 8 月 8 日。

[32] 作者對上海一位台灣研究資深學者的訪談，2001 年 7 月 3 日。

[33] 作者對上海一位台灣研究資深學者的訪談，2001 年 6 月 15 日。作者
　　對北京一位台灣研究資深學者的訪談，2001 年 7 月 13 日。

[34] 作者對上海一位國際關係學者的訪談，2001 年 6 月 15 日。

[35] 作者對國台辦一位資深官員的訪談，2001 年 8 月 9 日。

1995－1996 年，沒有人準備對台灣實施經濟制裁，因爲制裁傷害的是台資企業、台灣人民，還有中國自己，而不是『台獨』的支持者。」[36]北京另一位台灣研究學者強調，「中國甚至沒有考慮把經濟制裁作爲一種警告。軍事演習的目標是『台獨』，商人是無辜的。商業就是商業，而且兩岸的商業是互補的。因此沒有必要去懲罰台資企業。」[37]

北京最關心的可能是軍事威脅和經濟制裁之間可能使中國蒙受損失的比較成本。在兩次事件中，軍事威脅的確傷害了台資企業和台灣人民，而不是台灣當局。經濟制裁會有同樣的效果，但是會更嚴重些。軍事威脅和經濟制裁之間的明顯不同在於，軍事威脅需要中國付出的代價要小於經濟制裁。這可能恰恰是北京在兩次事件中對台灣採取軍事威脅而不是經濟制裁的原因所在。

總之，由於跡象不足，很難說明軍事威脅和經濟制裁作爲中國政府警示和遏制的工具究竟哪個更好。原因在於，北京從來沒有真的要對台灣動武，北京也從來沒有真的想對台灣進行經濟制裁。1995－1996 年和 1999－2000 年台海事件表明，北京的注意力在於經濟發展，根本無意與台灣開戰。在兩次事件中，中國都想儘量減少給台資企業和中國經濟發展造成破壞。這一點還可以強化第九章中的論證，即北京非常關注國內穩定。

---

[36] 作者對北京一位台灣研究資深學者的訪談，2001 年 8 月 3 日。
[37] 作者對北京一位台灣研究學者的訪談，2001 年 7 月 30 日。

第八章

評估經濟制裁代價

　　假如雙邊經濟交流在全球化背景下遭到中斷，這無異於相互確保毀滅。你不可能在傷害對方的同時不傷害自己。

　　——安德魯・葛盧武（Andrew S. Grove），英特爾公司總裁，

2001 年 5 月[1]

第一節　直接代價的評估

一、中國對台灣的全面經濟制裁

　　對於中國來說，由於投資與貿易之間的聯繫，內部與外部之間的紐帶（參見第二章），對台灣實施禁運或抵制台製商品，與凍結或沒收台灣在中國的投資沒有本質上的區別。由於兩岸之間的貿易主要受台灣對大陸的投資所驅動，因此，任何對台資企業生產的影響都會對兩岸貿易造成嚴重破壞。同樣，任何對台灣與中國之間貿易的干擾也會給台資企業的生產帶來強烈影響。所以，在這裡區分經濟制裁的不同要素是不切實際的。儘管兩岸貿易和投資的全面中斷可能是最糟糕的一種情形，但是，它卻是一種可能的情形，因為兩岸貿易和投資之間存在著連鎖反應關係。倘若北京試圖對台北使用經濟制裁中的任何一個方面，都將有可能導致兩岸經濟活動的全面中斷。

　　正如第三章討論，中國對台灣實施單邊經濟制裁的短期乘數對於台灣和中國雙方來說可能最多只有 0.2。從長遠效果的角

---

[1] Mark Landler, "These Days 'Made in Taiwan' Often Means 'Made in China'," *New York Times*, May 29, 2001, P. A1.

度來看，這個乘數對於台灣和中國而言可能介於 0.05 和 0.1 之間。然而，鑑於台灣、中國和其他國之間的全球商品鏈，台灣可能對中國經濟制裁採取的報復，本研究使用台灣和中國多邊短期和長期乘數，大致是 0.14 到 0.35。如果中國對台灣實施經濟制裁，那麼這是最可能的情形。不過，該情形沒有涵蓋總體全球互賴的作用和其他國可能性報復對中國經濟的影響。這將在下一部分進行討論。

1995 年台灣和中國的貿易爲 225 億美元，1999 年爲 258 億美元。經過乘數（0.14－0.35）計算，如果 1995 年中國實施經濟制裁，那麼不論從短期還是從長期來看，將使台灣和中國每年減少 32 億到 79 億美元的福利。如果 1999 年中國進行制裁，那麼在短期和長期內將使台灣和中國每年減少 36 億到 90 億美元的福利。

但是，由於台資企業對中國經濟發展貢獻卓著，打亂台資企業在中國的生產將進一步提高中國的制裁代價。我們在第二章已經提到，1995 年台商對大陸的投資爲 32 億美元，占中國總資本構成的 1.1%；台商僱用 390 萬中國工人，雇工占中國城市勞力的 2%；台商生產產值達 336 億美元，占中國總工業產值的 3.1%；台商出口超過 214 億美元，占中國總出口的 14.4%。此外，1994 年台資企業上繳稅款達 34 億元人民幣，占中央政府稅收的 1%。

1999 年，台商對大陸的投資爲 26 億美元，占中國總資本構成的 0.7%；台商僱用 820 萬中國工人，雇工占中國城市勞力的 3.9%；台商生產產值達 702 億美元，占中國總工業產值的

4.6%；台商出口超過 447 億美元，占中國總出口的 22.9%；台
資企業上繳稅款達 98 億元人民幣，占中央政府稅收的 1.7%。

　　假定台資企業的附加價值是產值的 26%[2]，那麼台資企業的
附加價值在 1995 年和 1999 年分別爲 87 億美元和 183 億美元左
右。這樣，中國經濟制裁造成的短期和長期直接損失，1995 年
大約爲 110 億美元到 157 億美元，1999 年大約爲 219 億美元到
273 億美元。中國的代價可能是台灣代價的 2 到 6 倍。因此，即
使在這兩種情形中，中國的國民生產總值差不多是台灣的 3
倍，中國國民生產總值的直接損失比例也不會少於台灣的可能
代價（見表 8-1）。

表 8-1 中國經濟制裁的直接代價：1995 年和 1999 年

單位：億美元

	1995 年		1999 年	
	台灣	中國	台灣	中國
貿易損失	32-79	32-79	36-90	36-90
投資損失	0	78	0	183
總損失	32-79	110-157	36－1990	219-273
國民生產總值	2,574	7,046	2,959	9,893
損失／民生產總值	1.2%-3.1%	1.7%-2.4%	1.2%-3.1%	2.2%-2.8%

註：投資損失是指因台灣對中國投資帶來的經濟福利的直接損失。台灣並沒有因台商
在中國投資而直接遭受損失，受損失的是台資企業。但是，表 8-1 低估了中國對
台灣進行經濟制裁可能給台灣帶來的損失。例如，台資企業推動台灣對中國的出
口，增加從中國到台灣的收入匯款，並擴展和深化台灣業的規模與分工。另外，
表 8-1 也低估了中國的損失，因為該表關注的焦點只是台資企業的附加價值。例
如，台資企業對中國提高生產技術、管理技術，以及與資源分配和競爭相伴隨的
效率等作出了巨大的貢獻。

---

[2] In 1999, gross industrial output value for enterprises funded by Hong
Kong, Macao, and Taiwan, was RMB 899.4 billion and value added of
these enterprises was RMB 233 billion, rending the ratio of value-added to
output 26 percent.

　　不僅如此，1995 年中國的城市失業率將因經濟制裁而上升 2 個百分點，中央政府稅收下跌 1 個百分點。1999 年城市失業率上升和中央政府稅收下跌則分別爲 3.9 個百分點和 1.7 個百分點。中國還將因此失去大量來自台灣（和其他國）的國外直接投資，因爲台灣投資者（和外國投資者）會對中國的政策喪失信心。很明顯，如果中國在 1995 年 1999 年中斷兩岸經濟關係，那麼中國國民生產總值的全部損失不會少於台灣需要付出的代價。這是 1995 年和 1999 年中國沒有對台灣實施經濟制裁的很重要的一個理由。

　　研究經濟制裁的文獻顯示，在 114 個案例中，經濟制裁發起方付出的代價高於目標方的案例只有 1 個。在所有其他制裁中，目標方的代價全部高於或等於發起方。換言之，決策者的誤判和誤算不會對有關實施制裁的決策產生決定性的作用。因此，中國只有經過對雙方代價進行審慎和徹底的計算，確定制裁對台灣的破壞大於對中國的破壞時，或台灣的代價明顯高於中國，才會對台灣實施經濟制裁。

　　但是實際上，沒有任何一位中國學者或官員就對台制裁的直接代價進行過全面評估，因爲中國根本就沒打算實施經濟制裁。[3]總體而言，中國官員和學者認爲，對台經濟制裁給中國帶來的直接損失要少於對台灣的損失。也就是說，中國人認爲台灣對中國的依賴要大於中國對台灣的依賴。例如，2001 年 10 月 15 日，朱鎔基總理對一個台資企業代表團說：「大陸（比台灣

---

[3] 作者對北京一位資深經濟學者的訪談，2001 年 8 月 7 日。作者對廈門一位台灣研究經濟學者的訪談，2001 年 6 月 7 日。

從兩岸經濟中）受益要少，因爲大陸和台灣存在 200 億美元的
貿易逆差。要是台灣和大陸沒有貿易順差，那台灣的貿易逆差
可能要超過 100 億美元。」[4]一位上海鄰近城市的台辦高級官員
補充說：「兩岸經濟交流的中斷對台灣的影響比對大陸的影響
大。」[5]上海一位國際關係資深學者強調：「兩岸經濟交流中斷
對兩岸的破壞是不對稱的。對台灣的破壞要大於對大陸的破
壞。」[6]許多著名的中國學者對於直接代價問題看法基本一致。[7]

　　既然中國有極強的動機要威壓或遏制台灣，而且認爲台灣
更依賴中國，那麼爲什麼中國領導人沒有在 1995－2000 年間對
台灣實行經濟制裁呢？很多中國學者和官員強調，海峽兩岸深
深地相互依賴，任何對兩岸經濟交流的破壞都會對中國經濟造
成嚴重影響。北京一位國際關係資深學者指出，「即便台灣更
依賴大陸，大陸也不會中斷兩岸經濟交流，因爲海峽兩岸是相
互依賴的。台灣的產品與投資對於大陸的工業生產和經濟發展
至關重要。」[8]北京另一位國際關係資深學者解釋說：「從可持
續發展的意義來看，大陸如果對台灣進行制裁會比台灣好過。

---

[4] 徐秀美，〈朱鎔基：兩岸經貿交流，大陸比較輸〉，《工商時報》，
2001 年 10 月 17 日。國台辦一位前局長表達一樣的看法。作者對國
台辦一位前局長的訪談，2001 年 7 月 16 日。

[5] 作者對上海附近城鎮一位台辦資深官員的訪談，2001 年 7 月 5 日。

[6] 作者對上海一位國際關係資深學者的訪談，2001 年 6 月 18 日。

[7] 作者對上海一位台灣研究資深學者的訪談，2001 年 6 月 26 日。作者
對北京一位美國研究資深學者的訪談，2001 年 8 月 10 日。作者對北
京一位國際關係資深學者的訪談，2001 年 7 月 9 日。作者對北京一位
資深經濟學者的訪談，2001 年 8 月 7 日。作者對北京一位國際關係資
深學者的訪談，2001 年 7 月 11 日。作者對廈門一位台灣研究經濟學
者的訪談，2001 年 6 月 7 日。

[8] 作者對北京一位國際關係資深學者的訪談，2001 年 7 月 11 日。

但是，中國也要付出不小，甚至極高的代價。在 1995－1996
年，中國沒有決定對台灣實施經濟制裁就是因為代價太高
了。」[9]

非常明顯，經濟制裁將會嚴重損害中國利益是中國官員和
學者中的另一個共識。[10]中國許多學者把中國對台經濟制裁的性
質比作一把雙刃劍，認為它可能對雙方造成同樣嚴重的傷害。
這種看法意味著中國不僅非常關注經濟制裁的相對代價，而且
還非常關注經濟制裁的絕對代價。[11]

例如，儘管中國的資本市場是封閉的，兩岸關係緊張對中
國的股市還是會帶來巨大的影響，正如我們在第二章已經討論
過的，它反映了台灣和中國之間的緊密互賴。在北京訪問時，
探訪到台灣研究資深學者、國際關係研究資深學者和台灣研究

---

[9] 作者對北京一位國際關係資深學者的訪談，2001 年 7 月 9 日。

[10] 作者對上海台辦一位資深官員的訪談，2001 年 6 月 19 日。作者對國
台辦一位資深官員的訪談，2001 年 8 月 9 日。作者對北京一位國際
關係資深學者的訪談，2001 年 7 月 12 日。作者對北京一位國際關係
資深學者的訪談，2001 年 7 月 17 日。作者對北京一位美國研究學者
的訪談，2001 年 7 月 10 日。作者對上海一位台灣研究經濟學者的訪
談，2001 年 6 月 13 日。作者對上海一位台灣研究資深學者的訪談，
2001 年 7 月 3 日。

[11] 作者對北京一位國際關係資深學者的訪談，2001 年 7 月 17 日。作者
對上海一位台灣研究經濟學者的訪談，2001 年 6 月 13 日。作者對上
海一位美國研究學者的訪談，2001 年 6 月 28 日。作者對廈門一位台
灣研究經濟學者的訪談，2001 年 6 月 7 日。作者對廈門一位台灣研
究經濟資深學者的訪談，2001 年 6 月 8 日。作者對上海一位美國研
究資深學者的訪談，2001 年 6 月 15 日。作者對北京一位台灣研究經
濟學者的訪談，2001 年 8 月 3 日。作者對北京一位國際關係資深學
者的訪談，2001 年 8 月 2 日。

專家，他們都清楚地意識到，1995 年和 2000 年兩岸關係緊張給中國的股票市場和金融市場造成了巨大的破壞。因此，他們認爲，兩岸經濟統合對於兩岸領導人採取較爲溫和和穩定的政策大有裨益。他們相信，兩岸領導人在公開言辭方面也會變得更加慎重。[12]

中國人對經濟制裁絕對代價的重視還可以進一步從中國對台灣經濟發展的關注中看出來。上海一位國際關係的資深學者指出：「大陸並不希望台灣經濟低迷。相反，大陸希望台灣作爲中國經濟發展的發動機，能夠推動兩岸經濟走向繁榮。倘若台灣發生金融危機，台資企業將會遭遇極大的困難。大陸應該幫助台資企業和台灣。這也將幫助大陸自己，因爲華東經濟從台資企業的商業活動中受益良多。不管台灣發生什麼，都會給大陸經濟造成強烈影響。」[13]

上海另一位研究國際關係的資深學者同意上述分析，「因爲互賴，台灣的經濟發展對大陸是有利的。大陸並不希望台灣陷入混亂。」[14]一位國台辦前資深官員指出，「台幣正在華南流通，如果台幣貶值，肯定會影響中國的經濟。」[15]北京一位台灣研究資深學者和上海一位美國研究資深學者都同樣關心台灣的經濟。[16]此外，中國有些學者甚至擔心，「台灣可能打經濟牌對

---

[12] 作者對北京一位台灣研究資深學者的訪談，2001 年 7 月 29 日。作者對北京一位國際關係資深學者的訪談，2001 年 7 月 17 日。作者對北京一位台灣研究學者的訪談，2001 年 7 月 30 日。

[13] 作者對上海一位國際關係資深學者的訪談，2001 年 6 月 25 日。

[14] 作者對上海一位國際關係資深學者的訪談，2001 年 6 月 29 日。

[15] 作者對國台辦一位前資深官員的訪談，2001 年 7 月 16 日。

[16] 作者對北京一位台灣研究資深學者的訪談，2001 年 7 月 16 日。作者

抗中國。例如,如果台灣從大陸撤回資金,那麼將會給大陸帶來嚴重的影響。」[17]這意味著這些學者相信,台灣撤回資金將使中國遭受大於台灣的損失。

　　關於台灣對中國的貿易順差,中國某些學者比前面提到的人更客觀。譬如,一位研究國際關係的資深學者強調,「台資企業為大陸經濟發展作出了巨大的貢獻。它們的貢獻不能簡單地看作是同台灣的貿易順差或逆差。」[18]上海一位國際關係資深學者指出,「兩岸經濟交流是互惠的。台灣和大陸都不是為了面子才促進這種交流的。」[19]北京一位美國研究學者解釋道,「台灣對大陸的貿易順差,是因為台資企業進口資本設備到中國來。因此,如果兩岸經濟交流中斷,貿易赤字的表面數字毫無意義,它對大陸的影響也將是十分巨大的。」[20]

二、中國制裁台資企業的黑名單

　　對公司威壓總是比對國家威壓來的容易。正如商保在他的《國家、公司與權力》一書中所講的,當公司依賴於美國市場和供給時,美國政府可以經常通過威脅切斷其美國的市場和供給渠道來迫使它們改變經營行為。[21]誠如莊子納所指出,與國家相比,商人並不關心相對收益或政治聲譽,他們只關心利益。

對上海一位美國研究資深學者的訪談,2001 年 7 月 2 日。
[17] 作者對上海一位國際關係資深學者的訪談,2001 年 6 月 21 日。
[18] 作者對北京一位國際關係資深學者的訪談,2001 年 7 月 17 日。
[19] 作者對上海一位國際關係資深學者的訪談,2001 年 6 月 15 日。
[20] 作者對北京一位美國研究學者的訪談,2001 年 7 月 12 日。
[21] Shambaugh, *States, Firms, and Power*.

如果制裁只停留在公司層面，那麼就有絕對的理由相信制裁會取得成功。然而，當其政府介入並支援被制裁公司時，這些公司就不會屈服。莊子納對 80 年代早期美國制裁輸油管道公司的分析就明確地說明了這一點。[22]

過去，北京曾經成功地對一家香港公司進行制裁以懲罰其總裁的政治立場。1994 年 8 月 8 日，香港一家在大陸市場上最成功的零售商佐丹奴公司被迫關閉在北京的分部，因為北京說它沒有完全達到某種執照要求。但是，許多觀察家相信，真正的原因是佐丹奴公司總裁黎智英攻擊中國總理李鵬。他在他的《壹周刊》中把李鵬叫做「怪物」和「共產黨的羞恥」，並批判說他「不僅是一個私生子，而且是一智商為零的私生子」。[23]

5 天以後，黎智英辭去了佐丹奴公司總裁之職，並放棄對集團 36.5%的股票控制權，把它交給自己委託的副手，新近上任的總裁劉國權，和其他兩位部門主管。9 月 8 日，佐丹奴公司在北京的分部重新開張。在這個事件中，北京成功地懲罰了黎智英，但在黎智英辭去總裁職務後，北京並沒有永久性地關閉佐丹奴公司的北京分部。

2001 年初，波士頓第一信貸公司幫助促成了台灣財政部長顏慶章和各地財務經理在一次歐洲國際巡迴展上進行會面。中國官員感到不快，指責巡迴展完全是一個旨在提高台灣國際承認的陰謀。結果，中國第二大移動通訊商中國聯通公司拒絕將波士頓第一信貸公司列入旨在幫助中國聯通公司募集數十億美

---

[22] Drezner, *The Sanctions Paradox*, pp. 80-87.

[23] "China Snubs Businessman for Criticism of Li Peng; Daily," Japan Economic Newswire, August 10, 1994.

元資金的證券商名單中。只有在波士頓第一信貸公司領導約翰・邁克（John Mack）親自向北京保證不支援台灣未來在國際上的活動，中國才把波士頓第一信貸公司從將來在中國作生意要遭制裁的黑名單上撤下來。北京成功地讓波士頓第一信貸公司作出了讓步，並向外國公司顯示了其在台灣問題上的政治決心。中國財政部長項懷誠說：「只要跟政治無關，（中國）政府是不會干涉的。」[24]

鑑於北京的戰略是「以商圍政」，台灣人推測，北京也會使用同樣的策略影響台灣在中國投資者的政治立場。事實上，北京在 2000－2001 年已經表達了對「極個別重要」的台資企業政治立場的關注。2000 年 3 月 10 日，陳水扁宣布了他的國家政策顧問名單，包括宏碁集團董事長施振榮、奇美集團董事長許文龍、長榮集團總裁張榮發和台灣高鐵董事長殷琪。上海台辦主任張志群很快召集這些企業在上海的代表，表達了中國對他們支援陳水扁的關切。[25]

2000 年 4 月 8 日，儘管中國向台商保證會繼續保護他們在中國的合法利益，但是，國台辦副主任李炳才說：「極個別台灣工商界的頭面人物一方面在島內公開支持『台獨』，爲『台獨』勢力張目、造勢，鼓吹『繼續』分裂祖國的所謂『李登輝路線』，影響極其惡劣；另一方面又從與祖國大陸經濟活動中

---

[24] Bill Savadove, "China May Let CSFB in from the Cold, Official Says," Reuters, October19, 2001, 2:23 am Eastern Time.
[25] 宋秉忠，〈中共警告支持台獨台商〉，《中國時報》，2000 年 4 月 9 日。

撈取好處,這是絕對不允許的。」[26]

　　李炳才副主任的講話引起了台資企業的焦慮,北京則試圖幫助台資企業減少這種焦慮。4 月 24 日,海協會副會長唐樹備強調,對於大多數台資企業來說,北京歡迎並鼓勵他們來中國投資,並保護他們的重要利益。但是,唐樹備副會長指出,大陸只對某些「極個別重要」的台資企業有看法,因為他們公開支援「台獨」。5 月 7 日,李炳才副主任在上次講話的一個月後向台資企業保證,中國將繼續遵從「江八點」[27],並有效保護台資企業的全部合法利益。他還澄清,北京關注的只是那些「極個別重要」的台資企業,因為他們公開支援「台獨」。但是,9 月 23 日,李副主任強調,兩岸政治分歧不應妨礙經濟交流與合作。他保證,中國非常重視台資企業,而且不論在何種條件下都將保護台資企業的各種利益。[28]

　　2001 年 3 月初,奇美集團董事長許文龍對第二次世界大戰期間日軍裡的台灣「慰安婦」爭議性評論,出現在日本漫畫作家小林善紀的連環漫畫《台灣論》一書中。結果有報導說,2001 年 3 月 10 日,奇美集團在江蘇省鎮江的石化工廠由於北京的壓力下被迫關閉。另外,中國還對奇美集團鎮江石化廠進行

---

[26] 〈中央台辦國務院台辦負責人答記者問〉,《人民日報》(海外版),2000 年 4 月 10 日。

[27] 「江八點」指的是江澤民在 1995 年 1 月 30 日的演說,題目為「為促進祖國統一大業的完成而繼續奮鬥」。

[28] 亓樂義,〈唐樹備:一個中國各自表述,大陸從未同意〉,《中國時報》,2000 年 4 月 25 日。亓樂義,〈國台辦說一套?保護台商投資 大陸打包票〉,《中國時報》,2000 年 5 月 8 日。王綽中,〈中共積極拉攏統合台商組織〉,《中國時報》,2000 年 9 月 24 日。

了好幾輪稅務檢查，這普遍被看作是北京對許文龍評論的報
復。

　　台資企業對報導表示震驚，並馬上要求中國當局依照法律
妥善處理此事，以便將此事對日益緊密的兩岸貿易和經濟關係
的影響減至最小程度。台灣中華民國商業總會的代表警告說：
「如果大陸當局不能對在大陸投資的台灣商人給予足夠的保
護，如果台資企業在任何時候、缺乏法律基礎的情況下被關
閉，那麼這將極有可能在台資企業之間引起連鎖反應。」許多
當地台商協會領導敦促中國當局，不要干涉投資問題上的不同
歧見，以避免在國外投資者中引起恐慌。[29]

　　但是就在同一天，奇美集團和中國當局否認了奇美集團鎮
江石化廠被關閉的報導。此外，國台辦發表聲明指出，中國將
保護在華台灣投資者的合法權利。第二天，國台辦發言人重
申，中國反對某些人一面在中國賺錢，一面在台灣支援獨立。
但是，他還同時指出，中國既保護台灣公司在中國的權利，也
會對那些違法的人採取相應措施。[30]

　　事實上，在中國的決策圈內部包括官員和學者有一種聲
音，支持對奇美集團進行制裁。中國當局和公眾一般都憎恨許
文龍的評論，但是對奇美集團進行制裁的想法最後並沒有變爲
正式政策，而且中國還繼續堅持其「政經分離」的政策。[31]許多

---

[29] Flor Wang, "News Report on Chi Mei Mainland China Plant Needs Verification: MOEA," Central News Agency, March 10, 2001.

[30] Sofia Wu, "Mainland Official Denies Chi Mei Plant Closure," Central News Agency, March 11, 2001.

[31] 作者對北京一位台灣研究資深學者的訪談，2001 年 8 月 3 日。作者

中國官員否認有關中國出於政治原因將對奇美集團實施制裁的
報導。他們強調，中國將繼續從法律層面上保護台資企業，並
讓台資企業繼續做生意。[32]

　　北京把奇美集團列入制裁黑名單的代價很高。就 2001 年來
說，奇美集團是台灣十大在華投資者之一。更重要的是，奇美
集團是世界上一種重要塑膠材料 ABS 的最大生產商，中國是它
的主要市場。2000 年，奇美集團生產一百萬噸 ABS，占世界供
應量的四分之一，其中 42 萬 5 千噸 ABS 是由其在鎮江的石化廠
生產的。奇美集團鎮江石化廠的產值在 2000 年大約爲 10 億元
人民幣，2001 年可望達到 20 億元人民幣。奇美集團總產量的
60%在中國市場出售。還有，奇美集團還生產了 70 萬噸 PS 和
18 萬噸橡膠。奇美集團是世界上這三種產品的最大生產商。因
此，奇美集團鎮江廠的關閉將對中國經濟發展和世界市場上塑
膠材料 ABS、PS 和橡膠的生產造成極大的影響。

　　不僅如此，中國還將面對奇美集團的報復。2001 年 3 月，
許文龍在一次採訪中說：「這一回，中共嚇到我了，讓我興起
不如歸去之感，我要慎重考慮是否緊縮或取消大陸投資的擴張
計畫。」[33]如果中國關閉了奇美工廠，奇美集團將肯定不會再在

對北京一位國際關係資深學者的訪談，2001 年 7 月 9 日。作者對廈
門一位台灣研究資深學者的訪談，2001 年 6 月 6 日。
[32] 作者對上海台辦一位資深官員的訪談，2001 年 6 月 19 日。作者對上
海一位台灣研究資深學者的訪談，2001 年 6 月 26 日。作者對上海附
近城鎮台辦一位資深官員的訪談，2001 年 7 月 5 日。作者對國台辦
一位資深官員的訪談，2001 年 8 月 9 日。
[33] 夏珍，〈中共打壓　奇美早有最壞打算〉，《中國時報》，2001 年
3 月 11 日。

中國投資。在 2001 年的時候，奇美集團曾計畫追加 5 億美元的
投資用於擴大石化生產，甚至要在今後 5 年更多地投資於中國
高科技資訊產業。事實上，中國當局很看重這些投資，這恰恰
是奇美集團繼續在中國投資的關鍵理由。

　　另外，台北也威脅如果奇美集團遭制裁將報復北京。2001
年 3 月 12 日，台北警告北京，任何關閉奇美集團在中國工廠的
企圖都將自食其果，說：「我們不得不提醒中共當局，中國大
陸一旦要求奇美集團關閉其在鎮江的工廠，將給海峽兩岸的經
濟紐帶帶來非常嚴重的負面影響。」[34]

　　實際上，在佐丹奴和波士頓第一信貸公司與台資企業兩個
案例中，制裁代價的對比非常鮮明。中國制裁佐丹奴和波士頓
第一信貸公司所花的代價極小，而中國將為制裁奇美集團付出
高昂的代價。因此，對制裁代價的考慮可能是北京不把奇美集
團列入制裁黑名單的一個主要因素。上海台辦一位高級官員強
調，在處理這件事情的時候，中國當局需要考慮受僱於奇美集
團的中國工人，以及對台資企業和外資企業信心可能帶來的影
響。[35]許多中國學者表達了同樣的關切。[36]北京兩位國際關係學
者強調，中國政府擔心制裁會影響兩岸經濟關係的全局，並進
而影響中國的經濟發展。[37]北京一位資深經濟學家和上海一位台

---

[34] "Beijing Warned Against Threatening Taiwanese Businesses," Agence France Presse, March 12, 2001, 3:12 AM, Eastern Time.

[35] 作者對上海台辦一位資深官員的訪談，2001 年 6 月 19 日。

[36] 作者對上海一位台灣研究資深學者的訪談，2001 年 6 月 26 日。作者對北京一位台灣研究資深經濟學者的訪談，2001 年 8 月 3 日。作者對北京一位美國研究資深學者的訪談，2001 年 7 月 30 日。

[37] 作者對北京一位國際關係學者的訪談，2001 年 7 月 19 日。作者對北

灣研究資深學者贊成，制裁奇美集團將危及中國的開放形象，並進而引發國外投資者和政府的連鎖反應。[38]

　　一位台商說：「鎮江已經被台資企業買下來了。」台資企業嚴重主導著鎮江的地區經濟發展，特別是在就業方面。他認為，鎮江政府肯定反對制裁奇美集團，因為鎮江害怕這會影響奇美集團和其他台資企業在當地的投資。[39]

　　總之，在奇美集團事件中，雖然中國作為一個國家在理論上處於優勢地位，可以因政治立場問題把奇美集團列入制裁黑名單，但是幾個考慮因素可能使北京推翻了這個打算。如果對奇美集團實施制裁，北京會付出更高的代價，包括：一、喪失奇美集團鎮江石化廠對中國經濟的貢獻；二、中斷石化工業的全球商品鏈；三、使台灣和國外投資者喪失信心；四、遭到奇美集團和台灣政府的報復。這些損害將進一步加劇中國經濟的停滯問題和社會不穩定，這些我們將在下一章討論。因此，北京儘量低調處理此事，並反覆向台灣投資者，包括奇美集團，保證將保護他們在中國的利益。

　　至於其他支援「台獨」的台資企業，中國採取了一種類似於對待奇美集團事件的政策。例如，2001 年 3 月 14 日，長榮集團確認廈門市政府邀請長榮集團海運部參加海長碼頭開發計畫。此外，直到 2002 年初，北京尚未拿出任何具體行動來兌現對其支援「台獨」台資企業的威脅。這說明中國當局根本無意

　　京一位國際關係資深學者的訪談，2001 年 7 月 9 日。

[38] 作者對北京一位資深經濟學者的訪談，2001 年 8 月 7 日。作者對上海一位台灣研究資深學者的訪談，2001 年 7 月 3 日。

[39] 作者對上海一位台商的訪談，2001 年 7 月 17 日。

把長榮集團和其他台資企業列入制裁黑名單，沒有因爲他們支持「台獨」的政治立場而不讓他們在中國做生意。

第二節 全球互賴與中國利益

根據第二章的分析，由於雙邊－全球聯繫以及生產－消費聯繫的原因，任何兩岸經濟關係的中斷都將使中國的對外經濟關係付出沉重的代價。首先，台資企業對中國的出口，尤其是對美國和日本的出口，作出了巨大貢獻。

第二，台灣很多企業在中國的投資是經過他們在第三國登記的子公司或控股公司實現的，如香港、新加坡、維爾京群島和美國。中國的制裁將激發與這些國家之間的一系列國際爭端。

第三，任何兩岸貿易或台資企業生產的中斷都將激發對台灣和中國參與的全球商品鏈滾雪球式的破壞效應。這也將對全球商品鏈內部其他許多國家——至少包括美國、日本、香港、新加坡和韓國——的生產和消費，尤其是資訊產業，產生嚴重的破壞作用。

第四，任何兩岸雙邊經濟活動的中斷都會對亞太地區造成嚴重影響，因爲該地區內台灣、中國、香港、美國、日本、新加坡和韓國之間的經濟互賴，在貿易和投資兩個方面表現得都非常強烈。這個影響將以兩種方式得到自我加強。其一，中國制裁行爲對台灣和中國的影響將很快傳播到該地區的其他經濟體。其破壞力不亞於 1997－1999 年的東南亞金融危機，因爲台灣和中國是比東南亞各國更爲重要的國際經濟行爲體。尤其是，台灣公司是超過 14 種資訊技術產品的世界最大生產商，很多擁有 50%以上的世界市場占有量。其二，對全球經濟的影響反過來會對台灣和中國產生一種反饋效應。其破壞性將進一步傳播給其他經濟體。

所以，任何因中國經濟制裁而發生的兩岸經濟活動的中斷，都將激發惡性循環的效應，因全球商品鏈和全球互賴的存在而影響台灣、中國、地區和全球經濟。以下部分將進一步分析中國在全球經濟中的利益問題，中國對全球互賴的看法和美國對一個假想的中國制裁企圖的可能反應。

一、中國在全球經濟中的利益

中國實際上在 1978 年還是一個封閉經濟，貿易對國民生產總值的比例爲 9%。從 1978 年到 1999 年，中國全部貿易的年增長率平均在 16%。以美元計算，商品和服務方面的貿易幾乎增加了 20 倍，從 1978 年的 210 億美元到 1999 年的 4,160 億美元。1999 年中國商品和服務貿易占國民生產總值的 42%（見表8-2）。但這個資料並不能真正反映中國經濟對外貿的真實依賴程度，因爲中國的非貿易商品估價低於國際價格，貿易和國民生產總值的值是用不同計算方法進行統計的。[40]不過，這個資料

---

[40] China's GDP based on the purchasing power parity is much larger than the nominal one based on the market exchange rate. Therefore, Nicholas Lardy argues that China's dependence on trade is smaller than the nominal one suggests. In addition, trade is calculated by aggregate value while GDP is calculated by value-added. This difference is significant because most of China's trade is processed trade. China's trade sector has limited linkages to the rest of its domestic economy, which remains much more insulated from the international economy. Nicholas R. Lardy, *China*

部分反映了中國對全球經濟的利益日益增加的趨勢。另外，從中國貿易占全部世界貿易的比重來看，中國的排名由 1978 年的第 32 位一下子躍升到 1999 年的第 9 位，占世界貿易總量的 3.3%。

表 8-2 對外貿易在中國經濟中的重要性：1978－1999 年

年分	商品貿易占國民生產總值的百分比	服務貿易占國民生產總值的百分比	商品和服務貿易占國民生產總值的百分比
1978	9.2	／	9.2
1982	14.2`	1.6	15.7
1985	23.0	2.0	25.1
1988	24.4	2.2	26.6
1991	31.3	2.8	34.2
1994	39.5	6.0	45.4
1997	35.9	5.8	41.7
1999	36.4	5.6	41.9

註：1.出口使用的是 F.O.B. 資料，進口使用的是 C.I.F 資料。
　　2.1978´年國民生產總值的資料是國民收入毛額的資料。
資料來源：
International Monetary Fund, International Financial Statistics Yearbook. Washington, D.
　　C. : International Monetary Fund, 2000, pp. 344-47.

　　在對外貿易中，商品的交換對於中國經濟是相當有利的。在相當大的程度上，中國主要進口兩類商品。第一，進口有利於緩解因國內資源有限而對中國經濟形成制約的商品。第二，大部分進口可以說是技術的進口。相比而言，與中國不同的是，工業化程度較高的國家其現代化設備主要在國內生產的，它們從國外購買所需商品也鮮有困難。因此，托馬斯‧羅賓遜

in the World Economy (Washington, D.C.: Institute of International Economics, 1994), pp. 14-18. Lardy, _Integrating China_, pp. 4-9.

（Thomas Robinson）認爲，從資源和技術的可獲得性而言，中國對貿易的真正依賴遠比名目數字要高出許多。[41]

出口部門對中國的經濟發展貢獻卓著。國內市場保護的減弱迫使中國公司面對來自外界的競爭，致使公司的生產力和產品品質有明顯改進。另外，根據鄭竹園的研究，1997 年出口對中國經濟增長的貢獻比例爲 26%。根據白利·諾頓（Barry Naughton）的研究，1997 年中國經濟增長中有 40%來自於淨出口量的增加。中國媒體和《財富》報導說，中國經濟增長中的 30%是出口的結果。[42]

大量的海外資金流入不僅給中國提供了急需的增長投資，而且給中國帶來了先進的技術和管理。從 1984 年到 1997 年，每年國外資本流入中國從 27 億美元增加到 644 億美元。2000 年，中國的全部資本流入達到 594 億美元，其中 407 億美元屬於國外直接投資，100 億美元屬於國外貸款。此外，中國的外債 1996 年爲 1,163 億美元，2000 年爲 1,457 億美元（見表 8-3）。

---

[41] Thomas W. Robinson, "Interdependence in China's Foreign Relations," in Samuel S. Kim (ed.), *China and the World: Chinese Foreign Relations in the Post-Cold War Era*, third edition (Boulder: Westview Press, 1994), p. 193.

[42] Jun Ma, *The Chinese Economy in the 1990s* (New York: St. Martin's, 2000), pp. 7-8. Chu-yuan Cheng, "China's Economy: Recent Development and Long-Term Prospects," *Issues & Studies*, vol. 36, no. 5 (September/October 2000), p. 129. Barry Naughton, "China's Economy: Buffeted from Within and Without," *Current History*, September 1998, p. 277. "No Optimism for Exports, Urgent Need for Diversification" (in Chinese), Zhongguo Xinwen She, June 15, 1998, in BBC Summary of World Broadcasts, June 16, 1998, FE/D3254/S1. Jim Rohwer, "China: The Real Economic Wild Card," *Fortune*, September 28, 1998, p. 106.

表 8-3 中國的國外資本流入：1994－2000 年

單位：億美元

時間	1994	1995	1996	1997	1998	1999	2000
國外直接投資	338	375	417	453	455	403	407
國外貸款	93	103	127	120	110	102	100
其他國外投資	2	3	4	71	21	18	86
全部資本流入	432	481	548	644	586	527	594
外債	928	1066	1163	1310	1460	1518	1457

資料來源：

《兩岸經濟統計月報》（頁 43、49），第 108 期（2001 年 8 月），台灣經濟研究院
　　編。

　　特別是，國外直接投資在中國的經濟發展中發揮了非常重
要的作用。2001 年 6 月，375,876 家外資企業得到批准，累計國
外直接投資合同資金 7,096 億美元，其中實際使用 3,691 億美
元。1999 年，實際使用國外直接投資累計達中國國民生產總值
的 31%。從 1993 年到 1997 年，中國在接受國外資金方面僅次
於美國，居世界第二位。1997 年流入中國的國外直接投資達
453 億美元，占國內投資總額的 14.8%。同年，外資企業[43]貢獻
了 18.6%的工業產值，17.9%的總工業附加價值，13.2%的稅
收，和 1,750 萬個雇工（占中國城市雇工的 9%）。外資企業
1998 年生產了國民工業產值的四分之一，1999 年貢獻了總工業
附加價值的 22.5%。此外，外資企業日益成為中國強勁出口的重
要源泉。從 1986 年到 1999 年，外資企業的出口由 6 億美元迅
速增加到 886 億美元，在中國總出口中的比重由 1.9%躍升到
45.4%（見表 8-4）。

---

[43] 在本研究中，外資企業包括台、港、澳投資企業。

表 8-4 國外直接投資在中國經濟中的重要性：1994－1999 年

專案	1994	1995	1996	1997	1998	1999
國外直接投資流入（億美元）	338	358	408	453	455	404
國外直接投資占國內投資總額的比例（%）	17.3	15.1	17.0	14.8	13.0	／
國外直接投資股份占國民生產總值的比例（%）	17.6	18.8	24.7	24.4	28.1	30.9
外資企業出口（億美元）	347	469	615	750	810	886
外資企業出口占總出口的比例（%）	28.7	31.3	41.0	41.0	44.1	45.4
外資企業產值占總產值的比例（%）	11.0	13.0	／	18.6	25.0	／
外資企業附加價值占總工業附加價值的比例（%）	11.2	14.8	15.9	17.9	20.9	22.5
外資企業雇工人數（百萬）	14.0	16.0	17.0	17.5	／	／
外資企業稅收貢獻占總稅收的比例（%）	／	10.0	／	13.2	／	／

註：外資企業指國外投資的企業，包括台灣、香港和澳門投資的企業。

資料來源：

United Nations, World Investment Report 1998: Trends and Determinants. New York
    United Nations, 1998, p. 204.

《兩岸經濟統計月報》（頁 41），第 92 期（2000 年 4 月），台灣經濟研究院編。

The Economist Intelligence Unit, Country Profile 2000: China.

U.S. Department of State, "FY 2001 Country Commercial Guide: China," July 2000, p. 83.

《中國統計年鑑（1994 年－2000 年）》，國家統計局（中華人民共和國）編。北京：中國統計出版社，1994 年版－2000 年版。

　　依據陳永生的實證研究，1999 年國外直接投資在資本構成、貿易擴展、就業率上升和制度示範效應等方面對中國經濟發展的貢獻非常之大。[44]還有，根據孫海玄（Sun Haishun）的研

---

[44] 陳永生，〈外國直接投資與中國大陸的經濟發展〉，《中國大陸研究》，第 44 卷，第 3 期（2001 年 3 月），頁 17-43。

究，1995 年國外直接投資通過改善國內資本構成、增加出口和
製造新的就業機會等極大地促進了中國的經濟增長。依照孫海
玄的分析，在 1983 年到 1995 年這段時間，國外直接投資每年
爲沿海地區國民生產總值增長貢獻 2.1 個百分點。換言之，此期
間沿海地區 17%的經濟增長是由國外直接投資帶來的。[45]根據中
國官方的研究，中國在 1997 年 8.8%的經濟增長率中，直接外資
所起的推動作用在 2 個百分點以上，也就是對當年經濟增長的
貢獻率高達 23%左右。[46]根據國際貨幣基金會的經濟學家曾旺達
（Wanda Tseng）和哲布克（Harm Zebregs）的研究，中國在
1990 年 10.1%的平均經濟增長率中，直接外資所產生的貢獻作
用在 3%左右，也就是對中國經濟增長的貢獻率高達 30%左右。
[47]

　　不僅如此，國外援助還幫助中國中央政府實施其優先投資
專案。從性質上講，此類借貸主要是提供給中央政府的，旨在
增強中央當局的能力和影響。80 年代末，中央政府的核心優先
投資專案中有四分之一是由國際優惠借貸提供資金的。國外援
助最重要的來源是世界銀行和日本發展專案。兩者爲借貸提供

---

[45] Haishun Sun, "Macroeconomic Impact of Direct Foreign Investment in China: 1979-1996," *World Economy*, vol. 21, no. 5 (July 1998), pp. 675-694.

[46] 馬寧、郝紅梅、袁華娟，〈利用外資 20 年發展情形〉，尹集慶編，《中國對外經濟貿易改革 20 年》（河南，鄭州：中州古籍出版社，1998），頁 134-5。

[47] Wanda Tseng and Harm Zebregs, "Foreign Direct Investment in China: Some Lessons for Other Countries," *IMF Policy Discussion Paper*, PDP/02/3, February 2002.

主要優惠條款，並提供技術性的支援。

　　1993 年，中國成為世界銀行最大的借貸國，除了 1997－1999 年亞洲金融危機之後世界銀行提供給南韓和其他一些國家的大額特別流動貸款外，中國直到 2001 年還是世界銀行最大貸款戶。中國不僅從世界銀行那裡獲得先進的管理技術，而且 2000 年還從世界銀行得到總共 16.7 億美元的貸款，截至 2000 年 6 月 30 日，中國得到累計借貸近 350 億美元。92%的借貸資金用於發展中國最需要投資的領域，包括農業、鄉村、基礎建設、能源、教育、衛生和環境等專案。2001 年 3 月，日本政府給中國提供價值達 26,677 億日元（合 229 億美元）的貸款。北京能否從歐洲、日本、美國或國際借貸機構獲得發展貸款，主要取決於這些國家以及主要由他們控制的國際機構的政治態度。

　　此外，上海和深圳證券交易所的 B 股股票也吸收了大量外幣有價證券投資，2001 年股票市場上 60 種股票的外幣資金達 20 億美元。有些中國公司在香港和紐約的股票交易所上市。截至 1998 年底，46 家中國公司在海外市場發行了價值 110 億美元的股票。2000 年，中國移動通信公司（香港）、中國石油天然氣股份有限公司、 中國聯通和中國石油化工股份有限公司一起通過股票銷售在紐約和香港共吸收超過 150 億美元的資金。最後，2000 年底，中國在海外投資建設了 6,296 家企業。中國通過簽訂協定對外直接投資總共達到 112 億美元，實際到位 76 億美元。

　　到 2001 年底，中國海外上市公司籌集的國外直接投資和基

金,以及中國的外債加在一起,共計 6,000 億美元。同時,中國
的外匯儲備、中國海外公司的投資,以及中國金融機構在海外
的淨資產合計超過 3,500 億美元。這說明了中國融入全球經濟的
深刻程度。

另外,中國還高度依賴於某些戰略資源如石油和汽油的進
口。在 1970－1993 年這段時間,中國是石油淨出口國,1986 年
最高峰時達到每天出口 66 萬桶石油。然而,1993 年,中國 25
年來第一次變成了石油淨進口國。從 1993 年每天進口 26 萬
桶,飆升到 2000 年底每天淨進口 140 萬桶,占總消費量的
30.1%。據估計,包括中國媒體的估計,到 2010 年這個數字可
能增加到 300 萬桶,占每天銷量的 42.5%;到 2020 年每天 520
萬桶,占每天銷量 60%。還有,根據蘭德公司艾利卡‧當斯
(Erica Strecker Downs)的研究,中國計畫從 2005 年開始進口
天然氣。到 2020 年,進口量在中國天然氣消費量中的比例可能
至少在 30%。[48]

因此,中國經濟發展的未來將不僅嚴重依賴於國際資本的
繼續流入與貿易,而且嚴重依賴於全球能源供給。中國深深地
陷於全球互賴的國際經濟之中。穩定,特別是亞太地區的穩
定,是促進中國作爲一個積極參與者進行國際經濟活動的基本
前提條件。如果中國要吸引國際資本流入,加強國際貿易,和
解決與全球互賴有關的問題,北京的合作行爲是必不可少的。

一些簡單的事例可以進一步說明中國和全球經濟互賴的程

---

[48] Erica Strecker Downs, *China's Quest for Energy Security* (Santa Monica,
C. A. : RAND, 2000), pp. 8-9.

度。儘管中國的資本帳目是封閉的，中國的資本市場仍然受國際政治與經濟的影響。1999 年 5 月 8 日，當北約錯誤地轟炸中國駐貝爾格勒大使館時，炸館事件在中國激起兩天的嚴重反美抗議，結果一天之內，上海證交所的綜合指數下降 4.4%，香港恒生指數下降 2.2%。大多數投資者擔心形勢會惡化，甚至會嚴重危害中美關係。

不僅如此，中國上海和深圳股市上的 B 股股票因為台海關係緊張而下滑。李登輝總統提出「兩國論」之後，上海 B 股連續 7 天損失 20%。特別是，1999 年 7 月 19 日，上海 B 股市場損失 9.5%。同一天，深圳 B 股市場損失 7.9%。

2001 年 9 月 11 日，自殺性飛機襲擊世貿中心和五角大樓的情況也反映了亞太地區的緊密互賴。幾乎每個亞洲股市都受到了嚴重影響。香港股票在襲擊後的第一天下跌 10%。中國 B 股股票在 4 天下滑中下跌 15%。襲擊一個月後台北指數下跌 15.6%，深圳 B 股市場下跌 15.4%，深圳 A 股市場下跌 11.4%，上海 B 股市場下跌 9.8%，上海 A 股市場下跌 9.2%。根據聯合國，恐怖襲擊使 2001 年世界經濟損失 3,500 億美元，使世界經濟增長下降整整一個百分點（由 9 月前預測的 2.4%到現在的 1.4%）。[49]

二、案例分析：1997－1999 年亞洲金融危機

1997－1999 年亞洲金融危機是用來研究中國利益及其對國

---

[49] Irwin Arieff, "Attacks Knock $350 Billion Off World Economy – UN," Reuters, October 10, 2001, 5:01 pm Eastern Time.

際經濟互賴反應的絕佳案例。亞洲金融危機爆發於 1997 年 7 月
2 日，泰國突然對其貨幣泰銖進行貶值。在不到一年的時間裡，
韓國、馬來西亞、菲律賓和泰國的貨幣兌換美元的幣值損失
40%，印尼的貨幣損失 80%。這些國家的股票市場也大跌特
跌，兌換美元的幣值跌 60-80%。

　　亞洲金融危機對中國 1997 年下半年以後的國際貿易和資本
流入產生了強烈的直接影響。從 1987 年到 1997 年，中國出口
每年平均增加 16.5%。但是從 1998 年到 1999 年，中國出口增長
非常緩慢，年平均增長率只比 3%多一點。與此相似，在經歷了
國外直接投資由 80 年代每年 30－40 億美元躍升到 1997 年的
450 億美元之後，中國領導人發現，1998 年實際到位的國外直
接投資增長消失了，1999 年國外直接投資又嚴重下跌了 11%，
達到 400 億美元。此次國外直接投資的減少在改革時期還是第
一次（見表 8-5）。另外，1997 年 10 月 23 日，亞洲金融危機襲
擊香港，使恒生指數一天內下跌了 10 個百分點，在 10 月的最
後一個星期又進一步下跌了 23 個百分點。

表 8-5 亞洲金融危機對中國經濟的影響：1997－2000 年

年分	出口		合同國外直接投資		實際國外直接投資		經濟增長率（%）	零售價格指數變化（%）
	總量（億美元）	增長率（%）	總量（億美元）	增長率（%）	總量（億美元）	增長率（%）		
1996	1511	1.5	733	-19.7	417	11.2	9.7	6.1.
1997	1827	20.9	510	-30.4	453	8.6	8.8	0.8
1998	1838	0.5	521	2.2	455	0.4	7.8	-2.6
1999	1952	6.2	412	-20.9	404	-11.2	7.2	-3.0
2000	2492	27.7	624	51.5	407	0.7	8	-2.9

資料來源：

《兩岸經濟統計月報》（頁 38、41、49），第 92 期（2000 年 4 月），台灣經濟研究

院編。
中國國家統計局,各種新華社報告。
"Price Stagnation Persists," China Economic Review, March 12, 2001.

　　亞洲金融危機之前,國外銀行每年都願意不斷擴大對中國的外匯貸款。但是,1998 年,國外給中國的借貸開始減少,1999 年 1 月以後,當廣東國際信託投資公司宣布破產時,國外貸款十幾年來第一次大幅度銳減。1999 年底與 1997 年底相比,中國得到的全部外匯貸款少了 220 億美元,大約下降四分之一。在兩年多時間裡,中國公司及其在香港的分支機構不得不向銀行償還貸款和其他外債至少 340 億美元。[50]

　　自 1949 年以來,中國第一次遭受外部宏觀經濟的打擊,這個打擊嚴重破壞了國內經濟的穩定。據中國財政部長項懷誠說,亞洲金融危機導致中國稅收下降、國內需求不足、經濟增長遲緩、國有企業經營不佳。零售價格自 1997 年秋天以後持續下跌,1998 年跌了 2.6%,1999 年跌了 3%。價格緊縮的潛在問題是國有企業在許多部門過度投資,導致生產能力過剩,製造商傾向於削價以便出售足夠的產品來支付勞動力和生產成本。在亞洲金融危機之前很久,中國就對某些關鍵產品進行價格緊縮,如鋼鐵。但是,危機使中國的緊縮趨勢變得更加嚴重,因為人民幣對美元的固定兌換率意味著該地區任何地方的緊縮都會輸入中國。

　　為了因應亞洲金融危機,1998 年 8 月,中國把緊縮政策調整為宏觀經濟擴張政策,通過積極的財政和貨幣政策,增加財

[50] Lardy, *Integrating China*, p. 17.

政支出和擴大國家銀行的借貸。這些增加的開支占國民生產總
值 2.5%左右。國家下調儲蓄和貸款的利息率，鼓勵消費和投
資，組織企業聯合減少生產，並爲許多供給過剩的産品規定價
格底線。從 1996 年 5 月到 1999 年 6 月，利率共下調了 7 次。另
外，1997 年 12 月，中國將原定 1998 年固定投資增長目標的 6%
提高到 15%。實際上，1998 年國有單位的投資增長了 19.5%。
1999 年 11 月，爲了進一步刺激消費支出，中國規定對儲蓄存款
徵收 20%的代扣所得稅。出口稅還款增加了，而且私有企業首
次被授權可以在國際市場上進行直接貿易。很多高科技領域恢
復了對來華國外直接投資的稅收優惠政策。最後，中國領導人
繼續並加快結構改革的步伐，特別是在金融領域。

　　雖然亞洲貨幣嚴重貶值，但是，中國領導人堅持人民幣保
持穩定，因此對地區經濟穩定作出了貢獻。通過維持 8.3 元人民
幣兌換 1 美元的穩定匯率，中國發現人民幣相對於其他亞洲貨
幣大幅度有效升值，並降低了出口的競爭優勢。此外，亞洲其
他國家的廣泛衰退，也使國外對中國商品的需求增長銳減。
1998 年，中國出口增長只有 0.5%，與 1997 年的 21%形成鮮明
對比。中國出口的衰退表現使國民生產總值的增長緩慢下來，
從 1997 年的 8.8%下降到 1998 年的 7.8%和 1999 年的 7.2%。另
外值得一提的是，托馬斯·拉斯奇（Thomas Rawski）估計，中
國 1998 年和 1999 年的增長率在－2.5%和 2%之間。[51]增長減緩
與中國失業率直直上升剛好背道而馳。

---

[51] Thomas G. Rawski, "What Is Happening to China's GDP Statistics?,"
China Economic Review, vol. 12, no. 4 (2001), pp. 347-354.

　　沒人否認中國的經濟已經融入了全球經濟，而且中國不可能不受國外經濟困難的影響。中國決定貨幣不貶值並不是一種犧牲，而主要是出於對自身利益的現實評估。當時，既然在整個危機過程中，中國一直維持國際收支盈餘，那麼中國就沒有必要對貨幣進行貶值。而且，北京認爲，貶值可能引起整個體系的不穩定，不利於自己的全局利益。尤其是，北京害怕貶值可能催化儲戶到國內銀行擠兌存款，並導致國外投資者信心的喪失。[52]據說，朱鎔基總理在 1998 年曾經這樣講：「對國內信心的負面影響」是決定不對人民幣進行貶值背後的主要原因。[53]

　　雖然 1997 年 7 月亞洲金融危機爆發後中國面臨著國內經濟困難，但是中國迅速將 10 億美元託付給國際貨幣基金組織以幫助泰國。在 1997 年和 1998 年之間國際貨幣基金組織的三個一攬子計畫中，中國共貢獻 69 億美元幫助東南亞各國，包括香港提供的 10 億美元。中國貢獻這些海外貸款，主要是出於對自身利益的現實評估。以下事例將說明中國緊急相助的動機。

　　首先，因爲日本 1997－1999 年是中國最大的貿易夥伴，北京特別關注日元貶值，擔心貶值水平低於 150 日元。在柯林頓總統 1998 年 6 月訪華前夕，北京暗示，如果華盛頓不干涉外匯市場停止日元的下滑，中國將重新考慮不對人民幣貶值的承

[52] Thomas G. Moore and Dixia Yang, "Empowered and Restrained: Chinese Foreign Policy in the Age of Economic Interdependence," in David M. Lampton (ed.), *The Making of Chinese Foreign and Security Policy in the Era of Reform*, (Stanford, CA: Stanford University Press, 2001), pp. 215-218.

[53] Rudi Dornbusch and Francesco Giavazzi, "Heading Off China's Financial Crisis," mimeo, conference paper, 1999, p. 56.

諾。6 月 12 日，中國駐美大使李肇星請求西方七國集團 G－7
支援日元。6 月 15 日，中國人大常委會委員長李鵬因日元下跌
而譴責日本。在會見柯林頓總統前的記者訪談中，江澤民主席
抱怨說：「世界經濟越來越相互聯繫在一起，因而應該有一個
共同的標準。（對於美國來說），在鼓勵一個國家（中國）努
力維持貨幣幣值的同時，暗中支援……另外一個國家（日本）
對貨幣進行貶值，……這是不妥當的。」[54]6 月 17 日，美國聯邦
儲備銀行和日本銀行干涉外匯市場達 40 億美元之多，隨後日元
上升了 5 個百分點。中國為此非常高興，作為回饋，中國重申
了有關人民幣不貶值的承諾。[55]

　　另外，2002 年初，北京再次重申了對日本貨幣疲軟的強烈
關注。中國央行行長戴相龍要求日本中止日元的下滑，警告說
日元的進一步貶值將給人民幣帶來很大的壓力。此外，中國官
方媒體的許多文章討論了日元貶值對中國經濟的負面影響。中
國財政部還敦促日本對日元的幣值採取「負責的態度」。[56]

---

[54] "Upbeat Jiang On Asia's Woes," *Washington Post*, June 21, 1998, p. C1.

[55] David M. Lampton, *Same Bed, Different Dreams: Managing U.S.-China Relations, 1989-2000* (Berkeley: University of California Press, 2001), pp. 242-243.

[56] Christopher Swann, "Yen Rises After Chinese Warning," *Financial Times*, January 16, 2002, p. 30. Chen Huai, "Three Variables Worth Paying Attention to for China's Economy in 2002," Beijing *Liaowang* (in Chinese), January 14, 2002,no. 3, pp. 4-5, in FBIS-CHI-2002-0123. Li Kun, "What Does Depreciation of Japanese Yen Mean?," Beijing *Renmin Ribao* (Overseas Edition) (in Chinese), January 26, 2002, p. 5, in FBIS-CHI-2002-0126. Zhang Weimin, "Shift One's Troubles onto Others, Drink Poison to Quench Thirst," Beijing Xinhua Domestic Service (in

最後，1998 年 10 月 5 日，《人民日報》批判美國利率下調幅度不夠，說它「如同杯水車薪」。該報說：「美國的利率下調能幫助減輕發展中國家（包括中國）的貨幣壓力，減緩國際金融危機的蔓延。」因此，該報敦促美國進一步降低利率，並呼籲華盛頓批准爲國際貨幣基金組織提供 180 億美元增加基金。[57]

以上事例顯示，中國幫助東南亞各國主要還是出於自身利益的考慮，而不是人道主義。事實上，在亞洲金融危機前後，中國政府極少提供財政援助給其他經歷金融危機但危機並未明顯影響中國經濟的地區或國家。在國際經濟互賴的背景下，亞洲金融危機對中國產生了強烈的負面影響，中國對泰國和印尼的鉅額捐助從經濟上幫助了地區的穩定，從而也使中國受益。另外，北京認識到日本和美國的經濟在全球互賴時代將如何影響世界經濟和中國的經濟發展。因此，出於自身利益，北京敦促日本和美國要「負責」。

三、中國對全球互賴的認識

90 年代，主要受亞洲金融危機的影響，中國領導人徹底改變了對全球互賴的認識。1998 年，上海市外辦主任周明偉這樣解釋：「在上次 1987 年嚴重世界經濟危機爆發時，大多數中國人只是旁觀，說『這與我們無關』。有些人甚至說危機證明了資本主義的弱點，對我們是好事。現在，有一種感覺，如果你

Chinese), January 14, 2002, in FBIS-CHI-2002-0114..

[57] "China Paper Assails U.S. Rate Cut as Too Small," Reuters, October 5, 1998, 1:06 Eastern Time.

們有問題，那麼我們也會有問題。十年間這裡出現了完全不同的心態。」[58]

　　面對國內經濟轉型和經濟全球化，中國領導人不斷強調經濟穩定和可持續發展。他們提出了以經濟安全爲核心的「新安全觀」。北京強調，每個國家都應該追求和平與合作，並建立一種開放的全球經濟體系。[59]中國戰略家閻學通說：「中國的安全利益已經由生存轉爲經濟安全。現在的首要任務是防止任何侵略戰爭破壞中國的經濟成就，並建設『一個有利於國家現代化的和平國際環境』。……中國努力進行國防現代化的主要目的就是保衛中國的經濟安全利益。」[60]

　　自 1998 年夏江澤民主席在外交使節第九次會議上發表主題講話開始，北京強調「經濟全球化」的重要性，把它看作是二十一世紀新世界秩序的核心和持久特徵。部分因亞洲金融危機的原因，北京呼籲各經濟強國採取多邊主義步驟，爲日益相互依賴的、電腦化的資本流動的和兌換率快速變換的世界提供「經濟安全」。[61]例如，1998 年 11 月 23 日，在中俄聯合聲明中，中國和俄羅斯認爲，「世界經濟的互賴已經發展到了相當階段，保護主權國家的經濟安全已經極端緊迫。」[62]

[58] Lampton, *Same Bed, Different Dreams*, p. 159.

[59] "China Calls for New Security Concept, Economic Stability," Hong Kong AFP, December 15, 1997, in FBIS-EAS-97-349.

[60] Yan Xuetong, "In Search of Security After the Cold War," *World Affairs*, vol. 1, no. 4 (October-December 1997), pp. 50-58.

[61] Miller and Liu, "The Foreign Policy Outlook of China's 'Third Generation' Elite," pp. 144-145.

[62] "China, Russia Call for Mutual Support in Times of Difficulties," Xinhua

　　亞洲金融危機之後，許多中國官員和學者非常強調「國家經濟安全」的重要性，並強烈意識到全球化背景下經濟的脆弱性。例如，1999 年 8 月 25 日，江澤民主席說：「經濟全球化的加速發展已經引起了國際社會史無前例的激烈競爭，增加了金融和經濟風險。……如何維護國家的經濟安全越來越成爲許多國家的重要議題，特別是發展中國家（包括中國）。」[63]國務院發展研究中心主任王夢奎強調，中國對於全球化是非常脆弱的，中國政府必須重視國家經濟安全的極端重要性。[64]國務院發展研究中心副主任謝伏瞻警告說，從長遠來看，中國存在經濟安全危機的嚴重危險，爲避免潛在的危機，中國需要作長期不懈的艱苦努力。[65]許多知名的中國學者贊同這些官方警告。[66]

　　此外，亞洲金融危機之後中國出版了一系列有關國家經濟安全的書籍。包括《經濟安全：金融全球化的挑戰》、《國家經濟安全導論》、《國外的國家經濟安全研究與戰略》、《國

News Agency, November 23, 1998.

[63] "Text of Jiang Zemin Speech at Bishkek" (in Chinese), Beijing Xinhua Domestic Service, August 25, 1999, in FBIS-CHI-1999-0825.

[64] 王夢奎，〈亞洲金融危機與中國〉，李克穆、謝伏瞻編，《世紀末的衝擊》（北京：中國發展出版社，1999），頁 1-12。

[65] 謝伏瞻，〈宏觀管理與中國的經濟安全〉，馬宏、王夢奎編，《中國發展研究》（北京：中國發展出版社，2001），頁 128-38。也參見李培育，〈從亞洲金融危機看我國面臨的挑戰〉，李克穆、謝伏瞻 編，《世紀末的衝擊》（北京：中國發展出版社，1999），頁 195-202。

[66] 閻學通等著，中國與亞太安全（北京：時事出版社，1999），頁 261-65。劉德喜，《外交方略》（南昌：江西人民出版社，2001），頁 113-19。李少軍，〈世紀之交的國際安全形勢及中國的國際安全戰略〉，滕藤編，《鄧小平理論與世紀之交的中國國際戰略》（北京：人民出版社，2001），頁 427-46。

家經濟安全理論與方法及網路時代的經濟安全》……等。這些
書反映了中國官員和學者已經意識到全球化背景下中國經濟安
全問題的嚴重性。[67]

　　據香港《鏡報》報導，江澤民主席在 2000 年初的一次內部
會議上警告說，中國政府應該密切觀察世界形勢的變化，提出
反應對策，因爲中國自身已經融入了世界經濟體系。他指出三
個重要的將影響中國經濟的不確定性因素：美國的經濟發展、
國際石油價格的波動，以及國際資本市場的潛在危機。[68]

　　江澤民主席的擔心得到了其他中國高級官員和媒體的印
證。2000 年 11 月，中國外交部長唐家璇在第 12 屆 APEC 部長
級會議上發言時指出，中國「非常關注」油價上漲，石油價格
自 1999 年 11 月以來上漲了 30%多。他還說，過高的石油價格
將減緩世界經濟的發展，並對亞洲經濟的恢復與穩定發展產生
負面影響。[69]另外，2001 年 2 月 22 日，《人民日報》發表一篇

[67] 張幼文、周建明，《經濟安全：金融全球化的挑戰》（上海：上海
社會科學院出版社，1999）。雷家驌 編，《國家經濟安全導論》
（西安：陝西人民出版社，2000）。王永縣編，《國外的國家經濟
安全研究與戰略》（北京：經濟科學出版社，2000）。雷家驌編，
《國家經濟安全理論與方法》（北京：經濟科學出版社，2000）。
陳玉京、馮海霞，《網絡時代的經濟安全》（安陽，河南：中原農
民出版社，2000）。

[68] 康彰榮，〈江澤民：大陸經濟面臨三大不確定因素〉，《工商時
報》，2001 年 2 月 11 日。

[69] "Tang Jiaxuan: China 'Very Much Concerned' About Oil Price
Fluctuation," Beijing Xinhua, November 12, 2000, in FBIS-CHI-2000-
1112. "Unattributed Report on the Necessity of Adjusting China's Energy
Structure in the Face of Oil Price Increase" (in Chinese), Beijing *Renmin
Ribao* (Internet version), September 5, 2000, in FBIS-CHI-2000-0905.

評論員文章，討論美國衰退對亞洲經濟的影響。文章的結論是：「美國經濟下滑確實對亞洲產生了一定的影響，這一點不能掉以輕心。」[70]3 月 22 日，中國外經貿部部長石廣生明確指出，北京「非常關注走下坡路的美國經濟對中國經濟可能產生的影響。」[71]

全球互賴深刻地改變了北京對國家利益的認識，並因而對中國的外交政策產生制約。上海一位國際關係資深學者說：「中國和世界高度相互依賴。中國的貿易依賴度高達 40%，大量外國資本流入中國。因此，中國希望維持正常的國際關係和平和穩定，以便維持對外貿易和外國資本的流入。」[72]北京一位國際關係學者解釋說：「有些人批評北京在處理對美對日關係時太軟，但是這些批評者沒有看到歷史的變化。中國跟美國和西方已經嚴重互賴了。互賴已經深刻地制約了中國的對外關係。中國不能完全與西方對抗。」[73]

上海一位美國研究資深學者說：「在後冷戰時代，很難區分敵友。大陸希望台灣和美國繁榮，這樣大陸會受益。這就是所謂的『一榮具榮，一損具損』。」[74]上海一位美國研究學者進一步強調，全球互賴大大限制了北京的台灣政策。[75]許多著名的

---

[70] Hengjun Lu, "US Impact on Asia Is Weakening All the Time" (in Chinese), Beijing *Renmin Ribao* (Internet version), February 22, 2001, in FBIS-CHI-2001-0222.

[71] John Pomfret, "U.S. Economy Worries China," *Washington Post*, March 23, 2001, p. A22.

[72] 作者對上海一位國際關係資深學者的訪談，2001 年 6 月 18 日。

[73] 作者對北京一位國際關係學者的訪談，2001 年 7 月 19 日。

[74] 作者對北京一位美國研究資深學者的訪談，2001 年 7 月 30 日。

[75] 作者對北京一位美國研究學者的訪談，2001 年 6 月 28 日。

中國學者持差不多一致的看法。「大陸反對『台獨』的代價在上升，因爲越來越多的企業需要國外市場。」[76]，「如果台灣海峽出現緊張氣氛，大公司將立即提醒海峽兩岸的領導人。」[77]，「全球化之後，國際力量將制約台灣海峽的衝突與挑釁行爲。」[78]

　　至於中國對台灣可能進行的經濟制裁，上海一位國際關係資深學者說：「如果大陸丟了台灣，將丟掉整個世界。大陸嚴重依賴於這個世界，因而承擔不起對台灣實施經濟制裁的代價。」[79]另外，許多中國學者和官員表示，他們嚴重關切中國對台經濟制裁對國際經濟和國外來華投資的影響。他們認爲，制裁將對中國的國際信譽和經濟發展產生嚴重影響。[80]

第三節　第三方的反應

　　本研究將探討如果中國對台灣實施經濟制裁，美國對台灣

---

[76] 作者對北京一位美國研究學者的訪談，2001 年 7 月 10 日。

[77] 作者對北京一位美國研究資深學者的訪談，2001 年 8 月 10 日。

[78] 作者對上海一位資深經濟學者的訪談，2001 年 6 月 19 日。

[79] 作者對上海一位國際關係資深學者的訪談，2001 年 6 月 21 日。

[80] 作者對國台辦一位資深官員的訪談，2001 年 8 月 9 日。作者對上海一位台灣研究經濟學者的訪談，2001 年 6 月 13 日。作者對上海一位台灣研究資深學者的訪談，2001 年 6 月 26 日。作者對上海一位國際關係資深學者的訪談，2001 年 6 月 26 日。作者對上海另一位國際關係資深學者的訪談，2001 年 6 月 15 日。作者對廈門一位台灣研究經濟學者的訪談，2001 年 6 月 7 日。作者對廈門一位台灣研究資深經濟學者的訪談，2001 年 6 月 8 日。作者對北京一位台灣研究資深學者的訪談，2001 年 7 月 29 日。

和中國的可能反應。這一點非常重要,因爲不僅美國的利益在於和台灣和中國發展經濟關係,而且美國對這種經濟關係的影響力很大。根據美國海關的統計,1999 年中國對美出口 817 億美元,占中國總出口的 42%(包括經香港轉運的部分),使美國成爲中國最大的出口市場。同時,美國還是中國國外直接投資的一個主要來源。2000 年美國爲中國提供資金大約 44 億美元,占中國全部國外直接投資的 10.8%。同年,美國是中國第二大投資國。根據中國的資料,截至 2000 年 3 月,美國實際對中國直接投資累計達 219 億美元,專案達 27,201 個。還有,1998 年有 25 萬中國人民在美資企業工作,數百萬中國工人在當地工廠製造出口美國的產品。然而,這些資料低估了美國投資的重要性。中國官員知道,相較來自香港和台灣的投資,在中國的美資企業一貫發展更現代的、高科技的和長期的投資案。[81]

不僅如此,美台經濟關係和台灣與中國的經濟關係對於美國來說也都非常重要。根據台灣海關的統計,1999 年台灣對美國出口爲 309 億美元,從美國進口爲 197 億美元,使美國成爲台灣最大的出口目的地和第二大進口供應國。另外,1999 年台灣從美國進口比中國從美國進口多 30 億美元。

如在第二章中已經討論過的,1997 年以來,台灣公司已經成爲世界第三大資訊產品製造商。同時,台灣公司有 14 種資訊產品的產值名列世界前茅,並且其中大部分產品占有了全球市場的一半。這些產品中的相當數量出口到美國。結果,任何對台灣經濟的影響都將引發美國經濟的嚴重反彈。在 90 年代中

---

[81] Lampton, Same Bed, Different Dreams, p. 116.

期，中國出口到美國的產品中大約有五分之一是由台資企業生
產的。另外，由於貿易和金融高度互賴的原因，兩岸經濟關係
的中斷將在亞太地區，包括美國在內，形成地區範圍的，甚至
全球範圍的傳染效應。

　　事實上，美國在法律意義上承擔著義務，協助和平解決台
灣與中國之間的問題，包括兩岸經濟關係中的糾紛。1979 年
《台灣關係法》規定，「任何企圖以非和平方式來決定台灣的
前途之舉——包括使用經濟抵制及禁運手段在內，將被視爲對
西太平洋地區和平及安定的威脅，而爲美國所嚴重關切。」[82]

　　儘管美國從來沒有碰到過中國對台進行經濟制裁，但是從
美國應對 1995－1996 年和 1999－2000 年台海事件的政策中可
以推測，倘若北京對台北實施制裁，華盛頓可能採取的應對措
施。在 1995－1996 年台海危機之前，對於如果中國使用武力攻
打台灣美國是否介入，美國基本上採取一種戰略模糊的政策。
然而，當中國在 1996 年 3 月通過導彈試射使危機升級時，華盛
頓當即派遣兩艘航空母艦到台灣附近水域，明確顯示了維持亞
太地區穩定的決心。

　　在 1999－2000 年台海事件中，美國重申自己的政策，「我
們的持久利益在於任何解決方式必須是和平的。……我們反對
武力的使用，我們的政策是，任何企圖以非和平方式來決定台
灣的前途之舉，將被視爲對西太平洋地區和平及安定的威脅，

[82] Karen M. Sutter (ed.), Taiwan 2020 (Washington, D.C.: The Atlantic
Council of the United States, 1996), p. 216.

而為美國所嚴重關切。」[83]另外，華盛頓經常暗示，美國將根據《台灣關係法》幫助台灣防禦中國的進攻，就像美國 1995－1996 年在台灣海峽所作的那樣。[84]

1999 年 7 月 21 日，當被問及如果台灣推行分裂主義美國是否為台灣提供軍事援助時，柯林頓總統回答說：「（台灣與中國之間的）分歧應該和平解決。如果不能和平解決，依照《台灣關係法》，我們將對此予以嚴重關切。」他還暗示，在 1996 年台海危機期間，美國的決心已經得到過「具體展現」。[85]

在談及 2000 年 2 月末 3 月初，中國不斷升級對台威脅問題時，柯林頓警告說：「我們將繼續反對將使用武力作為解決台灣問題的辦法。絕對需要澄清的是，北京和台灣之間的問題必須和平解決，而且要得到台灣人民的同意。」[86]這是美國總統第一次強調，兩岸關係的解決必須經由台灣人民的同意。它反映了美國對於維持台灣海峽和平與穩定的堅定承諾。

---

[83] James P. Rubin, Daily Press Briefing, U. S. Department of State, July 15, 1999, http://secretary.state.gov/www/briefings/9907/990715db.html, accessed February 22, 2001.

[84] 〈阿卿：台海若現危機，美須援台〉，《中國時報》，1999 年 7 月 28 日。〈如果中共犯台，陸士達以 96 年美行動示警〉，《中國時報》，2000 年 3 月 3 日。傅建中，〈阿布萊特：美無法接受中共威脅台灣〉，《中國時報》，2000 年 3 月 17 日。

[85] William J. Clinton, "President William J. Clinton Holds News Conference," Federal Document Clearing House, Inc., July 21, 1999, p. 5 of 35.

[86] Charles Babington, "Clinton Urges Trade, Shrinking U.S. Debt," *Washington Post*, February 25, 2000, p. A4. Herman Pan and Sofia Wu, "Clinton Urges Resumption of Cross-Strait Talks After Taiwan Election," Central News Agency, March 9, 2000.

　　從中國的角度來看，中國普遍認為美國會介入台灣海峽的衝突。上海一位國際關係資深學者說：「美國保衛台灣的立場是很清楚的。當台灣海峽出現衝突時，美國將會出面干涉。」[87]上海一位美國研究學者指出：「美國肯定會介入。但是，美國介入的方式和程度將取決於中國與美國之間的相對力量。」[88]

　　北京一位美國研究學者解釋說：「依大陸決策者的觀點看，他們假定美國肯定會干涉台灣海峽的任何衝突。大陸是否對台使用武力將取決於這個前提條件。」[89]北京兩位國際關係資深學者同意，如果中國對台灣使用武力，那麼美國終歸要介入。[90]

　　至於假定的經濟制裁問題，上海一位國際關係資深學者指出：「如果中國對台灣實施經濟制裁，美國將根據《台灣關係法》採取干涉政策。美國可能會對大陸進行制裁，包括金融制裁。」[91]上海一位經濟學家認為，「中國對台灣進行聯合抵制或禁運將激起整個世界的反對。」[92]上海一位國際關係資深學者，北京一位台灣研究資深學者，和北京一位國際關係資深學者都贊同，認為制裁會招致國際報復。[93]

---

[87] 作者對上海一位國際關係資深學者的訪談，2001 年 6 月 15 日。

[88] 作者對上海一位美國研究學者的訪談，2001 年 6 月 28 日。

[89] 作者對北京一位美國研究學者的訪談，2001 年 7 月 10 日。

[90] 作者對北京一位國際關係資深學者的訪談，2001 年 7 月 10 日。作者對北京一位國際關係資深學者的訪談，2001 年 7 月 12 日。

[91] 作者對上海一位國際關係資深學者的訪談，2001 年 6 月 18 日。

[92] 作者對上海一位經濟學者的訪談，2001 年 6 月 15 日。

[93] 作者對上海一位國際關係資深學者的訪談，2001 年 6 月 21 日。作者對北京一位台灣研究資深學者的訪談，2001 年 7 月 13 日。作者對北京一位國際關係資深學者的訪談，2001 年 7 月 17 日。

結論

　　基於作者的分析，如果中國在 1995 年或 1999 年中斷了兩岸經濟關係，中國國民生產總值方面的直接代價將不會少於台灣可能遭受的損失。中國和台灣都將因中國的經濟制裁而蒙受國民生產總值 1－3%的損失。這可能是中國沒有在 1995 年或 1999 年對台灣實施經濟制裁的重要理由。尤其是，經濟制裁的研究文獻顯示，決策者的誤識（misperception）和誤算（miscalculation）在有關是否實施制裁的決策中的作用是非常有限的。所以，只有當經過審慎、全面計算台灣和中國的代價，確定制裁對台灣構成的破壞比對中國的大時，或台灣的代價明顯大於中國時，中國才會傾向於對台灣進行制裁。

　　但是，中國學者和官員都沒有對制裁台灣可能帶來的直接損失進行過綜合的評估，因為在這些台海事件過程中，北京根本就沒有打算對台灣實施制裁。絕大多數中國學者和官員認為，如果北京對台北進行制裁，台灣遭受的損失肯定比中國大。然而，在 1995－1996 年和 1999－2000 年台海事件中，北京並沒有對台北進行制裁，包括沒有刁難台資企業。所有證據顯示，除了相對代價，中國領導人還非常強調經濟制裁絕對代價的極端重要性。他們擔心經濟制裁會給中國的經濟發展帶來強烈反作用力。這一點印證了第九章有關中國關注國內穩定的論斷。

　　另外，隨著中國在全球商品鏈和廣泛的國際互賴中成為一個關鍵鏈結，中國對台灣實施經濟制裁將導致災難性的後果。

正如英特爾公司總裁葛盧武所強調：「假如雙邊經濟交流在全球化背景下遭到中斷，這無異於相互確保毀滅。你不可能在傷害對方的同時不傷害自己。」[94]假設國際經濟互賴和第三方特別是美國的反應也計算在內，那麼，如果中國在 1995－1996 年和 1999－2000 年台海事件中對台進行經濟制裁，中國對於雙方潛在相對代價的認知就會逆轉過來。中國將損失慘重，而且超過台灣。

很明顯，對外貿易、資本和技術已經爲中國維持快速而有效的經濟發展提供了必要的因素。在全球化背景下，作爲一個發展中國家，中國強烈意識到對於全球經濟衝擊的脆弱性。因而，中國沒有做任何有可能激發全球震驚的事情。如對台灣實施經濟制裁，這種制裁反過來會對中國、台灣和其他亞洲經濟體形成災難性的後果。事實上，在亞洲金融危機期間，中國爲維持穩定、幫助亞洲經濟恢復作出了很多努力，顯示了對國際穩定的高度關注。

此外，美國出於巨大的經濟利益和法律責任，在 1995－1996 年和 1999－2000 年事件中已經顯示了維持台灣海峽和平與穩定的堅強意志。特別是，《台灣關係法》規定，美國將把中國對台灣實施經濟制裁和禁運看作是美國的嚴重關切。在這種情形下美國的可能反應，是中國決策者在考慮對台灣的進攻性行爲包括經濟制裁時最關心的。第六章闡釋的很清楚，中國領導人在制定對美政策時非常強調中美經濟關係的極端重要性。

---

[94] Mark Landler, "These Days 'Made in Taiwan' Often Means 'Made in China'," *New York Times*, May 29, 2001, p. A1.

本章中，許多著名的中國學者斷言，中國經濟制裁將激起嚴重的國際報復。只要事關中國的經濟利益，第三方尤其是美國的反應，將從根本上改變北京用於計算對台經濟制裁可能要付出的代價的公式。

第九章

中國的經濟、社會和政治形勢

　　到 90 年代中期，中國在經濟發展方面已經獲得了史無前例的成就。從 1978 年到 1995 年，中國的經濟發展增長了四倍多。在這個時期，中國人均國內生產總值（GDP）以每年 8%的驚人速度在增長，2 億中國人擺脫了絕對貧困。[1]儘管由於 1992－1994 年中國經濟的兩位數增長，中國的通貨膨脹（以零售價格指數計）在 1994 年上升到歷史性最高水準，達到 21.7%，但是，到了 1996 年底，通貨膨脹回落到 6.1%，而經濟增長率只有些許減少，仍維持在 9.7%。用經濟的術語來講，中國經濟實現了「軟著陸」。

　　然而，1997 年的世界銀行報告卻指出，中國的快速增長和結構變革，雖然解決了許多問題，但也引出了新的挑戰：因改革尚未進行徹底、失業上升和收入沒保障而導致的宏觀經濟不穩定；日益增加的環境壓力，特別是在城市地區；不斷上升的糧食自足的成本；不平等的加劇和相對較高的貧困程度，尤其是在邊遠地區；有時非常敵對的世界大環境。另外，報告還強調中國經濟未來面對的主要危險是複雜的，直接的和根本性的。還有，某些危險是相互關聯的，能夠使經濟發展脫軌。首先是銀行與國有企業之間的聯繫。其次是國有企業改革、勞動力市場與平等之間的聯結。第三是延誤的企業改革可能使發展放緩並制約治理環境的努力。第四是政府的財政立場和政府間的財政轉移體制。[2]

　　尼古拉斯‧拉迪（Nicholas Lardy）警告說，改革現階段在

[1] World Bank, *China 2020:* Development Challenges in the New Century (Washington, D.C.: World Bank, 1997), pp. 1-2.

[2] World Bank, *China 2020*, pp. 2, 99.

許多方面比改革初期要困難得多。從經濟的意義上講，改革會更複雜，原因在於它需要對國有企業改革、金融體制改革和稅務管理改革進行緊密協調。從政治的意義上講，改革是極富挑戰性的，因爲未來的改革將導致驚人的失業率，減少大部分人口的實際收入，至少在短期內如此。[3]

　　中國的經濟發展在很大程度上受益於融入了世界經濟，就像在第八章中討論的。不過，世界經濟反過來也影響中國經濟的發展和改革。在 1997－1999 年，亞洲金融危機不僅對中國經濟造成了負面影響，而且爲中國領導人敲響了國家金融狀況的警鐘。另外，儘管中國加入世界貿易組織[4]將有利於長遠效率與經濟增長，但是中國將首次不得不付出巨大的短期轉型代價。亞洲金融危機是中國加速國內改革的催化劑，WTO 是中國國內事項與外部改革相結合的交匯點。北京在設計國內經濟進程時必須考慮國際經濟的制約與機遇。

　　除了上面的挑戰，中國政府還面臨著一系列威脅，如官方腐敗的蔓延和通貨膨脹（宏觀經濟不穩定）。這兩個問題造成社會廣泛不滿和 1989 年示威的主要問題所在。裴敏欣警告說，根據 1998 年印尼蘇哈托政權的倒台，以增長爲基礎的合法性是非常不可靠的，因爲印尼經濟是在第二次世界大戰後時期維持世界增長率最高的經濟體之一。他認爲，由於蘇哈托的家庭從事腐敗行爲，當 30 年來印尼最嚴重的一次經濟危機發生大約不到 8 個月的時間，憤怒的國民和作爲蘇哈托政權主要支柱的國

---

[3] Nicholas R. Lardy, *China's Unfinished Economic Revolution* (Washington, D.C.: Brookings Institution Press, 1998), p. 221.

[4] 中國在 2001 年 12 月 12 日正式成為世界貿易組織（WTO）的會員。

家武裝力量強迫領導人下台，對蘇哈托的支援便明顯動搖。他說：「領導層的分裂、經濟危機，或者外部挫折，都將可能引發連鎖反應，導致中國出現蘇哈托式的崩潰。」[5]

中國經濟戰勝這些挑戰的前景並不樂觀。裴敏欣警告說，中國政府戰勝這些短期困難的能力是沒有保證的，因為中國現今政治體制存在固有弱點，而且中國社會內部累積的社會和政治壓力很大。[6]2001 年初，李侃如也警告說：「當前的挑戰可能超過了中國體制的應付能力，並可能造成根本性的不穩定。這種可能性在未來四年將顯現得更為突出。」[7]以下部分將進一步考察中國在 90 年代末面臨的連鎖性的經濟、社會和政治挑戰。

第一節　中國政府的財政束縛

在過去 20 年時間，從國家預算和中央政府可支配稅收[8]在國內生產總值中的份額來看，中國國家可用於處理未來巨大挑戰的資源已經減少了。國家財政稅收占國內生產總值的比例，由 1979 年的 28.4%下降到 1995 年的 10.7%，然後又略微回升到

---

[5] Minxin Pei, "Asia's Political Lessons," *China Business Review*, September-October 1999, p. 10. Minxin Pei, "Will China Become Another Indonesia?," *Foreign Policy*, Fall 1999, p. 108.

[6] Minxin Pei, "Future Shock: The WTO and Political Change in China," Carnegie Endowment for International Peace *Policy Brief*, vol. 1, no. 3 (February 2001), p. 1.

[7] Kenneth Lieberthal, *U.S. Policy Toward China*, Brookings Institution Policy Brief #72 (March 2001), http://www.brookings.edu/comm/policybriefs/pb072/pb072.htm, accessed March 5, 2001, p. 2-4 of 8.

[8] 見第十章的討論。

1999 年的 14.0%。國家開支占國內生產總值的比例，由 1979 年
的 31.8%下降到 1995 年的 11.7%，然後又略微回升到 1999 年的
16.1%，遠遠低於發展中國家 32%的平均水平。[9]尤其是，由中
國中央政府控制的那部分資源占國內生產總值的比例迅速下
降。雖然中國中央政府的上繳稅收份額在 80 年代和 90 年代一
直維持在 5-7%，但是其開支占國內生產總值的比例大幅度下
降，從 1979 年的 16.2%到 1996 年的 3.2%，然後略微回升到
1999 年的 5.1%（見表 9-1）。

表 9-1 中國的財政形勢：1979－1999 年

年分	1979	1988	1994	1995	1996	1997	1998	1999
國家稅收（人民幣 10 億元）	114.6	235.7	521.8	624.2	740.8	865.1	987.6	1144.4
占國內生產總值的比例（%）	28.4	15.8	11.2	10.7	10.9	11.6	12.4	14.0
國家開支（人民幣 10 億元）	128.2	249.1	579.3	682.4	793.8	923.4	1079.8	1318.8
占國內生產總值的比例（%）	31.8	16.7	12.4	11.7	11.7	12.4	13.6	16.1
中央政府的上繳稅收（人民幣 10 億元）	23.1	77.5	290.7	325.7	366.1	422.7	489.2	584.9
占國內生產總值的比例（%）	5.7	5.2	6.2	5.6	5.4	5.7	6.2	7.1
中央政府的開支（人民幣 10 億元）	65.5	84.5	175.4	199.5	215.1	253.3	312.6	415.2
占國內生產總值的比例（%）	16.2	5.7	3.8	3.4	3.2	3.4	3.9	5.1

註：國家稅收是指由中央和地方政府實際收繳的稅收。
　　本表中的稅收不包括國內和國外借款的稅收；開支不包括國內和國外借債支付的

---

[9] World Bank, *China 2020*, pp. 24-25.

本金和利息，以及利用國外貸款進行資本建設的開支。
資料來源：
《中國統計年鑑》（頁 256，267-8），第 19 卷，國家統計局（中華人民共和國）
　　編。北京：中國統計出版社，2000。

　　這種局勢嚴重制約了北京的能力，使北京無法回應經濟發
展、社會改革和環境保護所必需的花費增加。根據 1997 年世界
銀行的報告，中國每年在諸如衛生、教育、扶貧、養老、基礎
建設和環境保護等高度優先領域的開支嚴重短缺，占國內生產
總值的 4.6%，或者 1997 年中央政府全部支出的 135%。[10]根據
拉迪的估計，由企業資助的年度總社會開支，應該轉化為財政
撥款的部分，可能達到國內生產總值的 3.3%。[11]世界銀行估
計，1995 年和 2004 年之間，中國將需要在電力、通訊、交通、
飲水和衛生基礎建設投資 7,440 億美元，合人民幣 6 萬億元，或
者 1995 年國內生產總值的 103%。[12]

　　上述的估計還是非常保守的，因為它們沒有包括未來經濟
改革所需的額外花費，如為國有企業下崗工人支付的補償、住
房補貼貨幣化或改革銀行體制的支出等。比如，1999 年初，國
家經濟貿易委員會副主任陳清泰指出，今後三年改革國有企業
的直接花費將達到人民幣 6 千億到 8 千億（是 1998 年中央政府
全部開支的兩倍多）。[13]2001 年，中國人民銀行（中國央行）

---

[10] World Bank, *China 2020*, pp. 102-03.

[11] Lardy, *China's Unfinished Economic Revolution*, p. 161.

[12] World Bank, *Infrastructure Development in East Asia and Pacific: Towards a New Public-Private Partnership* (Washington, D.C.: World Bank, 1995), p. 4.

[13] "Reform of State-Owned Enterprises Needs 800 Billion Yuan in Next 3

行長戴相龍承認，中國的不良貸款，包括轉移到資產管理公司
的不良貸款，高達 35,490 億元人民幣，占 2000 年國內生產總值
的 40%。[14]根據彼得‧鮑迪樂（Pieter Bottelier）的研究，2000
年底剩餘不良貸款的總計資產加上邢些轉移到資產管理公司
的，可能達到 4 萬億到 4 萬 5 千億元人民幣。鮑迪樂還估計，
若把公共金融系統累積的虧損包括在內，全部國有金融領域無
法挽回的虧損是 37,000-42,500 億元人民幣（4,500-5,100 億美
元，或者國內生產總值的 45-50%）。這些虧損最終需要由中央
政府來支付。[15]

　　此外，1997 年後，爲了維持必需的經濟增長率，政府只能
求助於擴大財政來刺激國內需求。國務院 1998 年發放了價值人
民幣 1,000 億元國庫券，1999 年發放了價值人民幣 1,100 億元國
庫券，2000 年人民幣 1,500 億元國庫券，來爲改進國家基礎建
設提供投資。另外，1998 年國務院還發放了人民幣 2,700 億元
特殊國庫券，以調整四大國有商業銀行的資本。中央政府還爲
國有企業改革和水災後的重建提供了 180 億元人民幣。中國財
政部長項懷誠認爲，實施積極的財政政策已經使經濟增長 1998
年上升了 1.5 個百分點，1999 年 2 個百分點，2000 年 1.7 個百分

Years" (in Chinese), Hong Kong *Ming Pao*, November 11, 1998, p. b15,
in FBIS-CHI-98-317.

[14] 康彰榮，〈戴相龍：商銀不良資產比率占 25%〉，《工商時報》，
2001 年 3 月 27 日。

[15] Pieter Bottelier, "China's Domestic Debts: Will They Interfere with
Financial Sector Liberalization and WTO Commitments? Issues and
Strategies," Discussion paper for Wilton Park Conference #654 on
Economic and Enterprise Reform in China: the Challenges for
Government and Business, November 5-8, 2001, pp. 5-6.

點。這些國庫券總計人民幣 6,480 億元，相當於 1998 年全部中央政府開支的兩倍多。這個鉅額借款反映北京資源極端有限，也說明維持快速經濟增長對中國的重要性。如果這種做法持續一段時間，它將會形成龐大的財政負擔，因爲這些國庫券到時候必須支付本息。[16]

更重要的是，在面臨開支需求越來越大的時候，中央政府卻在籌集額外稅收方面碰到了嚴重的困難。例如，財政部計畫修正「高速公路法」，用全國統一的汽油稅代替由各省和地方政府徵收的特別的汽車和公路費用，這大概可以增加人民幣 1,000 億元的稅收，相當於中央上繳稅收增加 20%。然而，對修正案的表決被推遲了兩次，1999 年該計畫又因地方的強烈反對而被全國人大常委會否決。[17]另外，某些地方當局經常犧牲上繳中央政府的稅賦，極力增加他們自己的稅收。地方當局還經常慷慨地對當地國有企業免徵由中央與地方共同分享的徵稅，而總是保持自己的那份稅收不變。[18]

---

[16] Chu-yuan Cheng, "China's Economy: Recent Development and Long-Term Prospects," *Issues & Studies*, vol. 36, no. 5 (September/October 2000), pp. 130-132. "Major Decision, Successful Practice – State Planning Commission Official Answers Reporter's Questions on Three-year Treasury Bond Investments" (in Chinese), Beijing Xinhua Domestic Service, December 29, 2000, in FBIS-CHI-2000-1229. "Xiang Huaicheng on PRC's 'Pro-Active Fiscal Policy' in Report to NPC," Beijing Xinhua, March 6, 2001, in FBIS-CHI-2001-0306.

[17] Nicholas R. Lardy, "When Will China's Financial System Meet China's Needs?," presented at the Conference on Policy Reform in China, Center for Research on Economic Development and Policy Reform, Stanford University, November 18-20, 1999, pp. 12-13.

[18] Chi Lo, "China's Fiscal Time Bomb," *China Business Review*, September/October 1999, p. 17.

　　由於中央政府開支的需求已經嚴重超過了現有的資金供給，而且差額在繼續擴大，中國政府已經蒙受了日益增加的龐大財政赤字與債務。預算赤字從 1980 年的人民幣 14 億元（占國內生產總值 0.3%）增加到 1996 年的人民幣 655 億元（占國內生產總值 1.0%），再到 2000 年的人民幣 2,598 億元（占國內生產總值的 2.9%）（見表 9-2）。

表 9-2 中國中央政府的財政赤字：1980－2000 年

	1980	1984	1988	1992	1994	1996	1998	1999	2000
赤字（人民幣 10 億元）	1.4	4.8	19.4	23.1	67.6	65.5	95.8	179.7	259.8
赤字/國內生產總值（%）	0.3	0.7	1.3	0.9	1.5	1.0	1.2	2.2	2.9

資料來源：
《中國統計年鑑》（頁 266、284），第 18 卷，國家統計局（中華人民共和國）編。
　　北京：中國統計出版社，1999。
新華社，引自財政部長對全國人民代表大會的報告，2000-2001 年。

　　2000 年，中國的赤字額幾乎達到了國際接受的 3%警戒線。[19]實際上，中國官方的數字嚴重低報了中國財政問題的嚴重性。原因有二：第一，世界銀行認為，政府行為的表現應由統一的政府赤字（consolidated government deficit）概念更精確地反映。它包含財政赤字和中國人民銀行（央行）借給金融系統資助國有企業的政府指導性開支部分。那樣，從 1986 年到 1994 年統一赤字平均占國內生產總值的比例可能是 4.9%到 5.7%，

---

[19] Junrong Tian, "Continue to Arose Nongovernmental Investment" (in Chinese), Beijing *Renmin Ribao*, April 20, 1999, p. 1, in FBIS-CHI-1999-0426.

1994 年的數字比官方預算赤字的 1.5%要高出三倍多。[20]還有，拉迪估計，在 90 年代中期，廣大公共部門的非金融赤字維持在令人難以承受的水平，有將近十年超過國內生產總值的 10%。[21]

第二，中國政府的支出主要依賴債務募集。1979 年中國政府只有人民幣 35 億元的債務（國內生產總值的 0.9%），1988年 271 億元（國內生產總值的 1.8%）。但是，從 1994 年開始，政府不能從央行貸款來填補預算赤字。結果，政府所負擔的債務從 1993 年的人民幣 739 億元（國內生產總值的 2.1%）一下子躍升到 1999 年人民幣 3,715 億元（國內生產總值的 4.5%）。因而，未償付國庫券的餘額從 1993 年的人民幣 1,572 億元（國內生產總值的 4.5%）漲到 1999 年的 9,965 億元（國內生產總值的12.2%）（見表 9-3）。裴敏欣研究發現，中國中央政府 1997 年爲花費每 1 美元而借債 55.2 美分。[22]拉迪估計，1999 年大約中央政府開支的 70%是靠債務維持的。[23]

表 9-3 中國中央政府的赤字狀況：1979－1999 年

年分	1979	1988	1993	1994	1995	1996	1997	1998	1999
所借債務（人民幣 10 億元）	3.5	27.1	73.9	117.5	155.0	196.7	247.7	331.1	371.5
所借債務/國內生產總值（%）	0.9	1.8	2.1	2.5	2.7	2.9	3.3	4.2	4.5
累計政府債券金額（人民幣 10 億元）	/	/	157.2	257.8	355.9	462.0	550.9	786.2	996.5
政府債券/國內生產總值（%）	/	/	4.5	5.5	6.2	6.8	7.5	10.1	12.2

[20] World Bank, *China 2020*, p. 28.
[21] Lardy, China's Unfinished Economic Revolution, p. 5.
[22] Pei, "Will China Become Another Indonesia?," p. 100.
[23] David M. Lampton, "Rapporteur's Summary," in Dick Clark (ed.), U.S.-China Relations (Washington, D.C.: Aspen Institute, 1999), p. 7.

註：政府債券包括主權國家債券、國家投資債券和國家投資公司債券。
資料來源：
《中國統計年鑑》（頁 259），第 19 卷，國家統計局（中華人民共和國）編。北
　　京：中國統計出版社，2000
《2000 中國金融發展報告》（頁 25），龔浩成、戴國強編。上海：上海財經大學出
　　版社，2000。

　　不僅如此，拉迪估計，1998 年底，主要由國家發展銀行發
放的尚未償付的非國庫券政府債券達人民幣 5,322 億元（占國內
生產總值的 7%）。拉迪認爲，包括這些債券在內，1998 年底公
開的政府債務是人民幣 16,061 億元（占國內生產總值的
20.5%），幾乎是 1993 年的五倍。[24]根據世界銀行的估計，中國
國內公共部門的債務，包括國庫券、保險金融債券和其他金融
債券，占國內生產總值的比例由 1997 年的 12.3%上升到 1998 年
的 16.4%和 1999 年的 20.7%。[25]

　　這個估計沒有包括由國有製造業公司發放的公司債券，還
有其他應急或隱藏性的政府債務，如國有銀行的不良貸款，政
府及其下屬公司的養老金欠債，政府及其下屬公司拖欠現雇員
的養老金債務。它也沒有包括地方政府的非公開債務。拉迪認
爲，任何調整金融系統資本的認真嘗試都會馬上使政府的債務
上升到產值的 50%以上。[26]據世界銀行估計，1994 年，隱藏性

[24] Lardy, "When Will China's Financial System Meet China's Needs?," pp. 14-19.

[25] World Bank, "China," *China Quarterly*, September 18, 2000, p.15.

[26] Lardy, "When Will China's Financial System Meet China's Needs?," pp. 20-37.

國家養老金債務大約占國內生產總值的 50%。[27]

　　根據鮑迪樂的估計，2000 年，中國註冊的、非公開的和應急的國家債務（主權和非主權國家債務、國內和國外國家債務）加在一起，占國內生產總值的 133－192%左右。「應急債務」包括政府擔保的債務、拖欠的老年養老金債務、國家銀行的不良貸款證券（現在已經部分轉移到國有資產管理公司），以及國家銀行和企業的不足資金。內部和外部主權國家債務占國內生產總值的 21%；資產管理公司和國家保險銀行發放的國內債券占 25%；應急不良貸款債務占 37-44%；短期未來國家養老金債務的現價值占 45-95%；國有企業資本調整基金的現值占5-7%。[28]根據世界銀行的另一個估計，中國的公開與非公開債務 2000 年超過國內生產總值的 173%。另外，新的以金融系統投資不足形式出現的隱藏債務正在國有銀行和企業中累積，每年累積的速度保守估計大約在國內生產總值的 2%。[29]

　　此外，政府為滿足開支需要而日益增加的對債務籌集的依賴，使公共債務的償還與債息支付成為一個關注焦點。1994年，債息支付與債務償還合人民幣 499 億元，占政府新借債的42.5%，到了 1998 年，這個數字分別上升到人民幣 2,353 億元和70%多（見表 9-4）。政府全部財政收入中用於債息支付與債務償還的份額，從 1989 年的不到 3%增加到 1998 年的 24%。根據拉迪的評估，國庫券的利息支付 1992 年為人民幣 52 億元，

[27] World Bank, *China: Pension System Reform* (Washington, D.C.: World Bank, 1996), pp. ix, 2, 15, 26

[28] Bottelier, "China's Domestic Debts," pp. 8-9.

[29] World Bank, "China," issued on September 27, 2001.

1999 年爲 830 億元，7 年增加了 16 倍。利息負擔，作爲中央政府開支的一部分，不包括轉移給地方政府的，已經由 1993 年的不足 4%漲到 1998 年的 19%和 1999 年的 17%，增加了 4 倍。因此，中國不能長久依靠簡單的發放更多的債券來支付債務。還有更糟的，如果債券投資人擔心政府的信譽或政治穩定，他們將嚴厲要求提高利息率，從而使政府債務陷入惡性循環。[30]

表 9-4 中國政府的債務金融：1985－1999 年

	1985	1990	1994	1995	1996	1997	1998	1999
全部借債（人民幣 10 億元）	9.0	37.5	117.5	155.0	196.7	247.7	331.1	371.5
全部債務償還（人民幣 10 億元）	4.0	19.0	49.9	87.8	131.1	191.8	235.3	192.3
全部債務償還與全部借債的比率（%）	44.4	50.7	42.5	56.7	66.7	77.4	71.1	51.8

資料來源：
《中國統計年鑑》（頁 259、266），第 19 卷，國家統計局（中華人民共和國）編。
　　北京：中國統計出版社，2000。

　　總的來說，中國長期的財政可持續性正受到銀行部門應急債務、國有企業和社會保障體制改革所導致的財政債務和高額借債的嚴重威脅。如果政府受利益引誘把新債貨幣化，那麼不斷升級的財政壓力就有導致新的通貨膨脹的危險。此時此刻，中國明顯沒有足夠的資源解決必要的經濟和社會改革，以及環境保護等問題。這可能引發經濟發展與社會穩定之間的惡性循

---

[30] Lo, "China's Fiscal Time Bomb," p. 18. Lardy, "When Will China's Financial System Meet China's Needs?," pp. 14-17. William Gamble, "The Middle Kingdom Runs Dry," *Foreign Affairs*, vol. 79, no. 6 (November/December 2000), p. 20.

環，這個循環反過來將威脅政府的政治合法性。中國政府面臨的這些彼此關聯的挑戰將在以下部分作更深入的探討。

第二節　國有企業改革

1997 年，中國有 11 萬 8 千家工業國有企業，包括 4,700 家大型國有企業和 11,000 家中型企業。從 1978 年到 1996 年，國有企業在全部工業產值中的份額由 78%下降到 30%，儘管如此，中國國有企業仍然擁有一半以上的全部資產，三分之二的城市職業，和大約 75%的投資。另外，國有企業繼續吸收超過四分之三的國內貸款，而且他們的借貸差不多占非金融公共部門全部赤字的 60%。[31]2000 年，所有金融機構貸給國有企業的未償還貸款仍占總貸款證券的 50%以上。[32]

雖然國有企業在全部工業產值中的份額大幅度下跌，但是，國有企業仍舊是中國從中央到地方各級政府稅收的主要來源。1978 年，由國有企業上繳國家的利潤與稅務占國家稅收的87%。最近幾年，中國政府財政稅收對國有企業的持續依賴是驚人的。例如，1995 年，國有企業僅僅生產中國工業產值中的35%，但卻仍舊貢獻國家稅收中的 71%；1998 年國有企業的交稅水平還高達 55%。[33]

---

[31] International Monetary Fund, *IMF Staff Country Report*, no. 97/72, pp. 5-8. World Bank, *China's Management of Enterprise Assets: The State as Shareholder* (Washington, D.C.: World Bank, 1997), p. xi.

[32] World Bank, "China," September 27, 2001.

[33] Edward S. Steinfeld, *Forging Reform in China: The Fate of State-Owned Industry* (New York: Cambridge University Press, 1998), p. 17. Jiao Ran

一、國有企業的低效與虧損

　　然而，大多數國有企業是沒有效率的和不創造利潤的。工業國有企業的利潤已經由 1985 年的人民幣 738 億元（國內生產總值的 8.2%），急劇下降到 1996 年只有人民幣 413 億元（國內生產總值的 0.6%）。稅前利潤對全部國有企業固定資產的比例從 1985 年的 22.4%嚴重下降到 1996 年的 7.9%（見表 9-5）。此外，1999 年對 900 多種主要工業產品生產能力進行的官方調查顯示，國有企業中有三分之二生產能力的利用率不足 50%。[34]

表 9-5 中國國有企業的金融指標：1985－1996 年

單位：人民幣 10 億元

年分	全部固定資產	總利潤	總虧損	總稅務	稅前利潤對全部固定資產的比例（%）
1985	595.6	73.8	3.2	59.6	22.4
1990	1161.0	38.8	34.9	111.5	12.9
1992	1567.0	53.5	36.9	140.9	12.4
1994	2310.2	82.9	48.3	204.7	12.5
1996	3476.5	41.3	79.1	232.4	7.9

資料來源：

《中國統計年鑑》，第 16 卷，國家統計局（中華人民共和國）編。北京：中國統計出版社。

---

and Zhenjun, "State-Owned Enterprises as Viewed From National Conditions" (in Chinese), Beijing Xinhua Domestic Service, September 17, 1999, in FBIS-CHI-1999-0918.

[34] Lo Mei, "Jiang Reported to Steer State Firm Reform" (in Chinese) Hong Kong *Kuang Chiao Ching*, no. 322, July 16, 1999, in FBIS-CHI-1999-0805. International Monetary Fund, *IMF Staff Country Report*, no. 97/72, pp. 6-8.

　　許多國有企業低效和不具競爭力的結果是虧損嚴重。1985
年，全部工業國有企業中有 9.6%宣布虧損。虧損國有企業的比
例不斷上升。1998 年，甚至按照中國一般的會計標準，也有
45%的國有企業虧損。國有企業的虧損由 1985 年的人民幣 32 億
元（國內生產總值的 0.4%），驟升到 1996 年的人民幣 791 億元
（國內生產總值的 1.2%），1998 年又進一步上升到人民幣
1,023 億元（國內生產總值的 1.3%）。1996 年，國有企業部門
作爲一個整體自 1949 年以來第一次出現虧損；亦即，除了稅收
以外，國家沒有從對國家部門的鉅額投資中得到任何淨回報。
甚至大中型國有企業也不例外。1997 年，15,700 家大中型國有
企業中的 6,599 家，約 42%虧損。1999 年 3 月，7,600 家大中型
國有企業中的 2,300 家，約 30%虧損。這些虧損由政府補貼、公
司間借債和更重要的國家銀行貸款一同承擔。

　　中國政府宣稱，到 2000 年末，1997 年虧損的 6,599 家大中
型國有企業已經被砍掉了 70%。但是，在這三年中，根據中國
官員的分析，「國家的政策傾斜因素實際上發揮了很大作
用」，包括爲技術轉型降低利率、實行債轉股、減息降息和退
稅。特別是，中國政府宣稱的許多虧損國有企業，其經營表現
的改善主要得益於資產管理公司的債轉股專案，這個專案爲國
有企業大大減少了利息支出。[35]

---

[35] "PRC State Development Planning Commission's Zeng Peiyan to NPC on
SOE Reform," Beijing Xinhua, March 6, 2001, in FBIS-CHI-2001-0306.
Szu Liang, "Perspective of China's Economic Issues in the New Century
(Part 6)" (in Chinese), Hong Kong Zhongguo Tongxun She, February 20,
2001, in FBIS-CHI-2001-0220. Moody's Investors Service Global Credit
Research, "China: Banking System Outlook," August 2000, p. 9.

　　另外，過去幾十年尚未出售和無法出售的存貨積壓頗大。根據中國的統計，1996 年商品存貨積壓增加了人民幣 469 億元，合國內生產總值的 6.6%。從 1990 年到 1998 年，中國商品存貨積壓的增加額平均相當於每年國內生產總值的 5.7%。相比而言，在美國和日本商品積壓平均只占國內生產總值的 0.5%。1997 年爲推動經濟發展而實施的貸款簡化進一步加劇了這個問題。1998 年國有單位投資超過人民幣 22,100 億元，增加了 19.5%。結果，儘管 1998 年的總零售額還實際增長了 9.6%，中國仍有 70%以上的商品供應過剩。[36]

二、國有企業的融資

　　無數的國有企業因虧損而嚴重負債。漸漸地，國有企業借貸不僅像過去那樣用於購買設備和其他投入，進行資本投資，而且還要支付工資，滿足社會福利的需求以及繳納養老金和稅務。因爲資産回報大大下降，1996 年國有企業投資中來自稅後保留收入的部分已經降到只有十分之一。因而，這些公司變得更加依賴貸款來爲企業行爲融資。1990－1998 年，儘管國有企業在國內生產總值中的份額快速下跌，其借貸在國家銀行貸款中的比例卻維持在 81%上下。1998 年，國有企業的借貸爲人民幣 55,160 億元，或全部未償還國家銀行貸款的 81%。[37]

---

[36] "PRC Sees 70 Percent of Commodities Oversupplied," Beijing Xinhua, March 19, 1999, in FBIS-CHI-1999-0319.

[37] Lardy, *China's Unfinished Economic Revolution*, p. 4. 龔浩成和戴國強編，《2000 中國金融發展報告》（上海：上海財經大學出版社，2000），頁 102-3。

　　結果，國有企業高度舉債。1995 年，根據拉迪的研究，中國國有企業資產負債率（liability-asset ratio）與 1980 年平均 18.7%相比，增加到 85%。85%的資產負債率相當於超過 500% 的債股比（debt-to-equity ratio）。鮑迪樂估計，1998 年國有企業的平均債股比可能在 400%和 700%之間。因而，在 1997－1999 年亞洲金融危機之前，一般國有企業甚至比韓國「家族式企業」舉債額度更高，韓國「家族式企業」因債股比高達 300%－400%而惡名昭彰。相比而言，美國大公司的正常債股比大約是 100%到 150%。因此，國有企業高度舉債，以致於經濟下滑將給銀行帶來流通性的問題，而且，國有企業對於可能的利率上升是非常脆弱的。[38]

　　由於大多數國有企業是低效的和虧損的，因此中國面臨著國有企業破產以及可能由此而來的金融危機的巨大威脅。根據世界銀行，90 年代中期，中國只有 8%的工業國有企業是基本上能夠自我存活的企業。1997 年，超過 2,000 家國有企業申請破產，其中半數已經宣布破產，使四家保險銀行高達人民幣 621 億元（合 75 億美元）的貸款無法收回。反過來這些借給國有企業的不良貸款嚴重破壞了本身就很脆弱的國家主導的銀行體制。1997 年，國有企業由銀行得到的貸款 15－20%被用於支付國有企業的利息償還。對中國金融體制安全最嚴重的威脅是，大部分國有企業可能連銀行貸款的利息都不能支付，這會急劇

---

[38] Lardy, *China's Unfinished Economic Revolution*, p. 43. Pieter Bottelier, "How Stable Is China? An Economic Perspective," in David Shambaugh (ed.), *Is China Stable?: Assessing the Factors* (Washington, D.C.: George Washington University, 1998), p. 69.

導致重大的流通性危機。在此類危機中，中國的全部金融損失將會達到國內生產總值的 20%以上，超過現有國家銀行資本的 4 倍多。[39]

三、北京的任務與困難

蕭條的國有企業已經使北京嚴重關切宏觀經濟的穩定問題。在 1994 年通貨膨脹率達到 21.7%的時候，四大保險銀行給國有企業的固定投資貸款增加了 32%，而同時借給私有部門的貸款名義上下降了 42%，給城市集體企業的貸款下降了 7%。在亞洲金融危機期間，政府為國有企業提供的預算傾斜幾乎達到了 1997 年和 1998 年中央政府支出的 40%，1997 年大約人民幣 1,000 億元，1998 年人民幣 1,200 億元。[40]這嚴重阻礙了經濟效率最好的部門取得資本。[41]

不僅如此，企業間借債在 90 年代也穩步上漲，上漲的幅度差不多是每年人民幣 1,000 億元，1997 年底達到人民幣 1 萬億元（幾乎是中央政府開支的四倍，國內生產總值的 13%）。這些債務和預算傾斜通過擴溢到財政和金融部門，而威脅政府經濟改革計畫的其他核心要素，破壞資源配置和宏觀經濟穩定，並嚴重影響政府貨幣和財政政策的有效性。[42]

---

[39] Raymond J. Blanchard, "The Heart of Economic Reform," *The China Business Review*, January-February 1997, pp. 17-24.

[40] 政府預算支持包括補助、將企業債務轉成國家債務與透過再資本化銀行沖銷國有企業對銀行的呆壞帳。

[41] Blanchard, "The Heart of Economic Reform," p. 17.

[42] "The Product Inventory of Chinese Enterprises Reaches 3 Trillion," *China Daily*, March 25, 1998.

　　北京面臨著一個艱難的選擇。推進國有企業的根本改革充滿了危險，因爲失業率在上升，社會保障體制欠發達。國有企業的破産和停産將帶來史無前例的高失業。根據中國官方的評估，國有企業中的勞動力過剩在 90 年代末達到 2,150 萬人。根據高長的估算，國有企業中的勞動力過剩在 2,690 萬人和 3,230 萬人之間。鑑於中國當前尙不完善的社會保障體制，這個巨大的潛在失業可能會導致社會不穩定，甚至動亂。[43]

　　推遲或延緩現在的改革可能會減少改革的某些負面社會和政治後果，但是這種推遲將會迫使中國放棄形成一個更加有效的資源配置和使用制度的機遇，而這個制度是維持經濟可持續快速發展所必需的。事實上，中國領導層可能沒有多大的迴旋餘地，只能更堅決地推動當前的改革。這裡可能找到爲什麼中國 1999－2000 年在條件苛刻的情況下依然要堅持加入 WTO 的答案。

　　例如，延遲的改革和誤導的國家投資導致許多經濟部門生産能力嚴重過剩，這造成了 1997－2000 年通貨緊縮的壓力，資本的低回報和金融體制的嚴重缺陷。就像不良貸款占了全部銀行貸款至少 25%，但是國有企業對借款的需求卻日益加大，這可能會使整個銀行系統很快崩潰。另外，對國有企業的預算支持嚴重排擠非常有限的國家稅收資源。還有，越來越多的公司在 90 年代已經不再或者拖延繳納地方養老金。在危機爆發之

---

[43] Central Intelligence Agency, *China's Economy in 1995-97*, APLA 97-10008, December 1997, p. 6. 高長，〈中國大陸城鎮勞動力就業問題之探討〉，《遠景季刊》，第一卷第四期（2000 年 10 月），頁75。

前，北京需要把養老、衛生和教育債務由國家企業轉到政府機關。[44]

北京已經認識到了國有企業改革的嚴重性。江澤民主席反覆強調一定要有「高度緊迫感」。1999 年 9 月 22 日，中國共產黨在第 15 屆黨中央委員會第四次全會上作出了一個「決定」。指出「國有企業的體制轉換和結構調整進入攻堅階段，一些深層次矛盾和問題集中暴露出來。……必須採取切實有效的措施解決這些問題。這不僅關係到國有企業改革的成敗，也關係到整個經濟體制改革的成敗。」[45]

對於北京來說，前面的任務是艱巨的和龐雜的。1998 年，有 49%的大中型國家企業虧損，中國政府對 2,000 到 3,000 家企業進行了破產、兼併或收購處理。1999 年初，副主任陳清泰指出，今後三年 4,000 家赤字的大中型企業要麼破產，要麼和其他

---

[44] Pieter Bottelier, "China's Economic Transition and the Significance of WTO membership," The First Huang Lian Memorial Lecture, Center for Research on Economic Development and Policy Reform, Stanford University, November 17, 1999, pp. 3-4. Nicholas R. Lardy, "Sources of Macro Economic Instability in China," in David Shambaugh (ed.), *Is China Unstable? Assessing the Factors* (Washington D.C.: George Washington University, 1998), p. 56. Cheng, "China's Economy," p. 134. Lardy, "When Will China's Financial System Meet China's Needs?," pp. 19-20.

[45] Lo Mei, "Jiang Reported to Steer State Firm Reform" (in Chinese) Hong Kong *Kuang Chiao Ching*, no. 322, July 16, 1999, in FBIS-CHI-1999-0805. "The Decision of the Central Committee of the Chinese Communist Party on Major Issues Concerning the Reform and Development of State-Owned Enterprises" (in Chinese), *Renmin Ribao* [People's Daily] (Overseas edition), September 27, 1999, p. 1.

企業合併，800 萬到 1,000 萬工人下崗。另外，雖然國有企業及相關部門改革需要大量的資金，但是中國政府沒有足夠的現金。副主任陳清泰估計，今後三年改革國有企業的直接成本大概是人民幣 6,000 億元到 8,000 億元（超過 1998 年全部中央政府開支的兩倍）。[46]

第三節　金融改革

一、國有銀行的低效與不良貸款

1996 年，中國的四大國有商業銀行總共擁有 90%以上的銀行資產和三分之二的金融資產。2000 年底，四大國有商業銀行仍然擁有全部銀行系統資產的 70%多。但是，這四大國有商業銀行是非常低效的。中國四大國有商業銀行的資產回報率從 1985 年的 1.4%下降到 1997 年的 0.2%。另外，這四大國有商業銀行還有堆積如山的不良貸款，包括過期貸款、可疑貸款和壞賬。根據中國人民銀行行長戴相龍，不良貸款在全部貸款中的份額由 1994 年底的 20%上升到 1995 年底的 22%，再到 1997 年底的 25%。中國央行研究部估計，2000 年不良貸款的總額在人民幣 22,360 億元（合 2,700 億美元），差不多是國內生產總值的 30%。2001 年 3 月，戴相龍承認，要不是把不良貸款轉移到

---

[46] World Bank, *China: Weathering the Storm and Learning the Lessons* (Washington, D.C.: World Bank, 1999), p. 30. "Reform of State-Owned Enterprises Needs 800 Billion Yuan in Next 3 Years" (in Chinese), Hong Kong *Ming Pao*, November 11, 1998, p. b15, in FBIS-CHI-98-317.

資產管理公司，中國的不良貸款 2000 年將達到國家銀行全部貸款的 35%，大約人民幣 35,490 億元（國內生產總值的 40%）。[47]而且，中國對不良貸款的定義究竟有多寬鬆是個很大的問題。

2001 年 3 月，作爲中國聲望最高、第三大國有商業銀行的中國銀行總裁公開指出，在 20%的銀行貸款轉移到東方資產管理公司之後，銀行的不良貸款還達到資產的 28.8%。[48]根據鮑迪樂，2000 年底，四大國有商業銀行中剩下的不良貸款總額加上轉移到資產管理公司的部分，可能總計爲人民幣 4 萬億到 4 萬 5 千億元（國內生產總值的 45－50%）。[49]

還有，非銀行金融機構作爲一個群體，既包括信託投資公司，也包括信用社、融資公司和借貸公司，早在 1996 年初全部資產中就有一半屬不良資產。到 1999 年上半年，鄉村信用社的資金據報導從人民幣 344 億元猛跌到人民幣負 75 億元。這種無

[47] Lardy, "When Will China's Financial System Meet China's Needs?," p. 6. Nicholas R. Lardy, "The Challenge of Bank Restructuring in China," in Bank of International Settlements (ed.), *Strengthening the Banking System in China: Issues and Experience* (Basel, Switzerland: Bank of International Settlements, 1999), p. 26. Shalendra D. Sharma, "Weathering the Asian Financial Crisis: China's Economic Strengths, Weaknesses, and Survivability," *Issues & Studies*, vol. 36, no. 6 (November/December 2000), p. 100. Pieter Bottelier, "The Impact of WTO-Membership on China's Domestic Economy," speech at Johns Hopkins University School of Advanced International Studies, China Forum, November 14, 2000, pp. 6-7. 康彰榮，〈戴相龍：商銀不良資產比率占 25%〉，《工商時報》，2001 年 3 月 27 日。
[48] James Kynge, "Governor Liu Increases Pressure to Clean Out the Stables," *Financial Times*, May 16, 2001, p. 30.
[49] Bottelier, "China's Domestic Debts," pp. 5-6.

力償還的債務帶來的危險是非常嚴重的，因為鄉村居民在這些機構中大約有儲蓄存款超過人民幣 1 萬億元。[50]根據馬駿，同樣值得警惕的是，1997 年底，中國大約 90%的信託投資公司已經喪失借貸償還能力。[51]

中國的四大國有商業銀行作為一個群體，根據西方的會計標準，淨資産值也是負的，因而也不具有清償能力。例如，1995 年底，這些銀行的全部淨資産值，包括已繳訖資金、盈餘和提存利潤，只有人民幣 2,690 億元，而 1995 年國家銀行的不良貸款大約有人民幣 8,670 億元（全部貸款的 22%）。另外，國家銀行的資本充足率從 1989 年占資產的 8.8%迅速下降到 1996 年占資產的 4.0%，這比中國央行 1994 年採用的 8%巴塞爾標準要低很多，這個標準已經寫進了「中國商業銀行法」。即使 1998 年注入資本達人民幣 2,700 億元，四大國有商業銀行的資本充足率 2000 年 9 月也只是在 1.4%到 4.6%（只有中國銀行是個例外，達到 8.5%）。[52]

[50] Lardy, "When Will China's Financial System Meet China's Needs?," pp. 7-8.

[51] Jun Ma, *The Chinese Economy in the 1990s* (New York: St. Martin's Press, 2000), pp. 64-65.

[52] Lardy, *China's Unfinished Economic Revolution*, p. 119. Lardy, "When Will China's Financial System Meet China's Needs?," pp. 6-7. 龔浩成和戴國強編，〈2000 中國金融發展報告〉，頁 87。Meifang Deng, "PRC Academic on Development, Problems of China's Banking Industry" (in Chinese), Beijing Zhongguo Xinwen She, October 30, 2001, in FBIS-CHI-2001-1030.

二、北京的任務與困難

80 年代和 90 年代的教訓說明，一旦不良貸款，達到全部貸款的 15%，很多國家都將經歷系統性銀行問題。例如，就在 1997 年亞洲金融危機爆發之前，泰國的不良貸款占銀行借貸證券的 15%，韓國占 16%。1997 年到 2001 年，中國的國家銀行不良貸款似乎已經達到了至少 25%。根據衡量金融部門活力的常用標準，中國已經超過了可能引發系統性銀行危機的臨界點。[53]

儘管技術意義上喪失了償還能力，但是中國的國有商業銀行仍然能夠償還債務，因為它們有大量的而且還在迅速發展的私人存款作為雄厚基礎，這反映了中國極高的儲蓄率。中國能夠避免一次金融危機，只是因為中國家庭仍在不斷為其在銀行的儲蓄存摺添加大量的存款。然而，他們卻是一場騙錢遊戲的真正參加者，只有當人們認為他們能夠存取他們的錢，沒有其他實際投資選擇，而且不會有高速上揚的通貨膨脹時，這個遊戲才能維持。但從長遠來看，這種情況是不會持久的。

延遲國家銀行改革將使中國面臨無數多的危險。首先，中國的資本賬存在漏洞，而且這個漏洞會不可避免地變得越來越大。在中國國際收支平衡表中，錯誤與遺漏的數額一直相當大，表示很多外匯能夠規避國家管制，轉移到中國境外。從 1995 年到 2000 年，中國國際收支中的錯誤與遺漏項目累計高達

---

[53] Helmut Reisen, "Domestic Causes of Currency Crises: Policy Lessons for Crisis Avoidance," OECD Development Centre, *Technical Papers*, no. 136, June 1998, p. 23.

1,037 億美元，年平均達到 173 億美元。其次，增長下滑可能會暴露國內金融系統的潛在缺陷。放緩的增長將減少國有企業的業務利潤，並因而進一步惡化中國主要銀行的金融狀況。

第三，家庭存款在銀行全部存款中的比例從 1978 年的 8%陡增到 1996 年的 50%和 1999 年的 70%。隨著家庭存款在銀行全部存款中的比例不斷上升，任何家庭儲蓄行為的些許變化可能會導致銀行存款的巨大變化，這是政府難以控制的。這些儲蓄中的大部分由銀行投資變為國有企業的貸款而無法收回。但是，政府非公開性存款擔保卻維護了信心和系統穩定。因此，當中國國內儲戶對政府有關銀行存款非公開性擔保喪失信心時，就非常有可能引發一場銀行危機。[54]

信心喪失的誘因可能在於，經濟增長放緩會暴露國內銀行系統的弱點，經常帳的鉅額赤字和國外來華直接投資突然減少的跡象可能使中國用大規模貶值來應對，或者任何其他經濟、社會和政治危機。例如，中國領導人沒能儘快地降低利率（1998 年的實際利率為 10%左右）來刺激國內需求，也許是因為他們害怕國內儲戶產生恐慌而把儲蓄兌換成硬通貨，儘管在官方意義上，國際收支的資本帳是封閉的。如果儲戶大規模地支取他們的存款，中國最大銀行的喪失清償能力問題就會變成流通性問題。甚至在沒有大規模支取儲蓄存款的情況下，流入資金的突然銳減也會迫使銀行不能再以相對非通膨的方式繼續擴大對國有企業的借貸。[55]

---

[54] Lardy, "When Will China's Financial System Meet China's Needs?," pp. 2-3. Ma, *The Chinese Economy*, p. 66.

[55] Lardy, *China's Unfinished Economic Revolution*, pp. 106-07, 200-02.

　　第四，小型以城市為基礎的商業銀行、鄉村和都市信用社已經很難得到並保持存款。此外，中國大銀行的清償能力能夠維持中期強勢，但是，隨著時間的發展，隨著中國資本市場的進步，更多的儲蓄將不可避免地由銀行轉到股票、證券和其他投資場所。結構的變化儘管是個漸進的過程，但卻為中國銀行的財源穩定帶來了長期的威脅。

　　由於有這些危險的存在，推遲銀行改革會使問題更嚴重。根據日本銀行的經驗，推遲銀行改革將只會導致不良貸款的增長和銀行資本的侵蝕。根據中國國家統計局，中國經濟和金融危險幾乎不在安全界限之內，金融危險的綜合指數每年都在增長。金融指數體系包括五個方面，從高到低依次是：銀行內部穩定、國債風險、宏觀經濟穩定、泡沫破裂風險和國外資本衝擊風險。1999 年，中國金融危險指數是 47.6，比 1991 年高出 11.8，幾乎達到了安全界限的上限（50）。[56]

　　世界銀行 1997 年警告，中國面臨著主要銀行喪失清償能力的問題，並有爆發銀行危機的嚴重危險。[57]鮑迪樂警告，一個金融定時炸彈正在啟動中，必須儘快拆除它的引信。特別是，北京只有很短的時間來解決銀行改革問題，因為中國可以用於兌現 WTO 承諾的時間是非常少的。[58]

　　"Red Alert," *The Economist*, October 24, 1998, p. 23.

[56] Yihua Shi, "PRC Statistics Bureau Data Show Financial Risk Surging Year by Year," Beijing *Renmin Ribao* (Internet Version), November 15, 2000, in FBIS-CHI-2000-1115.

[57] World Bank, *China 2020: Development Challenges in the New Century* (Washington, D.C.: World Bank, 1997), pp. 30-31.

[58] Pieter Bottelier "China's Economy at the Turn of the Century: The

　　中國發生銀行危機將是一場災難。拉迪警告說，銀行擠兌「將導致銀行信用的崩潰，並因而導致大衰退，這是中國幾乎四十年沒有經歷過的」。[59]中國的銀行危機將極有可能導致一種通貨膨脹的惡性循環，並使大多數老百姓不滿。裴敏欣警告說，大規模爆發的銀行危機對政治穩定的影響比高失業要致命得多，因為一場銀行危機會傷及每一個人，而失業主要影響的只是社會中的一部分人，即製造工人。因此，銀行危機之後比高失業之後更容易出現一個廣泛的反共產黨政權的聯盟。[60]

　　中國政府已經完全意識到了這個問題的存在。1998 年初，中國政府宣布，要通過發放人民幣 2,700 億元（326 億美元）的國庫券來再資本化國有商業銀行，改善商業銀行的獨立性，加強銀行監管。再資本化計畫使國有商業銀行的資本由人民幣 2,080 億元上升到人民幣 4,780 億元。另外，中央政府還鄭重承諾提供更多的資金以勾銷企業壞賬。1996 年計畫開始時，國家撥款人民幣 200 億元來勾銷正在重建的企業拖欠銀行的壞賬。此名目下的資金 1997 年是人民幣 300 億元，1998 年人民幣 400 億元。[61]

　　然而，1998 年注入的人民幣 2,700 億元資本和 1996－1998

Significance of WTO Membership for Continuing Reform," CSIS China Economic Outlook, January 2000, http://www.csis.org/asia/chinaecon/ceo0100.html, accessed February 2, 2001, p. 6 of 7.

[59] Nicholas R. Lardy, "China's Economic Growth in an International Context," *Pacific Review*, vol. 12, no. 2 (1999), p. 163.

[60] Minxin Pei, "Is China Unstable," Foreign Policy Research Institute Wire, July 1999, http://taiwansecurity.org/IS/Pei-990707.htm, accessed November 9, 2000.

[61] Lardy, China's Unfinished Economic Revolution, p. 207.

年爲國有企業提供的人民幣 900 億元基金，似乎並不足以再資本化銀行和解決不良貸款問題。在拉迪看來，1998 年爲金融系統再資本化需要注入的資本大約等於 2,600 億美元，或人民幣 21,580 億元（中國國內生產總值的 27%）。根據央行研究部的估計，2000 年重建國家銀行的金融成本是人民幣 22,600 億元（2,730 億美元），接近國內生產總值的 30%。但是，1998 年中國中央政府的支出只有人民幣 3,130 億元。再資本化的需要嚴重威脅著中國的財政穩定。拉迪認爲，任何爲金融系統再資本化的嚴肅嘗試都會馬上使政府的債務水平達到國內生產總值的 50%以上。最終的代價還會更高，特別的原因是，國家銀行貸款給國有企業的新壞賬的趨勢好像還沒有中止。[62]

　　爲幫助國有商業銀行適應 WTO 規則，中國已經開始把大量的不良貸款從銀行轉移到國有資産管理公司。資産管理公司將發放債券以購買貸款，但是這些債券是由財政部非公開擔保的，因此，最終將不可避免地由政府來支付。這意味著，國家本身正在爲全部或部分不良貸款證券承擔責任。1999 年和 2000 年，名目價值人民幣 14,000 億元（1,690 億美元或國內生產總值的 16%）的不良貸款被轉移到資産管理公司。《人民日報》報

---

[62] Lardy, "The Challenge of Bank Restructuring in China," p. 34. Pieter Bottelier, "China's Economic Reforms and American Interests," Charles Neuhauser Lecture, Fairbank Center for East Asian Research, November 30, 2000, p. 10. Y.K. Mo, "A Review of Recent Banking Reforms in China," in Bank of International Settlements (ed.), Strengthening the Banking System in China: Issues and Experience (Basel, Switzerland: Bank of International Settlements, 1999), pp. 93-101. Lardy, "When Will China's Financial System Meet China's Needs?," pp. 20-37.

導說，不良資產的比例下降了近 10%。然而，2001 年 3 月戴相龍行長承認，2000 年底，在資產管理公司買進人民幣 14,000 億元國有商業銀行不良貸款之後，不良貸款仍然占國有商業銀行貸款的 25%。[63]

中國很多資深的官員和其他分析人士都認為，這個雄心勃勃的計畫充滿了艱難險阻。資產管理公司缺少有經驗和稱職的職員。資產管理公司沒有足夠的活動和法律框架。無法清償的貸款數額巨大，即使大打折扣，國內和國際投資商對不良貸款的興趣可能還是很低。最後，資產管理公司不是獨立的，許多交易行為需要得到高級政府主管的批准。[64]

另外，必要的金融部門改革與其他許多部門的改革是緊密相聯的，因而緩進的或部分改革的辦法不會奏效。實質上，1995 年前，與經濟規模有關的稅收降低導致政府為國有企業增添了過多的社會責任。這些壓力同加劇的競爭一道使國有企業的金融表現變得很差，國有企業對國有商業銀行的借貸依賴變得極為巨大。90 年代，國有商業銀行給國有企業的貸款占國有商業銀行全部貸款的 81%。這反過來成了銀行系統中大部分喪失清償能力的一個主要原因。這三個問題是緊密相關的。

[63] Zhenjun Han and Honghe Zhang, "Major Progress Scored Five Areas of Reform in State-Owned Enterprises" (in Chinese), Beijing Xinhua Domestic Service, March 6, 2001, in FBIS-CHI-2001-0306. Bottelier, "The Impact of WTO-Membership on China's Domestic Economy," pp. 6-7. Tian Li, "PRC's Dai Xianlong Discusses Current Financial Issues" (in Chinese), Beijing *Renmin Ribao* (Overseas Edition), January 23, 2001, in FBIS-CHI-2001-0123. 康彰榮，〈戴相龍：商銀不良資產比率占 25%〉，《工商時報》，2001 年 3 月 27 日。

[64] World Bank, "China," *China Quarterly*, March 20, 2000, p. 5.

　　例如，1998－1999 年銀行改革放緩腳步，因為在亞洲金融危機期間實施國有企業改革的困難是顯而易見的。在 1998 年和 1999 年，北京建議國有商業銀行增加對病態國有企業的金融支援。結果，未清償貸款相對於國內總產值的比例從 1995 年底的 86%上升到 1998 年底的 109%。借貸快速增加的大部分顯然已被用於支付國有企業的投入、工人的工資、退休人員的養老金等等。[65]

第四節　失業和流民

　　根據官方統計，經過 1989－1990 年經濟增長率的突降之後，1990 年中國的正式失業人數只有 380 萬人，占城市勞動力的 2.5%，但是這卻低估了實際情況。90 年代，正式的失業率逐漸增長。在 1995 年和 1998 年之間，大約有 520－570 萬人登記失業，城市失業率為 2.9-3.1%。但是，真正的城市失業率比這要高出很多。根據中國的官方調查，1995 年城市失業人口有 790 萬，失業率為 4.3%；1996 年為 820 萬和 4.6%；1997 年為 980 萬和 4.9%；1998 年為 1,150 萬和 6.2%。[66]即使這些調查也低估了形勢，它沒有涵蓋鄉村來的流動人口（流民）。

　　中國的官方數字是嚴重有誤的，因為它們沒有考慮下崗工人和來自鄉村的移民。從 1994 年起，國有企業工人開始大規模

---

[65] Lardy, "When Will China's Financial System Meet China's Needs?," pp. 30-32.

[66] 胡鞍鋼，〈跨入新世紀的最大挑戰：我國進入高失業階段〉，胡鞍鋼編，《中國走向》（杭州：浙江人民出版社，2000），頁 53-4。

被解僱。世界銀行估計，在 1 億 4 千萬留在國有部門的工人中，有多達 4,900 萬的工人（35%）可能被解僱。根據美國 1999 年的一個報告，當時仍有大約 2,800 萬過剩的國有部門工人（包括隱性失業者和下崗工人）。然而，中國當局卻創造了一個新類別——「下崗工人」，他們和前工作單位仍然保持關係，以避免因這類人而使登記失業者明顯增加。[67]

根據中國官方的估計和統計，中國下崗工人 1993 年有 300 萬，1995 年 560 萬，1996 年 890 萬，1997 年 1,440 萬，1998 年 1,730 萬，1998 年差不多是 1993 年的六倍。中國勞動和社會保障部部長張左己說，1999 年有 1,170 萬國有企業下崗工人，2000 年將有 1,200 萬國有企業工人失掉工作。因爲三分之二的下崗工人來自國有企業，三分之一來自城鎮、鄉村和其他企業，1999 年和 2000 年的全部下崗工人可能多達 1,800 萬。[68]

對於這些下崗工人來說，要找到常規的職業似乎非常困難。根據中國官方統計，再就業率，即一年內再次受僱的下崗工人占全部下崗工人的百分比，1997 年只有 37%，1998 年

---

[67] United Nations Development Programme (China), *The China Human Development Report* (New York: Oxford University Press, 1999), p. 63. John Pomfret, "Miners' Riot A Symbol of China's New Discontent," *Washington Post*, April 5, 2000, p. A1.

[68] 胡鞍鋼，〈跨入新世紀的最大挑戰〉，頁 56-59。Zhixia Chen and Yi Zhang, "SOE Reforms Attain Important Progress, Laid-Off Workers Receive Effective Protection," *Renmin Ribao* [People's Daily] (Overseas edition), March 8, 2000, p. 3. World Bank, "China," *China Quarterly*, September 18, 2000, p.13. 徐東海、夏樂生，〈大陸職工下崗所引發問題及解決對策之評析〉，《共黨問題研究》，第 27 卷，第 4 期（2001 年 4 月），頁 49。

50%，1999 年 42%。例如，張左己部長說，1999 年有 1,170 萬
下崗工人，其中 490 萬人重新就業，650 萬人仍然失業。[69]

　　基於 40-60%的再就業率，高長估計，1993 年城市失業率在
3.3%和 3.7%之間，1998 年爲 6.9%到 8.8%。估計城市失業人數
1993 年爲 540 萬到 600 萬，1998 年爲 1,270 萬到 1,610 萬（見表
9-6）。

表 9-6 中國城市失業的估算：1993－1998 年

單位：千人

年分	城市登記失業人數	下崗工人	實際失業人數		實際失業率（%）	
			A	B	A	B
1993	4,201	3,000	5,401	6,001	3.3	3.7
1994	4,764	3,600	6,204	6,924	3.6	4.1
1995	5,200	8,640	7,456	8,584	4.0	4.7
1996	5,530	8,916	9,090	10,880	4.9	5.9
1997	5,700	14,352	11,440	14,310	6.3	7.8
1998	5,710	17,343	12,650	16,120	6.9	8.8

註：
A：基於 60%的下崗工人重新上崗而作的估算。
B：基於 40%的下崗工人重新上崗而作的估算。
資料來源：
〈中國大陸城鎮勞動力就業問題之探討〉，《遠景季刊》（頁 73），第一卷第四
　期，高長，2000 年。

　　這些估算並沒有與中國的官方數字差距太大。根據中國的

---

[69] 陳智霞、張毅，〈國有企業改革脫困取得重要進展〉，《人民日報》（海外版），2000 年 3 月 8 日，版 3。"China to Help Most State Enterprises This Year," Beijing Xinhua, March 7, 2000, in FBIS-CHI-2000-0307.

《勞動力統計年鑑》，城市地區的登記失業率維持在 3.1%左右，而失業加下崗工人的比率卻從 1996 年的 5.6%增加到 1997年的 6.5%和 1998 年的 7.9%。而且，在 1997 年對五個大城市（北京、重慶、廣州、上海和瀋陽）的調查顯示，失業加下崗總共占勞動力的 13%。總體而言，中國的失業率在 1993 年和1998 年間至少增加一倍。[70]

除了登記的失業者和失業下崗工人之外，中國城市中還有大量的短期和非法鄉村移民，即所謂的流民。90 年代進行的幾次中國人口流動性調查發現，全部非正式移民人口有八千萬到一億兩千萬人。中國公安部的註冊統計顯示，1990 年的流動人口是 310 萬，1995 年 840 萬。根據世界銀行 2000 年的估計，全國範圍的流動人口達到 1 億。[71]

90 年代農村勞動力過剩的情況也非常嚴重。根據美國和世界銀行的研究，90 年代末，估計有一億兩千萬到一億四千萬農業的過剩勞動力，大約占全部農業勞動力的 35－40%。根據中國經濟學家周天勇的研究，1997 年到 2000 年，過剩的農業勞動力在二億和二億四千萬之間。根據《人民日報》，2001 年過剩的農業勞動力超過一億五千萬。由於現在農村地區還基本上沒

[70] World Bank, "China," *China Quarterly*, March 20, 2000, p. 12. World Bank, "China," *China Quarterly*, September 18, 2000, p.12. World Bank, *China 2020*, p. 47. Bottelier, "How Stable Is China?," pp. 65-66.

[71] United Nations Development Programme, *The China Human Development Report*, p. 66. World Bank, "China," *China Quarterly*, September 18, 2000, p.13. Dorothy J. Solinger, *Contesting Citizenship in Urban China: Peasant Migrants, the State, and the Logic of the Market* (Berkeley: University of California Press, 1999), pp. 15-23.

有社會保障體制，這個鉅額的失業可能導致嚴重的社會不穩定，甚至動亂。[72]

中國將進一步嚴重加劇失業問題，或者至少中國需要爲過渡性失業和再就業付出巨大的經濟和社會代價。1999 年初，官方《中國日報》報導，1999 年將有 1,600 萬城市居民（城市勞動力的 11%）找不到工作，另有一億兩千萬鄉村居民失業。根據國際經濟研究所 1999 年的估計，許多受保護的工農業產品實現自由貿易後將爲中國增加超過 1,100 萬的失業大軍。根據中國官方估計，傳統產業對勞動力的需求將減少 25%。根據《人民日報》，如果中國在 1999 年底加入 WTO，淨失業人數將增加 150 萬，而農業部門的剩餘勞動力將增加 970 萬。[73]

2000 年代初，再就業的挑戰繼續惡化。根據《人民日報》，2001 年城市地區全部勞動力供給至少有 3,350 萬人。另外，剩餘農業勞動力已經超過 1 億 5 千萬。剩餘勞動力由鄉村移民到城市和其他地區的規模將增加，因爲在鄉村地區增加收

---

[72] United Nations Development Programme, *The China Human Development Report*, p. 63. World Bank, *China 2020*, p. 45. Tianliang Bai, "Urban, Rural Areas Face Considerable Pressure in Employment This Year" (in Chinese), *Renmin Ribao* (Internet Version), February 16, 2001, in FBIS-CHI-2001-0216. 周天勇，〈中國社會的穩定與國民經濟的持續增長〉，王小魯、樊綱編，《中國經濟增長的可持續性》（北京：經濟科學出版社，2000），頁 415-17。pp. 415-417.

[73] "China – Action Required to Tackle Rising Unemployment," *China Daily*, January 18, 1999. Nicholas R. Lardy, "Clinton Spurned a Great WTO Deal With China", *Wall Street Journal*, April 20, 1999, p. A22. 〈加入世貿後國內就業結構變化估計〉，《人民日報》（海外版），1999 年 11 月 22 日，版 2。

入和改善生活條件是很困難的。[74]張左己部長說,在 2001－
2005 年間,中國的總勞動力供給估計在 5,200 萬,但是中國的
工業最多只能提供 4,000 萬個工作,這將使 1,200 萬人失業,城
市失業率達到 5%,比 90 年代的官方失業率高出 2 個百分點。[75]

失業問題已經使北京極為關注社會的穩定。1998 年 5 月 14
日,江澤民主席在一次全國會議上敦促,各級黨和政府必須高
度重視下崗工人問題,他稱這是「一個極為艱巨的任務」。他
進一步強調,「這不僅僅是一個重要的經濟問題,而且是一個
政治問題。它具有現實的緊迫性和長期的戰略意義。」[76]1999
年,張左己部長說:「創造就業的工作是一個長期的、艱巨的
使命。」[77]2000 年,他再次警告,「國家應該高度警惕形勢的
發展,改善社會保障體制。」[78]

特別是,大量下崗工人聚集在某些大型國有企業的省分,
包括遼寧、黑龍江、湖南、吉林、江西、湖北和山西。2000 年
1 月,瀋陽市長慕綏新在北京對黨員同事講話時,提出了一個特

[74] Tianliang Bai, "Urban, Rural Areas Face Considerable Pressure in Employment This Year" (in Chinese), *Renmin Ribao* (Internet Version), February 16, 2001, in FBIS-CHI-2001-0216.

[75] "PRC Zhang Zuoji Says Government to Maintain Unemployment Rate Below 5 Percent," Beijing Xinhua, March 10, 2001, in FBIS-CHI-2001-0310.

[76] "Jiang Zemin: Laid-Off Workers Top Priority," Beijing Xinhua, May 14, 1998, in FBIS-CHI-98-134.

[77] Chi Wang and Leiming Wang, "Minister on Laid-Off Workers' Job Problems" (in Chinese), Beijing Xinhua, August 28, 1999, in FBIS-CHI-1999-0902.

[78] "PRC Official: 12 Million to Loss Jobs at State Firms," Beijing Xinhua, January 10, 2000, in FBIS-CHI-2000-0110.

別警告，他說他所在的城市情況有可能失控。「我們的管理能
力正在受到失業上升的嚴重影響」。他認為：「所有的工作單
位都垮了……這是一個危險的局勢。」同樣的擔憂困擾著其他
幾十個混亂工業中心的領導人。[79]

　　中國失業問題的根本是，沒有為那些失業者和下崗工人提
供足夠的社會保障網路。根據胡鞍鋼，1997 年，全部失業人口
中大約三分之一沒有失業保險，中國城市地區 40%登記失業者
和 50%下崗工人沒有從政府那裡得到基本生活補貼。[80] 1999
年，張左己部長指出，只有七個省分為確保下崗工人的基本生
活需求準備了足夠的基金。[81]社會保障網路的欠缺，加上腐敗或
瀆職現象的普遍存在，尤其是在地方層面上，將極大地增加因
失業和下崗而引起的勞動力動盪不斷政治化，並威脅社會穩定
的可能性。

　　另外，流動人口已經大大增加了城市地區的犯罪率和社會
動盪與不穩定的潛能。如果中國陷入動亂，大規模失業流動人
口可能成為催化劑。90 年代中國的一本暢銷書《第三隻眼睛看
中國》認為，如果政府失去了對流動人口的流動控制，它將失
去統治權力，因為移民會導致這個國家走向動亂。作者強調，
歷代中國王朝無一例外，是被那些喪失或放棄土地的流民毀滅

[79]　Clay Chandler, "WTO Membership Imperils China's Industrial
　　Dinosaurs," *Washington Post*, March 30, 2000, p. A1.

[80]　胡鞍鋼，〈跨入新世紀的最大挑戰〉，頁 49-59。

[81]　Chi Wang and Leiming Wang, "Minister on Laid-Off Workers' Job
　　Problems" (in Chinese), Beijing Xinhua, August 28, 1999, in FBIS-CHI-
　　1999-0902.

的。[82]

　　爲瞭解決失業、下崗和流動人口問題，中國需要維持快速、有效和可持續的經濟增長率，並爲失業者、下崗工人和流動人口提供健全的社會保障網路。前者涉及國有企業和金融改革，後者涉及社會保障和財政改革。特別是，財政制約已經成爲建立社會保障網路、實施國有企業和金融改革最嚴重的障礙。

　　再就業的挑戰程度是很高的。根據《商業周刊》，如果增長下滑到 7%以下，中國的經濟將不能產生足夠的工作來滿足每年 600 萬新增勞動力的工作需求，還有 1,200 萬因國家企業重建而下崗的工人。[83]此外，《經濟學家》認爲，國內生產總值每下降一個百分點就意味著要多 500 萬人失業。[84]根據有關中國經濟的第一個白皮書，當經濟增長達到 7%時，估計能多產生 700 萬個工作。[85]然而，根據中國的官方統計，儘管 1998 年中國的國內生產總值增長率是 7.8%，新增加的就業工人全國只有 360 萬。更糟的是，90 年代末和 2000 年代初，勞動力供給一直在大大增加，因爲中國經濟改革的深化產生了更多的下崗工人和鄉

[82] Cited from Cheng Li, "200 Million Mouths Too Many: China's Surplus Rural Labor," in Orville Schell and David Shambaugh (eds.), *The China Reader: The Reform Era* (New York: Vintage Books, 1999), pp. 362-364.

[83] Joyce Barnathan, Dexter Roberts, Mark L. Clifford, Bruce Einhorn, and Peter Engardio, "Can China Avert Crisis?," *Business Week*, March 16, 1998, p. 47.

[84] "Red Alert," *The Economist*, October 24, 1998, p. 23.

[85] "Economic White Paper Reveals China's Labor Target" (in Chinese), Beijing Zhongguo Xinwen She, May 20, 1999, in FBIS-CHI-1999-0611.

村移民。[86]如果經濟增長下滑，除了失業和下崗的城市工人，中國城市還可能發現流動人口中成千上萬失業的、集結的和憤怒的工人對城市的衝擊，他們得不到社會福利安全網路的拯救，他們無路可走、無處可去。

第五節　腐敗

20 世紀初，滿清統治者的腐敗，加上大範圍的經濟困難，促使孫中山等人推翻了帝制。近半個世紀之後，人們對通貨膨脹突飛猛進和國民黨官僚露骨貪污的厭惡，幫助推翻了國民黨政權。中國共產黨領導深知這些歷史教訓。天安門事件之後，鄧小平說：「如果我們不懲治腐敗，特別是黨內腐敗，我們真的要有大麻煩。」當時的政治局常委喬石同意這一看法，「腐敗事件……很清楚是人們不滿日益高漲的主要根源。」[87]然而，中國共產黨面臨著一個致命的困境。中國前資深領導人陳雲對此做了最好的詮釋，「不打擊腐敗會毀了國家，打擊腐敗會毀了黨。」中國共產黨的反腐敗紀錄已經證明了陳雲的遠見卓識：黨已經發現，根除腐敗等於自殺。[88]

根據最高檢察院，每年涉及腐敗和賄賂的刑事案件在過去 20 年裡迅速增加。1978 年至 1987 年此類案件平均每年 2 萬起，1988 年至 1994 年平均每年 6 萬 6 千起，1993 年至 1997 年平均

---

[86] 胡鞍鋼，〈跨入新世紀的最大挑戰〉，頁 49-52。

[87] Zhang (comp.), *The Tiananmen Papers*, pp. 138, 151.

[88] Pei, "Will China Become Another Indonesia?," p. 101.

每年 7 萬 7 千起。在 1992 年至 1997 年這段時間,共有 121,500
名黨員被驅逐出黨,其中 37,492 人受到刑事處罰,每年平均
7,500 人,儘管相對於中國共產黨 6,000 萬黨員來說,這個比例
是很低的。1993 年至 1999 年,全國調查的腐敗案件每年增加
9%,受紀律處罰的官員人數每年增加 12%。1993 年至 2000
年,中國當局通過反腐敗鬥爭挽回了至少人民幣 376 億元直接
經濟損失。這個數字說明了北京反腐敗努力取得的成就,但是
也說明了諸如侵占公款和行賄受賄的腐敗現象已經變成了一個
普遍的和嚴重的問題。[89]

中國官方的數字清楚地說明這個趨勢。根據中國國家審計
署,從 1992 年到 1997 年,中國用於收購糧食的資金總共損失
了人民幣 2,140 億元,占總資金的 40%,其中超過人民幣 800 億
元被挪作它用,超過 1,200 億元被報告丟失。這些錢被用來投機
土地交易和炒股票。[90]另外,1998 年 10 月,朱鎔基總理在一次
全國電視講話上說:「大量石油走私到我們國內市場,幾乎毀

---

[89] Ziming Chen and Wang Juntao, *Jiechu Zhongguo Weiji* [Defusing China's
Bomb] (Flushing, N.Y.: Mirror Books, 1996), pp. 370-71. "China: Report:
China's Anti-Corruption Drive Successful," Beijing Xinhua, September
23, 1997, in FBIS-CHI-97-266. "China State Focuses on Corruption
Fight," *China Daily*, March 11, 1998. "Han Zhubin on Intensifying
Efforts Against Corruption," Beijing Xinhua, September 24, 1999, in
FBIS-CHI-1999-0924. "Major Corruption Cases," *Beijing Review*, vol. 43,
no. 21, May 22, 2000, p. 14. "Han Zhubin Says: New Progress Has Been
Made in China's Anticorruption Campaign" (in Chinese), Beijing Xinhua
Hong Kong Service, March 10, 2001, in FBIS-CHI-2001-0310.

[90] "214 Billion Yuan of Grain Funds Lost and Misappropriated" (in Chinese),
Hong Kong *Sing Tao Jih Pao*, October 14, 1998, B14, in FBIS-CHI-98-
308.

了我們整個石油工業。走私並不是每個私人企業老闆都能參與的，那些混蛋跟部隊、公安和國家安全機構都有聯繫。」[91]

根據新華社，中國因走私一年損失稅收達人民幣 800 億元，而且大部分走私活動是由解放軍進行或者保護的。根據《華盛頓郵報》，走私使北京每年損失多達人民幣 2,480 億元（300 億美元）。特別是遠華集團貪污醜聞，是 1949 年以來中國最大的走私和腐敗案件，有 100 多位廈門官員捲入其中。通常認為，90 年代中期以來，遠華集團走私貨物的價值達到人民幣 800 億元。但是，根據南華早報，一個北京的警方消息認為，全部數額至少在人民幣 1,500 億元。[92]

官方報導、學術研究和軼事紀載都說明，中國的腐敗已經達到了史無前例的程度，導致大量國家財富被盜和浪費。中國國家審計署估計，1999 年中國被盜用的公款為人民幣 1,240 億元，超過國內生產總值的 1%。根據裴敏欣，中國官方媒體發布的資料顯示，1999 年，一年腐敗的總損失是中國國內生產總值的 4.8%，達人民幣 3,430 億元。胡鞍鋼用廣義的腐敗定義[93]估計，1995 年至 1999 年，每年的腐敗損失在人民幣 9,950 億元

---

[91] Lampton, *Same Bed, Different Dreams*, pp. 281-82.

[92] "PLA Withdrawal From Commerce Viewed," *Hsin Pao* (Hong Kong), July 27, 1998, in FBIS-CHI-98-208. John Pomfret, "China holds Security Officials," *Washington Post*, January 8, 1999, p. A23. Willy Wo-lap Lam, "Xiamen Graft Total Could Top \$140 Billion," *South China Morning Post*, January 26, 2000, p.1.

[93] The losses of corruption, defined by Hu Angang, include the losses of tax revenues, state economic investment and fiscal expenditure, illegal economic "black revenues," and rents in monopolistic industries.

（國內生產總值的 13.3%）和人民幣 12,670 億元（國內生產總值的 16.9%）之間。裴敏欣警告說，如果允許這個趨勢繼續下去，腐敗將侵蝕中國的經濟實力，進一步使執政黨喪失合法性，並增加中國發生蘇哈托式崩潰的危險。[94]

中國共產黨知道，腐敗在蔓延，因而必須採取實際行動扭轉這種局面，以便維護政權。根據 2000 年進行的三次官方社會調查，中國公眾一致認爲防止腐敗和打擊腐敗是頭等重要的大事。[95]根據 2000 年中央黨校進行的一次調查，70%以上的黨政幹部認爲，腐敗是中國面臨的最嚴重的社會問題。[96]2001 年 3 月 9 日，中國人大委員長李鵬坦誠地對全國人大代表說：「如果我們不能打擊腐敗、促進廉政，那麼我們將面臨亡黨亡國。」[97]

90 年代末，北京加大了反腐敗鬥爭的力度。例如，1999 年 1 月和 7 月間，將近 900 名省部局級以上幹部被免職，開除黨籍，或者提交司法機關依法處理。2000 年 9 月，中國處決了前全國人大副委員長和李鵬的心腹成克傑，因爲他接受了 490 萬

---

[94] Brian Bennett, "In the End, It's All About Connections," *Time*, October 9, 2000, p.28. Pei, "Future Shock," p. 5. Pei, "Will China Become Another Indonesia?," pp. 94-110. 胡鞍鋼，〈腐敗：中國最大的社會污染〉，胡鞍鋼編，《中國：挑戰腐敗》（杭州：浙江人民出版社，2001），頁 34-66。

[95] Si Liang, "China Intensifies Efforts to Prevent, Fight Corruption at the Source" (in Chinese), Hong Kong Zhongguo Tongxun She, March 12, 2001, in FBIS-CHI-2001-0312.

[96] 青連斌、謝志強，〈黨政幹部對 2000-2001 年社會形勢的基本看法〉，汝信、陸學藝、單天倫編，《2001 年：中國社會形勢分析與預測》（北京：社會科學文獻出版社，2001），頁 56-7。

[97] Christopher Bodeen, "Top Chinese Legislator Warns Colleagues About Corruption," *Washington Post*, March 10, 2001, p. A17.

美元的賄賂。成克傑是 1949 年人民共和國成立以來被處決的最高級別官員。前江西省副省長胡長淸因腐敗而被處決。前北京市書記陳希同正因爲貪污而在獄中服刑，刑期 16 年。2000 年 11 月，司法部長高昌禮因腐敗指控而被拘留審問。另外，前公安部副部長李紀周因受賄和妨礙廈門貪污醜聞的調查而被判處死刑。這些案例顯示，中國共產黨已經深深知道政府內部猖獗的腐敗現象，並正在努力根除腐敗。

然而，這種努力並沒有贏得中國人民的信心，反而遭到由中國共產黨控制的國家立法機關的批評。1996 年全國人大會議上，30%的全國人大代表對最高檢察院關於法律執行和反腐敗問題的工作報告公開表示反對。20%的全國人大代表拒絕爲最高法院審判長的報告投贊成票。1997 年全國人大會議上，反對的代表人數分別是 40%和 32%。1998 年全國人大會議上，反對的代表人數分別是 40%和 31.5%。經過 1999 年至 2000 年反腐敗鬥爭的加強，在 2001 年 3 月的全國人大會議上，大約全部全國人大代表中的 35%拒絕接受最高人民檢察院的年度報告，32%的代表拒絕支持最高人民法院的年度報告。在那次會議上，代表們坦誠地批評了中國最高法官蕭揚和最高檢察長韓杼濱，因爲他們沒有能夠剷除腐敗、消滅犯罪，而且在法院和檢察院內部也存在著腐敗現象。

第六節　社會不穩定

一、　城市不穩定

　　抗議集會、集體請願、街道封鎖、沿街示威、靜坐、怠工、誤工、工業罷工（1982 年起爲非法）、反對管理人員的怠工表現和軀體暴力、抗稅……等，已經成爲改革時代中國城市地區社會狀況的突出特徵。現有的資料來源顯示，最近幾年，各種類型的社會衝突在中國快速發展。而且，從參加規模、破壞程度和暴力使用等方面來看，衝突正在走向惡化。

　　點燃這些公衆抗議的不幸，經常反映了債務纏身的國家企業在改革中面臨的困境，包括下崗、利益受損和管理腐敗。90年代中期，當大規模下崗、工廠關閉、養老金推遲發放等情況出現時，罷工讓位於失業和退休工人的靜坐與公開示威，後者成爲最一般的抗議形式。在天安門事件之後的十年，工人超越工廠的範圍已經成爲勞動者進行抗議的大趨勢。局勢可能失控，因爲其他對地方經濟不滿的群體經常會加入抗議的行列，而且和平抗議很容易轉化爲暴動和暴力衝突。

　　例如，1995 年底，四川南充 20,000 工人將市政廳包圍達 30個小時，抗議 6 個月沒有拿到工資。2000 年 2 月底，北京以北 250 英里的一個礦鎮楊家丈子，超過 20,000 工人及其家庭和警察和士兵戰鬥了三天。採礦工人是因爲丟了工作和認爲官員腐敗而發怒的。他們焚燒汽車、在街上設置路障、砸窗戶、點燃油桶以示抗議。最後，抗議被來自解放軍的一個派遣隊鎮壓。

2001 年 12 月底，大約 2,000 工人占領了雙風紡織廠，抗議官員的腐敗、養老金的喪失和太多的下崗。他們和警察不斷抗爭長達兩個星期。[98]

80 年代和 90 年代中國的工人抗議事件頻繁發生。在城市地區，中國貿易工會聯盟記錄的罷工次數 1987 年爲 97 次，1988 年爲 100 次。80 年代末，中國領導人敏銳地感覺到，並非常擔心東歐釋放出來的無產階級反革命的不祥之兆。他們害怕同樣的傳染病會傳播到中國工人身上。結果，在 1989 年春天的示威中，工人試圖建立獨立的貿易工會的溫和嘗試，卻碰到了特別嚴厲的回應。[99]

然而，城市社會不穩定自那以後卻不斷惡化。根據香港雜誌《爭鳴》轉引自一個據稱秘密的國務院報告，僅在 1993 年，中國就發生了超過 850 次非法遊行和示威，1,210 多次非法集會（包括靜坐示威和請願），逾 6,320 次的非法罷工（包括怠工行爲），440 餘次騷亂，和 210 多起暴動。[100]

---

[98] Geoffrey Murray, *China: The Next Superpower* (New York: St. Martin's Press, 1998), p. 25. John Pomfret, "Miners' Riot A Symbol of China's New Discontent," *Washington Post*, April 5, 2000, p. A1. Philip P. Pan, "'High Tide' of Labor Unrest in China," *Washington Post*, January 21, 2001, p. A1.

[99] Martin King Whyte, "The Changing Role of Workers," in Merle Goldman and Roderick MacFarquhar (eds.), *The Paradox of China's Post-Mao Reforms* (Cambridge, Mass.: Harvard University Press, 1999), p. 174. Jeanne L. Wilson, "The 'Polish Lesson': China and Poland, 1980-1990," *Studies in Comparative Communism*, vol. 23, no. 2 (1990), pp. 259-280.

[100] Hsun-che Chuan, "Secret Report on 'Disturbances' on Mainland Last Year" (in Chinese), Hong Kong *Cheng Ming*, no. 198, April 1, 1994, p. 21,

公安部編輯的內部報告記錄的全國罷工次數，1992 年 480 次，1995 年 1,870 次，1996 年前 9 個月 1,740 次。根據官方計算，僅 1995 年有 20 人以上參加的抗議遊行上升到歷史新高 1,620 次，涉及人數達 110 萬人，發生的城市爲 30 多個。[101]根據公安部，1998 年有 60,000 次抗議，1999 年 100,000 次抗議。[102] 根據傳統基金會亞洲研究部主任拉力‧伍澤爾（Larry Wortzel）的計算，1997 年 1 月到 2000 年 11 月，中國媒體報導了 100,000 次「涉及幾百人參加的大規模抗議」。[103]

中國政府最近的一個報告認爲，國家正處在勞動者動亂的「高潮」中，參加罷工的工人人數比 90 年代前半段還多一倍以上。另一個發表在內部黨的出版物上的報告指出，2000 年相當規模的抗議有 30,000 次，全國每天要發生 80 多起事件。[104]

根據中國勞動部，1993 年大規模工管糾紛，包括從合同爭議到直截了當的罷工等各種情況，超過 12,000 起。在其中大約 2,500 次事件中，工人使用了暴力、圍困工廠、放火焚燒設備、罷工、或者扣留老闆或領導。與工作相關的爭端從 1993 年到

in FBIS-CHI-94-062.

[101] Ching Kwan Lee, "Pathway of Labor Insurgency," in Elizabeth J. Perry and Mark Selden (eds.), *Chinese Society: Change, Conflict and Resistance* (New York: Routledge, 2000), pp. 49-51.

[102] Gordon G. Chang, "The Shahs of Beijing," *Far Eastern Economic Review*, http://www.feer.com/2001/0109_13/p031fcol.html, accessed September 21, 2001.

[103] Murray Scot Tanner, "Cracks in the Wall: China's Eroding Coercive State," *Current History*, September 2001, p. 245.

[104] Philip P. Pan, "'High Tide' of Labor Unrest in China," *Washington Post*, January 21, 2001, p. A1.

1999 年增加了 10 倍。1999 年爭端總共達 120,000 次之多，比 1998 年增加了 29%。[105]

中共中央委員會領導下的一個小組 2001 年中期發表了一個極爲坦誠的報告，報告證實了中國內部問題的深刻性。報告詳盡地介紹了日益增加的對抗性「集體抗議和群體事件」，範圍與規模比現有的報告都要大。報告把腐敗看作是「加劇官民衝突的主要導火線」。[106]

二、　犯罪和爆炸

除了用集體反抗來表達人民對中國政府的憤怒，犯罪和爆炸是另外兩個個人用來發洩對政府政策和社會經濟狀況不滿的極端方式。一個全國範圍的警察紀錄顯示，1991 年大約有 500 個已知的犯罪團夥，每個團夥有幾十人到上百人。1992 年，這個數字增加到 1,800，1995 年更是躍升到接近 11,000 個。據估計，1995 年的犯罪團夥成員有 100 萬人，此後每年這個數字都倍數增長。[107]

---

[105] Yu-shan Lu, "CPC Guards Against Mass Disturbances" (in Chinese), Hong Kong *Tangtai*, no. 38, May 15, 1994, pp. 20-22, in FBIS-CHI-94-106. Ted Plafker, "Incidence of Unrest Rising in China," *Washington Post*, July 18, 2000, p. A20.

[106] Robert A. Manning, "Beijing Rules, But It's Got A Host of Problems," *Washington Post*, July 15, 2001, p. B1.

[107] Patrick Tyler, "Crime (and Punishment) Rages Anew in China," *New York Times*, July 11, 1996, p. A1. Elizabeth J. Perry, "Crime, Corruption, and Contention," in Merle Goldman and Roderick MacFarquhar (eds.), *The Paradox of China's Post-Mao Reforms* (Cambridge, Mass.: Harvard University Press, 1999), pp. 323-24.

　　犯罪團夥在城市和農村都很活躍，主要從事走私、人口和毒品販賣、賣淫、武裝搶劫、詐騙，甚至職業謀殺。結果，刑事犯罪案件的總數由 1989 年的 110 萬到 1999 年的 220 萬。在這十年中，謀殺上升了 40%，武裝搶劫上漲了將近 5 倍。[108]

　　儘管中國政府嚴格隱藏有關爆炸的資訊，但某些官方報導還是證實了情況的嚴重性。1997 年 3 月，有一枚小型的炸彈在北京的一個商業樓外邊爆炸，另外一個爆炸裝置在北京的一輛公共汽車上爆炸，至少造成兩人喪生，30 人受傷。兩個月之後，一個自殺的移民工人在北京的中山公園引爆了炸彈，公園離中國最高領導人生活的中南海大院只有幾百碼遠。同時，在廣東的一輛汽車上，爆炸奪走了 5 人的生命，並使 6 人受傷。[109]

　　中國社會科學院研究發現，1998 年前九個月發生了 2,500 起爆炸事件，這是一個驚人的紀錄。1999 年 1 月，在 12 次不同的事件中，粗製炸彈或者被引爆，或者被發現，33 人死亡，100 多人受傷。2000 年 9 月，5 枚粗製定時炸彈在商店和公共汽車上爆炸，造成 28 人受傷。2001 年 1 月，三枚炸彈在中國的三個不同地點爆炸，死 19 人，傷 41 人。2001 年 3 月 6 日，在中國的北部工業城市石家莊，炸彈引起的一系列爆炸炸毀了一座四

---

[108] Martin Fackler, "China Battling Criminal Gangs," Associated Press, 12:01 PM ET, February 18, 2001. " Serious Problem' Remain in Public Order," Central People's Broadcasting Station, February 9, 1990, in BBC Summary of World Broadcasts, February 13, 1990. Trish Saywell, "Crime Unlimited," *Far Eastern Economic Review,* November 2, 2000, p. 73.

[109] Henry Chu, "Third Explosion in Beijing in 2 Months Reportedly Kills 1," *Los Angeles Times,* May 14, 1997, p. A12.

層的樓房，殺死 108 人，傷害 38 人。[110]

三、鄉村不穩定

在今天中國的大部分地區，農民也一樣不高興，而且經常有足夠的理由：亂收稅、亂收費、亂罰款、挪用公款和地方官員其他稅收剝削給農民增添了無數的負擔。不僅如此，農民因爲計畫生育政策、地方官員的腐敗和經常濫用職權而對政府常常怨聲載道。農民的動亂是顯著的，但大多數農民動亂都是地方化的和零星的，而且內陸省分比沿海地區發生的要多。鄉村的不滿表現在各種各樣的形式中，從抗議和請願到暴動，有時有數千人捲入。由於深受專橫而且經常不合理的苛捐雜稅之苦，中國農民已經顯示了不惜使用極端手段引人注意和獲得解決的意願。

例如，根據四川省新聞辦公室，1993 年 6 月四川仁壽縣地方政府爲募集高速公路修理費用而要求的捐款太多，導致 10,000 多人參加了暴動。武裝警察爲了驅散人群並從包圍中營

---

[110] Nisid Hajari, "China's Rage," *Time*, February 15, 1999, http://www.time.com/time/asia/asia/magazine/1999/990215/china_bomb1 .html, accessed February 7, 2001. Philip P. Pan, "Deadly Blasts Level Apartments in China," *Washington Post*, March 17, 2001, p. A16. Trish Saywell, "Labor: On the Edge," *Far Eastern Economic Review*, February 25, 2001, http://www.feer.com/9902_25/p46labour.html, accessed February 19, 2001. Philip P. Pan, "Deadly Blasts Level Apartments in China," *Washington Post*, March 17, 2001, p. A16. Andrew Browne, "Chinese Blast Suspect Driven by Hatred, Police Say," Reuters, March 24, 2001, 2:39 PM ET.

救 180 多名警察而被迫發射催淚彈。[111]

　　據報導，1997 年從 7 月 30 日到 8 月 2 日，湖北省 12 個縣超過 200,000 農民示威，抗議地方官員使用國家購糧基金到國外旅遊、購買汽車、房子、辦公樓，卻只給農民發「白條子」。這些示威中的 8 次演變爲暴力。農民稱這些官員爲「暴君」和「騙子」，聲稱「農民造反是中國共產黨逼的！」江西省、湖南省和安徽省的情況也都極爲相似，估計有 50 萬人參加了示威，造成 184 人受傷，14 人送命。在大多數案例中，農民襲擊並占領了政府辦公樓。在某些案例中，來自省市的領導幹部被農民包圍，最後不得不由軍隊將他們營救出來。例如，2000 年 8 月，江西省 20,000 人暴動，政府沒有辦法只好派部隊消滅了動亂。[112]

　　根據香港雜誌《爭鳴》轉引自一個據稱高級政府報告的消息，1993 年中國鄉村地區共發生了 170 萬次反抗事件，其中 6,230 次是造成人員和財產嚴重損失的騷亂。在所謂的騷亂中，830 次涉及一個以上的城鎮，500 多名參加者；78 次涉及一個以上的城鎮，1,000 多名參加者；21 次是長時間的，涉及 5,000 多名參加者。這導致了鄉鎮政府工作人員和農民共死傷 8,200 人，

[111] "Sichuan Spokesman on Riots" (in Chinese), Beijing Zhongguo Xinwen She, June 12, 1993, in FBIS-CHI-93-112.

[112] Cheng Mu, "Peasants Riots Erupt in Hubei and Jiangxi," *China Focus*, October 1, 1997. Thomas P. Bernstein and Xiaobo Lu, "Taxation without Representation: Peasants, the Central and the Local States in Reform China," *China Quarterly*, no. 163 (September 2000), pp. 754-755. Allen T. Cheng, "A Rural Dilemma," *Asiaweek*, February 23, 2001, <http://taiwansecurity.org/News/2001/Asiaweek-022301.htm>, accessed February 26, 2001.

其中公安幹警 2,015 名受傷，385 人死亡。接下來的幾年，情況進一步惡化。就在 1994 年的前 4 個月時間裡，鄉村地區發生了 720,000 起抗議，其中 2,300 起是嚴重的騷亂，造成鄉鎮政府職員死傷近 5,000 人。[113]

1997 年，中國官方報告說，農民捲入了 10,000 多起「違法事件」，從示威和請願到試圖包圍和破壞政府機關。據報導，僅在 1998 年 1 月到 7 月，總共 3,200 起集體抗議事件嚴重程度足以在國家登記備案，其中超過 420 次發生了衝突，地方政府大樓被憤怒的人群所圍困。上半年，官方報導的傷亡人數達到 7,400 人，包括 1,200 多名幹部和警察受傷。中國政府承認，1998 年發生了 5,000 起集體抗議事件。[114]

1999 年，根據透露給設在香港的人權與民主資訊中心的內部消息，報告給中央政府的示威事件全國達到 100,000 起，大約每天 270 次。[115]根據據說是朱鎔基總理的講話，2000 年，中國遭受了 117 次武裝暴力抗議事件的衝擊。這些事件導致多達

---

[113] Lu Nung, "Situation of Rural Instability Deteriorates" (in Chinese), Hong Kong *Cheng Ming*, no. 202, August 1, 1994, pp. 28-29, in FBIS-CHI-94-152.

[114] Willy Wo-Lap Lam, "Rural Unrest Sets Off Alarm," *South China Morning Post*, October 16, 1998, p. 10. Jonathan Unger, "Power, Patronage, and Protest in Rural China," in Tyrene White (ed.), *China Briefing 2000: The Continuing Transformation* (Armonk, N.Y.: M.E. Sharpe, 2000), p. 87. Cited from *Dongxiang* (Trends, Hong Kong), October 1998, pp. 11-12. Pei, "Is China Unstable," p. 5 of 9.

[115] Cindy Sui, "Chinese Protesters Hit the Streets Demanding Government Attention," Agency France Presse, June 12, 2000.

4,300 人傷亡,其中一半以上是黨的幹部和政府官員。[116]

四、社會不穩定的根源

社會不穩定的深層問題,並不僅僅在於腐敗或者瀆職。財政上的銀根緊縮嚴重助長了這種不穩定。90 年代,中國各級政府在常規預算中只得到占國內生產總值 10%到 16%的稅收。結果是,各級政府長期受資金短缺的困擾,中央從富裕地區向貧困地區進行資源再分配的能力大大下降。

事實上,1999 年超過 60%的全部政府稅收來自於各種收費。貧窮的、以農業為主的地區不得不靠他們自己的資金來發展或提供關鍵服務。因為農業是主要資源,鄉村政府不得不依靠從農民手中榨取重負和收費來滿足他們的支出、實施發展計畫。中央政府的一個調查報告說,幾乎 90%的地方政府收費要麼是未經許可的,要麼是非法的。[117]

另外,對負擔實現控制並不僅僅是確保地方官員的服從。中央機關本身應該負責一部分負擔,特別是收費、募款和規費標準的核定。1991 年底,中國農業部的一個報告揭示,使農民經濟負擔增加的 148 個文件實際上是由 48 個國務院部委頒發的。1999 年,大約此類費用稅收中的 20%是由中央政府徵收的。[118]

---

[116] George Gilboy and Eric Heginbotham, "China's Coming Transformation," *Foreign Affairs*, July/August 2001, p. 34.

[117] Pei, "Will China Become Another Indonesia?," pp. 100-01.

[118] Hao Jia and Wang Mingxia, "Market and State: Changing Central-Local Relations in China," in Hao Jia and Zhimin Lin (eds.), *Changing Central-Local Relations in China: Reform and State Capacity* (Boulder: Westview

　　儘管北京嘗試著減輕農民的負擔，但是，90 年代末，情況
不僅沒有改善，反而變得更糟了。90 年代，幾乎每一年中共中
央委員會和國務院都爲減少農民負擔提出要求。1992 年和 1996
年分別頒布命令核對收費標準，並設定標準的上限不能超過農
民純收入的 5%。然而，1996 年到 2000 年，由於財政負擔的沉
重和農產品銷售的銳減，居住在鄉村地區的 9 億人民的收入連
續四年下降。根據中國的官方資料，2000 年某些地方的農民發
現，非法收費還在增長，收費、募款和非法罰款上漲了多達
20%。根據 2001 年的一個官方調查，安徽懷遠對農民的相關收
費是農業稅的三倍以上。[119]

五、中國領導人和公眾的警覺

　　面對這種社會不穩定，中國領導人在改革時代早有警覺。
領導人對這種情況的嚴重程度的理解，可以從其對待一個微小
的反對黨試圖成立的嚴厲回應中略見一般。中國政府害怕雛形
中的中國民主黨會把工人的抱怨政治化。2000 年 12 月 23 日，
江澤民主席解釋中國的行動並發出警告：「任何可能破壞穩定

Press, 1994), p. 49. Bernstein and Lu, "Taxation without Representation,"
pp. 742-52. Pei, "Will China Become Another Indonesia?," pp. 100-01.

[119] Shuguang Zhang, "China to Begin Comprehensive Reform of Taxes and
Fees in Rural Areas" (in Chinese), Beijing Xinhua Hong Kong Service,
February 15, 2001, in FBIS-CHI-2001-0215. "China's Three Major Rural
Reforms Introduced" (in Chinese), Beijing Xinhua Hong Kong Service,
February 21, 2001, in FBIS-CHI-2001-0221. "PRC: Tax-for-fees Reform
to Boost Economy Viewed," Beijing Xinhua, February 22, 2001, in FBIS-
CHI-2001-0222.

的因素都必須消滅在萌芽狀態。」[120]

　　1989 年 2 月 26 日，在會見布希總統時，鄧小平強調：「中國的問題，壓倒一切的是需要穩定。沒有穩定的環境，什麼都搞不成，已經取得的成果也會失掉。」[121]甚至在 2001 年，穩定仍然是中國領導人的最高目標。2001 年 3 月 6 日，江澤民主席在同香港首席行政長官董建華討論香港的法輪功運動問題時強調，「穩定是壓倒一切的。如果沒有穩定，任何國家或社會都不會有好的前途。只有穩定才能使經濟發展和繁榮。」[122]

　　中國領導人非常擔心鄉村的動亂。1991 年，據說，鄧小平認為，中國的穩定取決於農民的生活是否得到了改善。1992 年，鄧小平警告說：「如果 90 年代經濟會出什麼問題的話，那問題很有可能出現在農業。」[123]

　　1993 年，抗議道路建設規費徵收的仁壽暴動，讓中央領導人震驚不小。1993 年初，中國人大常委會委員長萬里和 70 年代的一位農村改革先鋒聽到這樣的對話：當有些農民被問及他們需要什麼時，回答是「我們只需要陳勝和吳廣。」陳勝和吳廣是中國歷史上第一次大規模農民起義的領袖。萬里警告說：

[120] Trish Saywell, "Labor: On the Edge," *Far Eastern Economic Review*, February 25, 2001, http://www.feer.com/9902_25/p46labour.html, accessed February 19, 2001.

[121] Deng, *Selected Works of Deng Xiaoping (1982-1992)*, vol. 3, p. 277.

[122] "Chinese President Says Hong Kong to Deal With Falungong on Its Own," Agence France Presse, March 6, 2001.

[123] Thomas P. Bernstein, "Farmer Discontent and Regime Response," in Merle Goldman and Roderick MacFarquhar (eds.), *The Paradox of China's Post-Mao Reforms* (Cambridge, Mass.: Harvard University Press, 1999), p. 213.

「農村的形勢是危險的……。如果國家疏忽，找不到解決這些問題的辦法，那麼形勢就會變得更壞，農民會轉而反對國家，讓農業滑向混亂。」[124]在 1993 年全國人大會議上，副總理田紀雲告訴天津全國人大代表，「如果農村出了問題，現在政權中沒有人能保住權力」，結果將是「不可想像的」。[125]

回顧歷史，中國共產黨政權將很快滅亡的預言很明顯誇大其詞了。但在這以後的幾年，中國官方媒體不斷發出此類嚴峻警告。1996 年，農民身上的沉重負擔引起了「極端憤怒」。1997 年，農民負擔是「一個繼續激起農民最激烈反應的問題」；1998 年，農民負擔「對於維持整個社會穩定極爲不利」。另外，90 年代末，隨著政府對不穩定的擔心越來越重，中國公安部決定組建防暴警察分隊，作爲進一步加強維持社會穩定力量的手段，包括處理民眾暴動、暴力事件和恐怖事件。[126]

[124] Yu-sha Lu, "Outgoing NPC Chairman Warns of Peasant Unrest" (in Chinese), Hong Kong *Tangtai*, no. 25 (April 1993), pp. 13-14. "Wan Li Cites Deng Warning on Agriculture" (in Chinese), Beijing Zhongguo Xinwen She, July 6, 1993, in FBIS-CHI-93-128.

[125] "Tian Jiyun on Easing Farmers' 'Flight'," *South China Morning Post*, March 22, 1993, p. 8, in FBIS-CHI-93-054.

[126] Bernstein and Lu, "Taxation without Representation," pp. 753-57. Yibo Fang, "Ministry of Public Security Will Strengthen Building of Anti-Riot Force," Beijing Xinhua Domestic Service (in Chinese), January 19, 2001, FBIS-CHI-2001-0119.

結論

2000 年，上述描繪的挑戰（或危機）對於中國領導人來說是極爲尖銳的。上述分析顯示，中國最高領導人一直關注國家的穩定和維護其權力。也許，真正的挑戰比本研究探索的還要嚴峻。例如，托馬斯·拉斯奇（Thomas Rawski）認爲，1997 年到 2001 年，國內生產總值的累積增長不會多於官方宣布的三分之一，而且很可能會更小。特別是，他認爲，1998 年和 1999 年的增長率在－2.5%和 2%之間。[127]拉斯奇的估計得到了朱鎔基總理的公開印證。朱鎔基說，如果中國政府 1998 年到 2002 年沒有採取積極的財政政策和溫和的貨幣政策，那麼「中國經濟很可能已經崩潰了。」[128]因此，問題不是簡單的如何改善人民的生活水平，進而改善中國共產黨的合法性，而是如何在中國避免重大的經濟、社會和政治危機，並進而挽救國家於可能的混亂和災難。在這一點上，任何國內或國外的不穩定，或者經濟增長的嚴重減速都將導致中國走向混亂。

中國的一位資深經濟學家解釋說：「由於國有企業改革和鄉村移民帶來的巨大就業壓力，自從 90 年代中期起，大陸就已經開始重視維持穩定。只有通過經濟發展才能維持社會穩定。

---

[127] Thomas G. Rawski, "What Is Happening to China's GDP Statistics?," *China Economic Review*, vol. 12, no. 4 (2001), pp. 347-354.

[128] "Comparison-Xinhua Reports on Premier Zhu Rongji News Conference" (in Chinese), Beijing Xinhua Domestic Service, March 15, 2002, in FBIS-CHI-2002-0315.

但是，大陸現在面臨著巨大的經濟困難，包括金融體制改革和不良貸款、失業問題、收入和地區性不平等、公共財政改革、工業發展和升級等。要解決前四個問題，大陸需要維持快速經濟發展。例如，在亞洲金融危機期間，大陸實施積極財政政策的原因就是要解決社會矛盾，而不是因爲領導人偏好高經濟增長率。」[129]

北京的一位學者補充說：「在經濟轉型過程中，大陸面臨著許多不確定因素。包括城鄉差距、東西差距、人們的心理不平衡、下崗、國有企業改革、醫療保險、住房、鄉村地區大量的勞動力過剩。因此，社會穩定變得極爲重要。如果出現了任何動亂，結果將是不可想像的。動亂將激發農民起義、國家和社會政權的全面崩潰，以及幫派的興起。這種混亂將對中國產生極爲嚴重的影響。」[130]

上海的一位資深學者說：「在經濟改革的過程中，大陸需要解決嚴肅的內部問題，包括國有企業、農業、金融部門。進入 WTO 以後，這些問題將會變得更難解決。大陸在承受著極大的壓力。」[131]北京的一位資深學者也強調，「沒有 4-5%的經濟增長，社會將變得非常不穩定，中國共產黨將很難維持政權。」[132]

許多人把中國看作是一個有效率的集權精英統治的國家，

---

[129] 作者對國務院發展研究中心一位資深經濟學者的訪談，2001 年 7 月 31 日。

[130] 作者對北京一位學者的訪談，2001 年 7 月 12 日。

[131] 作者對上海一位資深學者的訪談，2001 年 7 月 2 日。

[132] 作者對北京一位資深學者的訪談，2001 年 7 月 17 日。

但是中國的國家從資源控制的角度來看實際上是相當脆弱的。北京並沒有足夠的資源來滿足經濟和社會改革。上海的一位經濟學家指出:「大陸的內部問題是很嚴重的。中央政府沒有足夠的力量來推動改革,包括國有企業、農業和西部開發等問題。坦誠地講,在內部會議上,大陸承認瓶頸的存在。」[133]但是,如果北京因財政制約而推延改革和保護產業,那麼這些問題將很容易在不久的將來爆發危機。

事實上,本研究中第六、七、八章的結論都反映了這些縈繞在北京領導人心頭的擔憂。中國領導人遭遇的這些挑戰和恐懼必須通過快速的、有效的和可持續的經濟增長來解決。這需要國內外的絕對穩定、充分的經濟、社會,甚至政治改革和有利於這些國內發展重點的國際經濟與政治環境。中國需要至少幾十年和平與穩定的國際環境發展經濟。此外,中國還需要和國際社會進行合作,以便發展對外貿易,獲得國外資本和高技術。

至於台灣問題,中國領導人也有類似的擔憂和安排。在第七章中討論過,北京不對台灣實施經濟制裁可能主要是因為,制裁台灣作為一種警示手段代價太高。在第八章討論的是,北京重視對台灣實施經濟制裁的絕對代價,是如何反映中國關於優先發展經濟的決策的。上海的一位台灣研究資深學者指出,「自 1979 年以來,大陸已經不希望使用極端措施來解決台灣問題,因為大陸必須考慮全局。大陸不僅要考慮台灣的資本,而且要考慮外國的資本和改革開放的進程。大陸政策的核心將以

---

[133] 作者對上海一位經濟學者的訪談,2001 年 6 月 13 日。

經濟建設爲中心。」[134]上海的一位經濟學家強調，「中國領導人高度重視經濟發展。他們不會犧牲經濟。」[135]許多中國學者與官員一致同意，北京強調經濟發展的重要性，將不會爲了對台灣進行經濟制裁而犧牲中國的經濟發展。[136]

　　北京的一位國際關係資深學者進一步解釋說：「大陸承擔不起對台灣實施經濟制裁的代價，因爲社會將會不穩定，政治將會出現動盪。對於大陸來說，兩岸的經濟利益涉及大陸經濟、社會，以及政權的全面穩定。現在的政權能否生存是問題，大陸政權不敢冒如此大的風險。」[137]上海一位台灣研究資深學者和北京一位國際關係學者在中國面臨的風險問題上表達了相似的觀點。[138]

---

[134] 作者對上海一位台灣研究資深學者的訪談，2001 年 6 月 26 日。

[135] 作者對上海一位資深經濟學者的訪談，2001 年 6 月 22 日。

[136] 作者對北京一位國際關係資深學者的訪談，2001 年 7 月 17 日。作者對廈門一位台灣研究資深經濟學者的訪談，2001 年 6 月 8 日。作者對北京一位台灣研究資深學者的訪談，2001 年 7 月 13 日。作者對北京市政府台辦一位資深官員的訪談，2001 年 8 月 1 日。

[137] 作者對北京一位國際關係資深學者的訪談，2001 年 7 月 19 日。

[138] 作者對上海一位台灣研究資深學者的訪談，2001 年 6 月 25 日。作者對北京一位國際關係學者的訪談，2001 年 7 月 13 日。

第十章

中國的利益集團

　　我們主張不以政治分歧去影響、干擾兩岸經濟合作。……
不論在什麼情況下，我們都將切實維護台商的一切正當權益。
　　　　　　——江澤民（中國國家主席），1995 年 1 月 30 日[1]

　　千利益，萬利益，經濟利益是最重要的利益；千關係，萬
關係，經濟關係是最重要的關係。
　　　　　　——北京一位台灣問題資深學者，2001 年 7 月 29 日[2]

　　杜魯門（D. B. Truman）把利益集團定義爲：「聯合起來通
過政府機關或者向政府機關提出要求和主張的人群。」[3]亦即，
人們一起對政府機構施加壓力，政府機構本身並不被看作是集
團，而是集團施壓的目標。這種過程觀點在傳統意義上反映的
是一種自由民主範疇的制度現實。

　　然而，涵蓋政府管理單位的集團途徑對於理解中國政治是
極爲重要的。儘管中國仍舊被普遍認爲是一個集權國家，但其
政治體制在一定意義上並不是鐵板一塊，體制內部存在著各種
各樣的集團，他們至少對於公共政策某些方面的看法和中央領
導層有所區別。即使在改革時代之前，中國領導人和西方觀察
家就已一致認爲，在中國的政治過程中，利益集團不僅存在，

---

[1] "President's Speech on Taiwan Reunification," BBC Summary of World Broadcasts, Part 3 Asia-Pacific, FE/2215/G, via Lexis-Nexis, January 31, 1995.

[2] 作者對北京一位台灣研究資深學者的訪談，2001 年 7 月 29 日。

[3] D. B. Truman, *The Governmental Process* (New York: Alfred A. Knopf, 1951), p. 37.

而且重要。其中，有些是組織極爲嚴密的正式集團，如各種大
衆團體、黨和國家政府各部門、研究機構等。其他集團雖然有
失正規，但也不是次系統下的自治體，因爲他們處在決策過程
的核心，採取的形式是，來自不同機構的官員形成有限的聯
盟，或者形成範圍廣泛的人際網路，或者形成派系，直接侵入
政治局自身的決策體系。[4]

　　在過去 20 年，利益集團在中國決策過程中的作用越來越
大。正如藍普頓所指出的：「中國的外交政策開始逐漸反映大
衆的態度、政治精英和官僚之間的分歧，以及越來越活躍的商
業群體的表現，他們和中央政府保持著一種複雜的，有時候微
弱的聯繫。」[5]特別是，張贊賢和鄧特杭認爲，雖然中國仍舊是
一個由等級森嚴、占支配地位的政黨統治的單一國家，但是在
改革時代，中國各省在發展對外關係方表現得越來越積極，並
成爲中央政府對外交往的重要夥伴。[6]

　　本章將評估利益集團對中國進行有關對台灣實施經濟制裁
的決策的影響。這裡我們將特別集中分析兩個集團，台商和中
國地方政府[7]，因爲他們在兩岸經濟交流中都有重要的利益。

---

[4] David S. G. Goodman (ed.), *Groups and Politics in the People's Republic of China* (Armonk, New York: M. E. Sharpe, 1984).

[5] Lampton, *Same Bed, Different Dreams*, p. 287.

[6] Peter T. Y. Cheung and James T. H. Tang, "The External Relations of China's Provinces," in David M. Lampton (ed.), *The Making of Chinese Foreign and Security Policy in the Era of Reform*, (Stanford, CA: Stanford University Press, 2001), pp. 119-20.

[7] 地方政府指的是國家以下的行政單位，包括省、市、縣級單位。

第一節 中國台商的反對

一、台商和中國中央政府

爲了吸引台資，北京一貫向台灣投資者許諾，中國將保護他們的利益。1981 年 9 月 30 日，全國人大委員長葉劍英宣稱：「歡迎台灣工商界人士回祖國大陸投資，興辦各種經濟事業，保證其合法權益和利潤不受侵害。」1988 年國務院頒布「關於鼓勵台灣同胞投資的規定」（即所謂的「二十二條」）。這個文件非常清楚地提出，禁止將台灣投資無償國有化。

1994 年 3 月，全國人大常委會批准「中華人民共和國台灣同胞投資保護法」（以下簡稱「保護法」），將對台灣投資者合法權利和利益的保護上升到法律高度。1999 年 12 月，中國進一步頒布「中華人民共和國台灣同胞投資保護法實施細則」（以下簡稱「實施細則」）。根據「實施細則」第 24 條，中國政府將不會對台灣投資者的投資實施國有化或者徵用。在特殊條件下，當公共利益要求徵用時，台灣投資者的投資可以根據法律程序被徵用，但必須給予適當的補償。

由於中國許諾優惠待遇和法律保護，90 年代台商已經逐漸成爲中國較有影響的利益集團。90 年代早期，中國政府禁止台商建立自治的商業協會，即台資企業協會（簡稱「台協」）。北京害怕三件事情：第一，台商可能通過「台協」推廣台灣的經驗（資本主義、自由和民主），並對中國進行和平演變；第二，「台協」可能成爲滲透或顛覆中國的組織；第三，「台協」可能對中國政府施壓，並進而成爲台灣的籌碼。[8]例如，早在 1991 年，瀋陽的「台協」僅成立一年就已經成功地對瀋陽海關施壓，使其正常工作時間從僅僅上午延長到全天加上晚上。[9]結果，1992 年底，中國中共中央委員會台灣工作辦公室命令地方台辦，不要批准成立新的「台協」，而且還要嚴格控制和監管現有「台協」的活動。另外，中共中央委員會宣傳部還指示所有地方台辦聯合抵制台灣的經驗。[10]

　　然而，沒有多久，中國地方政府出於加強兩岸經濟交流的巨大利益，就衝破了北京的政治防線，允許建立自治的「台協」。1993 年 2 月，天津市台辦批准建立一個由台商控制的「台協」。8 月，台商在武漢成立了一個自治的「台協」，協會中沒有一個來自台辦系統的成員。10 月，國務院最終同意，可以在中國任何地方成立「台協」。在這一點上，由於地方的壓力，中國中央政府基本上被迫改弦更張，允許甚至鼓勵成立「台協」，以便從台灣吸引更多的投資。[11]

　　1996 年底，在中國已有 43 個類似的「台協」；2000 年

---

[8] 韓劍華，〈忌憚和平演變，中共「淡化」台商組織〉，《聯合報》，1992 年 1 月 22 日，4 版。王美惠，〈台商大陸投資政治效應，引發中共當局高度警覺〉，《工商時報》，1992 年 6 月 19 日，1 版。

[9] Shun-de Li, "TIEs Are United Powerful," *Jingji Ribao* [Economic Daily], October 13, 1991, p. 7.

[10] 〈中共下令控管台商協會活動〉，《自立早報》，1992 年 12 月 23 日，11 版。

[11] 張瑞賓，〈天津成立台商聯誼會，台商自己主控〉，《工商時報》，1993 年 2 月 10 日，7 版。梁寶華，〈第一個自主性台商聯誼會在武漢成立〉，《工商時報》，1993 年 8 月 17 日，2 版。

底,「台協」達到 53 個。大多數「台協」建立在中國東南沿海省分,那裡是大多數台商的聚集地。2000 年末,中國大約有台商 25 萬人。[12]總體而言,「台協」和中國官員保持了一種非常緊密的關係,為了保護和發展台商的利益「台協」在和中國當局進行協商和溝通的過程中發揮了關鍵的作用。

另一方面,中國當局也把「台協」看作是極端重要的實體,因此,「台協」逐漸獲得了影響中國中央和地方政府的實力。例如,1992 年 4 月,中國特別要求所有進入中國的台灣人需要攜帶台灣的戶口名簿,並指示「台協」會員不應和台灣海基會聯繫。[13]同時,國台辦拒絕了台商要訂閱台灣報紙的請求。[14]幾年前,中國政府取消了攜帶台灣戶口名簿的要求,允許「台協」會員和台灣海基會聯繫,還允許台商訂閱台灣報紙。最近幾年,許多「台協」的會長或理事甚至經常定期地和海基會和台灣官員會晤,包括和總統、行政院長和各部部長們的會晤,此類會晤至少一年三次。[15]中國政策的這些變化主要得益於,台商的要求,和許多強烈支持台商要求的地方政府的壓力。[16]

台商對中國政策的影響,不僅得到了台商領導的親身見證,而且也得到了中國領導人的證實。前任上海「台協」會長楊大正指出:「台商為中國的經濟發展作出了巨大的貢獻,因

---

[12] 作者對海基會經貿服務處處長廖運源的訪談,2001 年 5 月 22 日。

[13] 宋純吉,〈中共加緊監控台商,海基會、七大公會研商對策〉,《中時晚報》,1992 年 4 月 23 日,3 版。

[14] 白德華、盧伯華,〈大陸台商要求訂閱台報,暫難如願〉,《中國時報》,1992 年 4 月 10 日,4 版。

[15] 海基會邀請台協領導人每年在端午節、中秋節和春節回台灣聚會。

[16] 作者與上海台灣研究資深學者的通訊,2001 年 12 月 27 日。

而能夠在一定程度上影響中國的政策。」[17]北京的一位「台協」幹部補充說：「到目前爲止，台商協會對大陸政府的要求，幾乎沒有一件大陸沒有答允，大陸政府是盡全力協助台商解決問題。」[18]爲了強調台商的重要性，江澤民主席在 1998 年和 2001 年之間已經三次訪問昆山（上海周邊的一個小城鎮，許多台商落戶之地）。2001 年，江澤民主席甚至告訴當地領導：「大陸的對台政策必須要問昆山的台商。」[19]

以下事例能夠更清楚地說明台商對中國政策的影響。當中國起草「實施細則」時，國台辦、海協會和外經貿部的官員三年時間裡無數次走訪「台協」徵求意見和建議。1999 年 8 月初，在「實施細則」定稿前，台灣區電機電子工業同業公會（電電工會）訪問了有關的中國官員。自 90 年代中期以來，電子和電力設施成爲台灣的投資焦點，電電工會代表許多重要的台商對中國政府展開遊說活動。他們向中國官員就「實施細則」逐條提出意見和建議。作爲回應，中國官員答應，當北京在進行最終立法時，他們將充分考慮這些意見和建議。[20]

表 10-1 比較了電電工會對「實施細則」的提議、外經貿部對電電工會提議的回應和四個月後中國政府最終頒布的「實施

---

[17] Chuo-zhong Wang, "TIEAs Create Opportunities," *Zhongguo Shibao* [China Times], August 12, 1996.

[18] 作者對北京台協秘書長陳國原的訪談，2001 年 7 月 18 日。

[19] 昆山官員告訴台商有關於江澤民的講話。作者與昆山的一位經理的對話，2001 年 7 月 5 日。

[20] 台灣區電機電子工業同業公會，《「台商投資保護法實施條例」暨「設立台商法庭」之研究建議》（台北：台灣區電機電子工業同業公會，1999），頁 1。

細則」。在中國最初起草的「實施細則」中總共有 31 條條款，而電電工會根據自己的版本遊說其中的 25 條。在電電工會訪問北京時，外經貿部並沒有對電電工會的提議條款立即回應或拒絕的條款占全部條款的 28%，表示部分同意占 20%，表示完全贊同占 52%。比較而言，在「實施細則」中，中國政府對於電電工會的提議條款只拒絕了 12%，部分同意 24%，完全贊同 64%。質言之，外經貿部部分或完全同意電電工會提議條款中的 72%，中國政府在「實施細則」中則部分或完全接受了電電工會提議條款中的 88%。儘管經過三年時間和「台協」進行了諮商，中國政府最終大體上還是接受了來自電電工會的主要提議。這說明了電電工會（代表台商）在和中國政府的關係中是多麼的有影響力（見表 10-1）。

表 10-1 電電工會提議、外經貿部回應和「實施細則」的比較

對電電工會提議的回應	外經貿部的回應		「實施細則」	
	條數	百分比	條數	百分比
沒有回應或拒絕	7	28%	3	12%
部分同意	5	20%	6	24%
完全贊同	13	52%	16	64%
總和	25	100%	25	100%

資料來源：
《「台商投資保護法實施條例」暨「設立台商法庭」之研究建議》（頁 1-23），台灣區電機電子工業同業公會。台北：台灣區電機電子工業同業公會，1999。

"Detailed Implementation Rules for the PRC Law on the Protection of Investment by Taiwan Compatriots"（in Chinese），Beijing Xinhua Domestic Service, December 12, 1999, in FBIS-CHI-2000-0107.

另外，台商還和北京領導層發展了非常緊密的關係。重要的台灣商業協會領導經常在訪問北京時，和中國主席、總理

級、或者至少部長級的官員會晤。過去，他們經常直接地表達
他們的想法，包括對於兩岸政治關係的看法。例如，1996 年 8
月，台灣全國工業總會（工總）[21]的台灣領導在每年一次的對中
國的訪問中，向中國主席江澤民遞交了一份提議，建議中國擱
置和台灣的政治分歧，保護台商的合法權利。1997 年 11 月，台
灣全國工商企業聯合會會長許勝發向中國領導人遊說，希望第
二年恢復「辜汪會談」，不設置任何前提條件，旨在解決與兩
岸交流有關的問題。統戰部部長王兆國「點頭回應」。[22]恰巧，
次年 10 月中國和台灣恢復了「辜汪會談」，只是 1999 年中期
「辜汪會談」再度中止，並且至今尚未恢復。以下便從兩次台
海緊張中，檢驗台商對中國政府的影響力。

二、1995－1996 年台灣海峽危機

　　1995 年 7 月底，第一輪導彈試射之後，很多台商對中國使
用武力威脅台灣表達了極度不滿。例如，東莞的「台協」領
導，和其下屬的所有董監事（超過 20 人）一道到北京見總理朱
鎔基。當時，東莞是中國台商最多的城市。代表團強調，如果
台灣沒有宣布獨立而中國對台灣使用了武力，那麼東莞 3,300 家
台商將全部從中國撤資，返回台灣和中國戰鬥。北京說它能夠
理解他們的立場。北京強調，軍事演習只是宣示性的、警告性

---

[21] 全國工業總會包括在台灣製造業各領域的 142 個團體會員的非營利
　　組織。每個團體會員代表各個製造業的生產線，整個工總可以代表
　　全國超過 8 千家以上的工業公司。他們的會員在中國投資相當多。
[22] 謝文，〈許勝發籲兩岸致力經貿合作〉，《工商時報》，1997 年 11
　　月 11 日。

的，不會有具體的行爲。[23]

　　8 月初，中國宣布將於 8 月 15 日至 25 日在近台灣的北部海域進行第二輪軍事演習。1995 年 8 月 7 日，國台辦副主任陳雲林在福建會見台商投資者時指出，「兩岸經貿合作和其他交流符合台灣海峽兩岸中國人的根本利益，對中華民族的發展與繁榮至關重要。因此，它們不會受台灣海峽兩岸的政治分歧所影響。不論發生了什麼，台灣在大陸投資的台商的權利和利益都將得到保護，不會受到侵害。」[24]

　　根據中國的台灣事務官員，1995 年 8 月，中國中央政府提出了關於台商投資的三條原則：一、不論兩岸關係中發生了什麼事情，台灣人在中國的投資都不會受到影響；二、中國官員應該採取步驟讓中國的台商放心，使其消除有關兩岸關係惡化會改變中國台商政策的疑慮；三、中國官員應該改善對台商的服務。[25]

　　儘管有這些保證，統一集團總裁和台灣全國工業總會理事長高清愿仍然號召台灣商人暫停到中國投資。[26]還有，像北京、

---

[23] 作者對台灣區電機電子工業同業工會產業政策研究所執行長羅懷家的訪談，2001 年 5 月 23 日。作者對海峽交流基金會經貿服務處處長廖運源的訪談，2001 年 5 月 22 日。作者對台灣前陸委會主委蘇起的訪談，2001 年 5 月 21 日。

[24] "Political Disparities Won't Affect Taiwan Investors: Official," Xinhua News Agency, August 7, 1995.

[25] 中共年報編輯委員會編輯，《中共年報（1996 年）》（台北：中共問題研究社，1996），頁 II-56。文現深，〈江澤民最近下達對待台資的兩點原則〉，《經濟日報》，1995 年 8 月 24 日，2 版。

[26] 〈高清愿籲暫停對大陸投資〉，《聯合報》，1995 年 8 月 11 日，3 版。

南京、深圳、廣州、惠州、武漢、重慶和東莞等許多城市的
「台協」會長紛紛要求約見國台辦主任和海協會副會長。他們
希望中國能夠停止軍事演習，或者改變演習的地點，以便將演
習對台灣經濟的影響降到最小程度。[27]

　　9 月 1 日，代表中國大多數台商的 10 個「台協」的會長，
分別來自北京、上海、深圳、福州和廈門等地，受到了國台辦
主任王兆國和海協會副會長唐樹備的接見。他們轉達了中國軍
事演習給台商帶來的壓力，並請求中國中止演習。他們抱怨
說，演習使他們失去了很多訂單，很多台商的中國工人離職，
目的就是爲了免受潛在的台海戰爭的傷害。他們告訴國台辦，
他們反對中國對台灣進行軍事威脅的決策，他們用激烈的言
辭，有時候甚至喊叫，爲台灣的立場辯護。他們請求北京放棄
對台灣使用武力的想法，代之以積極的誘因、真誠和耐心。有
些「台協」會長甚至憤怒地說：如果中國繼續威脅台灣，他們
將撤資，並返回台灣支援他們的政府，如果中國膽敢攻擊台
灣，他們將回去台灣、再打回中國。[28]

　　此外，許多台商通過具體行動表達了他們對中國軍事威脅
的反對。根據台灣經濟部，1995 年 8 月，台灣到中國投資的批
准專案和金額下降了將近 40%。[29]根據 1995 年底進行的一次民

<hr>

[27] 李哲宏，〈大陸台商代表將會見北京高層〉，《中國時報》，1995
年 8 月 16 日，3 版。
[28] 〈台商向中共表達嚴重不滿〉，《台灣時報》，1995 年 9 月 2 日，3
版。作者對海峽交流基金會經貿服務處處長廖運源的訪談，2001 年
5 月 22 日。作者對上海台商領導人的訪談，2001 年 6 月 20 日。
[29] 〈兩岸緊張，台商滿腹苦水〉，《中央日報》，1995 年 9 月 1 日，
10 版。

意測驗，72%的台灣商人表示台灣海峽的緊張關係將影響他們的
投資信心，84%表示此類衝突將增加在中國投資的政治風險。[30]
另外，1996 年初，已經審批下來的台灣到中國的投資專案超過
60%或者取消或者暫停。在 1995 年 7 月和 1996 年 3 月之間，根
據台灣投審會，得到批准的台灣到中國投資專案與上一年同期
相比下降了 48%。[31]

　　1995 年 9 月 6 日，國台辦陳雲林副主任在瀋陽對 2000 家台
商代表發表講話時，敦促台灣商人繼續參加中國的商業活動和
到中國投資。他向代表保證說：「無論海峽兩岸發生什麼情
況，大陸台商投資的權益都不會受到任何損害。」在試圖消除
中國最近的導彈試射和言辭威脅給台灣人帶來的恐懼和疑慮
時，他強調，所有行動針對的目標只是李登輝本人，而不是台
灣人民。[32]

　　為了回應在台灣的某些具體疑慮，如「台灣投資者可能成
為人質」和「中國將凍結台灣投資」，9 月 26 日新華社發表評
論向在中國的台商提出擔保。三天後，副總理李嵐清也向台商
保證，他們在中國的合法權利在任何情況下都會得到法律的保

---

[30] Leng, "Dynamics of Taiwan-Mainland China Economic Relations," pp. 504-05.

[31] 不過，根據台灣與中國的統計，台灣投資大量減少只是短暫的現象，很多投資案隨後便恢復了。李光欣，〈中共三波軍事演習：兩岸經貿影響面面觀特輯〉，《投資中國》，第 26 期（1996 年 4 月 1 日），頁 18-19。

[32] 中共年報編輯委員會編輯，《中共年報》，頁 II-40、XV-43。 Irene So, "Beijing Bid to Reassure Businesses," *South China Morning Post*, September 8, 1995, p. 14.

護。[33]

　　不僅如此，1995 年底，全國人大派遣調查小組到廣東、福建、浙江、江蘇和山東評估的「保護法」實施情況。這些小組不僅要求地方政府徹底貫徹「保護法」保護台灣在中國的投資，而且還和台商進行互動，讓他們對中國的一貫政策放心。[34]

　　同樣，海協會也尋求使台灣投資者恢復信心。10 月 27－29 日，海協會會長汪道涵和副會長唐樹備在湖北會見台商，向他們許諾在任何情況下都會保護台灣投資者的合法權利和利益，並推動兩岸的經濟繁榮與發展。11 月 18 日和 12 月 20 日，副會長唐樹備還在另外兩個場合，對在中國的台灣投資者作出了相似的承諾。不僅如此，他還補充說，中國政府將幫助他們解決實際挑戰和困難，支持他們在中國的投資活動。[35]

　　進而，從 12 月 13 日到 12 月 22 日，國台辦主任王兆國，在福建省領導陳明義和習近平的陪同下，調查在福建的台商。在調查過程中，王兆國要求地方各級政府全面貫徹「保護法」，

---

[33] "Taiwan Investors' Interests Well Protected," Xinhua News Agency, September 26, 1995. "State Council Offices Hold National Day Reception," Xinhua News Agency, September 29,1995.

[34] 中共年報編輯委員會編輯，《中共年報》，頁 II-57。Xinquan Yang, "The Policy Encouraging Investment by TIEs Will Not Change," *Renmin Ribao* [People's Daily], October 17, 1995, p. 3. 陳駿逸，〈中共安撫台商，動作不斷〉，《工商時報》，1995 年 12 月 14 日，4 版。

[35] "Wang Daohan Pledges to Protect Legitimate Rights of Taiwan Investors," Xinhua News Agency, October 29, 1995. 中共年報編輯委員會編輯，《中共年報》，頁 XV-48。"Taiwan authorities Urged to Take One-China Stance," Xinhua News Agency, December 20, 1995.

適當保護中國台商的合法利益，幫助他們改善投資環境。[36]

　　總之，1995 年下半年，中國中央和地方各級政府、海協會，以及中國國家媒體對台灣投資者作出了一致的保證，保證他們在中國的合法利益在任何情況下都將得到「百分之百」的切實保護。中國中央和地方領導告訴台商，中國沿海地區的軍事演習只是常規演習，旨在遏制台灣當局不要採取「台獨」行動。他們許諾，中國沒有攻打台灣的方案。[37]

　　相比而言，通過「台協」的多種渠道，台商警告北京的高級官員，如果中國攻打台灣，台商不會無動於衷，因為他們的親戚都在台灣。他們希望中國停止軍事演習，以避免任何意外軍事事件。台商還強調，中國在台灣附近海域進行導彈試射是不對的。他們請求台灣海峽兩岸共同避免直接對抗，並要求中國官員更多地理解台灣人民和台灣局勢的特殊需要。[38]

　　1996 年 3 月 5 日，新華社發布消息，中國解放軍將在台灣兩大港口高雄和基隆附近發射導彈。3 月 8 日，導彈試射的第一

---

[36] 中共年報編輯委員會編輯，《中共年報》，頁 II-57、XV-40。

[37] 王綽中，〈兩岸和平交流，台商樂觀期望〉，《中國時報》，1995 年 8 月 24 日，9 版。周德惠，〈兩岸情勢緊張，兩岸人民都不安〉，《聯合報》，1996 年 2 月 28 日，2 版。

[38] 王綽中，〈兩岸和平交流，台商樂觀期望〉，《中國時報》，1995 年 8 月 24 日，9 版。周德惠，〈兩岸情勢緊張，兩岸人民都不安〉，《聯合報》，1996 年 2 月 28 日，2 版。趙虹、梁寶華，〈兩岸情勢緊張，大陸台商憂心誰人知〉，《工商時報》，1996 年 2 月 28 日，2 版。作者對大陸中央政府資深官員的訪談，2001 年 8 月 1 日。作者對北京市政府資深官員的訪談，2001 年 8 月 1 日。作者對北京台協的一位資深幹部的訪談，2001 年 7 月 18 日。作者對上海台協資深領導人的訪談，2001 年 6 月 22 日。最者對昆山台協資深領導人的訪談，2001 年 7 月 5 日。

天，《人民日報》發布評論員文章，向台商保證，他們的財產和生命將得到有效保護，中國當局將增強對台商的服務，並保護他們的合法權益。[39]同一天，江澤民主席特別強調，中國將繼續發展兩岸關係，加強中國和台灣的經濟互動，鼓勵台灣商人到中國投資，並保護他們的合法權益。這說明中國政府已經意識到台商漸增的焦慮，因而試圖在導彈試射開始的時候打消他們的疑慮。事實上，台灣投資者從江澤民主席周圍的官員那裡得到了保證，軍事演習沒有什麼大不了的，導彈試射只不過像放煙火、作作秀罷了。[40]

　　然而，這種保證遠不足以舒緩台商的焦慮和憤怒。高清愿表示，該集團的中國分部將被迫關閉，因為許多台灣經理已經提出，如果中國在台灣總統選舉之後還繼續進行導彈試射，他們就要求返回台灣。有些台商電腦裝配廠停止接受海外的訂單。許多大型台商，像大眾電腦、優美公司、味全公司和聲寶公司，暫停了他們在中國的投資專案。長億集團董事長楊天生號召所有的台商聯合起來，向中國政府提出抗議、施加壓力，要求儘快結束軍事演習。他警告，如果中國繼續進行軍事演習，他將撤回在中國的投資。[41]另外，台灣的 16 家主要資訊科

[39] 岳苔岩，〈切實維護台商合法權益〉，《人民日報》（海外版），1996 年 3 月 8 日，5 版。

[40] Jiazheng He, Ping He, and Shaoliang Yu, "PRC: Jiang Zemin views Taiwan, other issues in NPC speech" (in Chinese), Xinhua Domestic Service, March 8, 1996, in FBIS-CHI-96-048. 中共年報編輯委員會編輯，《中共年報》，頁 II-40。Julian Baum, "Taiwan Trade-Off," *Far Eastern Economic Review*, August 26,1999, p. 45.

[41] 〈中共武嚇不斷，台商投資慢慢慢〉，《自由時報》，1996 年 3 月

技公司決定，將建立「上海台商科學園區」（總投資 5 億美元）的計畫推遲一年實施。[42]

3 月 15 日，國台辦發布了一個內部緊急命令，要求地方台辦官員應該聯繫當地「台協」，解釋中國軍事演習的正當性，並讓台商放心。作爲回應，北京市台辦官員對北京「台協」的重要成員進行緊急解釋，說明軍事演習只是爲了警告台灣領導人，防止「台獨」勢力進一步發展。北京市官員說，軍事演習並不是針對台灣民眾，台灣人民不用擔心。[43]

然而，北京「台協」會長吳昌明卻批評說：「中國軍事演習嚴重影響了台灣經濟，並中斷了半成品向台灣的運輸。」另外，台商還擔心他們在台灣的親戚。因此，吳昌明爭辯說，中國的軍事演習嚴重影響了台商在中國的生產，以及來自國外客戶的訂單。台商強烈要求，中國應該調整以威脅爲導向的政策，否則北京台商將準備撤資或暫停到中國的投資。[44]

3 月 18 日，在許多「台協」的要求下，吳昌明再次向國台辦主任王兆國表達了台商對中國軍事行動的嚴重不滿。吳昌明說：「很多台商對中國的軍事演習感到憤怒，並已經決定撤回他們在中國的投資……很多台商的老闆已經爲其下屬的台灣籍

13 日，14 版。〈中共再導彈，台商不玩了〉，《自立早報》，1996年 3 月 13 日，4 版。

[42] 陳德昇，〈中共軍事演習對兩岸經貿發展的衝擊〉，《共黨問題研究》，第 22 卷，第 4 期，頁 2。

[43] 陳子嚴，〈台商憂心：台海若開戰，兩岸都是輸家〉，《中國時報》，1996 年 3 月 16 日，4 版。

[44] 陳子嚴，〈台商憂心：台海若開戰，兩岸都是輸家〉，《中國時報》，1996 年 3 月 16 日，4 版。

經理購買了飛回台灣的機票，準備投票給個別總統候選人（即李登輝或彭明敏），以示對中國軍事演習的不滿。」吳昌明再一次指出：「軍事演習嚴重影響了台灣公司接受來自國外客戶的訂單，中國原材料到台灣的運輸，以及整個台商的運作。希望中國改變行動和態度，穩定台海關係，通過促進互利互惠的兩岸經濟交流，贏得台灣民眾的信任。如果北京不馬上取消軍事演習，超過 30,000 家在中國的台商和 100,000 名在中國的台灣商人將開始撤回他們在中國的投資。」王兆國在回應時重申：「中國的軍事演習是一次正常演習，並不是針對台灣人民，而是針對台灣當局某些領導人。」[45]

其他「台協」對中國的軍事威脅作出了相似的譴責。例如，上海「台協」會長楊大正表示：「我們希望中國能夠立即停止軍事演習。如果衝突危害到我們在台灣的家人，我們將暫停或者撤回在中國的投資，接下來返回台灣支援那裡的每一個人。」[46]另外，廈門的很多台商強烈支持台灣的立場，並返回台灣投票給李登輝。[47]

受軍事演習影響最嚴重的中國沿海地區，很多台商來自國

[45] 陳駿逸，〈中共軍事演習，台商協會強烈反彈〉，《工商時報》，1996 年 3 月 19 日，9 版。張聖岱，〈台商火大，鼓勵員工回台投票〉，《聯合報》，1996 年 3 月 19 日，2 版。林宏洋，〈台商串聯做撤資的準備〉，《自由時報》，1996 年 3 月 19 日，1 版。沈麗山、王緯中，〈王兆國：無論誰當選中共都接受，只盼新領導人重回「一個中國」〉，《中國時報》，1996 年 3 月 19 日。作者對一位廈門台商的訪談，2001 年 6 月 4 日。
[46] 〈上海台商盼兩岸重回協商道路〉，《中國時報》，1996 年 3 月 25 日，9 版。
[47] 作者對一位廈門台商的訪談，2001 年 6 月 4 日。

外客戶的訂單大幅度減少或中止。此外,該地區的多數台灣籍經理因安全原因不想在中國工作。這個現象給地方台商帶來了惡劣的影響。[48]福州超過 700 家台商向中國地方領導人抱怨,中國不應該通過進行軍事演習來表達對台灣領導人的不滿。還有,福州的「台協」寫信給國務院和國台辦,希望海基會－海協會立即恢復會談。[49]

福州「台協」副會長許俊達說:「台商對局勢感到非常焦慮。因為兩岸協商渠道已經徹底中斷,台商希望通過『台協』說服中國當局,不要對台灣進行軍事演習。中國國務院、國台辦和海協會的所有中央官員和地方官員都試圖向台商保證,台灣和中國之間不會有戰爭。」這些中國官員重申,他們將根據「保護法」認真保護台商的合法利益。[50]

三、1999－2000 年台灣海峽事件

1999 年 7 月 9 日李登輝總統把兩岸關係界定為「特殊的國與國的關係」(「兩國論」)。之後,中國政府再一次擔心,台商可能因隨後台灣與中國之間關係的緊張而撤資。因此,北京在局勢惡化之前主動向台商提出擔保。儘管 1999－2000 年「兩國論」引起的台海事件,在嚴重性方面比 1995－1996 年的危機要小得多,但是北京向台灣投資者擔保的熱心程度卻毫不

---

[48] 趙虹、梁寶華,〈兩岸情勢緊張,大陸台商憂心誰人知〉,《工商時報》,1996 年 2 月 28 日,2 版。

[49] 〈福州台胞提四問,要求「安心」〉,《聯合報》,1996 年 3 月 17 日,5 版。

[50] 符和文、羅景文,〈台商:中共宣稱「台灣將攻打大陸」〉,《自由時報》,1996 年 2 月 28 日,4 版。

遜色。

7 月 15 日，李登輝總統「兩國論」講話不到一個星期，而且沒有任何中國軍事威脅的跡象，國台辦主任陳雲林向台灣投資者保證，不管海峽兩岸發生什麼事情，中國都將繼續實施鼓勵台灣人到中國投資的政策，並且貫徹「保護法」。另外，在「兩國論」出現之後，中國緊接著對台商採取了更加優惠的措施。[51]

8 月 2 日，國台辦邀請 10 位主要的「台協」領導到北京討論兩岸局勢。在會面時，包括國台辦副主任李炳才和國台辦經濟局局長何世忠在內的中國官員強調，中國將繼續實施「保護法」，並加強對在中國的台灣商人權益的保護。反過來，「台協」領導在會上強調了他們對保持兩岸局勢穩定的渴望。[52]

8 月 18 日，經過台辦主任三天的全國會議之後，北京再次強調：「有必要繼續鼓勵台灣商人到中國投資，堅持不讓政治分歧影響和妨礙兩岸經濟合作。不管發生了什麼事情，我們都將認真捍衛台灣商人的全部合法權益。」[53]9 月初，國台辦再次向台商保證，中國保護台灣投資的政策不會改變，希望台灣商

---

[51] 王綽中，〈北京台商：等待情勢演變，做最壞打算〉，《中國時報》，1999 年 7 月 18 日，14 版。劉碧齡，〈國務院召見廈門等聯誼會長極力安撫〉，《自立晚報》，1999 年 8 月 11 日，11 版。

[52] 王綽中，〈兩岸緊張，北京安撫台商〉，《中國時報》，1999 年，8 月 3 日。

[53] "Taiwan Affairs Meeting Calls for Dialogue with Taiwan" (in Chinese), Beijing Xinhua Domestic Service, August 18, 1999, in FBIS-CHI-1999-0818.

人不要撤資。[54]顯然，北京非常關注台灣在中國的投資，並努力將兩岸關係緊張對台商的影響減至最低程度。

在 1999－2000 年事件中，中國許多高級官員也向台灣投資者傳達了他們的保證。8 月 5 日，外經貿部部長石廣生強調，「中國將繼續實施鼓勵台灣投資的政策，通過有效保護台灣商人的所有合法權益來貫徹『保護法』。」他還說，「不管發生了什麼事情，我們都將認真保護台灣商人的所有合法權益。」[55]

8 月 6 日，外經貿部高級官員王暉在接待「台協」代表團時明確表示，「對於大陸來說，給台商找麻煩是不可能的，因爲這會給中國帶來更大的麻煩。台灣海峽兩岸是互補的。大陸利用台商這個籌碼對台灣實施經濟制裁也是不可能的。制裁是一把雙刃劍，它能殺死三千敵人，但同時對自己的傷害更多。」[56]

8 月 12 日，北戴河會議之後，國台辦主任陳雲林指示各省市台辦，主動調查台商在中國經營和投資的問題。他說，特別是在兩岸關係緊張的時候，中國官員應該關心台商的感受，讓他們安心。8 月 20 日，因爲台商的投資大幅度下降，北京指示各地領導自行召集台商開會，以便提高台商的投資信心。另外，國台辦領導甚至直接給台商打電話，向他們保證中國保護台商投資的政策不會改變，並請求台商不要因爲「兩國論」導

---

[54] 〈台商回應兩國論，產業淡然銀行謹慎〉，《中國時報》，1999 年 9 月 13 日，6 版。

[55] 轟傳清，〈兩岸經貿交流的基石不容破壞〉，《人民日報》（海外版），1999 年 8 月 7 日，2 版。〈兩國論衝擊下，北京重申推動兩岸經貿交流〉，《中國時報》，1999 年 8 月 6 日。

[56] 台灣區電機電子工業同業公會，《台商投資保護法實施條例》，頁 33。

致的關係緊張而撤回投資。[57]

　　爲了進一步鼓勵和保護台商在中國的投資，1999 年 12 月 5 日，國務院頒布「中華人民共和國台灣同胞投資保護法實施細則」。很顯然，中國中央和地方政府採取具體行動顯示了其保護台商合法權益的嚴重性。2000 年 2 月 28 日，在紀念「江八點」發表五周年的一次討論會上，副總理兼中共台灣工作領導小組[58]副組長錢其琛重申，無論在什麼情況下，我們都將切實維護台商的一切正當權益。[59]

　　當 2000 年 2－3 月中國開始加劇對台灣的威脅時，北京甚至更明確地向台灣的投資者提出擔保。3 月初，一位台灣記者採訪外經貿部官員王暉，當被問及兩岸關係緊張是否會影響台商利益和中國是否會對台灣採取經濟制裁時，王暉強調，任何一種情形發生的可能性都非常低。他說，中國這樣珍視，沒有必要由於兩岸關係緊張而干擾台灣的投資。相反，他建議，台灣總統選舉之後，兩岸經濟關係應該變得更開放、更頻繁。[60]這就是說，北京如此強調台灣投資的重要性，以致於不會對台灣使

[57] 林則宏，〈福建官員積極安撫台商〉，《工商時報》，1999 年 8 月 13 日，10 版。徐秀美，〈安撫台商，深圳、寧波接續辦座談〉，《工商時報》，1999 年 8 月 21 日，7 版。〈台商回應兩國論，產業淡然銀行謹慎〉，《中國時報》，1999 年 9 月 13 日，6 版。

[58] 江澤民是中共中央對台工作領導小組的組長。對台工作領導小組負責協調、監督政治局常任委員會與台灣事務的黨、政、軍隊等系統。

[59] "Qian Qichen Warns Taiwan Against 'Independence'," Beijing Xinhua, January 28, 2000, in FBIS-CHI-2000-0128.

[60] 程枚，〈專訪中共外貿經合部台港澳司司長王暉〉，《工商時報》，2000 年 3 月 5 日。

用武力或實施經濟制裁，而且甚至會在緊張之後進一步促進兩岸經濟交流。

出於同樣目的，3月5日，朱鎔基總理說：「我們要繼續推動兩岸人員往來和各項交流，積極發展兩岸經貿關係，切實保護台灣同胞的正當權益，保護台胞投資與經營的合法權益。」[61]

台灣3月18日總統選舉之後，中國當局立即對兩岸關係緊張可能影響台商在中國的投資感到焦慮不安。這種擔心的反應之一是，中國政府不允許大學生或普通市民對當選總統陳水扁進行抗議。儘管抗議活動被嚴令禁止，但是武漢和重慶的市民還是對陳水扁當選總統進行了抗議。然而，當地警察很快就阻止了示威遊行。在北京和上海，警察直接拒絕了所謂「反台獨抗議」的申請。[62]

同時，很多台商非常擔心陳水扁成為總統之後兩岸關係的未來發展。例如，北京的「台協」表示關注中國的可能反應。北京市台辦正式向在北京的台商保證，不管兩岸關係發生什麼事情，台商的合法權益都不會受到侵害。其他城市的台辦也從當地「台協」那裡得到了類似的關注，並且也做了相同的保證。[63]

---

[61] "Zhu Rongji: China Will Not Tolerate 'Separatist' Activity," Beijing Xinhua, March 5, 2000, in FBIS-CHI-2000-0305.

[62] 林則宏、李道成，〈台商權益不受影響〉，《工商時報》，2000年3月20日，4版。賀靜萍，〈目前為止，大陸台商權益未受損〉，《聯合報》，2000年3月26日，4版。作者對上海一位台灣研究資深學者的訪談，2001年6月26日。文儀，〈台商經營與活動〉，《兩岸經貿》，第100期（2000年4月10日），頁23。

[63] 林則宏、李道成，〈台商權益不受影響〉，《工商時報》，2000年3月20日，4版。

第二節 中國地方領導的反對

一、中國的中央－地方關係

在 1995－1996 年和 1999－2000 年事件中，中國地方領導人是否對北京施加了足夠的壓力，不要對台灣進行經濟制裁？在回答這個問題之前，有必要考察一下當前中國的中央－地方關係，以及台商與地方政府之間的關係。

過去，在中國的政治權力鬥爭中，地方一直產生重要的作用。1955 年中，毛澤東為了實施其快速實現農業集體化的雄偉計畫，到各省市尋求支援，因為他的北京同僚對該計畫熱情不高。結果，農民家庭參加高級農業生產合作社的比例由 1955 年 6 月的 0.03%迅速增加到 1958 年 4 月的 100%。[64]

1992 年初，鄧小平到武漢、深圳、珠海和上海等城市「南巡」，目的就是為了尋求支援，加速經濟改革的步伐，因為鄧小平反對其北京對手的經濟政策。結果，1992 年 10 月第十四屆黨代會重新肯定了鄧小平的改革開放政策，將鄧小平最惡毒的批評者（姚依林和宋平）和其他老一代幹部摞在一旁。[65]

上述兩個例子說明了地方在中國政治鬥爭關鍵環節中的重要作用。在每一個案例中，都有一些中央領導和地方站在一起

---

[64] Kenneth Lieberthal, *Governing China: From Revolution Through Reform* (New York: W. W. Norton, 1995), pp. 94-5.

[65] Lampton, Same Bed, Different Dreams, pp. 306-07.

反對中央政府中的反對派。結果往往是，中央政策發生急劇變化，某些領導人被清洗。然而，毛澤東和鄧小平是中國最高領導人，他們動員地方領導跟地方領導試圖主動改變中央政策並不一樣。不過，和過去相比，在 90 年代，地方對中央政策擁有了更大的影響力甚至否決權，這主要取決於中國共產黨的權力結構，和當前中央與地方稅收分配的性質。

最近幾年，「中央委員會成員選自地方的比例」已經大大提高，從黨的十三大（1987 年）的 25%上升到黨的十四大（1992 年）的 60%多。更重要的是，在黨的十五大（1997 年）選出的政治局中，有 70%的成員出身於五個沿海省分，或者在那裡有過主要工作經驗，或者在兩個沿海省級城市有過工作經驗。然而在 1982 年，有這種背景的人只占 24%。[66]

例如，在黨的十四大上，有五位地方領導被提昇爲政治局委員——上海的吳邦國、天津的譚紹文、北京的陳希同、廣東的謝非和山東的姜春雲。在黨的十五大上，地方領導被提昇到政治局的有：福建和北京的賈慶林、廣東的謝非、上海的黃菊、山東的吳官正、河南的李長春。除了李長春，所有其他地方領導都來自沿海省分。另外，李長春從 1983 年到 1990 年一直在遼寧工作。[67]因此，有理由相信中國政治局領導願意支持沿海地區的利益。

北京的一位官員解釋說：「目前，地方利益對於中央來說

---

[66] Lampton, Same Bed, Different Dreams, p. 295. Miller and Liu, "The Foreign Policy Outlook of China's 'Third Generation' Elite,", pp. 123-50.

[67] 朱蓓蕾，〈中共中央與地方政經互動關係：新制度主義之分析〉，《東亞季刊》，第 30 卷、第 1 期（1999 年冬），頁 48-9。

非常重要。在毛澤東時代，地方的聲音被嚴重壓制。在鄧小平時代，大批地方官員被提昇爲中央領導，許多政治局委員是從沿海省市的大人物中挑選出來的。這些人對中央的決策具有實質性的影響。所有來自沿海或者在沿海地區工作過的政治局委員都想保護他們各自省市的利益。例如，江澤民和黃菊都是上海來的，賈慶林來自福建和北京，李瑞環來自天津。中央只是這些人爲各地爭取資源分配和優惠政策的地方。[68]

　　另外一個地方權力的具體指標是，由中央和地方控制的國家稅收的比例。對於政治科學家來說，政治是「對一個社會進行的價值（既包括倫理價值，也包括有價值的東西）的權威性分配。」[69]用中國財政部長劉仲藜的話講：「當政府沒有錢的時候，它講的話就不再算數。」[70]因此，中央和地方之間的預算分配，可以用來表示中央和地方之間的權力關係。

　　在改革時代，中國中央政府爲了贏得地方對經濟改革的支持，並增加中央政府的稅收，將更多的經濟權力下放給地方官員。最初在 80 年代，北京進行的是「分灶吃飯」改革，因爲中央政府在 70 年代末面臨著嚴峻的財政赤字問題。這項改革要求地方承擔更大的財政責任，包括基礎教育、公共工程、公共醫療和福利補貼。中央希望分權化能夠給地方政府足夠的刺激，

---

[68] 作者與一位北京官員的對話，2001 年 7 月 26 日。

[69] David Easton, *A Framework for Political Analysis* (Englewood Cliffs, N.J.: Prentice Hall, 1965), p. 50.

[70] Dali L. Yang, "Economic Crisis and Market Transition in the 1990s," in Edwin A. Winckler (ed.), *Transition from Communism in China: Institutional and Comparative Analyses* (Boulder: Lynne Rienner, 1999), p. 173.

極大化預算稅收，進而將財政「餅」做大，這反過來會擴大中央自己的那一份。因而，分權化並不是中央政府的恩惠，而是中央和地方之間進行的責任與稅收的交換。[71]

因此，北京現在必須確保地方對任何稅收分享的新方案感到滿意。鑑於地方巨大的財政職責，北京必須要麼因中央造成的損失補償地方，要麼重新分配職責。否則，這一方案將起到嚴重的負面效應。例如，1983 年，中央政府實施利改稅制度，目的是要減少企業對國家財政責任的可協商性，並恢復中央的實力與權威。在為批准這個新制度尋求支持的過程中，中央作了兩項重大妥協：一、在新制度下，企業可以保留與舊制度下同樣數量的金額；二、中央－地方財政的分配維持不變。換言之，為了克服關鍵地方利益（工廠經理和地方官員）的（可能）抗拒，中央同意將新制度的再分配範圍最小化。[72]

然而，即使中央作了上述妥協，新制度還是威脅到了地方政府的財政地位，削弱了他們對當地企業的控制。部分由於地方政府的抵制，利潤和稅收增加部分從 1985 年初起開始下滑，連續下滑近 22 個月。面對這種局勢，中央別無選擇，只好於

[71] Shaoguang Wang, "Central-Local Fiscal Politics in China," in Hao Jia and Zhimin Lin (eds.), *Changing Central-Local Relations in China: Reform and State Capacity* (Boulder: Westview Press, 1994), pp. 92-94. Shaoguang Wang and Angang Hu, *The Chinese Economy in Crisis: State Capacity and Tax Reform* (Armonk, New York: M.E. Sharpe, 2001), pp. 50-51. 辛向陽，《百年博弈：中國中央與地方關係 100 年》（濟南：山東人民出版社，2000），頁 247-48。

[72] David Bachman, "Implementing Chinese Tax Policy," in David M. Lampton (ed.), *Policy Implementation in Post-Mao China* (Berkeley: University of California Press, 1987), pp. 140-45.

1987 年放棄了利改稅試點。昔日對利改稅改革的「抵制」顯示
了地方當局的實力有時能夠「否決」中央的決策。[73]

　　至少從 1987 年開始，中央領導層開始擔心與日俱增的預算
赤字，赤字從 1980 年占國民生產總值的 0.3%增加到 1988 年占
國民生產總值的 1.3%。另外，北京想要改變特殊的財政訂約制
度，使中央與地方擁有不同的稅收制度，以便使財政結構更加
合理，並增加中央的稅收份額。然而，1990 年底和 1991 年初，
作爲討論制定「第八個五年規劃」的一部分，這項新的財政安
排遭到多數富裕省分的抗衡，北京的努力沒有成功。[74]

　　1993 年下半年，時任副總理的朱鎔基代表中央政府和地方
政府就新的財政安排開始協商。新的分稅制於 1994 年開始實
施，該稅制通過提高中央政府在國家財政稅收中的份額，和國
家財政稅收在國民生產總值中的份額，有利地加強了中國政府
的汲取能力。[75]

　　但是，就像辛向陽指出的，爲了協調中央與地方的關係，

[73] Bachman, "Implementing Chinese Tax Policy," pp. 157-89. Wang, "Central-Local Fiscal Politics in China," pp. 95-96.

[74] David S. G. Goodman, "The Politics of Regionalism: Economic Development, Conflict and Negotiation," in David S. G. Goodman and Gerald Segal (eds.), *China Deconstructs: Politics, Trade and Regionalism* (New York: Routledge, 1994), p. 6. Dali L. Yang, "Reform and the Restructuring of Central-Local Relations," in David S. G. Goodman and Gerald Segal (eds.), *China Deconstructs: Politics, Trade and Regionalism* (New York: Routledge, 1994), pp. 74-75.

[75] Szu-chien Hsu, "Central-Local Relations in the PRC under the Tax Assignment System: An Empirical Evaluation, 1994-1997," *Issues & Studies*, vol. 36, no. 2 (March/April 2000), p. 38.

朱鎔基總理採取了協商和妥協的辦法。他設計的是一種中央與
地方之間權力和利益分享的制度。也就是說,他變成了一個中
央和地方之間的協調人,而不是凌駕於地方之上的中央長官。[76]

　　爲了保證地方政府願意參加新的稅制,中央政府對地方政
府至少作出了兩項重要的讓步。第一個讓步是「稅收返還」,
作爲對各省市可能損失的一種補償形式。這個讓步是爲了確保
每個省市的地方稅收總量不會少於舊稅制。第二個讓步是次年
的稅收返還的增加方式是根據各省市的經濟增長情況,而不是
全國平均水平計算。當然,這個讓步削弱了分稅制的重分配效
果。但是,這些讓步是爲了贏得地方合作所必須的。徐斯儉認
爲,沒有各省市的合作,新稅制永遠不可能實施。[77]

　　但是在新稅制實施之後,中央政府並沒有顯著增加其稅收
汲取能力,因爲地方政府在繼續破壞國家從經濟增長中獲取財
政稅收的能力。例如,1993 年後,中央政府的預算外財政稅收
[78]得到了有效控制,從 1992 年的人民幣 1,708 億元(占全部國家
預算外稅收的 44.3%)下降到 1998 年的人民幣 164 億元
(5.3%),但是地方政府的預算外稅收卻從人民幣 2,147 億元
(占全部國家預算外稅收的 55.7%)猛增到人民幣 2,918 億元
(94.7%)。[79]徐斯儉認爲,儘管中央政府爲了得到地方對這些

---

[76] 辛向陽,《百年博弈》,頁 347-48。

[77] Hsu, "Central-Local Relations in the PRC," pp. 39-41.

[78] 預算外的收入為公共部門的收入,但不受中央預算的管制,如地方
政府收取各類的規費。

[79] 由於預算外收入與支出的項目在 1993 年到 1995 年及 1998 年做了變
更,所以這些數字不能與前幾年相比較。從 1997 年起,預算外收入
與支出不包括預算內政府基金(費),因此這些數字不能與前幾年
相比。國家統計局(中國)編,《中國統計年鑑》,第 19 卷(2000

規則的支援已經作出了重要讓步，這可以看作是地方政府在面對中央政府推行財政稅收新規則時採取的一種反制戰略。[80]

表 10-2 顯示，中央政府在全部國家稅收中的份額由 1979 年的 20.2%上升到 1985 年的 38.4%，但之後卻逐年下降直到 1994 年。然而，就在 1994 年財政大改造的前夕，這個份額比 1979 年的水平還高。隨著 1994 年分稅制的出台，中央的份額躍升到 1994 年的 55.7%，但是到 90 年代末，已經略微下降，達到 50% 左右。

表 10-2　中央政府在國家稅收、可支配稅收和支出中的份額：1979－1999 年

年	稅收（％）	可支配稅收（％）	支出（％）
1979	20.2	46.8	51.1
1982	28.6	51.2	53.0
1985	38.4	51.2	39.7
1988	32.9	44.3	33.9
1991	29.8	39.0	32.2
1992	28.1	37.9	31.3
1993	22.0	31.6	28.3
1994	55.7	29.3	30.2
1995	52.2	27.4	29.2
1996	49.4	27.4	27.1
1997	48.9	28.8	27.4
1998	49.5	／	28.9
1999	51.1	／	31.5

註：可支配稅收是中央徵收的稅務和各省市通過稅收分享上繳稅款的總和，減去體制補貼和由中央到地方的稅收返還。

資料來源：
《中國統計年鑑》（頁 268），第 19 卷，國家統計局（中國）編。北京：中國統計

年）（北京：中國統計出版社，2000），頁 271。
[80] Hsu, "Central-Local Relations in the PRC," pp. 51-52.

出版社，2000。

《中國財政發展問題研究》（頁 95），劉仲藜。北京：中國財政經濟出版社，
1999。

　　然而，儘管中央政府收繳國家稅收的絕大部分，但是，稅
收返還的讓步讓中央政府缺少實質性的控制能力，因爲各省市
實際上被允許自動索要這些稅收中的大部分。因此，中央的預
算能力應該由它在可支配稅收中的份額來衡量。根據劉仲藜部
長，中央政府在可支配稅收中的份額（A），是中央徵收的稅收
（B）與各省市通過稅收分享上繳稅款（C）的總和，再減去體
制補貼（D）和由中央到地方的稅收返還（E），在全部國家預
算稅收（F）中所占的比例，如下面的公式所示。[81]

$$A = ((B+C) - (D+E)) / F$$

　　中央可支配稅收占全部國家稅收的比例由 1979 年的 46.8%
增加到 1985 年的 51.2%，但自那以後卻開始下降。1993 年，中
央可支配稅收的份額只有 31.6%。1994 年實施分稅制之後，中
央可支配稅收的份額進一步跌至 1997 年的 28.8%。另外，中央
的支出份額從 1979－1984 年的 50%多降到 1993－1998 年的不
足 30%。相對而言，在國際貨幣基金組織調查的 20 個主要發達
國家和發展中國家中，1994 年各國中央政府的可支配稅收平均
占 80.6%，支出占 70.1%。[82]同時，中國中央政府支出占國民生

[81] 劉仲藜，《中國財政發展問題研究》（北京：中國財政經濟出版
社，1999），頁 94-99。

[82] Le-Yin Zhang, "Chinese Central-Provincial Fiscal Relationships,

產總值的比例由 1979 年的 16.2%下降到 1994－1998 年的不足
4%。

　　經濟權力的分權化大大地改變了中央和地方的政治關係。
1994 年的改革並沒有根本改變中央和次國家政府之間稅收分配
和支出責任的實際模式。藉此，理查德‧鮑姆（Richard Baum）
和阿列克謝‧謝甫琴科（Alexei Shevchenko）認爲，中央－省市
（和省市－地方）關係越來越以雙邊交涉和妥協爲特徵，而不
再是單邊的命令和威壓。漢斯‧亨德里斯克（Hans
Hendrischke）、馮忠義（Feng Chongyi）和李哲藍（Linda
Chelan Li）也得出了相似的結論。[83]

　　此外，地方政府還越來越有能力追求他們自己的目標和偏
好，而不是簡單的聽從中央的指導。朱蓓蕾認爲：「地方領導
人經常把地方利益放在第一位，往往故意在政策和人事安排方
面忽視中央的指示。」[84]林尙立同意這一觀點，認爲地方政府在
獲取了經濟管理權之後，不僅成了地方經濟的主人，而且成了
地方利益的代表。[85]王紹光和胡鞍鋼指出：「地方政府已經形成

Budgetary Decline and the Impact of the 1994 Fiscal Reform: An
Evaluation," *China Quarterly*, no. 157 (March 1999), pp. 121-40.

[83] Richard Baum and Alexei Shevchenko, "The 'State of the State'," in
Merle Goldman and Roderic MacFarquhar (ed.), *The Paradox of China's
Post-Mao Reforms* (Cambridge, Mass.: Harvard University Press, 1999),
p. 338. Hans Hendrischke and Chongyi Feng, *The Political Economy of
China's Provinces* (New York: Routledge, 1999), p. 1. Linda Chelan Li,
Centre and Provincials: China 1978-1993 (Clarendon Press, Oxford,
1998), p. 284.

[84] 朱蓓蕾，〈中共中央與地方政經互動關系〉，頁 55。

[85] 林尙立，《國內政府間關系》（杭州：浙江人民出版社，1998），

　　了很多獨立於中央的經濟利益實體。」而且，他們還認為，某些地方政府是中國目前膽敢挑戰中國共產黨和國家權威的唯一政治實體。[86]

　　楊大力認為，地方政府在地方企業的支援下，對中央指示只是口頭應承，實際上卻經常不理不睬。楊大力強調，特別是在稅收和貿易方面，因為和他們自己的經濟利益有衝突，他們根本不願聽從北京的指示。[87]邢幼田表示贊同，認為這一點尤其適用於較為富裕的沿海省市。邢幼田補充說，相比其他省市，廣東和福建在北京的分權化政策中享受到了最高水準的地方自治。[88]

　　在改革時代，地方學到了這樣的座右銘：「上有政策，下有對策」。事實上，不論上面下來的政策為何，下面總是有辦法讓它的實施為各個地方利益服務。[89]在認識到這一點之後，中文雜誌《經濟研究》在 90 年代初期指出：「中國 30 個省、自治區和直轄市是大型封地，300 多個市是中型封地，2000 多個縣（城）是小型領地。每一個都集中關注自己的經濟，有自己的領土，制定自己的政策。」[90]

　　辛向陽認為，在 90 年代，所有地方政府都遵循一個原則，即所謂「三燈政策」：「綠燈行、黃燈闖、紅燈繞」。「綠燈

頁 323。

[86] Wang and Hu, *The Chinese Economy in Crisis*, pp. 14-15.

[87] Yang, "Economic Crisis and Market Transition in the 1990s," pp. 154-55.

[88] Hsing, *Making Capitalism in China*, pp. 108-33.

[89] Hsing, *Making Capitalism in China*, pp. 132-33.

[90] Cited in Dali L. Yang and Houkai Wei, "Rising Sectionalism in China," *Journal of International Affairs*, vol. 49, no. 2 (Winter 1996), p. 462.

行」意味著，如果中央政府作出的決策有利於地方經濟發展，地方政府將採取各種辦法和行動充分利用這些政策。「黃燈闖」意味著，如果中央政府發出信號，說明它將作出不利於地方利益的決策，地方政府將抓住最後的機遇，加強實施現存的優惠政策將損失降至最小。「紅燈繞」意味著，如果中央政府採取對地方經濟發展不利的政策，地方政府將實行權宜之計以各種藉口繞過中央的限制。[91]

地方工作的核心是經濟發展，因爲「當今，中國地方官員的升遷主要依據其經濟發展方面的政績。」[92]朱蓓蕾在她對中國中央與地方關係的研究中也得出了相同的結論。她認爲，日益增加的自治權力使地方人大在保護地方利益方面發揮著關鍵作用，地方領導人的提昇是經由人大對其關注地方經濟利益情況進行判斷的。[93]北京一位學者贊同這一看法，他說：「地方政府非常積極地堅持經濟發展。只要他們能夠促進發展，當地人民就會支援他們。」[94]

爲了將地方經濟利益最大化，地方政府盡一切努力從中央那裡獲得優惠政策。另外，即使當和國家利益相矛盾的時候，地方官員也顯示了堅持經濟發展的強烈主張和務實態度。有些地方甚至走得更遠，採取各種形式的合法和不合法的地方保護措施確保經濟發展。這些措施包括走私、法律強制、礦物開

---

[91] 辛向陽，《百年博弈》，頁 276。
[92] 作者對北京一位資深台灣研究學者的訪談，2001 年 8 月 4 日。作者對上海郊區台協領導人的訪談，2001 年 7 月 5 日。
[93] 朱蓓蕾，〈中共中央與地方政經互動關係〉，頁 55-56。
[94] 作者與北京一位學者的對話，2001 年 8 月 13 日。

採、徵稅（減稅、免稅、偷稅和漏稅）、操縱智慧財產權、保護汽車工業、重複建設等。甘肅省的一個縣領導認為，侵犯法律總比不能給人民發工資要好。他說：「貧困大於法律。如果我是個窮人，我將用各種可能手段求生，誰也不怕。」出乎預料的是，在大多數事例中，「地方保護」都成功地抵制了「國家政策」，而且各種各樣的地方保護主義在中國仍然非常普遍。[95]

中國領導人認識到了這些趨勢，以及權力分權化的其他缺陷。1993 年初，中國經濟過熱，北京試圖說服地方領導減少投資，朱鎔基副總理承認：「黨的號召力嚴重下降了」。他抱怨說，地方政府並不想和中央政府合作，並把這種局勢稱作「同床異夢」。[96]1993 年 4 月，江澤民召集華東六省市領導開會，會上江澤民也認識到中央控制經濟和懲罰地方主義的能力存在很大的局限性。[97]

同樣，1995 年 9 月 28 日，在第十四屆中共中央委員會第五次全體會議上，江澤民主席發表重要講話，公開承認中央和地方之間存在矛盾。正如他講的，「有的地方和部門過多地考慮本地區、本部門的局部利益，貫徹執行中央的政策不力，甚至出現了上有政策、下有對策，有令不行、有禁不止的現象；應當由中央集中的集中則不夠。」[98]

---

[95] 辛向陽，《百年博弈》，頁 277-90。Wang and Hu, *The Chinese Economy in Crisis*, pp. 86-94. 作者對上海一位經濟學家的訪談，2001 年 6 月 13 日。

[96] 辛向陽，《百年博弈》，頁 361-62。

[97] Yang, "Economic Crisis and Market Transition in the 1990s," p. 169.

[98] "Jiang Zemin on Relationship between Central and Local Authorities,"

　　甚至到 1999 年，地方挑戰中央的問題還是沒有解決。1999
年 3 月 15 日，當被問及亞洲金融危機期間什麼使他最失望時，
朱鎔基總理回答說：「有些部門和地方沒有充分貫徹中央政府
的政策和措施。」[99]

　　減少中央控制的事例在迅速增加。中央政府已經發現，通
過指令控制投資和消費的總需求越來越困難，因爲地方爲了維
持地方經濟的增長具有擴張投資的壓力。自 1982 年起，中央政
府已經嘗試過無數次削減固定資產投資，但是此類投資卻在
1982 年增長了 28.6%，1983 年增長了 14.5%，1984 年增長了
33.4%，1985 年增長了 38.7%，1986 年增長了 20.7%。特別是，
在這個時期，中央還試圖控制過度需求以便抑制日益上漲的通
貨膨脹率。然而，零售物價指數卻連續上揚，從 1984 年的 2.8%
上升到 1985 年的 8.8%和 1988 年的 18.6%。中央政府本想控制
需求的上漲，但卻力不從心。直到 1994 年、1989 年和 1990 年
除外，中央政府從來沒能通過指令維持對資本投資的有效控
制。[100]

　　與此相似，在 90 年代幾乎每一年，中共中央委員會和國務
院都提出要求，減少農民負擔，包括通過嚴格的管理辦法。特
別是 1993 年，尤其是四川仁壽的暴動，著實嚇壞了北京，中央
政府決定廢除 37 項收費和募款專案，取消 53 個目標攤派專

Xinhua News Agency, October 8, 1995.

[99] "Zhu Rongji on Economic Difficulties," Beijing Xinhua, March 15, 1999,
in FBIS-CHI-1999-0315.

[100] Wang, "Central-Local Fiscal Politics in China," pp. 102-03. Wang and
Hu, *The Chinese Economy in Crisis*, pp. 111-14.

案。北京頒布管理條例施加行政控制,包括對地方標準實行更複雜的審批程序,建立等級制的責任控制辦公室。另外,北京還對地方稅務與收費規定了一個上限:它們累計在一起不能超過村莊平均收入的 5%。然而,地方官員或者不睬中央政府的法令,或者竄改地方統計使平均收入比實際水平高出很多,這樣他們就可以宣稱沒有超過政府的 5%上限。1999 年中央政府的一個調查報告說:「幾乎 90%的地方政府收費要麼未經許可,要麼為非法。」[101]

上海的一位經濟學家解釋說:「北京的政策在地方層次上得不到貫徹。在地方層次上,政策是完全不同的。北京改變不了這種局勢,因為國家(中央)的能力已經大打折扣。例如,人們反抗交稅的例子很多。北京所能做的只是使用武力鎮壓農民暴動,但是卻不能有效地要求地方政府不要非法收費。基本上,北京的政策到不了地方層次。」[102]北京一位資深學者同意這一看法,「煤礦發生了許多事故。中央不能有效地監管地方。地方為了發展經濟,什麼都敢做。」[103]

就對外關係而言,地方也經常抗衡中央政策保護自己的利益,或者使中央政策的制定有利於地方利益。北京的一位資深經濟學家說:「現在地方利益經常不同於中央利益。因此,大多數中央政策是非常特定的滿足地方利益的需要。例如,福建

---

[101] Unger, "Power, Patronage, and Protest in Rural China," pp. 86-87. Bernstein and Lu, "Taxation without Representation," p. 751. Pei, "Will China Become Another Indonesia?," pp. 100-01.

[102] 作者與上海一位經濟學家的訪談,2001 年 6 月 20 日。

[103] 作者對北京一位資深學者的訪談,2001 年 7 月 30 日。

想要擴大和台灣的貿易，而珠海和深圳想要和香港和澳門建立更緊密的經濟聯繫。」[104]張愛梅（Zhang Amei）和鄒岡（Zou Gang）在 1994 年的研究中發現，自 1979 年以來，地方在外貿部門的責任和影響有漸趨強大的發展趨勢。他們認為，決策制定與實施的方式已經發生了根本性的變化。地方政府現在能夠以強者的姿態、為了清楚的地方利益進行談判。而且，他們談判的內容不僅涉及外貿可能帶給他們的收益份額，還涉及限制了他們行動自由的中央規則。[105]

張贊賢和鄧特杭認為，中國吉林和山東兩省塑造了北京和東北亞國家的關係，特別是和南韓和前蘇聯的關係，使之最有利於實現他們各自的經濟利益。在山東的積極遊說下，各種促進山東與南韓經濟聯繫的特別協定，甚至在 1992 年中國和南韓正式建立外交關係之前就得到了北京的批准。此外，張贊賢和鄧特杭認為，通過吉林多方面、長時間、高效率的努力，「該省最終獲得了中央政府的支持，得以就中國在圖門江的航運權問題進行協商」。這樣，吉林對中蘇對話發揮了重要影響，並在地區經濟合作計畫中大大提昇了自己的地位。[106]

同樣，四川省、廣西省、雲南省、貴州省、西藏自治區、成都市和重慶市形成了一個聯盟，「不僅協調他們的對外經濟

---

[104] 作者對北京一位資深經濟學家的訪談，2001 年 8 月 7 日。

[105] Amei Zhang and Zou Gang, "Foreign Trade Decentralization and Its Impact on Central-Local Relations," in Hao Jia and Zhimin Lin (eds.), *Changing Central-Local Relations in China: Reform and State Capacity* (Boulder: Westview Press, 1994), pp. 153-77.

[106] Cheung and Tang, "The External Relations of China's Provinces," pp. 116-19.

政策、促進省際合作、吸引國外資本，而且還影響中央政府的決策、聯合爭取得到更多的中央投資。」在回應的過程中，北京積極支援這些省市要和南亞和東南亞鄰國建立更緊密的地區經濟聯繫的願望。張贊賢和鄧特杭得出結論，「雖然中央政府仍然主導外交決策，但是，各省市外交事務的擴展，在經濟利益競爭和不同戰略考慮的驅動下，開始對中國的國際行為產生影響。」[107]

　　甚至在一些敏感的外交問題上，地方也傾向於保護他們的經濟利益，而不太考慮中央的想法。北京市政府的一位官員說：「中央有時候非常意識形態，而地方急著要完成他們的經濟發展目標，因而經常實行和中央不一致的政策。例如，對於外交部和教育部來說，當前的中日關係非常敏感。[108]因此，如果我們通過中央發展中日交流可能會失敗。但是，倘若我們通過地方渠道發展中日交流就完全不一樣了。北京、天津、上海和廣州的地方官員對於同日本發展雙邊文化交流非常熱心。另外，這些現任和前任地方官員都是政治局委員。即使當我們繞過中央部長們支援中日文化交流時，這些中央部長們也不敢說話，因為他們的官銜比這四個城市的首長還低得多。這些政治局委員支援地方政策的目的是為了保護地方利益。」[109]

---

[107] Cheung and Tang, "The External Relations of China's Provinces," pp. 115-20.

[108] 2001 年 8 月 14 日，日本首相計畫參拜靖國神社，那裡供奉戰犯的日本軍人。東京與北京之間因而緊張。

[109] 作者與一位北京市政府官員的對話，2001 年 7 月 26 日。

二、台商和中國地方利益

如前所述，經濟發展方面的政績是地方官員被上級政府和地方人大提拔的重要標準。爲了吸引台灣投資，地方盡一切努力對台商讓步，而不對台商提出任何政治要求。[110]廈門的一位台灣商人說：「地方政府想要增加稅收和擴大就業，因此他們積極勸說台灣商人到廈門投資。台商投資的規模越大越好。地方官員極盡所能吸引台商。」[111]廈門的一位經濟學家解釋說：「地方官員想要在他們在位時做些政績。因此，他們希望從台灣吸引到更多的資本。」[112]

地方政府也用相同的標準來評估他們的職員。例如，江蘇、浙江和上海的地方政府都以吸引台資和外資的能力評價他們的幹部和職員。在杭州市，地方政府甚至在一份官方政府文件中明確規定，地方幹部要根據他們吸引外資和台資的結果來評判成就。[113]同樣，昆山的領導也根據每位雇員吸引台資的能力來評價政府職員的表現。另外，昆山市從黨委書記到台辦官員，沒有一位官員膽敢忽視台商，而且他們還都爭先恐後在政府和台商之間維持一種非常暢通的渠道。[114]甚至，昆山的「台

---

[110] 作者對北京台協的領導人的訪談，2001 年 7 月 18 日。作者對廈門一位台商的訪談，2001 年 6 月 5 日。
[111] 作者對廈門一位台商的訪談，2001 年 6 月 5 日。
[112] 作者對廈門一位經濟學家的訪談，2001 年 6 月 7 日。
[113] 程玫，〈招商大戰 蘇南、浙江拚得火熱〉，《工商時報》，2002 年 1 月 17 日。
[114] 王綽中，〈昆山「小台北」把台商捧在手掌心〉，《中國時報》，

協」被中國的學者與官員形容成是當地的第五套領導班子（前面四套爲黨委、政府、人大與政協）。[115]

在東莞，黨委書記以下的官員經常親自調查、協商和審批台商投資案。地方官員積極主動和台商交朋友，努力理解台商的經營困難，傾聽他們的抱怨，幫助他們解決問題，提高他們的經營效率。東莞的許多鎮政府竭盡全力吸引台商到該地區投資，而東莞的台商也感受到了東莞市政府的支援和協助的誠意。例如，1992 年，東莞一個鎮政府的黨委副書記把一部珍貴的電話送給了一家台商（該企業在該鎮投資人民幣 100,000元），因爲當時該地區還沒有電話線。該鎮政府還給那個台商配了一輛汽車，同時允許他的工人使用政府的餐廳。[116]

通常，在東莞，台商的抱怨都能在很短的時間內得到解決。如果他們的抱怨涉及到東莞市政府的政策，這些問題將引起地方領導的高度重視。如果他們的抱怨涉及其他中央機關，最高地方官員，甚至黨委書記會親自與這些中央機關溝通。東莞市政府經常代表台商和中央機關如海關和外經貿部進行協商，並且積極爲台商爭取更多的利益。例如，1997－1998 年，當中央政府想要採取一項新的政策，對加工貿易徵收附加稅時，東莞市政府和東莞的「台協」合作，遊說中央政府修改政策，放寬實行標準。最後，中央政府同意在東莞實施更靈活的

2001 年 11 月 12 日。朱文暉，〈產業集聚與地區集中：世紀之交台商投資大陸的模式變化〉，手稿，2001 年 10 月 30 日，頁 42。

[115] 上海一位國際研究資深學者在某會議上的發言，2002 年 7 月 17 日。作者與上海一位涉台人士的對話，2002 年 7 月 18 日。

[116] 朱文暉，〈產業集聚與地區集中：世紀之交台商投資大陸的模式變化〉，手稿，2001 年 10 月 30 日，頁 19。

政策。[117]廈門的一位台灣研究資深學者聲稱，在廈門等地，地方政府已經成了台商的代表。[118]

　　地方對兩岸經濟關係的關注，還明顯表現在沿海省市要求進一步密切兩岸經濟交流。例如，在北京開放山東和台灣之間的小額貿易前，山東政府非常積極地要求開放。接下來，在北京允許和台灣進行小額貿易，但以 500 萬美元爲上限之後，山東則倡議進一步提高貿易額的上限。[119]北京的一位資深經濟學家解釋說：「儘管在台灣和中國沿海地區之間進行小額貿易可能爲北京在管理方面帶來很多麻煩，因爲中國的海岸線很長，但是北京沒有辦法、只有批准，因爲地方需要改善他們的經濟福祉。」[120]

　　2000 年 3 月 1 日，台灣立法院通過了一項法律，授權在台灣的近海島嶼金門和馬祖與中國的鄰近港口之間實行直接通航和通商（所謂的「小三通」）。儘管北京想要的是「大三通」，[121]不願對台北的計畫作出回應，但是福建對於建立「小三通」非常有利可圖。福建已經在必要的軟體和硬體方面投入了大量資金，「小三通」特別能夠振興福建的經濟。因此，當中國中央官員重申「一個中國」立場時，福建官員非常消極和

[117] 朱文暉，〈產業集聚與地區集中：世紀之交台商投資大陸的模式變化〉，手稿，2001 年 10 月 30 日，頁 19。
[118] 作者對廈門一位台灣研究資深學者的訪談，2001 年 6 月 6 日。
[119] 作者與山東省一位魯台交流協會資深人員的對話，2001 年 8 月 4 日。
[120] 作者對北京一位資深經濟學家的訪談，2001 年 8 月 7 日。
[121] 「大三通」指的是台灣主要港口高雄與基隆和中國主要港口上海及其他國際港口之間的直接通航。

審慎，試圖淡化這個可能阻礙「小三通」的政治問題。福建領導從來沒有公開主張「一個中國」原則應該作爲「小三通」的前提條件。另外，據報導，幾個福建官員還到北京爲開放「小三通」進行遊說，在 2001 年 1 月初台灣單方面開始推行「小三通」後，北京遂消極地接受了「小三通」。[122]

　　然而，因爲兩岸之間的對抗，台灣商人爲了保護自己、擴大利益，也和中國的地方官員發展友好關係，彼此互利互惠。例如，90 年代末，大約 36-38%的台商和中國的地方企業、地方政府和外國企業建立了廣泛的合資關係。此外，台商不僅對地方的繁榮作出了貢獻，地方的繁榮強化了地方官員的權力並有助於他們的升遷，而且還花費大量的時間和金錢和地方官員發展友好關係，旨在有助於他們在中國的生意發展順利。[123]

　　特別是，很多地方政府從台商那裡得到了預算外的補償，作爲其官方照顧的交換。反過來，地方官員也爲台商提供了必要的服務和保護。結果，基於對中央政策的靈活解釋和實施，台商經常能夠從地方官員那裡得到優惠的投資條件。例如，有一次中央政府要求台商出口他們的大部分產品，但是成都市政府爲了吸引更多的投資，卻明確允許台商在國內市場上出售他們的產品。在東莞，這些限制也被嚴重放寬了，以致於捷安特自行車現在能夠在中國市場上出售 50%的產品，原來的要求是

---

[122] 林則宏、李道成，〈兩岸小三通，中共、中央冷、地方熱〉，《工商時報》，2000 年 3 月 22 日。李光欣，〈大陸中央重申「一個中國」 福建地方能不談就不談〉，《投資中國》，83 期（2001年 1 月），頁 82-83。
[123] 對某些台商而言，「好關係」可以透過很多管道形成，包括賄賂、家庭關係及其他對地方官員的金錢上或非金錢上的好處。

它的自行車必須 100%出口。某些地方幹部甚至幫助台商逃避國家徵收部分的稅收。通過這種方式，中央政府的某些潛在稅收被留在了地方。[124]

　　台商和地方之間的合作並不一定符合中央政府的利益，有時甚至限制了北京的對台政策。上海的一位台灣研究資深學者認爲，「地方政府給了台商太多的特殊優待。在一定程度上，這並不符合中央政府的利益。但是地方有地方的利益，中央控制不了。」[125]上海的一位國際關係資深學者說：「地方的聲音越來越大。廣東、上海和福建都積極地想要和台灣發展更密切的經濟交流，並不希望兩岸對抗。」[126]北京的一位資深學者強調，「只要台灣海峽出現緊張，福建，還有上海，就會受到台灣的威脅和報復。中央必須考慮地方的利益（不要威脅台灣）。」[127]

　　以下便檢視中國地方政府在兩次台海緊張中的反應，以釐清地方政府對於中央對台政策的影響。

---

[124] 作者對成都一位官員的訪談，2001 年 7 月 24 日。作者對上海附近台灣辦公室資深官員的訪談，2001 年 7 月 5 日。Leng, "Dynamics of Taiwan-Mainland China Economic Relations," pp. 504-506. Hsing, *Making Capitalism in China*, pp. 133-34. Jieh-min Wu, "Strange Bedfellows: Dynamics of Government-Business Relations Between Chinese Local Authorities and Taiwanese Investors," *Journal of Contemporary China*, vol. 6, no. 15 (1997), pp. 319-46.
[125] 作者對上海一位台灣研究資深學者的訪談，2001 年 7 月 3 日。
[126] 作者對上海一位國際關係研究資深學者的訪談，2001 年 6 月 26 日。
[127] 作者對北京一位資深學者的訪談，2001 年 8 月 10 日。

三、1995－1996 年和 1999－2000 年台灣海峽事件

截至 1999 年，台灣的投資主要集中在廣東（占台灣全部在中國投資的 35%）、江蘇和上海（32%）、福建（11%）、河北和北京（6%），以及浙江（5%）。根據台灣的統計，這六個沿海地區得到了台灣在中國全部投資的 92%。根據第二章的估計，1995 年，台商僱傭了 390 萬中國工人，占中國城市勞動力的 2%，生產產值達 336 億美元，占中國全部工業產值的 3.1%。1999 年，台商僱傭了 820 萬中國工人，占中國城市勞動力的 3.9%，生產產值達 702 億美元，占中國全部工業產值的 4.6%。根據以上的地理分布，大約 92%的貢獻是在這六個沿海地區實現的。

更具體地講，基於台灣在每個地區的投資比例，1999 年台商的勞動力在廣東是 290 萬人，占第二產業工人的 29.4%，產值為 246 億美元，占廣東全部工業產值的 19.4%。台商對江蘇和上海的貢獻是 260 萬工人，占第二產業工人的 18.9%，225 億美元產值，占江蘇和上海全部工業產值的 13%。台商對福建的貢獻是 90 萬工人，占製造業工人的 23.1%，77 億美元產值，占福建全部工業產值的 28.9%。[128]顯然，對這些省市來說，如果兩岸經濟關係因為實際衝突或北京對台灣實施經濟制裁而中斷，將是災難性的。

---

[128] 全部工業產值包括所有年營業額收入超過五百萬人民幣的國有企業和非國有企業。National Bureau of Statistics (PRC), *China Statistical Yearbook*, no. 19 (2000) (Beijing: China Statistics Press, 2000), pp. 117, 410-11.

　　對於中國的某些特定城市而言，如東莞和昆山，台灣的投資對於他們的經濟發展尤其是至關重要的。例如，在昆山市，2001 年，280 億美元投資（或占昆山投資的 42%）來自台灣。另外，台商生產的商品達 200 億美元，占昆山出口的 60－70%。還有，在昆山，台商僱傭的大陸工人達到 20 萬人。[129]因而，昆山的一位台灣經理柯長生（Ke Chang-sheng）說：「如果台灣人撤出，昆山將變成一座鬼城」。[130]

　　1995－1996 年和 1999－2000 年事件對台商在中國沿海省市的投資具有嚴重的消極影響，儘管這種影響是暫時性的。根據福建的官方調查，1995 年 8 月中國第一輪導彈試射之後，台商在福建的投資案超過 60%被取消了，其餘的全部暫停。[131]1996 年 3 月中旬，根據台灣全國工業總會在福建和廣東進行的調查，90%以上的台商說，中國軍事演習給他們造成了心理負擔，80%以上的台商決定暫停或取消他們在中國新的投資案。[132]另外，根據中國的統計，2000 年台灣在福建省的實際總投資爲 4 億 9 千萬美元，比 1999 年下降了 48%。福建省台辦副主任李冠民（Li Guangmin）承認，台灣在福建投資的銳減主要是由兩岸關係的不穩定造成的。[133]但是，在兩岸關係緊張氣氛消失的幾

---

[129] 作者對昆山市政府一位資深官員的訪談，2001 年 7 月 5 日。

[130] "Business Trumps Politics," *The Economist* (U.S. Edition), July 28, 2001, section: Asia.

[131] Yu-chin Su, "The Intention for TIEs to Invest in China Changed Significantly," *Zhongguo Shibao* [China Times], August 19, 1995, p. 9.

[132] Yan-fang Lai, "More Than 80% of TIEs in China Decide to Suspend Investment," *Jingji Ribao* [Economic Daily], March 16, 1996, p. 2.

[133] Chung-hung Jen and Victor Lai, "CAN: Fujian Official Says 'Sharp'

個月以後，台商可能恢復了他們的投資。

1995 年 11 月，在應對這種影響的過程中，福建和廣東的領導，還有來自其他幾個沿海城市的領導，據說給政治局傳遞訊息，敦促北京在處理台灣海峽危機時要審慎。訊息的主題是「以江澤民爲核心的第三代領導在對台灣使用武力之前必須保持最高的審慎」。在遞交給中央當局的意見中，福建幹部堅稱，戰爭恫嚇已經損害了地方經濟，並詳細列舉了台灣投資者突然中止商業會談或者把他們的業務移出該省的內部情況。[134]

事實上，雖然中央政府已經在積極安撫台商，但是有些沿海地方政府在這個問題表現得更積極主動。1995 年 7 月 21 日至26 日中國第一輪導彈試射之前，福建和廣東政府已經採取了某些特別措施直接解決台商和外資企業的業務問題。地方政府希望，台商不要因爲兩岸關係緊張而撤回他們的投資。[135]廈門的一位高級官員解釋說，「從 1995 年到現在，台商越擔心（台灣與中國之間的）潛在戰爭，以及這種緊張關係對他們出口的影響，地方政府對該地區台商採取的優惠政策就越多。」[136]

導彈試射之後，廣東政府下令警方加強對台商的保護，特別集中打擊針對台商的犯罪活動。另外，1995 年，爲了保護台

Decline in Taiwan Investment," Taipei Central News Agency, 10:41 GMT, February 10, 2001, in FBIS-CHI-2001-0210.

[134] Willy Wo-lap Lam, "Cadres Cautious on Force Against Taipei," *South China Morning Post*, December 1, 1995, p. 12.

[135] Juan-ping Li, "Attract TIEs, China Concerns," *Jingji Ribao* [Economic Daily], July 21, 1995, p. 3. "Fujian Governor Reassures TIEs," *Gongshang Shibao* [Commerce Times], August 19, 1995, p. 9.

[136] 作者對廈門一位資深官員的訪談，2001 年 6 月 6 日。

商的利益，鼓勵台商更多投資，江西省、福州市、廈門市、四
川省、南京市和北京市公布了地方版的「保護法」實施細則。
[137]還有，沿海地區的台辦向中國政府積極轉達了台商對軍事威
脅的不滿，並安撫台商工廠中的中國工人，以防他們給台商帶
來麻煩。[138]甚至在內地，受中國對台軍事威脅影響很小的地
區，地方官員也積極表達他們對台商的關心和保證，惟恐台商
撤資。[139]

　　1995 年下半年，很多地方政府進一步採取步驟安慰台商，
提供額外的優惠給台商，以維持他們的在當地的投資。這些地
方政府包括北京市、福建省、廈門市、漳州市、福州市、廣州
市、江蘇省、南京市、上海市、四川省、江西省、湖北省、安
徽省和浙江省等。另外，福建還在 1996 年 3 月中旬再次提出新
的優惠措施給台商。這些為了安撫台商的行動顯示，這些地方
政府很清楚地意識到，在危機局勢中台商感到非常不安，因此
使當地經濟發展受到威脅。[140]

---

[137] "Mainland's Favors for TIEs Are Not Lessened," *Zili Zaobao*
[Independence Morning Post], July 29, 1995, p. 9. "Mainland Public
Have Different Views on Taiwan Policy," *Zhongguo Shibao* [China
Times], August 8, 1995, p. 9. "Nanjing Promulgate Rules to Protect TIEs'
Investment," *Renmin Ribao* [People's Daily], September 16, 1995, p. 5.
Jun-yi Chen, "China Continues to Reassure TIEs," *Gongshang Shibao*
[Commerce Times], December 14, 1995, p. 4.

[138] 作者對上海附近城鎮一位台辦資深官員的訪談，2001 年 7 月 5 日。

[139] 作者對成都台協一位領導人的訪談，2001 年 7 月 24 日。

[140] 中共年報編輯委員會編輯，《中共年報》，頁 II-40 到 II-61。
"Fujian Reassures TIEs," *Gongshang Shibao* [Commerce Times], March
22, 1996, p. 9. 作者對廈門市政府官員的訪談，2001 年 6 月 6 日。

　　在 1999－2000 年事件中，福建省和某些市台辦的領導和官員從 1999 年 7 月到 9 月多次會見台商，就「兩國論」問題交換觀點，安撫台商。習近平就任福建省代省長第二天，便召集福州市的幾十個台商開會。他保證，在任何情況下，「福建各級政府都將認真貫徹相關法律法規，保護台商的全部合法利益。」[141]

　　2000 年 3 月 18 日台灣總統選舉之後，上海地方台辦系統、公安系統和各高校黨委書記緊接著連夜通宵開會，討論對台灣選舉結果的回應。在上海市和成都市，警察在主要十字路口和重要台商所在地進行設崗警戒，台辦官員給台商打電話保持聯絡。這種緊張氣氛持續了兩到三天，因爲中國官員不確定中國人民會對台灣選舉作出什麼樣的反應，害怕社會動亂和反台灣示威。[142]另外，深圳市政府甚至在台灣選舉之前的 3 月 16 日和 17 日召開特別會議，安排一系列警戒部署保護台商的利益免受「意外事件」的影響。[143]

　　在經濟制裁問題上，當被問及中國政府是否會對台灣實施經濟制裁時，上海市政府的一位高級官員說，「每個省市都不太關心台灣（統一）問題。他們關心更多的是維持經濟的發展。不論是誰，不能維持經濟增長和降低失業率，都得下台。

---

[141] 林則宏，〈福建官員積極安撫台商〉，《工商時報》，1999 年 8 月 13 日，版 10。

[142] 作者對上海台協一位領導人的訪談，2001 年 6 月 20 日。作者對成都台協一位領導人的訪談，2001 年 7 月 24 日。

[143] 周德惠、賀靜萍，〈目前大陸台商權益未受損〉，《聯合報》，2000 年 3 月 2○ 日，版 4。

這是檢驗中央政府的唯一標準。」[144]上海市政府的另外一位高級官員強調，「北京不可能徹底忽視上海的利益，否則北京政權就沒法存在了」。[145]

上海的一位經濟學家表示贊同，「大陸需要考慮就業、資本、地方利益和地方抗衡的聲音。北京不能忽視地方。」[146]上海的一位資深學者補充說，「地方政府非常重視台商。他們會反對中央政府對台灣實施經濟制裁。特別是，地方政府的合法性是建立在地方經濟發展的基礎之上的。爲了吸引台資，地方甚至已經犧牲了中央利益。」[147]北京的兩位資深學者同意，沿海地區的地方政府肯定會反對經濟制裁，反對北京將緊張關係升級，而且中央政府肯定會考慮對地方利益的影響。[148]

結論

正如江澤民主席在 2001 年講話中所明確表示的，「大陸的對台政策必須要問昆山的台商」，中國中央政府極爲重視台商。北京的一位「台協」領導說：「到目前爲止，還沒有『台協』提出的要求遭到中國當局的拒絕。中國當局總是盡其所能幫助台商解決問題。」上海的涉台人士說「昆山『台協』是當地的第五套領導班子。」雖然前面的陳述可能誇大了「台協」

---

[144] 作者對上海市政府一位資深官員的訪談，2001 年 6 月 28 日。
[145] 作者對上海市政府一位資深官員的訪談，2001 年 6 月 19 日。
[146] 作者對上海一位經濟學家的訪談，2001 年 6 月 22 日。
[147] 作者對上海一位資深學者的訪談，2001 年 6 月 4 日。
[148] 作者對北京兩位資深學者的訪談，2001 年 7 月 16 日、8 月 10 日。

對中國決策的影響，但是「台協」已經變成了強有力的集團，在遊說北京保護和擴展其在中國的利益方面非常有效果，這從1999年電電工會爲他們的「實施細則」版本進行的遊說活動中可以看得很清楚。

在 1995－1996 年和 1999－2000 年事件期間，中國領導人從來沒有發出過對台灣實施經濟制裁的言辭威脅。相反，他們害怕中國人民解放軍的軍事威脅會給台灣在中國的投資帶來嚴重影響。中國政府面臨著來自「台協」的巨大、持續壓力，「台協」對兩岸關係穩定深感焦慮，並且痛恨中國對台灣進行軍事威脅。後來，台灣在中國的投資大幅度減少，至少一段時間內是這樣，「台協」領導人威脅北京，如果北京繼續對台北進行軍事威脅，他們將從中國撤資。而且，有些「台協」領導人甚至威脅說，如果中國膽敢攻打台灣，他們將返回台灣、打回中國。

結果，從中國國家主席、總理、部長、國台辦官員、海協會官員、到國家媒體，北京竭盡全力安撫台商，保證他們的利益在任何情況下都會受到保護，並且在陳水扁當選總統之後禁止針對「台獨」的抗議活動。另外，北京還爲台商提供了更多的優惠政策和法律保護，包括 1999 年底頒布「實施細則」。而且，北京還反覆向台商保證，在台灣和中國之間不會有戰爭。

當然，台商的壓力並沒有改變中國在 1995 年底和 1996 年初發動軍事演習的決定。但是，上述不會有戰爭的保證嚴重削弱了北京在事件中對台灣進行遏制和威壓的戰略，那是中國軍事威脅的主要目的。北京怎麼能夠一方面肯定地向台商擔保不會有戰爭，另一方面又通過潛在的戰爭威脅堅決地遏制和威壓台灣的領導人呢？這個矛盾的立場充分說明，北京非常重視在中國的台商，重視程度甚至達到了在事件中不惜冒著對台灣領導人遏制和威壓戰略失敗的風險。實質上，北京對台商作出的不會有戰爭的擔保等於嚴重削弱了自己對台灣的軍事威脅。

對於地方來說，中央與地方之間的關係在改革時代已經發生了重大變化。中國的地方，特別是沿海地區，通過分權化獲得了比原來大得多的權力，他們的關注焦點堅定地集中在經濟發展上。90 年代，如果中央的指令有悖於地方利益，中央再也沒有辦法通過指令直接命令地方，反而需要和地方進行妥協和協調。在很多情況下，地方都成功地抵制住了國家政策，並且遊說中央獲得有利於地方經濟發展的優惠政策。為了促進地方經濟發展，地方的遊說已經成功地塑造了中國和很多鄰國或地區包括南韓、前蘇聯、日本和台灣的關係。

地方還和台商以相互經濟利益為基礎發展了一種互惠關係。一方面，地方盡一切努力吸引和保護台商，因為台商為地方經濟發展作出了很大貢獻，地方官員的升遷是以他們在經濟發展方面的政績為基礎的。另一方面，台商為了擴大自己的利益，同地方政府培養了一種合作關係，包括和中國地方企業和地方政府建立廣泛的夥伴關係。結果，地方在保護台商利益方面顯示出極大的興趣，方便了台商的經營，並且遊說中央為台商爭取更多的優惠措施，建立兩岸更緊密的經濟交流。但是，地方對台商的政策和措施並不一定符合中央政府的利益，甚至有時候限制了北京的台灣政策。

　　由於存在這種中央－地方和地方－台商的特殊關係，如果
中央政策升高兩岸關係緊張，或對台灣施加經濟制裁而嚴重損
害地方的經濟發展，地方可能抵制中央的政策。沿海地區在繼
續和擴大兩岸經濟交流方面存在巨大的、至關重要的利益。在
1995－1996 年和 1999－2000 年台海事件中，地方，特別是沿海
地區的地方，反覆重申保護台商利益的擔保，爲台商提供更優
惠的待遇，向中央轉達他們對兩岸緊張升級後的結果非常擔
憂。但是，在這兩次事件中，這些地方對北京的台灣政策究竟
形成了哪些影響，還不太淸楚。

　　由於中國決策過程的秘密性質，瞭解地方在這些事件中的
真正影響幾乎是不可能的。兩個原因可能解釋地方給中央帶來
的壓力在這些事件中爲什麼在一定程度上是模糊的。第一，正
如在第七章中已經討論過的，在兩次事件中北京並沒有想要對
台灣使用武力。事實上，中國的某些地方（如上海）知道北京
在 1995－1996 年事件中進行軍事威脅的意圖，多數重要的地方
也瞭解了北京在 1999－2000 年事件中的打算。[149]一些沿海地區
表達對可能的海峽戰爭的關注，是要提醒中央考慮他們的損
失，進而儘量減少可能使緊張升級的危險。這樣，地方和中央
在台灣海峽可能發生戰爭的問題上並沒有大的衝突，地方也知
道他們的損失至多只是暫時的。

　　第二，北京對台商的重視程度不比地方小。在緊張過程
中，北京極力安撫台商。在一些敏感情況下，中央甚至主動提

---

[149] 作者對上海附近城鎮一位台辦資深官員的訪談，2001 年 7 月 5 日。
　　作者對上海一位資深官員的訪談，2001 年 6 月 15 日。作者對上海一
　　位台灣經濟研究資深研究員的訪談，2001 年 6 月 28 日。

醒地方安撫台商。因此,在保護台商利益或促進經濟發展方面,地方和中央的立場並不矛盾。

中央和地方在處理台商利益問題上的可能分歧,可以這樣來說:中國對台商的安撫是否足以平息台商的焦慮,或者北京是否有必要馬上停止軍事演習?最後,如果這個問題真的曾經存在過,在是否立即停止軍事演習這個問題上的衝突是短暫的,因為中央和地方都知道,畢竟中國沒有要發動台海戰爭的任何計畫,特別是在 1999-2000 年事件中。因此,中央和地方之間有限的衝突帶來的只是地方反對中央的有限回應或遊說努力。

2001 年 6 月到 8 月,作者對中國 80 幾位學者和官員進行了訪談。[150]在訪談中,他們一致認為,兩岸經濟交流已經抑制了北京的台灣政策。他們感到兩岸經濟交流的利益以台商和地方為代表,使北京不願採取極端的對台政策,包括台灣和中國之間的戰爭,因為衝突的代價簡直太高了。例如,上海的一位國際關係資深學者指出,「如果沒有兩岸經濟交流,對台灣使用武力的聲音會更大聲。因為經濟利益的原因,沿海省市都不希望和台灣打仗。」[151]上海的另外一位國際關係資深學者強調,「中國政治已經發生了巨大變化。利益集團在中國變得越來越大。商業集團對中國的對台政策影響非常大。要是沒有商人的

---

[150] 我在 2001 年 6 月 4 日抵達廈門。在廈門停留一星期,然後在上海待一個月,成都四天,北京一個半月。我在八月十五日離開北京。期間,我訪談中國主要智庫學者、台辦系統官員及台商。

[151] 作者對上海一位國際關係資深學者的訪談,2001 年 6 月 15 日。

溫和聲音，兩岸關係緊張可能會變得更厲害。」[152]

　　北京的一位台灣研究資深學者說：「大陸還是以經濟建設為中心。如果大陸採取躁進的政策，對台商與兩岸經貿交流都會有影響。台商對大陸經濟的貢獻還在增加，大陸不願意看到兩岸經貿交流惡化。」[153]北京的另外一位台灣研究學者指出，「要是沒有兩岸經濟交流，台灣海峽可能隨時出現危機或不斷升級的緊張關係。經濟利益制約了海峽兩岸雙方的政策選項。兩岸經濟交流是兩岸關係的安全係數。」[154]一位前國台辦高級官員同意，要是沒有兩岸經濟交流，兩岸關係可能已經變得更糟了。[155]

　　北京一位台灣研究資深學者富有詩意地總結說：「千利益，萬利益，經濟利益是最重要的利益。千關係，萬關係，經濟關係是最重要的關係。」他認為，兩岸經濟交流將兩岸的利益緊緊地聯結在了一起，大陸從改革和開放中收益良多，因此，大陸永遠不會和台灣打仗。[156]

　　北京應對台灣行動的趨勢，部分反映了中國對兩岸經濟利益的關注，可能還有台商和地方政府對北京對台政策的影響。從 1995 年到 2000 年，以中國的觀點來看，台灣的行動或形勢體現在「一個中國」原則問題上越來越富有挑釁性。相較而言，中國的應對卻越來越溫和。1995 年，李登輝總統在美國發

---

[152] 作者對上海一位國際關係資深學者的訪談，2001 年 6 月 26 日。
[153] 作者對北京一位台灣研究資深學者的訪談，2001 年 8 月 3 日。
[154] 作者對北京一位台灣研究學者的訪談，2001 年 8 月 13 日。
[155] 作者對一位前國台辦資深官員的訪談，2001 年 7 月 16 日。
[156] 作者對北京一位台灣研究資深學者的訪談，2001 年 7 月 29 日。

表講話，強調中華民國在台灣是一個獨立的國家。這是一個關於中華民國（台灣）國家資格的聲明，但是同時，它也可以被解釋爲在一定意義上堅持了「一個中國」原則（各自表述）。中國以對台灣的大規模軍事威脅爲應對。

1999 年，李登輝總統將台灣－中國關係重新界定爲「特殊的國與國的關係」。這是一個旨在拒絕「一個中國」原則的明確聲明。中國以零星的軍事演習作爲應對。2000 年，中國非公開地威脅，如果陳水扁當選總統，中國將對台使用武力。中國說：「『台獨』就意味戰爭」，暗指陳水扁。正如在第七章中已經探討過的，中國清楚地說明，如果不喜歡台灣總統選舉的結果，中國肯定會採取實際行動。但是，在陳水扁贏得選舉之後，中國對台灣的反映根本不是軍事上的。陳水扁當選後，中國只是對台灣採取了所謂「聽其言、觀其行」的政策。

雖然在 1995－1996 年事件和 1999－2000 年事件上，美國採取了不同的立場，[157]這可能大大影響了北京對台灣進行軍事威脅的程度，但是兩岸經濟利益是另外一個重要因素。正如在第六章中所講的，經濟利益反映了中國廣泛的國家目標，它的確在中國外交決策和對台決策過程中發揮了作用。北京一位國際關係資深學者認爲：「兩岸經濟利益使大陸對台灣採取了更加溫和的政策措施。」[158]北京另外一位國際關係學者解釋說，

---

[157] 1995-96 年，台灣總統訪問美國引發一系列的中國軍事演習。也就是說，由於發簽證給李登輝總統，美國在此事件中有些責任。北京希望嚇阻美國更進一步支持台灣獨立。相反的，1999-2000 年，美國批評李登輝的「兩國論」。

[158] 作者對北京一位國際關係資深學者的訪談，2001 年 7 月 12 日。

特別是「民進黨執政一年來，大陸沒有做出更強烈的反應，除了大陸要申辦奧運的因素之外，經貿利益是大陸重要考量的因素。」[159]廈門一位台灣研究資深學者表示：「兩岸經濟交流對中國在 2000－2001 年修訂和調整『一個中國』的定義[160]起到了重要作用。」[161]北京一位資深經濟學家同意，北京 2000 年後對台灣採取了更靈活的政策，從根本上講，是北京優先考慮經濟發展和兩岸經濟利益的結果。[162]

總之，自 1995 年以來，保護兩岸經濟交流對台商和中國地方的利益，逐漸限制了中國對台政策，避免緊張升級的作用。同樣，在兩次事件中，台商和中國地方在中國決策中的重要性，大大減低了北京對台灣實施經濟制裁的可能性，因爲，經濟制裁相比軍事威脅，會給台商和地方帶來更大的損失。

---

[159] 作者對北京一位國際關係學者的訪談，2001 年 7 月 19 日。
[160] 2000 年底，北京開始明確地將「一個中國」的內容定義為台灣與大陸都是中國的一部份，這是國民黨政府在 1999 年前所提倡的版本。
[161] 作者對廈門一位台灣研究資深學者的訪談，2001 年 6 月 6 日。
[162] 作者對北京一位資深經濟學家的訪談，2001 年 8 月 7 日。

第十一章

台灣對於中國軍事威脅的反應

　　中國在 1995－1996 年及 1999－2000 年對台灣進行兩次武力威脅，造成台灣人心恐慌，導致股市大幅下挫與資金大量外流，嚴重影響台灣的經濟。這類事件很容易造成惡性循環：政治恐慌造成投資人失去信心，進而導致股市下跌與資金外流，然後造成台幣貶值與台灣外匯存底大量流失。預期台幣貶值的心態又將進一步導致資金外流與股市下挫。最後，股市下跌與資金外流將導致投資與消費的減少，進而降低台灣經濟成長率，這又將進一步影響投資人信心。因此，台灣政府在這兩次事件中耗費很多資金維持投資人信心，防止股市下挫與資本外流，以維持台灣經濟的穩定與成長。

　　在 1995 年 7 月 18 日，中國僅僅宣布飛彈試射，台灣股市在一天之內便下跌 4.2%。在 1995 年下半年，台灣股市下挫20%，台幣貶值 10%。為此，台灣政府耗費 237 億美元外匯，穩定投資人信心及外匯市場。

　　1996 年初，中國再度升高台海緊張氣氛，台灣股市下跌9%，大約 50 到 150 億美元的外匯外流台灣。同樣的，台灣政府動用大量的緊急基金穩定匯率與股市，包括在總統大選的前一個星期注入股市超過 30 億美元的資金。同時，3 月 8 日前後，美國派遣兩艘航空母艦戰鬥群到台海附近穩定台灣民心。台灣內部緊張情勢到了 3 月中旬才穩定下來，距離台灣總統大選僅僅幾天。

　　1999 年 7 月 9 日，李登輝總統的「兩國論」引發另一波兩岸緊張。不同於 1996 年的是：美國這次實質上批評李總統的「兩國論」。台灣的股市在 7 月 14 日下跌 3.9%、7 月 16 日重挫 6.4%。7 月 19 日（下一個交易日），在台灣政府大量注入資金後，台北的股市才穩定下來。

2000 年 2 月 21 日，北京發表對台政策的白皮書，再度升高兩岸緊張氣氛。北京第一次表示：「如果台灣當局無限期地拒絕通過談判和平解決兩岸統一問題」，中國將使用武力。台北股市當天立即下跌 2.5%，隔天則下跌 1.8%。在美國批評中國的白皮書及台灣政府注入股市大量資金之後，台灣股市終於回穩，在 2 月 23 日僅下跌 0.9%，2 月 24 日下跌 0.5%。

北京在 2000 年 3 月中旬（台灣總統大選前夕）再次重申對台灣的威脅。在 3 月 13 日至 3 月 17 日，台灣股市下挫達 7%。特別是 3 月 16 日，朱鎔基發出對台灣相當嚴厲警告——「（台灣人民）切莫一時衝動，以免後悔莫及。」一天之後，台灣投資者在股市開市後便立刻大賣股票，使股市短瞬間便下跌 4.5%。在那一天，台灣政府注入大約 15 億美元的資金，股市才回彈，終場以上揚 0.5%做收。在 3 月中旬，台灣政府大約注入 34 億美元以穩住股市。

事實上，對台灣金融市場的有形傷害只是中國軍事威脅效應的一部分。如嘎沃爾所說：「北京希望製造台灣人民恐懼不安的心情。戰爭與所造成的痛苦迫在眉睫！中共意志堅定，不管代價如何都將攻擊台灣！或者（中國領導人）不完全理性的！台灣政府必須盡一切可能避免戰爭！如果不可能，台灣人民應該盡一切可能保護自己的家人！這些都是北京想要製造的氣氛。」[1]

---

[1] Garver, *Face off*, p. 118.

　　無論是金融上的巨大損失或心理上的沉重壓力，台灣在兩次台海事件中並沒有對中國做出明顯的讓步。特別是，台灣在2000 年 5 月前並沒有降低拓展外交的努力或撤銷要求兩岸之間建立「國與國關係」的聲明。爲何台灣面對中國兩次武力威脅時，遭受巨大金融損失與沉重心理壓力，卻沒有對中國做出明顯的讓步？本章將評估台灣民衆、政治菁英[2]、利益團體和決策者對於中國在 1995－1996 年及 1999－2000 年武力威脅的反應，以釐清中國武力威脅在台灣造成的效應。

第一節　台灣民衆的反應

　　本章將從台灣民調所得出的三項指標來檢驗台灣民衆的反應：中國敵意相關性、台灣人民對抗指標和兩岸分離指標。本章將使用下列五個單位所做的民意調查：政治大學選舉研究中心、柏克市場研究公司、中華徵信所、中山大學民意調查研究中心、中正大學政治學系民意調查研究組。這五個單位都是受台灣行政院大陸委員會（陸委會）委託，而且採用同樣的問題。再者，這五個單位已經受委託進行兩岸關係議題民調很長一段時間，而且民調結果也普遍爲國內外學者使用。因此，這些民調應該是可以比較的，其趨勢應該是可靠的。此外，雖然很多因素會影響台灣民調，本章嘗試建立中國武力威脅與台灣民衆反應的因果關係，因爲在這兩次台海事件中，台灣的民調在中國的武力威脅後及兩岸關係緩和時都呈現立即而顯著的變化。

---

[2] 政治菁英指的是政黨領袖、國會議員、政府副部長級以上的決策官員及總統候選人。

一、中國敵意相關性

　　台灣民眾感受到北京對台灣政府敵意的比例及北京對台灣人民敵意的比例之相關性，稱之為「中國敵意相關性」。儘管中國對台灣武力威脅的目標是台灣政府及領導人，「中國敵意相關性」說明台灣人民對於中國作法的認同程度。如果中國敵意相關性相當高，表示台灣人民不能認同中國的作法，因為當中國政府試圖透過軍事或其他強制性手段威脅（或傷害）台灣政府時，台灣民眾也會感受到北京等比例的敵意。

　　隨著兩岸局勢緊張升高，台灣民眾感受到不僅中國對台灣政府敵意增加，同時對他們的敵意也增加。在 1995 年 2 月，58%的台灣受訪民眾認為北京對台灣政府有敵意，43%認為北京對台灣人民也有敵意。如第七章所討論的，在 6 月初，李登輝總統訪美後，北京開始對台灣政府（領導人）口誅筆伐。隨後，台灣民眾感受到敵意的比例分別增加為 70%和 48%。中國在 7、8 月對台灣進行兩波軍事演習之後，這些比例分別在 9 月躍升為 88%和 69%。從 1995 年 6 月到 1996 年 3 月中國對台灣武力威脅期間，平均而言，76%的台灣民眾認為北京對台灣政府有敵意，54%表示北京對台灣人民也有敵意。這些數據比 1995 年 2 月的數據分別高出 18%和 11%（見表 11-1）。

　　在 1995－1996 年與 1999－2000 年兩次台海事件之間，比起兩岸緊張時期，台灣民眾普遍感受到北京對台灣政府與民眾較少的敵意。從 1996 年 8 月到 1997 年 8 月期間，平均而言，72%的台灣受訪民眾認為北京對台灣政府有敵意，48%表示北京也對台灣民眾有敵意。當北京在 1998 年初同意恢復兩岸協商時，北京對台灣的威脅與壓力很快就消退了。[3]從 1998 年 4 月到 1999 年 4 月期間，平均而言，63%的台灣受訪民眾認為北京對台灣政府有敵意，49%表示北京對台灣民眾有敵意。在 1999－2000 年台海緊張中，從 1999 年 8 月到 2000 年 5 月所做的民意調查平均數據分別躍升為 78%和 58%。很明顯的，在此次事件當中，比起前個緩和時期，台灣民眾感受到北京對於台灣政府與民眾的敵意都顯著升高（見表 11-1）。

從 1995 年 2 月到 2000 年 5 月期間，中國敵意相關性高達 83%（100%為完全正相關）。[4]如此的民意反應讓台北有充分的政治資本可以對抗北京的壓力，因為，不管北京的動機為何，大部分台灣民眾認為北京的武力威脅不合理、具有敵意。這可以被解釋為台灣的民族主義或同仇敵愾效應，這主要是中國軍事演習所激發。

---

[3] 1998 年 2 月 24 日，北京的海峽兩岸關係協會（海協會）發函給台灣的海峽交流基金會（海基會），表示海協會願意與海基會協商政治談判的程序性事宜及經濟性、事務性議題，同時同意擴大兩會交流與接觸，並且歡迎海基會董事長辜振甫在適當的時候到大陸訪問。

[4] 作者計算所得。

表 11-1 台灣人民認知中國對台灣政府與民眾的敵意：1995-2000 年

時間	對台灣政府（%）	對台灣民眾（%）	差異（%）
1995 年 2 月　（b）	57.5	42.9	14.6
1995 年 6 月　（b）	69.5	48.3	21.2
1995 年 8 月　（a）	73.4	46.6	26.8
1995 年 9 月　（c）	88.0	68.8	19.2
1996 年 2 月　（b）	74.6	49.7	24.9
1996 年 3 月　（b）	76.1	53.9	22.2
1996 年 8 月　（c）	69.4	46.5	22.9
1996 年 10 月　（a）	60.0	43.4	16.6
1997 年 2 月　（d）	74.6	50.6	24.0
1997 年 8 月　（c）	82.3	53.0	29.3
1998 年 4 月　（b）	63.2	47.4	15.8
1998 年 5 月　（d）	64.3	48.7	15.6
1998 年 7 月　（a）	61.1	42.4	18.7
1998 年 8 月　（a）	60.8	52.7	8.1
1998 年 9 月　（e）	68.3	52.8	15.5
1998 年 10 月　（e）	58.5	48.8	9.7
1999 年 4 月　（e）	63.6	47.5	16.1
1999 年 8 月　（c）	88.5	66.7	21.8
2000 年 2 月　（b）	78.3	59.7	18.6
2000 年 4 月　（a）	69.0	49.7	19.3
2000 年 5 月　（c）	76.5	55.6	20.9

調查單位：

（a）政治大學選舉研究中心

（b）柏克市場研究公司

（c）中華徵信所

（d）中山大學民意調查研究中心

（e）中正大學政治學系民意調查研究組

註：有效樣本數都超過一千份。

　　「差異」：台灣人民感受到中國對台灣政府敵意的比例與對台灣民眾敵意比例之
　　間的差異。

資料來源：〈中華民國台灣地區民眾對兩岸關係的看法〉，中華民國行政院陸委會。

二、台灣人民對抗指數

　　1995－1996 年台海危機之後，在 1996 年 10 月的民意調查中，即使造成兩岸關係的緊張，73.4%的台灣民眾仍支持台灣發展外交關係；只有 8.8%反對。這兩個民調比例的差異是64.6%，也就是台灣民眾不惜兩岸衝突的代價仍要支持台灣政府拓展外交的淨比例。這項差異雖然不能過度解釋爲台灣人民支持台灣政府對抗中國的比例，但卻可以說明台灣人民支持台灣政府對抗中國的態度之趨勢。這個差異乘以 100，可以稱之爲「台灣人民對抗指數」，將介在 0 與 100 之間。如果對抗指數是 100，表示台灣人民非常支持台灣政府對抗中國。例如，1996 年 10 月的對抗指數爲 64.6（=（73.4% - 8.8%）x 100）。

　　從 1996 年 10 月和 1997 年 9 月期間，對抗指數平均爲 60。由於這段時期緊接於 1995－1996 年台灣危機之後，這時期的指數應該反映了中國在 1995－1996 年威脅台灣的效應。從 1998 年 4 月到 1999 年 4 月兩岸關係緩和期間，對抗指數平均只有49，比前一個時期還低 11。在 1999 年 7 月，中國因爲李登輝總統的「兩國論」再度威脅台灣，一直持續到台灣總統大選期間。從 1999 年 8 月到 2000 年 4 月，對抗指數平均爲 54，比從1998 年 4 月到 1999 年 4 月期間增加 5。1999－2000 年的平均對抗指數比 1996－1997 年的指數還低，很可能因爲中國在 1999－2000 年的威脅遠比 1995－1996 年的武力威脅來得輕微。因此，受 1995－1996 年危機的影響，1996－1997 年的平均指數仍然高於 1999－2000 年的平均指數（見表 11-2）。

表 11-2 台灣人民對於外交關係與兩岸關係的優先性之看法：1996-2000 年

時間	1996年10月	1997年1月	1997年2月	1997年5月	1997年8月	1997年9月	1998年4月	1998年5月
贊成（%）	73.4	76.9	71.4	68.8	77.6	71.0	69.3	68.2
不贊成（%）	8.8	9.7	17.0	13.4	16.4	13.4	18.2	11.9
差異（%）（台灣人民對抗指數）	64.6	67.2	54.4	55.4	61.2	57.6	51.1	56.3
調查單位	（a）	（d）	（d）	（a）	（c）	（d）	（b）	（d）
時間	1998年7月	1998年9月	1998年10月	1999年4月	1999年8月	1999年10月	2000年2月	2000年4月
贊成（%）	65.3	62.3	65.8	62.0	79.4	64.2	68.4	67.6
不贊成（%）	14.5	18.6	16.5	16.8	17.7	15.0	16.2	14.1
差異（%）（台灣人民對抗指數）	50.8	43.7	49.3	45.2	61.7	49.2	52.2	53.5
調查單位	（a）	（e）	（e）	（e）	（c）	（e）	（b）	（a）

調查單位與表 11-1 同。

註：　調查的問題為：「如果發展外交關係會造成兩岸關係的緊張，贊不贊成繼續發展外交關係？」

　　　有效樣本都超過一千份。.

　　　對抗指數=（「贊成」－「"不贊成"」）x 100.

資料來源：〈中華民國台灣地區民眾對兩岸關係的看法〉，中華民國行政院陸委會。

　　很明顯的，只要北京威脅或尋求強迫台灣，台灣人民便傾向不惜兩岸關係緊張的代價，支持台灣政府的外交拓展。因此，這項民意（台灣人民對抗指數）趨勢將支持台北對抗北京的武力威脅或其他強迫手段。這個現象可以被理解為台灣的民族主義或同仇敵愾的效應，主要是被中國軍事演習所激發。

三、兩岸分離指數

在 1994 年 7 月，21%的台灣受訪民眾傾向支持統一（儘快統一及維持現狀以後統一），52%支持維持現狀（維持現狀以後再決定及永遠維持現狀），12%傾向支持獨立（儘快宣布獨立、維持現狀以後獨立）。假設支持統一的民眾是最不支持未來台灣與中國分離，支持獨立的民眾是最支持兩岸分離，支持維持（兩岸分離）現狀的民眾則居於兩者光譜中間。支持統一的比例（乘以 100[5]），維持現狀的比例（乘以 300），以及支持獨立的比例（乘以 500）的總和可以稱之爲「兩岸分離指數」。該指數表示台灣人民維持兩岸分離狀態（抗拒中國統一目標）的決心程度[6]；該指數範圍介於 100（全部支持統一）到 500（全部支持獨立）之間。例如，在 1994 年 7 月，分離指數爲 235（＝20.7% x 100 + 52.1% x 300 + 11.6% x 500）。

從 1994 年 7 月到 1995 年 6 月期間，分離指數平均爲 234。在 1995 年 7、8 月，當中國自 1978 年以後第一次對台灣進行武力威脅，分離指數平均增加 14 到 248。在 1996 年 2、3 月，分離指數躍升到 263，比台海危機前高出 29。從 1996 年 8 月到

---

[5] 「傾向支持統一」包括「儘快統一及維持現狀以後統一」，因此「傾向支持統一」仍有暫時或部分希望維持兩岸分離的狀態。所以，在設計「兩岸分離指數」時，將「支持統一」的比例乘以 100。

[6] 「兩岸分離指數」並非台灣人民支持「統、獨」的比例，避免要對曖昧的「統」、「獨」下定義，而是以台灣人民支持維持兩岸分離狀態（抗拒大陸統一目標）的比例為標準。因此，維持（兩岸分離）現狀都是廣泛的支持兩岸分離，只是程度上沒有「支持獨立」的高。

1997 年 11 月，分離指數平均高達 277。在 1998 年初期，北京同意恢復兩岸協商。從 1998 年 4 月到 1999 年 4 月（兩岸關係緩和）期間，分離指數平均下跌 11 為 266。在 1999 年 7、8 月，北京為李登輝總統的「兩國論」再度威脅台灣。在 8 月，分離指數躍升到 315，比從 1998 年 4 月到 1999 年 4 月時期高出 49。從 1999 年 8 月到 2000 年 5 月期間，分離指數平均維持在 285，比 1998 年 4 月到 1999 年 4 月時期高出 19（見表 11-3）。

　　由此可見，兩岸分離指數平均在 1995 年 7 月之後遠比之前還高。1998 年初到 1999 年初，兩岸關係的緩和降低分離指數；然而，中國對台灣在 1999－2000 年的威脅再度升高分離指數。因此，從台灣民眾的反應而言，中國對台灣的武力威脅在短期及長期都對台灣民意造成反效果；相對的，中國的友善姿態反而贏得台灣民心。隨著分離指數的增高，台灣人民將傾向支持台北對抗北京，以維持兩岸的分離關係、對抗北京的統一目標。

表 11-3 台灣人民對於統一、獨立或維持現狀的看法：1994-2000 年

時間	1994年7月	1994年7月	1995年2月	1995年6月	1995年8月	1995年9月	1995年11月	1996年2月	1996年3月
傾向統一(%)	20.7	22.6	24.6	26.5	25.5	27.5	25.8	22.5	18.8
維持現狀(%)	52.1	49.3	56.1	46.2	46.5	55.0	44.7	55.1	50.7
支持獨立(%)	11.6	11.7	9.5	13.1	15.8	11.7	14.0	12.9	20.5
兩岸分離指數	235.0	229.0	240.4	230.6	244.0	251.0	229.9	252.3	273.4
調查單位	(a)	(b)	(b)	(b)	(a)	(c)	(a)	(b)	(b)
時間	1996年8月	1997年2月	1997年8月	1997年9月	1997年11月	1998年4月	1998年5月	1998年7月	1998年8月
傾向統一(%)	26.8	26.7	19.0	24.6	19.5	20.9	21.1	18.4	15.7
維持現狀(%)	53.4	45.8	57.0	48.1	60.5	55.2	52.6	50.7	45.8
支持獨立(%)	16.2	21.3	21.2	19.7	16.2	19.1	18.3	17.8	20.3
兩岸分離指數	268.0	270.6	296.0	267.4	282.0	282.0	270.4	259.5	254.6
調查單位	(c)	(d)	(c)	(d)	(c)	(b)	(d)	(a)	(a)
時間	1998年9月	1998年10月	1999年4月	1999年8月	1999年10月	2000-年2月	2000-年4月	2000-年5月	
傾向統一(%)	16.8	15.9	17.3	18.7	16.5	21.4	18.9	23.2	
維持現狀(%)	50.4	53.1	54.5	51.8	52.2	54.5	51.3	58.9	
支持獨立(%)	19.5	19.0	15.5	28.1	21.6	18.3	18.5	17.0	
兩岸分離指數	265.5	270.2	258.3	314.6	281.1	276.4	265.3	284.9	
調查單位	(a)	(e)	(e)	(c)	(e)	(b)	(a)	(c)	

調查單位與表 11-1 同。

註：兩岸分離指數 =「傾向統一」x 100 +「維持現狀」x 300 +「支持獨立」x 500
有效樣本都超過一千份。.

資料來源：〈中華民國台灣地區民眾對兩岸關係的看法〉，中華民國行政院陸委會。

第二節　台灣政治菁英的反應

　　中國對台灣二次武力威脅都與台灣總統大選時程契合。在選舉過程當中，執政黨、在野黨的領袖、國會議員與執政黨政務官都與總統候選人配合競選，台灣總統候選人便成為台灣主要政治勢力的代表。因此，台灣總統候選人在 1995－1996 年及 1999－2000 年大選期間對於中國武力威脅的反應便足以概括說明台灣政治菁英對於中國武力威脅的態度。

一、1996 年台灣總統大選

　　有四位主要總統候選人參與 1996 年的台灣總統大選：李登輝（國民黨）、彭明敏（民進黨）、林洋港（無黨籍參選人）和陳履安（無黨籍參選人）。在 1996 年，李登輝是現任總統，彭明敏是著名的政治異議人士，被流放在美國長達 20 幾年。林洋港與陳履安都是前國民黨的重要領導人。林洋港為國民黨前副主席、前司法院長，陳履安為前監察院院長。林洋港有從國民黨分裂出來的新黨支持。陳履安則有國民黨非主流及游離票的支持。因此，在這次選舉中，國民黨的傳統選票將有分散之虞。

　　在回應中國在 1995－1996 年的武力威脅時，李登輝將飛彈演習稱之為企圖「主導我們歷史性總統大選」的「國家恐怖主義」。他希望台灣人民「不要隨著北京的旋律起舞」。[7]但是，陳履安與林洋港都嚴厲指責李登輝訪美與拓展台灣外交的政策是不恰當地激怒中國。陳履安譴責李登輝引發台海危機，建議他自動退選，「為台灣積點功德」。他說：「如果您投給李登輝，就是選擇戰爭。」林洋港雖然要求北京停止飛彈演習，但他認為李登輝的「隱性台獨」是此次危機的原因。他批評李登輝在利用「台灣人民、他們的家庭及財產作為談判籌碼。」他認為，唯有「不考慮台獨」的立場才能維護台灣安全。[8]陳履安與林洋港的批評代表中國軍事威脅的「第五縱隊效應」，一種在第五章理論上的內部反對效應。

相反的，彭明敏支持李登輝訪美，並且主張進一步擴展台灣的外交空間。不過，他批評台灣政府過去 50 年的「一個中國」政策讓北京有藉口威脅台灣。他說，如果台灣是獨立國家，中國就會失去對台灣自我虛構的主權，而且無法將台灣問題視為內政問題。儘管彭明敏批評台灣政府的政策，但是他完全不同於林洋港與陳履安。他建議台灣應該釐清台灣的國家定位，同時放棄「一個中國」政策。也就是說，他並沒有因為中國威脅而批評李登輝的政策；相反的，他認為李登輝的政策做的不夠，並且支持台灣對抗中國。[9]

然而，無論北京的武力威脅或國內政治對手的嚴厲批評都

---

[7] John F. Copper, *As Taiwan Approaches the New Millennium: Essays on Politics and Foreign Affairs* (Lanham, Maryland: University Press of America, 1999), p. 93.

[8] Copper, *As Taiwan Approaches the New Millennium*, pp. 88-93.

[9] Copper, As Taiwan Approaches the New Millennium, pp. 90-91.

沒有損害李登輝的民意支持度；事實剛好相反。在 1996 年總統大選，李登輝贏得 54%的選票，彭明敏 21%，林洋港 15%，陳履安 10%。在過去幾年，國民黨的得票率一直在下滑：在 1991年國民大會代表選舉時，國民黨取得 68%的選票，1992 年立法委員選舉 60%，1993 年縣市長選舉 47%，1994 年省市長選舉 52%，1995 年立法委員選舉 46%。再者，林洋港與陳履安的支持者拉走很大一部分的國民黨傳統支持者。因此，此次大選可以說是國民黨（李登輝）的一大勝利。

選前的民意調查預測該次選舉應該比投票結果更為激烈的競爭。明顯地，北京的威脅產生反效果，幫助李登輝連任總統。一位國民黨官員表示：「我們應該頒獎給江澤民，他是（李總統的）超級助選員。」當然，很難說中國的威脅對選票造成多少影響；根據庫伯（John F. Copper），大部分專家認為大概 5%，有些則認為 10%。此外，林洋港的幹部在分析他們失敗的原因時，強調如果沒有北京的威脅，林洋港應該可以得到更多選票。[10]

因此，1996 年大選顯示中國對台軍事威脅引發同仇敵愾的效應。至少，投給李登輝與彭明敏的支持者，超過總投票人數的 75%，支持李登輝的訪美和台灣擴大國際空間。再者，李登輝與彭明敏從未提倡威嚇之下對中國作出任何讓步。

二、2000 年台灣總統大選

2000 年的台灣總統大選基本上是三位主要候選人的競爭。

[10] Copper, As Taiwan Approaches the New Millennium, pp. 64, 95-96.

當時，國民黨的總統候選人、副總統連戰是李登輝長期培養的
接班人。前台北市長陳水扁是民進黨總統候選人。前國民黨秘
書長、前台灣省長宋楚瑜脫離國民黨，以無黨籍的身分參選。[11]

　　在李登輝總統於 7 月 9 日發表「兩國論」後的第一個星
期，陳水扁稱讚李總統的兩岸關係新定位，他說：「兩岸關係
的新定位將提供保衛台灣主權的新動力，加強我們國家的整合
與安全。」他建議李總統採取進一步的措施，廢除「國統綱
領」及根據「兩國論」修改憲法。[12]

　　雖然連戰支持李登輝總統的「兩國論」，但他比起陳水扁
顯得較爲溫和而謹慎。連戰表示，李總統的說法基本上只是澄
清台灣長期的立場——中華民國是一個主權獨立的國家，特別
在汪道涵訪問台灣前更是要強調這個立場。他強調，海峽兩岸
——中華民國在台灣和中華人民共和國在大陸——已經分別存在
半個世紀，這是一個事實，因此兩岸關係發展必須在這事實上
務實來進行。他認爲，台灣不尋求獨立，台灣不能承受變成台
灣共和國的代價。不過，他也強調，台灣是一個主權獨立國家
是事實，而且台灣目前不希望與中國統一。[13]

---

[11] 由於許信良（無黨籍）與李敖（新黨候選人）只獲得不到 1%的選
票，所以不足以代表台灣主要的政治勢力，因此不予討論。

[12] "Chen Praises Lee's Redefinition of the Cross-Strait Relationship," China
News, July 13, 1999. Mure Dickie, "Taiwan Call to Strengthen
Independence," Financial Times, July 15, 1999. "Chen Throws Weight
Behind Lee Remark," China News, July 16, 1999.

[13] Mike Chang and Eva Chang, "Lien Chan: State-to-State Concept Clarifies
Taiwan Stance," Taiwan Central News Agency, July 16, 1999, in FBIS-
CHI-1999-0716. 李建榮，〈連戰：李總統兩國論是對症下藥〉，
《中國時報》，1999 年 7 月 16 日。Lilian Wu, "Lien Speaks on

　　相反的，宋楚瑜對於「兩國論」的評價一開始較爲負面的。宋楚瑜認爲李登輝總統將兩岸關係定位爲「特殊國與國」是盲目而粗糙的決策。他強調，這項政策將會使台灣被貼上「麻煩製造者」的稱號，進而降低台灣的國際空間。不過，他表示台灣不是中華人民共和國的一個省，而是一個主權獨立的國家。他還說，台灣人民絕對不會接受中共的統治與威脅，任何台灣現狀的改變都必須獲得台灣 2 千 2 百萬人民的同意。他保證他將以生命捍衛這些對台灣人民的承諾。[14]

　　儘管宋楚瑜堅持台灣不接受中國的威脅及強調台灣不接受北京的管轄，他還是爲他對於「兩國論」的保留與輕微批評付出一定的代價。陳水扁可能也爲他的激進立場付出代價。根據民進黨在 7 月 15、16 日所做的民意調查，宋楚瑜的民意支持度比起「兩國論」前減少 5%，連戰增加 3%，陳水扁減少 2%。不過連戰與陳水扁支持度的變化都在誤差範圍內。根據中國時報在 8 月 3-5 日所做的民調，宋楚瑜的支持度比起 7 月 7－199 日下跌 4%，連戰增加 5%，陳水扁下降 4%。[15]

Mainland Policy in Interview with Time Magazine," Central News Agency, July 25, 1999.

[14] 林晨柏，〈宋批決策粗糙，丁遠超反駁〉，《中國時報》，1999 年 7 月 20。Amanda Chang, "Taiwan Should Avoid Being Troublemaker: Ex-governor," Central News Agency, July 21, 1999. "Soong Reaffirms Stance on Cross-Strait Ties," *China News*, July 26, 1999. 夏念慈，〈宋楚瑜：將向美表達台灣主權獨立〉，《中國時報》，1999 年 7 月 26 日。

[15] 吳典蓉，〈民進黨民調：宋支持度下滑，連、扁攀升〉，《中國時報》，1999 年 7 月 17 日。〈三強棒支持度：宋 36%、扁 22%、連 15%〉，《中國時報》，1999 年 7 月 11 日。〈本報民意調查系列

　　根據陸委會統計，1999 年 7、8 月間，中國透過香港媒體對台灣進行武力威嚇，以台海危機一觸即發為頭版頭條新聞有 124 篇，193 則這類相關消息刊登。[16]在 8 月初，中國軍機開始對台灣進行騷擾，以升高中國對台灣的武力威嚇。陳水扁堅持，「台灣絕對不能在壓力下做讓步。」連戰批評北京的霸權態度和行為，認為這將直接影響兩岸交流和台灣人民的感情。面對中國開始增加對台灣軍事上的壓力，宋楚瑜不再怪罪於李登輝總統；相反的，他很堅定地回應北京威脅。他向群眾宣示，如果中國膽敢侵略台灣，他一定站到第一線捍衛台灣人民。他強調，他要嚴正向中國表達台灣人民的心聲，「絕對不接受武力威脅、絕對不接受一國兩制、絕對不接受把中華民國政府降格為地方政府。」三位總統候選人一致譴責北京的武力威脅。特別是，中國的威脅讓宋楚瑜不得不譴責北京，而且沒有怪罪李總統的「兩國論」。[17]

　　根據中國時報的民調，從 1999 年 7 月到 2000 年 1 月，儘管宋楚瑜的民意支持度從 36%大幅下滑到 23%，但陳水扁的支持度只維持在 20-23%。[18]為了擴大選民對他的支持，陳水扁在

二：宋仍居首、連聲勢漲，扁第三〉，《中國時報》，1999 年 8 月 7 日。

[16] 蔡禎昌，〈中共在台海心戰的特色〉，台灣陸委會，大陸工作簡報，2000 年 3 月 9 日，http://www.mac.gov.tw/mlpolicy/mwreport/8903/1-3.htm, accessed June 20, 2002.

[17] 〈四位總統參選人談兩岸關係緊張〉，《中國時報》，1999 年 8 月 6 日。

[18] 宋楚瑜民意支持度下滑主要是受到中興票券案的牽累。〈本報最新大選民調：三強拉鋸縮小、隱性選民攀增〉，《中國時報》，2000 年 1 月 31 日。

2000 年 1 月 30 日發表他對於兩岸關係的「七項主張」。他說：
「台灣沒有宣告獨立或變更國號的問題，也沒有『兩國論』入憲的問題……民進黨執政沒有必要，也絕不會片面宣布台灣獨立。」[19]陳水扁立場的轉變並不構成對李總統說法的批評；相反的，陳水扁當時的立場更接近李總統的立場。

　　從 2000 年 2 月底開始，北京再度升高對台灣的武力威脅。在 2 月 21 日，北京發表對台政策的白皮書，提出武力犯台的三個條件。特別是，北京警告台灣，如果台灣無限期拖延統一談判，中國將會對台灣動武。這一次，宋楚瑜是譴責中國威脅最強烈的總統候選人。在白皮書發表的隔天，宋楚瑜便嚴厲譴責北京對台灣的新威脅，並且強調台灣絕對不會在威脅下坐上談判桌。他說：「我想利用這個機會告訴北京政府和全世界，台灣不怕打壓，更不會在北京的軍事威脅下改變立場。」他表示，中華民國在台灣有完整而獨立的主權；他願意以他的生命捍衛台灣的自由與民主。[20]

　　連戰也回應說，兩岸各有「一個中國」的表述方式，台灣不接受將台灣貶低為中國的一部分。他強調，台灣將繼續與中國和平交流，但拒絕在威脅下談判。他說，台灣不接受任何危及台灣的生存、尊嚴與國際空間的壓力。再者，他表示，如果

[19] 陳水扁，〈亞太和平新世紀、兩岸歡喜看未來——陳水扁對於兩岸關係的七項主張〉，收錄於民主進步黨編印，《民主進步黨兩岸政策重要文件彙編》，頁 142。
[20] "James Soong Says Taiwan Not to Negotiate with China If Under Threat," Central News Agency, February 22, 2000, in BBC Summary of World Broadcasts, February 24, 2000.

他當選總統，他將支持李登輝總統的「兩國論」。他說：「我們只是陳述事實而已。」[21]

陳水扁則保證他將維護台灣的主權和尊嚴。此外，他還強調，他「絕不會在大陸軍事威脅或政治壓力下妥協，大陸的威脅只會讓台灣人民唾棄……我們絕不會在威脅下坐上談判桌。」[22]

3月15日，朱鎔基總理在記者會上嚴厲警告，「誰要是搞台灣獨立，您就沒有好下場」。而且他表示，「『台獨』勢力上台，會挑動兩岸的戰爭……中國人民一定會以鮮血和生命來捍衛祖國的統一、民族的尊嚴……台灣同胞，您們要警惕啊！」[23]

回應朱鎔基總理的嚴厲警告，宋楚瑜再次發表最強烈的聲明：「台灣人民絕對不接受中國以武力威脅台灣。」他強調，中華民國是一個主權獨立的國家，「我們所需要的是主權、安全與尊嚴。」他表示，如果他當選總統，他將在三個前提下與中國政府協商：台灣主權受到尊重、安全受到保障、人權受到保護。他批評中國軍事威脅是霸權的態度，完全忽略台灣人民對於自由與民主的堅持。[24]

[21] Willy Ma, "Taiwan Doesn't Want 'Downgrade' By China," United Press International, February 23, 2000. "AFP: Taiwan's Lien Chan Vows to Stand by 'Statehood' Claim," Hong Kong AFP, March 6, 2000.

[22] Hsin-hsin Yang, "Leading Taiwan Presidential Candidates Promise Peace Talks with China," Agence France Presse, February 24, 2000.

[23] 〈九屆人大三次會議舉行記者招待會〉，《人民日報》（海外版），2000年3月16日，版1。

[24] Willy Ma, "Taiwan Reacts Strongly on China Threats," United Press International, March 16, 2000. Goh Sui Not, "Stay Out of Our Polls,

　　陳水扁對於中國威脅的回應是：「台灣不是香港和澳門，不會接受中國的『一國兩制』模式。」他呼籲台灣選民投票給最能捍衛台灣主權、不讓別的國家（指中國）兼併的候選人。不過，他也再一次強調，如果當選，「我不會將『兩國論』放入中華民國憲法。我不會舉行統一或獨立的公投。除非大陸以武力侵略台灣，否則我不會片面改變台灣國號，台灣也沒有必要宣布獨立。」[25]

　　連戰的立場則較為溫和。他強調，他不會屈服於戰爭威脅，台灣也不是中國的一個省。他認為：「台灣是一個主權獨立的國家，根據我們的憲法，擁有絕對的權利進行全國性的選舉……（中國）沒有任何權利干預台灣的總統大選。」他呼籲北京暫將擱置「一個中國」原則的爭議，以和平對話的方式解決兩岸的爭議。[26]

Taipei Tells Beijing," *Strait Times*, March 16, 2000. "Candidate Soong Will Open Direct Dialogue with Beijing If Elected," Central News Agency, March 15, 2000, in BBC Summary of World Broadcasts, March 17, 2000. Kieron Flynn, "Taiwan Presidential Candidates Brace for Slowdown," Agence France Presse, March 16, 2000. 樊嘉傑、陳清智、夏念慈，〈宋楚瑜：鴨霸沙文主義只會造成對抗〉，《中國時報》，2000 年 3 月 17 日。

[25] "Candidate Chen Shui-bian Urges Voters Not to Be Intimidated by Beijing," Central News Agency, March 15, 2000, in BBC Summary of World Broadcasts, March 17, 2000. Sofia Wu, "DPP Candidate Vows Not to Put 'State-to-State' in Constitution," Central News Agency, March 16, 2000.

[26] Kieron Flynn, "Taiwan Presidential Candidates Brace for Slowdown," Agence France Presse, March 16, 2000. Willy Ma, "Taiwan Reacts Strongly on China Threats," United Press International, March 16, 2000.

　　整體而言，北京升高對台灣的威脅並沒有傷害陳水扁；再一次，它造成反效果。在 2000 年總統大選，陳水扁獲得 39%選票，宋楚瑜 37%，連戰 23%。在 2000 年 4 月 19 日接受採問時，總統當選人陳水扁表示，他感謝朱鎔基總理在總統大選後期以武力威脅台灣而幫助他當選總統。[27]根據陳水扁自己的估計，在選舉前，他只預期可以拿到 36%的選票，但是最後達到 39.3%，比預期高出 3.3%。[28]當然，我們不知道陳水扁原來的估計是否準確。台灣陸委會副主委林中斌表示，一些專家認爲朱鎔基的威脅影響 2.4%的台灣選票，這足以使陳水扁候選人變成陳水扁總統。[29]

　　在 2000 年大選，陳水扁與連戰明顯地支持李登輝總統的「兩國論」。儘管宋楚瑜一開始批評李總統的說法，但是在 1999 年 8 月中國升高對台灣的威脅之後，他便不再對李總統批評，反而強烈譴責北京的立場。他甚至說，他願意以他個人的生命捍衛台灣的自由與民主，以此證明他維護台灣利益、反對中國武力威脅的立場。在 2000 年 1 月底，陳水扁也改變他的立

　　Goh Sui Not, "Stay Out of Our Polls, Taipei Tells Beijing," *Strait Times*, March 16, 2000.

[27] 林晨柏，〈陳水扁：無意廢除、更改國統綱領〉，《中國時報》，2000 年 4 月 21 日。

[28] Julian Kuo, "The Impact of Taiwan's Regime Change," in Philip H. P. Liu (ed.), *Taiwan's Presidential Election 2000: The First Major Cross-Strait Development in the 21st Century* (Washington, D.C.: Center for Strategic and International Studies, 2000), p. 28.

[29] Chong-pin Lin, "Goodwill and Proactive Exchange Policy: How Taipei Manages the Cross-Strait Relations," http://taiwansecurity.org/TS/2001/CPLin-011201.htm, accessed February 26, 2001.

場，發表關於兩岸關係的「七項主張」，強調要避免對中國的不必要挑釁。這樣的改變仍然符合台灣拒絕中國威脅的立場，因為北京攻擊的目標是「兩國論」，但是陳水扁完全沒有批評李總統的「兩國論」；事實上，陳水扁修正後的立場與李總統的非常相似。總而言之，三位總統候選人均一致譴責中國的武力威脅，強調台灣是主權獨立的國家。他們也堅持，台灣絕不在武力威脅下與中國進行談判，更不要說對中國作出讓步。因此，三位候選人在選舉中的反應基本上構成同仇敵愾的效應，主要由中國軍事威脅所引起。

第三節　台灣利益團體的反應

關於在兩岸關係上的台灣利益團體，本章基於下列兩項理由，將專注在中國投資的台商：首先，台商在兩岸經貿交流中擁有龐大利益，而且是中國「以商圍政」策略運用的目標，中國希望透過台商來影響台灣的政策。第二，自 1990 年代初期以來，台灣政府一直擔心台商可能會採取與中國相同的政治立場，在台灣倡導統一或中國的其他政治目標。因此，在兩岸關係上，台商可以說是台灣內部最重要、最受關切的利益團體，其反應應該足以概括說明台灣利益團體對於中國武力威脅的反應。

一、1995－1996 年台海危機

在李登輝總統訪美之後，根據《工商時報》在 1995 年 7 月

中對台商所做的民意調查，56%的台商認爲拓展台灣的外交空間比穩定兩岸關係更重要，38%表示不同意。[30]所以在中國軍事威脅台灣之前，大部分台商支持台灣擴展外交空間，不認爲李登輝訪美是錯誤的。

在經歷 1995 年 7、8、11 月三次中國軍事威脅之後，雖然台商稍微批評台灣領導人，但是他們並沒有直接反對台灣的政策。不少台商希望台灣政府能謹言慎行，不要進一步惡化兩岸關係。在 1996 年 2 月，在台灣政府及中華民國工業總會（工總）舉辦的聯誼會上，將近一千多位台商出席。大部分台商公開表示，希望台灣領導人能「多做、少說、自己克制」，不要再以言語刺激中國。台商建議，台灣的務實外交應該可以更彈性、不要過度刺激中國，例如，可以在台灣舉行國際記者會。[31]漳州「台協」副會長李輝鳴建議：「我方領導人的行事，應在既能維護我方的尊嚴，又能避免觸怒中共爲原則。」[32]

然而，大部分台商在兩次台海事件中並沒有要求台灣政府對中國做出實質的讓步。[33]儘管台商經常要求台灣政府擴大兩岸經貿交流，但是極少台商支持中國的統一目標，或批評台灣的

[30] 〈兩岸關係前景，多持樂觀看法〉，《工商時報》，1995 年 7 月 24 日，4 版。
[31] 〈江睿智，台商：福州地區氣氛的確不尋常〉，《民眾日報》，1996 年 2 月 28 日，2 版。何明國、周德惠，〈台商籲當局，勿刺激中共〉，《聯合報》，1996 年 2 月 28 日，2 版。呂雪慧、陳濟元，〈台商希望台灣領導人修正作法〉，《自立晚報》，1996 年 2 月 27 日，3 版。
[32] 〈兩岸情勢緊張，大陸台商憂心誰人知〉，《工商時報》，1996 年 2 月 28 日，2 版。
[33] 作者訪談一位北京台協資深領導人，2001 年 7 月 18 日。

政治立場。[34]在 1995－1996 年台海危機中，只有少數台商批評
李登輝總統訪美，大部分台商不認為李總統訪美很嚴重。[35]對於
那些向台灣政府抱怨的台商，他們自認為對於台灣決策者的影
響力很小。[36]

　　相反的，大部分台商支持台灣政府，希望台灣更強大。同
時，絕大部分的台商都希望維持台海的和平與穩定，反對中國
的武力威脅。例如，前陸委會主委張京育表示：「在 1995－
1996 年台海危機時，台商強烈地支持台灣政府。他們甚至對大
陸地方、中央政府形成壓力團體，要求大陸不要對台灣採取魯
莽的措施。台商認為，只有台灣強大，他們在大陸才有發言
權，而且希望兩岸和平，他們才有經濟利益。」[37]

　　再者，前行政院長、陸委會主委蕭萬長、國民黨大陸事務
部主任張榮恭、台灣區電機電子工業同業工會（電電工會）產
業政策研究所執行長羅懷家、海峽交流基金會（海基會）經貿
服務處處長廖運源都持與前陸委會主委張京育一致的看法。他

---

[34] 作者訪談一位廈門台商，2001 年 6 月 8 日。作者訪談一位上海台協
資深領導人，2001 年 6 月 19 日。作者訪談一位上海台協資深領導
人，2001 年 6 月 22 日。作者訪談一位上海台商，2001 年 7 月 2 日。
作者訪談中華民國全國工業總會副秘書長蔡宏明，2001 年 5 月 28。

[35] 作者訪談一位上海台協資深領導人，2001 年 6 月 20 日。作者訪談一
位成都台協幹部，2001 年 7 月 24 日。作者訪談台灣區電機電子工業
同業工會產業政策研究所執行長羅懷家，2001 年 5 月 23 日。

[36] 作者訪談一位上海台商，2001 年 6 月 18 日。作者訪談上海附近小鎮
一位台協資深領導人，2001 年 7 月 5 日。

[37] 作者訪談台灣前陸委會主委張京育，2001 年 8 月 20 日。一位廈門資
深學者也針對台商反應表達與張京育前主委一致的看法。作者訪談
一位廈門資深學者，2001 年 6 月 6 日。

們一致認為，台商通常支持台灣的政策，希望台灣強大，他們才能在中國享有優惠待遇。前行政院經濟建設委員會（經建會）主委江丙坤強調，台商不僅沒有對台灣政府施壓，反而支持台灣拓展務實外交。[38]

二、1999－2000年台海事件

在 1999－2000 年期間，中國因為李登輝總統的「兩國論」再次升高兩岸的緊張。中國在很多場合召集台商，除了安撫他們之外，也希望他們在口頭上能譴責李總統的「兩國論」。然而，大部分的台商都非常謹慎，不願公開表達他們的意見，或批評「兩國論」。[39]例如，在深圳會議上，台商只向中國官員提出稅務與海關的問題。[40]大部分台商都向中國官員表示他們非常擔心兩岸會有軍事衝突。因為他們的親友都在台灣，所以台商不希望中國對台灣採取任何包括軍事行動在內的極端措施。[41]

根據海基會廖運源處長，台協會長們在 1999－2000 年時向

---

[38] 作者訪談台灣前行政院長蕭萬長，2001 年 8 月 23 日。作者訪談台灣前陸委會主委蘇起，2001 年 5 月 21 日。作者訪談國民黨大陸事務部主任張榮恭，2001 年 5 月 22 日。作者訪談羅懷家執行長，2001 年 5 月 23 日。作者訪談台灣海峽交流基金會經貿服務處處長廖運源，2001 年 5 月 22 日。作者訪談台灣前經建會主委江丙坤，2001 年 8 月 24 日。

[39] 作者訪談一位廈門台商，2001 年 6 月 8 日。作者訪談蔡宏明副秘書長，2001 年 5 月 28。

[40] 徐秀美，〈安撫台商，深圳、寧波接續辦座談〉，《工商時報》，1999 年 8 月 21 日，版7。

[41] 作者訪談一位上海台協資深領導人，2001 年 6 月 20 日。作者訪談另一位上海台協資深領導人，2001 年 6 月 22 日。

中國表達三項主要意見：

1.中華民國存在是個事實。
2.希望兩岸的關係穩定、雙方能共存共榮，以利經濟發
　展。
3.希望中國不要以武力威脅台灣，否則得不到台灣民心。[42]

　　此外，在 1999 年 8 月，一個 60 位企業負責人的工總中國
訪問團取消預計訪問中國的行程，而且該行程預計與江澤民主
席見面。工總大陸經貿事務委員會馮志良表示：「如果江澤民
問我們對於李總統『兩國論』的觀點，我們要如何才不會讓主
人不高興？現在最好避免這類會面。」[43]很明顯的，很多台商都
不願意公開支持中國的立場或譴責台灣的立場。

　　在台灣，大部分台商都很謹慎，對於「兩國論」的看法有
些保留，希望降低兩岸緊張。例如，工總理事長高清愿在評論
「兩國論」時表示，李登輝總統只是釐清兩岸關係曖昧之處，
他的說法沒什麼特別。電電工會理事長吳思鐘認為，維護兩岸
現狀對台灣較有利。他說，從商業的角度而言，他當然不希望
看到兩岸關係緊張。[44]

　　少數台商則是公開向台灣政府抱怨「兩國論」引發兩岸緊

---

[42] 作者訪談廖運源處長，2001 年 5 月 22 日。
[43] Julian Baum, "Taiwan Trade-Off," *Far Eastern Economic Review*, August 26,1999, p. 45.
[44] 守密密，〈兩岸風雲又緊，台商裹足〉，《中國時報》，1999 年 7 月 13 日。

張。[45]例如，在 1999 年 9 月 18 日，「中國台商投資保障促進會」邀請陸委會主委蘇起到他們的年會演講。該協會成員向蘇主委抱怨「兩國論」可能爲兩岸交流帶來麻煩。蘇主委回應說，台灣的政策不是爲特定政治團體或企業，而是爲了台灣 2 千 2 百萬人民的整體利益。他表示，台灣有必要在兩岸可能展開政治談判前，明確定位兩岸關係。[46]

在 2000 年 3 月 8 日，當激烈的總統選戰只剩下最後十天，台商代表向五位總統候選人提出七項政策建議。中國投資台商協會聯盟召集人林清輝，以及四十多個台協負責人一起在記者會上公布他們的政策建言。他們呼籲所有的總統候選人能重視，並保護他們在中國投資的權益，並且儘可能維護兩岸的和平與穩定。林清輝表示，台協負責人是經過廣泛的討論之後才決定提出這些建議。七項政策建言如下：

1. 新總統應該清楚地說明兩岸投資政策，並且以立法的方式將政策制訂爲法律。
2. 新總統應該揭示開放兩岸航空與海運定點直航的計畫。
3. 新政府應該允許台灣銀行到中國設立分行，以協助台商在中國的發展。
4. 新政府應該以每年兩岸貿易順差的 3%作爲向中國台商貸款的基金。
5. 新政府應該補助中國的台商學校，並且承認中國授與台商

---

[45] 作者訪談羅懷家執行長，2001 年 5 月 23 日。
[46] 王銘義，〈蘇起：我不爭取對等談判即套入北京籠子〉，《中國時報》，1999 年 9 月 19 日。

子女的文憑。

6.新政府應該對中國台商兒子採取與台灣男孩子到海外就學一樣的兵役規定。

7.新政府應該允許中國台商製造的半成品或成品進入台灣。
⁴⁷

　　在記者會結束前，林清輝表示，中國投資台商協會聯盟在總統大選中保持中立。他們強調：「我們懇切地希望海峽兩岸能夠和平共存，共同合作促進兩岸經濟在新世紀的繁榮發展。」在這些建議當中，沒有一項在本質上是特別的政治要求，更不要說要求台灣政府對中國讓步。[48]

　　在 1999－2000 年台海事件中，當時主管台灣中國政策的主要官員都認爲，絕大部分台商沒有怪罪或施壓台灣政府。這些官員包括前行政院長蕭萬長、前陸委會主委蘇起、前經建會主委江丙坤、國民黨張榮恭主任、海基會廖運源處長。他們都認爲：台商沒有要求台灣政府撤銷「兩國論」的聲明，而且台商知道他們在中國的地位必須靠台灣的力量；台商甚至表示，只要台灣態度強硬，中國便會對他們更優惠。[49]

[47] Sofia Wu, "Taiwan Investors in Mainland China Offer 7 Policy Proposals," Central News Agency, March 8, 2000.

[48] Sofia Wu, "Taiwan Investors in Mainland China Offer 7 Policy Proposals," Central News Agency, March 8, 2000.

[49] 作者訪談蕭萬長前院長，2001 年 8 月 23 日。作者訪談蘇起前主委，2001 年 5 月 21 日。作者訪談張榮恭主任，2001 年 5 月 22 日。作者訪談廖運源處長，2001 年 5 月 22 日。作者訪談江丙坤前主委，2001 年 8 月 24 日。

第四節　台灣決策者的反應

在 1995－1996 年及 1999－2000 年兩次台海事件當中，台灣主要的決策者都認為中國軍事威脅對台灣國家安全造成嚴重威脅。這些決策者包括前行政院長蕭萬長、前陸委會主委張京育、前陸委會主委蘇起、陸委會副主委林中斌、前經建會主委江丙坤及國民黨張榮恭主任。在中國武力威脅之下，儘管他們都同意台灣沒有對中國做出明顯的讓步，但是前陸委會主委蘇起和國民黨張榮恭主任認為台灣的政策做了細微的修正。相反的，前經建會主委江丙坤強調台灣的立場在中國的軍事威脅之下反而更加強硬。[50]

在台灣決策者認知當中，為何面對強大的中國武力威脅時，卻不願對中國做出讓步呢？李登輝前總統在接受記者採訪時表示，如果台灣在中國威脅下做讓步或妥協，北京將會相信武力威脅是有效的，進而日後對台灣採取更強硬的政策。[51]前行政院長蕭萬長解釋說：「台灣不可能對大陸讓步，大家想的是如何穩定股市、經濟，軍事上進入備戰，要提振民心士氣，沒有人想到對中共讓步。台灣不可能在在槍桿子下投降、妥

---

[50] 作者訪談蕭萬長前院長，2001 年 8 月 23 日。作者訪談張京育前主委，2001 年 8 月 20 日。作者訪談蘇起前主委，2001 年 5 月 21 日。作主訪談台灣陸委會副主委林中斌，2001 年 6 月 1 日。作者訪談張榮恭主任，2001 年 5 月 22 日。作者訪談江丙坤前主委，2001 年 8 月 24 日。

[51] 鄒景雯，《李登輝執政告白實錄》（台北：印刻，2001），頁 120。

協。」[52]前陸委會主委張京育則認為：「台灣最重要的是安定內部，其次是立場要堅定，絕對不能在威脅下讓步。如果台灣當時做了讓步，大陸可能繼續對台灣威脅。」[53]國民黨張榮恭主任也有一樣的看法。[54]

此外，前陸委會主委蘇起和副主委林中斌表示，台灣在軍事威脅下做讓步，對於台灣在未來兩岸談判上的地位將會有很負面的影響。蘇主委說，只要台灣讓步一次，中國便會持續威脅台灣。最後，他強調：「台灣絕對不能收回『兩國論』，否則對總統的傷害太大。」[55]林副主委同意說：「台灣政府不能損害台灣的尊嚴，否則政府領導人必定要下台。」[56]

結論

很明顯的，中國武力威脅在台灣造成很大的反效果。根據本章的三項指標（中國敵意相關性、台灣人民對抗指標與兩岸分離指標），台灣人民對於中國武力威脅的反彈相當大：整體而言，大部分台灣人民傾向支持台灣政府的政策及反對中國的武力威脅。只要中國升高軍事威脅的程度，台灣人民不僅感受到中國對台灣政府的強烈敵意，同時也感受到中國對他們自己的強烈敵意。同時，只要中國威脅或尋求脅迫台灣，絕大部分

---

[52] 作者訪談蕭萬長前院長，2001 年 8 月 23 日。
[53] 作者訪談張京育前主委，2001 年 8 月 20 日。
[54] 作者訪談張榮恭主任，2001 年 5 月 22 日。
[55] 作者訪談蘇起前主委，2001 年 5 月 21 日。
[56] 作者訪談林中斌副主委，2001 年 6 月 1 日。

台灣人民不惜以兩岸關係緊張的代價支持台灣政府拓展外交空間,也就是傾向支持台北對抗北京。最後,當中國升高對台灣的武力威脅時,台灣人民支持兩岸分離地位的傾向也隨著增加,反之亦然;也就是說,台灣人民將傾向支持台北的政策、對抗北京,以維持兩岸分離的地位。

從政治菁英的角度而言,在 1996 年台灣總統大選時,大部分政治菁英支持台灣政策,部分反對。彭明敏支持李登輝的政策,強調台灣應該更進一步釐清國家定位與推動外交。陳履安與林洋港對李登輝政策的批評可以說是中國對台灣武力威脅的產物。不過,中國的威脅反而幫助李登輝高票當選;同時,超過 75%的選民投票給李登輝與彭明敏,可見他們所代表的政治勢力足以反應當時台灣政治菁英對於中國威脅的主流看法。

在 2000 年台灣總統大選時,陳水扁強烈地支持李登輝總統的「兩國論」,連戰則較為溫和的支持。雖然宋楚瑜一開始批評李總統的說法,但是北京在 1999 年 8 月升高對台灣的武力威脅之後,宋楚瑜便不再批評「兩國論」,反而強烈反對北京的作法與立場。此後,三位候選人都一致譴責北京武力威脅台灣的作法,同時強調台灣是一個主權獨立的國家。他們都堅持台灣絕不會在武力威脅下與中國談判,更不要說要對中國讓步。

從利益團體的角度而言,台商對台灣政府的壓力主要集中在擴大兩岸經貿交流的議題上,很少就特定的政治議題向台灣政府施壓或表達他們的政治立場。一般而言,台商希望兩岸政府都能維持海峽兩岸的穩定與和平。在 1995－1996 年及 1999－2000 年台海事件當中,儘管部分台商希望台灣政府謹言慎行、不要再刺激中國，但是絕大部分台商都沒有就任何政治議題向台灣政府施壓或遊說台北在軍事威脅的情況下向北京讓步。相反的，大部分台商都支持台灣的立場，希望以強大的台灣作為他們在中國發展的後盾。此外，如第十章所討論，絕大部分台商對中國強烈施壓，反對中國對台灣的武力威脅，揚言不惜集體撤資、回台灣與中國對抗。也就是說，在中國的武力威脅下，絕大部分台商不僅沒有要求台北改變政策或對北京做讓步，反而要求北京停止對台灣的武力威脅。

從決策者的角度而言，台灣在兩次台海事件中並沒有對中國做出明顯的讓步。台灣的決策者認知到，在軍事威脅情況下，台灣對中國所做的任何讓步都會鼓勵中國繼續威脅台灣，以及損害台灣未來與中國談判的地位。這是「新現實主義」（neorealism）強調的「信譽」（reputation）與「相對利得」（relative gains）的關切，這種關切在敵對國家之間尤其明顯。因此，基於兩岸長期極端對抗，台灣決策者在決策時，必然會考慮「信譽」與「相對利得」在兩岸敵對過程中的重要性，以致不願意對中國武力威脅做出任何讓步。台灣決策者的認知與衝突預期模型的前提相當吻合。

總而言之，中國軍事威脅在台灣造成很大的反效果。台灣的人民、政治菁英、利益團體都強烈反對中國的威脅，支持台北對抗北京。因此，台北有很多政治資本對抗北京的威脅。同時，台灣領導人擔心，只要台北屈服於北京武力威脅一次，中國便會繼續對台灣威脅以要求台灣做政治讓步，同時也會傷害到台灣未來在兩岸談判中的地位，所以更不願意對中國做讓步。

　　必須注意的是：本章僅討論台灣內部對於中國武力威脅的反應，並不是討論台灣的決策分析。除了台灣內部與兩岸關係互動的因素之外，國際因素（尤其是美國的角色）對於台灣政府的決定可能會有很大的影響，這有待日後學者的討論。

第四篇

結論

第四篇

詩歌

第十二章

結論與啟示

　　台灣應該在同中國大陸進行經濟互動時建立一種「經濟和
商業安全網」，以便維持台灣的政治一體性，對抗來自北京的
可能政治壓力。

——陳明通，中華民國行政院大陸委員會副主委

2000 年 11 月 24 日[1]

　　台灣國防安全評估指三通可能危害台灣安全，在大陸看來
是阻礙三通的藉口，完全是無稽之談。

——張銘清，中華人民共和國國務院台灣事務辦公室發言人

2000 年 11 月 30[2]

　　如果大陸想要對台灣實施經濟制裁，必須考慮內外代價。
首先，經濟制裁會嚴重傷害大陸自身。第二，倘若大陸對台進
行經濟制裁，那將有損於大陸的國際商業信譽和利益，因爲台
灣、大陸和全球經濟是緊密融合與互賴的。但是，大陸領導人
從來沒有考慮過這些問題，因爲他們從來都沒有想過要對台灣
實施經濟制裁。

——北京一位台灣研究資深學者 2001 年 7 月 29 日[3]

---

[1] Elisa Kao, "Taiwan's MAC Says Economic, Commercial Security Net Needed in Trading With PRC", Central News Agency, November 24, 2000, in FBIS-CHI-2000-1124.

[2] 徐尚禮，〈張銘清：兩岸入會後有利實現三通〉，《中國時報》，2000 年 12 月 1 日。

[3] 作者對北京一位台灣研究資深學者的訪談，2001 年 7 月 29 日。

第一節 中國對台灣經濟制裁的啟用

　　1995 年 6 月中旬，李登輝總統從美國訪問回台後，中國國家媒體嚴厲譴責李登輝，說他的「言行再清楚不過地向世界昭示了他製造『兩個中國』或『一中一台』的企圖」。[5]在 1999 年 7 月 9 日李登輝發表「特殊兩國論」時，中國國家媒體也曾經激烈指責李登輝，說他的分裂主義言論「已經清楚地暴露了他長期蓄謀的分裂中國領土和主權的企圖……而且暴露了他分裂主義的真實野心。」[6]，「李登輝『兩國論』的政治本質跟台灣獨立是一樣的。」[7]從 1995 年中至 2000 年初，中國政府發動了數輪軍事演習，並威脅說要對台灣動用武力。另外，2000 年 2 月和 3 月，北京暗示地威脅說，如果陳水扁當選總統，將對台用武。[8]

---

[4] 作者對北京一位國際關係資深學者的訪談，2001 年 7 月 19 日。

[5] "USA; Commentary on Sino-US Relations Denounces US 'Perfidy'" (in Chinese), New China News Agency Domestic Service, June 17, 1995, in BBC Summary of World Broadcasts, June 19, 1995, FE/2333/G.

[6] *Renmin Ribao* Commentator, "Undermining the One China Principle Is the Crucial Issue" (in Chinese), Beijing Xinhua Domestic Service, July 13, 1999, in FBIS-CHI-1999-0713.

[7] 郭泰文，〈分裂鬧劇背後〉，《人民日報》（海外版），1999 年 7 月 19 日，版 1。

[8] 王銘義，〈大陸國台辦：白皮書不存在最後通牒問題〉，《中國時報》，2000 年 2 月 26 日。"AFP: PRC FM Spokesman Warns Taiwan on Election Result," Hong Kong AFP, March 14, 2000, in FBIS-CHI-2000-0314. 〈朱鎔基 總理會見中外記者回答記者提問〉，《人民日報》（海外版），2000 年 3 月 16 日，版 1。

　　然而，儘管北京發出了上述威脅，北京卻從來沒有在 1995－1996 年和 1999－2000 年事件中認真考慮過對台灣實施經濟制裁，更不用說對經濟制裁的代價與收益進行計算，就像本章開始的引述所表明的那樣。[9]鑑於北京對台北的極端仇視，我們轉向分析北京在這兩次事件中排除對台採取經濟制裁可能性的原因。

　　正如第四章的結論所說，中國對台實施經濟制裁的必要條件是中國的代價小於台灣。其次，只要中國在經濟互賴關係中享有優勢，中國便可能使用經濟槓桿威脅台灣，或者向台灣發出有關中國決心的警示。再次，公眾、全球、或國內利益集團之間不斷變換的動態平衡關係，以及政治和經濟穩定的條件，將最終決定中國是否對台灣實施經濟制裁。然而，中國領導人需要同時協調國內和國際雙層博弈的要求。

　　第六章從中國人的認知和實際行為兩方面深入考察了中國總體國家目標，旨在為判斷中國外交政策和對台政策的原理與取向提供路徑指導。它有助於我們理解中國對台實施經濟制裁的內外風險。1978 年以來，中國的首要國家目標一直是通過改革和開放政策發展經濟，重視國內穩定和有利的國際環境。國

---

[9] 很多中國的資深官員、學者和台商在我的訪談中都表達同樣的意見。作者對國務院台辦資深官員的訪談，2001 年 8 月 9 日。作者對上海一位美國研究資深學者的訪談，2001 年 6 月 15 日。作者對北京一位台灣研究資深經濟學者的訪談，2001 年 8 月 3 日。作者對北京一位美國研究學者的訪談，2001 年 7 月 12 日。作者對廈門台灣研究資深經濟學者的訪談，2001 年 6 月 8 日。作者對北京台灣研究學者的訪談，2001 年 7 月 30 日。作者對上海台協資深領導人的訪談，2001 年 6 月 20 日。作者對前國台辦資深官員的訪談，2001 年 7 月 16 日。

內穩定不僅對中國的經濟發展非常重要，而且是吸引國外投資的重要因素。另外，和平穩定的國際環境也是發展國內經濟、吸引國外投資和促進國際貿易所必需的。因此，爲了吸引國外投資商，並維持和平穩定的國際政治經濟環境，中國需要在國際體系內顯示審慎與合作的意願。

通過三個案例分析中國最敏感的主權爭端，我們確認了上述中國的總體國家目標。這些案例包括：釣魚島爭端、南海諸島爭端和台灣問題。在這三種情況中，中國沒有煽動民族主義，而是試圖減小公衆的過激反映。例如，北京在釣魚島和台灣問題上曾禁止示威和抗議。至於有爭議的領土問題，包括台灣，北京從來都是動口不動手，或者採取有限的軍事姿態。在南海諸島問題上，中國的舉動與菲律賓和越南相比主要是防禦性的。在每個事件中，北京都試圖將激烈民族主義情緒對總體經濟發展和國內穩定的影響降至最低程度。

關於警示和遏制問題，第七章進行了討論。沒有證據說明在 1995－1996 年和 1999－2000 年的事件中，究竟軍事威脅還是經濟制裁作爲手段對中國政府更有利。但是，這些事件卻清楚地表明，北京在集中精力關注經濟發展，根本無意和台灣開戰。而且，在兩次事件中，中國都希望儘量減少對台商和自身經濟發展的破壞。

關於經濟制裁代價問題，第八章進行了討論，如果中國在1995 年或 1999 年中斷了兩岸經濟關係，中國國民生產總值方面的直接代價將不會少於台灣可能遭受的損失。中國和台灣都將因中國的經濟制裁而蒙受國民生產總值 1－3%的損失。這可能

是中國沒有在 1995 年或 1999 年對台灣實施經濟制裁的重要理
由。尤其是，經濟制裁的研究文獻顯示，決策者的誤識和誤算
在有關是否實施制裁的決策中的作用是非常有限的。所以，只
有當經過審慎、全面計算台灣和中國的代價，確定制裁對台灣
構成的破壞比對中國的大時，或台灣的代價明顯大於中國，中
國才會傾向於對台灣進行制裁。

　　但是，中國學者和官員都沒有對制裁台灣可能帶來的直接
損失進行過綜合的評估。總的來說，絕大多數中國學者和官員
認爲，如果北京對台北進行制裁，台灣遭受的損失肯定比中國
大。然而，在 1995－1996 年和 1999－2000 年台海事件中，北
京並沒有對台北進行制裁，包括沒有把台商列入黑名單。所有
證據顯示，除了相對代價，中國領導人還非常強調經濟制裁絕
對代價的極端重要性。他們擔心經濟制裁會給中國的經濟發展
帶來強烈反作用力。

　　另外，中國已成爲各種全球商品鏈和廣泛的國際互賴中的
一個關鍵鏈結，台商的投資在中國經濟和世界經濟之間搭起了
一座橋樑。正如第二章和第八章討論的，中國對台灣實施經濟
制裁將給中國和國際社會帶來災難性的後果。在 1995－1996 年
和 1999－2000 年事件中，國際經濟互賴和第三方特別是美國的
反應（報復）徹底改變了中國關於對台灣實施經濟制裁代價問
題的計算和認知。中國將承受巨大的損失，而且損失程度要超
過台灣。這是阻止北京沒有在兩次事件中對台北進行經濟制裁
的一個重要原因。

　　至於中國的內部風險問題，第九章分析了中國領導人在

2000 年面臨著多麼嚴峻的挑戰（或危機）。分析顯示，中國最高領導人一直關注國家的穩定和權力的捍衛。然而，問題不是簡單地如何改善人民的生活水平，進而改善中國共產黨的合法性，而是如何在中國避免重大的經濟、社會和政治危機，並進而挽救國家於可能的混亂和災難。在這一點上，任何國內或國外的不穩定，或者經濟增長的嚴重減速都將導致中國走向混亂。

第六章關於中國總體國家目標的結論、第七章關於中國警示和遏制有效性的結論、第八章關於中國對台灣實施經濟制裁代價和把台商列入黑名單問題的結論，都反映了那些一直縈繞在北京領導人心頭的擔憂。中國領導人面臨的這些挑戰和恐懼必須通過快速的、有效的和可持續的經濟增長來解決。這需要國內外的絕對穩定，充分的經濟、社會和政治改革，以及有利於這些國內發展重點的國際經濟與政治環境。中國需要至少幾十年和平與穩定的國際環境發展經濟。此外，中國還需要和國際社會進行合作，以便發展對外貿易，獲得國外資本和高技術。

關於台灣問題，中國領導人具有相似的擔憂與目標。第七章的分析顯示，北京不把對台灣實施經濟制裁作為一種警示工具的首要考量可能是經濟制裁代價太高了。第八章討論北京重視對台灣實施經濟制裁的絕對代價，反映了中國的主要目標是經濟發展。例如，北京的一位國際關係學者指出：「大陸承擔不起對台灣實施經濟制裁的代價，因為社會將會不穩定，政治將會出現動盪。對於大陸來說，兩岸的經濟利益涉及大陸經

濟、社會，以及政權的全面穩定。現在的政權能否生存是問
題，大陸政權不敢冒如此大的風險。」[10]因此，內部風險是阻止
北京不對台灣實施經濟制裁的另外一個重要因素。

　　第十章討論了台商對中國決策過程的影響問題。中國政府
高度重視台商，正如江澤民主席所講：「大陸的對台政策必須
要問昆山的台商。」[11]結果，代表台商的「台協」已經變成了強
有力的利益集團，在遊說北京保護和擴展其在中國的利益方面
非常有效果。在 1995－1996 年和 1999－2000 年事件期間，除
了針對極少數個別台商在 2000 年大選中公開支援陳水扁，中國
領導人從來沒有發出過對台灣實施經濟制裁的言辭威脅。然
而，直到 2002 年底，中國並沒有將對台商的威脅付諸任何具體
行動。相反，他們害怕中國人民解放軍的軍事威脅會給台灣在
中國的投資帶來嚴重影響。實際上，台灣在中國的投資大幅度
減少，至少當時是這樣。中國政府面臨著來自「台協」持續的
巨大壓力，台商對兩岸關係穩定深感焦慮，並且痛恨中國對台
灣進行軍事威脅。而且，「台協」領導威脅北京，如果北京繼
續對台北進行軍事威脅，他們將從中國撤回資本。有些「台
協」領導甚至威脅說，如果中國膽敢攻打台灣，他們將返回台
灣、打回中國。

　　結果，從中國國家主席、總理、部長、國台辦官員、海協
會官員，到國家媒體，北京竭盡全力安撫台商，保證他們的利
益在任何情況下都會受到保護，並且在陳水扁當選總統之後禁

---

[10] 作者對北京一位國際關係資深學者的訪談，2001 年 7 月 19 日。
[11] 昆山官員轉述台商有關於江澤民的講話。作者與昆山的一位經理的
　　對話，2001 年 7 月 5 日。

止針對「台獨」的抗議活動，目的就是爲了儘量減少對台商信心的影響。另外，北京還爲台商提供了更多的優惠政策和法律保護，包括 1999 年底頒布「實施細則」。而且，北京還反覆向台商保證，在台灣和中國之間不會有戰爭。

當然，台商的壓力並沒有改變中國在 1995 年底和 1996 年初發動軍事演習的決定。但是，上述不會有戰爭的保證削弱了北京在事件中對台灣進行遏制和威壓的戰略，那是中國軍事威脅的主要目的。北京怎麼能夠一方面肯定地向台商擔保不會有戰爭，另一方面又通過潛在的戰爭威脅堅決地遏制和威壓台灣的領導人呢？這個矛盾的立場充分說明，北京非常重視在中國的台商，重視程度甚至達到了在事件中不惜冒對台灣領導人遏制和威壓戰略失敗的風險。實質上，北京對台商作出的不會有戰爭的擔保等於嚴重削弱了自己對台灣的軍事威脅。

至於地方對中國決策過程的影響，第十章也作了分析。中央與地方之間的關係在改革時代已經發生了重大變化。中國的地方，特別是沿海地區，通過分權化獲得了比原來大得多的權力，他們的關注焦點堅定地鎖定在經濟發展上。90 年代，如果中央的指令有悖於地方利益，中央再也沒有辦法通過指令直接命令地方，反而需要和地方進行妥協和協調。另外，地方目標堅決以經濟發展爲核心，因爲地方官員的升遷主要依據其在位時經濟發展方面的政績。

不僅如此，地方還和台商以相互經濟利益爲基礎發展了一種互惠關係。一方面，地方盡一切努力吸引和保護台商，因爲台商爲地方經濟發展作出了很大貢獻，反過來，經濟貢獻增加了地方官員的權力，並有助於地方官員升遷。此外，在 90 年代末，大約 36–38%的台商和中國的地方企業、地方政府和外國企業建立了廣泛的合資夥伴關係。另一方面，台商爲了擴大自己的利益，和地方政府培養了一種合作關係，包括和中國地方企業和地方政府建立廣泛的夥伴關係。結果，地方在保護台商利益方面顯示出極大的興趣，方便了台商的經營，並且遊說中央爲台商爭取更多的優惠措施，建立兩岸更緊密的經濟交流。但是，地方對台商的政策和措施並不一定符合中央政府的利益。在 1995–1996 年和 1999–2000 年台海事件中，地方，特別是沿海地區的地方，反覆重申保護台商利益的承諾，爲台商提供更優惠的待遇，向中央轉達他們對兩岸緊張升級後的結果非常擔憂。

自 1995 年以來，爲了維護兩岸經濟交流的利益，台商和中國地方政府逐漸產生限制中國對台政策，避免緊張升級的作用。同樣，在兩次事件中，台商和中國地方政府在中國決策中的重要性，大大減低了北京對台灣實施經濟制裁的可能性，因爲，經濟制裁相比軍事威脅，會給台商和地方帶來更大的損失。

在訪談過程中，中國很多官員和著名的學者反覆指出，在兩次事件中中國不對台灣實施經濟制裁還有另外一個重要原因：「經濟制裁是無效的。」特別是，許多人提到了美國對其他國家實施經濟制裁失敗的例子。因爲自第二次世界大戰以來，美國一直是經濟力量最強大的國家，因此，他們認爲，中國對台灣實施經濟制裁是不可能成功的。[12]

　　總之，在 1995－1996 年和 1999－2000 年台海事件中，北京並沒有對台灣實施經濟制裁的主要原因是：一、從兩岸經濟交流、全球經濟互賴和第三方的可能報復來看，經濟制裁對北京的相對損失高於對台灣的相對損失；二、北京非常關注國內經濟發展、社會和政治穩定，因此承擔不起經濟制裁帶來的巨大損失，這個損失無疑會加劇中國的內部問題；三、北京面臨著國內利益集團，即台商和地方政府的巨大壓力。

　　本研究並沒有考察公眾對中國決策過程的影響，因爲在兩岸關係問題上，中國只有極爲有限的民意調查。其他的原因還有：第一，第四章討論的內容顯示，80 年代以前的證據一般不能證明這樣的假設：即經濟制裁是應民意要求實施的。

　　第二，儘管零星證據顯示，民意可能影響了美國實施經濟制裁的決策，但是在 80 年代以後，沒有統計方面的證據證明這個假設。

　　第三，中國不是一個民主政體，中國政府基本上控制著大衆媒體。因此，中國政府沒有必要直接對民意作出反應，甚至

---

[12] 作者對前國台辦資深官員的訪談，2001 年 7 月 16 日。作者對北京一位國際關係資深學者的訪談，2001 年 7 月 17 日。作者對上海一位台灣研究經濟學者的訪談，2001 年 6 月 13 日。作者對上海一位美國研究學者的訪談，2001 年 6 月 15 日。作者對上海一位資深經濟學者的訪談，2001 年 6 月 15 日。作者對北京一位台灣研究資深學者的訪談，2001 年 7 月 16 日。作者對北京一位國際關係資深學者的訪談，2001 年 7 月 18 日。作者對上海一位美國研究資深學者的訪談，2001 年 6 月 15 日。作者對北京一位美國研究學者的訪談，2001 年 7 月 10 日。

可以在一定程度上利用民意爲自己政策服務。事實上，第六章已經討論了，在有關最敏感的主權爭端的三個案例中，包括在台灣問題上，北京已經成功地減小，甚至壓制了民族主義的興起。因此，民族主義（民意）並不是影響中國決策的一個重要因素。

　　第四，民意既可能推動、也可能阻礙中國政府對台灣實施經濟制裁。這取決於在金錢或者非金錢得失方面，制裁給他們帶來了傷害還是利益。在台海的兩次事件中，中國沿海地區的人民，在兩岸經濟交流方面具有巨大的利益，經濟發展上的成就一般使他們反對兩岸緊張關係升級，支持兩岸爭端的和平解決。[13]因此，雖然本研究並沒有涉及台海緊張中的中國民意變數，但是這種忽略並不會改變本研究的基本結論。

　　根據本研究，北京將來更不會對台灣實施經濟制裁。從短期來看，北京在對台灣實施經濟制裁時仍然面臨著同樣的上述三個局限。從長期來看，儘管北京可能保持比台灣更快的經濟增長，但是，只要台灣和中國之間的經濟關係是全球商品鏈的構成要素，只要中國日益融入世界經濟，那麼北京的相對損失會繼續高於台北。經濟制裁將使北京不僅承受巨大的經濟損失，而且承受巨大的國際政治壓力，特別是來自亞太經濟體的

---

[13] 作者對上海一位國際關係學者的訪談，2001 年 6 月 15 日。作者對上海一位美國研究資深學者的訪談，2001 年 6 月 15 日。作者對上海國際研究資深學者的訪談，2001 年 6 月 21 日。作者對上海附近城鎮一位台辦資深官員的訪談，2001 年 7 月 5 日。作者對上海一位台灣研究資深學者的訪談，2001 年 7 月 3 日。作者對上海一位國際關係資深學者的訪談，2001 年 6 月 26 日。作者對廈門一位台灣研究資深學者的訪談，2001 年 6 月 6 日。

壓力，因為全球互賴在日益擴大和加深。根據有關經濟制裁的研究文獻，北京在相對損失方面享有優勢是它對台灣進行經濟制裁的必要條件。因此，北京未來不會對台灣實施經濟制裁。

另外，台商和地方政府施加給北京的壓力會變得越來越強大，因為他們在兩岸經濟交流中的利益在日益增加。隨著中國的政治體制變得越來越自由，台商和地方政府將會有更多的空間影響北京的政策。而且，很多中國官員和學者知道經濟制裁，即使是美國施加的經濟制裁，通常也是無效的，正如在第三章中討論的。因此，中國將來對台灣實施經濟制裁的動機和誘因會非常小。

最後，由於中國沿海地區的人民在海峽兩岸經濟交流中具有巨大的利益，他們在 1995 年至 2000 年，一般都反對將兩岸緊張升級，因此，隨著財富的迅速增加，以及和台灣經濟聯繫的日益緊密，隨著中國社會和政治體制變得越來越自由化，中國人民，特別是商人，將不斷給北京施壓，反對對台灣實施經濟制裁。2001 年夏，江澤民主席宣布，歡迎中國企業家和專業人士加入中國共產黨。[14]在成為中國共產黨的一員之後，中國企業家和專業人士可能會對北京的政策產生更大的影響。

---

[14] 江澤民，《新世紀黨的建設的偉大綱領》（北京：中共中央黨校出版社，2001），頁 18-9。

第二節　中國對台灣實施經濟制裁的後果

　　根據第三章的討論，從理論上講，中國對台灣實施經濟制裁往往是無效的。總體而言，中國進行經濟制裁成功的可能性是 4.6%到 10.4%。根據第五章的研究，即便在代價方面中國處於明顯的優勢，如果北京對台北實施經濟制裁，鑑於台灣與中國之間的嚴重對立，台灣不可能對中國作出重大的讓步，至多只能作些適度的讓步。中國實施制裁能夠成功導致台灣作出適度讓步的必要條件，就是中國對台灣享有代價方面的巨大優勢。

　　中國很多學者和官員認為，只有當台灣宣布獨立，中國才會對台灣實施經濟制裁。[15]然而，如果台灣的確宣布了獨立，對於台灣領導人來說，向中國作出讓步的危險性會非常大。因而，最終的結果可能就像莊子納在他的衝突預期模型中描述的那樣，出現台灣不作任何讓步的僵局。

　　另外，以下條件將增加經濟制裁的有效性：一、中國經濟制裁使台灣和中國要付出的代價存在明顯的落差，而且有利於中國；第二、中國的制裁能夠在台灣引發第五縱隊效應；三、中國對台灣實施金融制裁而不是貿易制裁，但是金融往來現在有利於台灣方面；四、台灣不穩定；五、中國以迅速和最嚴厲

---

[15] 作者對前國台辦資深官員的訪談，2001 年 7 月 16 日。作者對四川省政府一位官員的訪談，2001 年 7 月 23 日。作者對廈門一位台灣研究資深經濟學者的訪談，2001 年 6 月 8 日。作者對北京一位國際關係學者的訪談，2001 年 7 月 19 日。

的方式對台灣進行經濟制裁,而且國際上沒有對台灣的有效援助。

相比而言,以下條件將減少中國制裁的有效性:一、中國的制裁在台灣引發民族主義和同仇敵愾效應;二、中國遭受國內不穩定的衝擊;三、台灣政府能夠利用制裁的再分配效應支援執政聯盟;四、台灣決策者強烈關注在兩岸衝突中的相對利得和信譽。

預測台灣和中國是否會穩定,北京是否會迅速、以最嚴厲的方式對台灣進行經濟制裁,以及如果北京對台灣進行經濟制裁,台灣政府是否會利用制裁的再分配效應支援執政聯盟,幾乎是不可能的。但是,基於第五章的分析,這些因素都不是影響經濟制裁有效性的最重要的因素。他們的重要性都次於以下變數:制裁對北京和台北的相對損失(包括國際社會對中國制裁的反應)、同仇敵愾效應、第五縱隊效應、台灣決策者的認知。因此,本研究主要集中分析這些變數,以此評估在兩岸經濟關係中台灣的脆弱性。

基於第八章的結論,從 1995 年至 2000 年,從兩岸經濟交流、全球經濟互賴和第三方的可能報復來看,經濟制裁對北京的相對損失要高於對台北的相對損失。只要台灣和中國之間的經濟關係是全球商品鏈的構成要素,只要中國日益融入世界經濟,那麼在可預見的將來這種情況就不會改變。

基於第十一章的分析,中國的軍事威脅顯然在台灣激起了強烈的民族主義或同仇敵愾效應,但是第五縱隊效應卻非常溫和。整體而言,台灣公眾反應的三個指標——中國敵意相關

性、台灣人民對抗指標和兩岸分離指標，以及對台灣 1995－
1996 年和 1999－2000 年總統候選人的反應進行的兩個案例分
析，顯示中國在 1995 年和 2000 年之間進行的軍事威脅在台灣
的確激起了強烈的民族主義和同仇敵愾效應。因此，給人的印
象是，如果北京對台灣實施經濟制裁，台灣人民和精英都願意
對抗中國、支持台灣的政策。

另外，幾乎沒有跡象顯示，中國的「以商圍政」戰略在
1995－1996 年和 1999－2000 年事件中對台灣不利。概而言之，
儘管有些台商要求台灣政府審慎行事，不要有進一步挑釁行
爲，大多數台商並沒有在中國的軍事威脅下遊說台北向北京讓
步。還有，大多數台商支援台灣的立場。絕大部分的台商強烈
反對中國的軍事威脅，這在第十章中作了分析。因此，台商的
反應也顯示，中國的軍事威脅在台灣激起了強烈的同仇敵愾效
應和溫和的第五縱隊效應。

最後，在 1995－1996 年和 1999－2000 年，台北並沒有在
中國的軍事威脅下對北京作出明確的讓步。台灣領導人認爲，
在這種威脅環境之下作出讓步只會鼓勵中國再一次威脅台灣
（亦即信譽考慮），並破壞台灣在未來和中國談判時的地位
（亦即相對利得考慮）。台灣決策者的這種認知和衝突預期模
型的先決條件是一致的，也就是說，在中國的威脅之下，出於
信譽和相對利得的考慮，台灣將傾向於不向中國作出任何讓
步。

第三節 中國的經濟槓桿和台灣的脆弱性

　　根據經濟制裁理論和兩個案例分析，中國將來不會對台灣實施經濟制裁。從短期來看，中國對台灣實施經濟制裁的意願將受到制裁代價、內部經濟、社會和政治穩定，以及利益集團的壓力等方面的制約。從長期來看，中國的意願將受到制裁代價、利益集團和公眾的壓力的制約，可能還有內部不穩定的繼續限制。

　　另外，幾乎沒有證據說明中國對台灣實施經濟制裁會取得成功，相反，很多證據顯示，中國將來的制裁只會失敗。首先，從代價來看，如果施加制裁，中國將蒙受比台灣更大的損失。第二，因為台灣和中國之間的深刻敵意，台灣將會盛行同仇敵愾效應。第三，台灣決策者在受威脅的情況下作出任何讓步都會強烈考慮信譽和相對利得的效應。

　　總之，從經濟制裁的啓用和後果來看，中國不具有對付台灣的經濟槓桿，台灣在兩岸經濟關係中幾乎不存在脆弱性。

參考書目

一、中文部分

中華經濟研究院（1997），《兩岸經濟情勢分析》。台北：行政院
　　陸委會。

中華經濟研究院（1999），《兩岸產業分工政策執行成效評估》。
　　台北：經濟部工業局。

中華經濟研究院（1999），《大陸暨兩岸經濟情勢報告（民國 86
　　年至 87 年）》。台北：行政院陸委會。

中華經濟研究院（1999），《兩岸出口連動關係之研究》。台北：
　　經濟部國際貿易局。

辛向陽（2000），《百年博弈：中國中央與地方關係 100 年》。濟
　　南：山東人民出版社。

朱蓓蕾（1999），〈中共中央與地方政經互動關係：新制度主義之
　　分析〉，《東亞季刊》，第 30 卷、第 1 期，頁 49-58。

林尚立（1998），《國內政府間關係》。杭州：浙江人民出版社。

胡鞍鋼（2000），〈跨入新世紀的最大挑戰：我國進入高失業階
　　段〉，《中國走向》。杭州：浙江人民出版社，頁 49-77。

胡鞍鋼（2001），〈腐敗：中國最大的社會污染〉，《中國：挑戰
　　腐敗》。杭州：浙江人民出版社，頁 34-66。

高長（1999），《大陸經改與兩岸經貿關係（二版）》。台北：五
　　南。

高長（1997），《兩岸經貿關係之探討》。台北：天一。

高長（2000），〈中國大陸城鎮勞動力就業問題之探討〉，《遠景

季刊》，第 1 卷第 4 期，頁 59－1990。

高長、宋恩榮（1998），《兩岸雙邊貿易統計之探討》。台北：行政院大陸委員會。

高孔廉（1994），《兩岸經貿現況與展望》。台北：行政院陸委會。

陳永生（2001），〈外國直接投資與中國大陸的經濟發展〉，《中國大陸研究》，第 44 卷，第 3 期，頁 17-43。

郭文政（1997），〈我國對外投資狀況檢討及未來展望〉，《經濟前瞻》，第 54 期，頁 57-59。

經濟部（1999），《1998 年大陸經濟情勢評估》。台北：經濟部。

經濟部國貿局（1999），《1998 年台海兩岸貿易形勢統計》。台北：國貿局。

經濟部統計處編（1995），《製造業多角化暨國際化調查報告（中華民國八十四年調查）》。台北，經濟部統計處。

經濟部統計處編（1997、1998、2000），《製造業對外投資實況調查報告》。台北：經濟部統計處。

劉仲藜（1999），《中國財政發展問題研究》。北京：中國財政經濟出版社。

蔡宏明（2000），〈資訊科技協定對資訊科技國際分工的影響〉，《經濟情勢暨評論季刊》，第 6 卷第 3 期，頁 22-50。

龔浩成和戴國強編（2000），《2000 中國金融發展報告》。上海：上海財經大學出版社。

二、英文部分

Baldwin, David A.,(1985). *Economic Statecraft*. Princeton, N.J.: Princeton University Press.

Bernstein, Thomas P.,(1998). "Instability in Rural China," in David Shambaugh (ed.), *Is China Unstable? Assessing the Factors.* Washington D.C. : George Washington University, pp. 93-110.

Bernstein, Thomas P.,(1999). "Farmer Discontent and Regime Response," in Merle Goldman and Roderick MacFarquhar (eds.), *The Paradox of China's Post-Mao Reforms.* Cambridge, Mass.: Harvard University Press, pp. 197-219.

Bernstein, Thomas P., and Xiaobo Lu,(2000). "Taxation without Representation: Peasants, the Central and the Local States in Reform China," *China Quarterly*, no. 163, pp. 742-763.

Blessing, James A.,(1981). "The Suspension of Foreign Aid: A Macro-Analysis," *Polity*, vol. 13, no. 3, pp. 524-35.

Borrus, Michael(1997). "Left for Dead: Asian Production Networks and the Revival of U.S. Electronics," in Barry Naughton (ed.), *The China Circle: Economic and Technology in the PRC, Taiwan, and Hong Kong.* Washington, DC: Brookings Institution Press, pp. 139-163.

Bottelier, Pieter(1998). "How Stable Is China? An Economic Perspective," in David Shambaugh (ed.), *Is China Stable?: Assessing the Factors.*Washington, D.C.: George Washington University, pp. 57-72.

Bottelier, Pieter(1999). "China's Economic Transition and the Significance of WTO membership," The First Huang Lian Memorial Lecture, Center for Research on Economic Development and Policy Reform, Stanford University.

Bottelier, Pieter(2001). "China's Domestic Debts: Will They Interfere with Financial Sector Liberalization and WTO Commitments? Issues and Strategies," Discussion paper for Wilton Park Conference #654 on Economic and Enterprise Reform in China: the Challenges for

Government and Business.

Boutin, J.D. Kenneth(1997). "Cross-Strait Trade and Investment: Economic and Security Implications for the Republic of China", *Issues & Studies*, vol. 33, no. 12, pp. 70.

Burles, Mark, and Abram N. Shulsky(2000). *Patterns in China's Use of Force: Evidence from History and Doctrinal Writings*. Santa Monica, CA: Rand.

Carim, Xavier, Audie Klotz, and Olivier Lebleu(1999). "The Political Economy of Financial Sanctions," in Neta C. Crawford and Audie Klotz (eds.), *How Sanctions Work: Lessons from South Africa*.New York: St. Martin's Press, pp. 159-177.

Chan, Steve(2000). "Economic Sanction: The U.S. Debate on MFN Status for China," in Steve Chan and A. Cooper Drury (eds.), *Sanctions as Economic Statecraft: Theory and Practice*.New York: St. Martin's, pp. 110-130.

Chan, Steve, and A. Cooper Drury(2000). "Sanctions as Economic Statecraft: An Overview," in Steve Chan and A. Cooper Drury (eds.), *Sanctions as Economic Statecraft: Theory and Practice*. New York: St. Martin's, pp. 1-16.

Chen, Hurng-yu(2000). "The PRC's South China Sea Policy and Strategies of Occupation in the Paracel and Spratly Islands," *Issues & Studies*, vol. 36, no. 4, pp. 95-131.

Chen, Xiangming(1994). "The New Spatial Division of Labor and Commodity Chains in the Greater South China Economic Region," in Gary Gereffi and Miguel Korzeniewicz (eds.), *Commodity Chains and Global Capitalism*.Westport, Connecticut: Greenwood Press, pp. 165-186.

Chen, Xiangming(1998). "China's Growing Integration with the Asia-

Pacific Economy," in Arif Dirli (ed.), *What Is In A Rim?*, 2nd ed., Lanham: Rowman & Littlefield, pp. 187-217.

Cheng, Chu-yuan(2000). "China's Economy: Recent Development and Long-Term Prospects," *Issues & Studies*, vol. 36, no. 5, pp. 122-157.

Cheung, Peter T. Y., and James T. H. Tang(2001). "The External Relations of China's Provinces," in David M. Lampton (ed.), *The Making of Chinese Foreign and Security Policy in the Era of Reform*, Stanford, CA: Stanford University Press, pp. 91-123.

Chiou, I-Jen(2000). "Cross-Strait Relations and the Prisoner's Dilemma", in Gerrit W. Gong (ed.), *Taiwan Strait Dilemmas: China-Taiwan-U.S. Policies in the New Century*.Washington, D.C.: The CSIS Press, pp. 149-159.

Chung, Chin(1997). "Division of Labor across the Taiwan Strait: Macro Overview and Analysis of the Electronics Industry," in Barry Naughton (ed.), *The China Circle: Economic and Technology in the PRC, Taiwan, and Hong Kong*.Washington, DC: Brookings Institution Press, pp. 164-209.

Chung, Chin(1997). "Double-Edged Trade Effects of Foreign Direct Investment and Firm-Specific Assets: Evidence From the Chinese Trio", in Y.Y. Kuen (ed.), *The Political Economy of Sino-American Relations*. Hong Kong: Hong Kong University Press, pp. 135-161.

Clough, Ralph N.,(1999). *Cooperation or Conflict in the Taiwan Strait?* Lanham, Maryland: Rowman & Littlefield Publishers, Inc.

Collins, Joseph J., and Gabrielle D. Bowdoin,(1999). *Beyond Unilateral Economic Sanctions* (Washington, DC: Center for Strategic and International Studies.

Cortright, David, and George A. Lopez,(1995). "Research Concerns and

Policy Needs in an Era of Sanctions," in David Cortright and George A. Lopez (eds.), *Economic Sanctions: Panacea or Peacebuilding in a Post-Cold War World?* Boulder: Westview, pp. 201-208.

Cortright, David, and George A. Lopez,(2000). *The Sanctions Decade: Assessing UN Strategies in the 1990s.*Boulder, Colorado: Lynne Rienner.

Crawford, Neta C.,(1999). "Trump Card or Threat?: An Introduction to Two Sanctions Debates," in Neta C. Crawford and Audie Klotz (eds.), *How Sanctions Work: Lessons from South Africa.*New York: St. Martin's Press, pp. 3-24.

Daoudi, M. S., and M. S. Dajani,(1983). *Economic Sanctions: Ideal and Experience.* Boston: Routledge & Kegan Paul.

Dornbusch, Rudi, and Francesco Giavazzi,(1999). "Heading Off China's Financial Crisis," in Bank of International Settlements (ed.), *Strengthening the Banking System in China: Issues and Experience.*Basel, Switzerland: Bank of International Settlements, pp. 40-58.

Downs, Erica Strecker,(2000). *China's Quest for Energy Security.* Santa Monica, C.A.: RAND.

Doxey, Margaret P.,(1980). *Economic Sanctions and International Enforcement*, 2nd ed. New York: Oxford University Press.

Doxey, Margaret P.,(1996). *International Sanctions in Contemporary Perspective*, 2nd ed. New York: St. Martin's Press.

Drezner, Daniel W.,(1997). "Allies, Adversaries, and Economic Coercion: Russian Foreign Economic Policy Since 1991," *Security Studies*, vol. 6, no. 3, pp. 65-111.

Drezner, Daniel W.,(1999).*The Sanctions Paradox: Economic Statecraft and International Relations.* New York: Cambridge University Press.

Drezner, Daniel W.,(2000). "The Complex Causation of Sanction Outcomes," in Steve Chan and A. Cooper Drury (eds.), *Sanctions as Economic Statecraft: Theory and Practice*. New York: St. Martin's, pp. 212-233.

Drury, A. Cooper,(2000)."How and Whom the US President Sanctions: A Time-series Cross-section Analysis of US Sanction Decisions and Characteristics," in Steve Chan and A. Cooper Drury (eds.), *Sanctions as Economic Statecraft: Theory and Practice*.New York: St. Martin's, pp. 17-36.

Eland, Ivan,(1995). "Economic Sanctions as Tools of Foreign Policy," in David Cortright and George A. Lopez (eds.), *Economic Sanctions: Panacea or Peacebuilding in a Post-Cold War World?* Boulder, Colorado: Westview Press, pp. 29-42.

Ellings, Richard J., (1985). *Embargoes and World Power: Lessons from American Foreign Policy*. Boulder: Westview Press.

Elliot, Kimberly Ann, (1995). "Factors Affecting the Success of Sanctions," in David Cortright and George A. Lopez (eds.), *Economic Sanctions: Panacea or Peacebuilding in a Post-Cold War World?* Boulder, Colorado: Westview Press, pp. 51-59.

Elliot, Kimberly Ann, (1998). "The Sanctions Glass: Half Full or Completely Empty," *International Security*, vol. 23, no. 1, pp. 50-65.

Elliott, Kimberly Ann and Peter P. Uimonen,(1993). "The Effectiveness of Economic Sanctions with Application to the Case of Iraq," *Japan and the World Economy*, vol. 5, pp. 403-409.

Elliott, Kimberly Ann and Gary Clyde Hufbauer,(1994). "New Approaches to Economic Sanctions," in Arnold Kanter and Linton F. Brooks (eds.), *U.S. Intervention Policy for the Post-Cold War*

World.New York: W. W. Norton, Chapter 5, pp. 132-158.

Elliott, Kimberly Ann and Gary Clyde Hufbauer,(1999). "Same Song, Same Refrain? Economic Sanctions in the 1990's," *AEA Papers and Proceedings*, pp. 403-408.

Ernst, Dieter,(1997). "Partners for the China Circle? The East Asian Production Networks of Japanese Electronics Firms," in Barry Naughton (ed.), *The China Circle: Economic and Technology in the PRC, Taiwan, and Hong Kong.* Washington, DC: Brookings Institution Press, pp. 210-254.

Farmer, Richard D.,(2000)."Costs of Economic Sanctions to the Sender," *World Economy*, vol. 23, no. 1, pp. 93-117.

Galtung, Johan,(1967). "On the Effects of International Economic Sanctions," *World Politics*, vol. 19, pp. 378-416.

Garver, John W.,(1997). *Face Off: China, the United States, and Taiwan's Democratization*.Seattle: University of Washington Press.

Gereffi, Gary, Miguel Korzeniewicz, and Roberto P. Korzeniewicz,(1994). "Introduction: Global Commodity Chains," in Gary Gereffi and Miguel Korzeniewicz (eds.), *Commodity Chains and Global Capitalism*.Westport, Connecticut: Praeger , pp. 1-14.

Goldman, Merle, and Roderic MacFarquhar,(1999). "Dynamic Economy, Declining Party-State," in Merle Goldman and Roderick MacFarquhar (eds.), *The Paradox of China's Post-Mao Reforms*.Cambridge, Mass.: Harvard University Press, pp. 3-29.

Goodman, David S. G.,(1994). "The Politics of Regionalism: Economic Development, Conflict and Negotiation," in David S. G. Goodman and Gerald Segal (eds.), *China Deconstructs: Politics, Trade and Regionalism*. New York: Routledge, pp. 1-20.

Gurtov, Melvin, and Byong-Moo Hwang,(1980). *China under Threat:*

The Politics of Strategy and Diplomacy. Baltimore: Johns Hopkins University Press.

Haass, Richard N.,(1997). "Sanctioning Madness," *Foreign Affairs*, vol. 76, no. 6, pp. 75-85.

Haass, Richard N.,(1998).*Economic Sanctions and American Diplomacy*.New York: Council on Foreign Relations.

Hendrischke, Hans, and Chongyi Feng,(1999). *The Political Economy of China's Provinces*.New York: Routledge.

Hirschman, Albert O.,(1980). *National Power and the Structure of Foreign Trade*, expanded ed. Berkeley, C.A.: University of California Press.

Hsing, You-tien,(1998). *Making Capitalism in China: the Taiwan Connection*. New York: Oxford University Press.

Hsu, Szu-chien,(2000). "Central-Local Relations in the PRC under the Tax Assignment System: An Empirical Evaluation, 1994-1997," *Issues & Studies*, vol. 36, no. 2, pp. 32-72.

Hu, Xiaobo,(2000). "The State, Enterprises, and Society in Post-Deng China," *Asian Survey*, vol. 40, no. 4, pp. 641-657.

Hufbauer, Gary Clyde, Jeffery J. Schott, and Kimberly Ann Elliot,(1990). *Economic Sanctions Reconsidered: History and Current Policy*, 2nd ed. Washington, D.C.: Institute of International Economics.

Hufbauer, Gary Clyde, Jeffery J. Schott, and Kimberly Ann Elliot,(1990). *Economic Sanctions Reconsidered: Supplemental Case Histories*, 2nd ed. Washington, D.C.: Institute of International Economics.

Ji, You,(1999). "Changing Leadership Consensus: The Domestic Context of War Games," in Shuisheng Zhao (ed.), *Across the Taiwan Strait: Mainland China, Taiwan, and the 1995-1996 Crisis*. New

York: Routledge, pp. 77 — 1998.

Johnston, Alastair Iain,(1998). "China's Militarized Interstate Dispute Behavior 1949-1992: A First Cut at the Data," *China Quarterly*, no. 153, pp. 1-30.

Kaempfer, William H., and Anton D. Lowenberg,(1992). *International Economic Sanctions: A Public Choice Perspective.*Boulder, Colorado: Westview Press.

Kaempfer, William H., and Anton D. Lowenberg,(1995). "The Problems and Promise of Sanctions," in David Cortright and George A. Lopez (eds.), *Economic Sanctions: Panacea or Peacebuilding in a Post-Cold War World?* Boulder, Colorado: Westview Press, pp. 61-71.

Kaempfer, William H., and Anton D. Lowenberg,(1999). "Unilateral Versus Multilateral International Sanctions: A Public Choice Perspective," *International Studies Quarterly*, no. 43, pp. 37-58.

Kaempfer, William H., and Anton D. Lowenberg,(2000). "A Public Choice Analysis of the Political Economy of International Sanctions," in Steve Chan and A. Cooper Drury (eds.), *Sanctions as Economic Statecraft: Theory and Practice*. New York: St. Martin's, pp. 158-186.

Kaplowitz, Donna Rich,(1995). *Anatomy of a Failed Embargo: The Case of the U.S. Sanctions against Cuba*, vol. I, Ph.D. dissertation, Johns Hopkins University.

Keohane, Robert O., and Joseph S. Nye,(2001). *Power and Interdependence*, 3rd ed. New York: Longman.

Kirshner, Jonathan,(1997). "The Microfoundations of Economic Sanctions," *Security Studies*, vol. 6, no. 3, pp. 32-64.

Knorr, Klaus,(1975). *The Power of Nations: The Political Economy of International Relations*. New York: Basic Books.

Knorr, Klaus, and Frank N. Trager (eds.), (1977).*Economic Issues and National Security.* Lawrence, Kansas: University Press of Kansas.

Kuo, Cheng-Tian,(1993). "Economic Statecraft Across the Taiwan Strait," *Issues & Studies*, vol. 29, no. 10, pp. 19-37.

Lam, San Ling,(1990). "Economic Sanctions and the Success of Foreign Policy Goals," *Japan and the World Economy*, vol. 2, pp. 239-248.

Lampton, David M.,(2001). *Same Bed, Different Dreams: Managing U.S.-China Relations, 1989-2000.* Berkeley: University of California Press.

Lardy, Nicholas R.,(1998). *China's Unfinished Economic Revolution.*Washington, D. C. : Brookings Institution Press.

Lardy, Nicholas R.,(1998). "Sources of Macro Economic Instability in China," in David Shambaugh (ed.), *Is China Unstable? Assessing the Factors.*Washington D.C.: George Washington University, pp. 51-56.

Lardy, Nicholas R.,(1999). "The Challenge of Bank Restructuring in China," in Bank of International Settlements (ed.), *Strengthening the Banking System in China: Issues and Experience.*Basel, Switzerland: Bank of International Settlements, pp. 17-39.

Lardy, Nicholas R.,(1999). "When Will China's Financial System Meet China's Needs?," presented at the Conference on Policy Reform in China, Center for Research on Economic Development and Policy Reform, Stanford University.

Lardy, Nicholas R.,(2002). *Integrating China into the Global Economy.*Washington, D.C.: Brookings Institution Press.

Lee, Ching Kwan,(2000). "Pathway of Labor Insurgency," in Elizabeth J. Perry and Mark Selden (eds.), *Chinese Society: Change, Conflict and Resistanc.* New York: Routledge, pp. 41-61.

Leng, Tse-Kang,(1996). *The Taiwan-China Connection: Democracy and Development Across the Taiwan Straits*. Boulder: Westview Press.

Leng, Tse-Kang,(1998). "A Political Analysis of Taiwan's Economic Dependence on Mainland China," *Issues & Studies*, vol. 34, no. 8, pp. 132-154.

Leng, Tse-Kang,(1998). "Dynamics of Taiwan-Mainland China Economic Relations," *Asian Survey*, vol. 38, no. 5, pp. 494-509.

Leyton-Brown, David,(1987). "Lessons and Policy Considerations about Economic Sanctions," in David Leyton-Brown (ed.), *The Utility of International Economic Sanctions*. New York: St. Martin's Press, pp. 303-310.

Li, Linda Chelan,(1998). *Centre and Provincials: China 1978-1993*. Clarendon Press, Oxford.

Liberman, Peter,(1996). "Trading with the Enemy: Security and Relative Economic Gains," *International Security*, vol. 21, no. 1, pp. 147-175.

Lindsay, James M.,(1986). "Trade Sanctions as Policy Instruments: A Re-examination," *International Studies Quarterly*, no. 30, pp. 153-173.

Lo, Chi,(1999). "China's Fiscal Time Bomb," *China Business Review*, pp. 16-19.

Lopez, George A., and David Cortright,(1995). "Economic Sanctions in Contemporary Global Relations," in David Cortright and George A. Lopez (eds.), *Economic Sanctions: Panacea or Peacebuilding in a Post-Cold War World?* Boulder, Colorado: Westview Press, pp. 1-16.

Losman, Donald L.,(1979). *International Economic Sanctions: The Cases of Cuba, Israel, and Rhodesia*.Albuquerque: University of New Mexico Press.

Ma,(2000). Jun, *The Chinese Economy in the 1990s*. New York: St.

Martin's.

Martin, Lisa L.,(1992). *Coercive Cooperation: Explaining Multilateral Economic Sanctions*.Princeton, New Jersey: Princeton University Press.

Mastanduno, Michael,(2000). "Economic Statecraft, Interdependence, and National Security: Agenda for Research," Jean-Marc F. Blanchard, Edward D. Mansfield, and Norrin M. Ripsman, *Power and the Purse: Economic Statecraft, Interdependence, and National Security*. Portland, OR: Frank Cass, pp. 288-316.

Miller, H. Lyman, and Liu Xiaohong,(2001). "The Foreign Policy Outlook of China's 'Third Generation' Elite," in David M. Lampton (ed.), *The Making of Chinese Foreign and Security Policy in the Era of Reform*.Stanford, CA: Stanford University Press, pp. 123-150.

Miyagawa, Makio,(1992). *Do Economic Sanctions Work?* New York: St. Martin's Press, 1992.

Moore, Thomas G., and Dixia Yang,(2001). "Empowered and Restrained: Chinese Foreign Policy in the Age of Economic Interdependence," in David M. Lampton (ed.), *The Making of Chinese Foreign and Security Policy in the Era of Reform*. Stanford, CA: Stanford University Press, pp. 191-229.

Morgan, T. Clifton, and Valerie L. Schwebach,(1997). "Fools Suffer Gladly: The Use of Economic Sanctions in International Crises," *International Studies Quarterly*, no. 41, pp. 27-50.

Naughton, Barry,(1997). "The Emergence of the China Circle," in Barry Naughton (ed.), *The China Circle: Economic and Technology in the PRC, Taiwan, and Hong Kong*.Washington, DC: Brookings Institution Press , pp. 3-40.

Naughton, Barry,(1997). "The Foreign Policy Implications of China's Economic Development Strategy," in Thomas W. Robinson and David Shambaugh (eds.), *Chinese Foreign Policy: Theory and Practice*.New York: Oxford University Press, pp. 47-69.

Naughton, Barry,(2000). "The Chinese Economy: Fifty Years into the Transformation," in Tyrene White (ed.), *China Briefing 2000: The Continuing Transformation*. Armonk, N.Y.: M.E. Sharpe, pp. 49-70.

Nincic, Miroslav, and Peter Wallensteen,(1983). "Economic Coercion and Foreign Policy," in Miroslav Nincic and Peter Wallensteen (eds.), *Dilemmas of Economic Coercion: Sanctions in World Politics*. New York: Praeger, pp. 1-15.

Nossal, Kim Richard,(1999). "Liberal Democratic Regimes, International Sanctions, and Global Governance," in Raimo Vayrynen (ed.), *Globalization and Global Governance*. Lanham, Maryland: Rowman & Littlefield Publishers, Inc., pp. 127-149.

Pape, Robert A.,(1996). *Bombing to Win: Air Power and Coercion in War*. Ithaca, NY: Cornell University Press.

Pape, Robert A.,(1997). "Why Economic Sanctions Do Not Work," *International Security*, vol. 22, no. 2, pp. 90-136.

Pape, Robert A.,(1998). "Why Economic Sanctions *Still* Do Not Work," *International Security*, vol. 23, no. 1, pp. 66-77.

Pei, Minxin,(1999). "Asia's Political Lessons," *China Business Review*, pp. 8-10.

Pei, Minxin,(2001). "Future Shock: The WTO and Political Change in China," Carnegie Endowment for International Peace *Policy Brief*, vol. 1, no. 3, pp. 1-7.

Perry, Elizabeth J.,(1999). "Crime, Corruption, and Contention," in Merle Goldman and Roderick MacFarquhar (eds.), *The Paradox of*

China's Post-Mao Reforms.Cambridge, Mass.: Harvard University Press, pp. 308-329.

Preeg, Ernest H.,(1999). *Feeling Good or Doing Good with Sanctions: Unilateral Economic Sanctions and the U.S. National Interest*.Washington, D.C.: Center for Strategic and International Studies.

Putnam, Robert D.,(1993). "Diplomacy and Domestic Politics: The Logic of Two-Level Games," in Peter B. Evans, Harold K. Jacobson, and Robert D. Putnam, *Double-Edged Diplomacy: International Bargaining and Domestic Politics*.Berkeley: University of California Press, pp. 431-468.

Renwick, Robin,(1981). *Economic Sanctions*.Cambridge, Massachusetts: Center for International Affairs, Harvard University.

Robinson, Thomas W.,(1994). "Interdependence in China's Foreign Relations," in Samuel S. Kim (ed.), *China and the World: Chinese Foreign Relations in the Post-Cold War Era*, third edition. Boulder: Westview Press, pp. 187-201.

Ross, Robert S.,(2000). "The 1995−1996 Taiwan Strait Confrontation: Coercion, Credibility, and the Use of Force," *International Security*, vol. 25, no. 2, pp. 87-123.

Roy, Denny,(2000). "Tensions in the Taiwan Strait," *Survival*, vol. 42, no. 1, pp. 76−1996.

Schwebach,(2000). Valerie L., "Sanctions as Signals: A Line in the Sand or a Lack of Resolve?," in Steve Chan and A. Cooper Drury (eds.), *Sanctions as Economic Statecraft: Theory and Practice*. New York: St. Martin's, pp. 187-211.

Selden, Zachary,(1999). *Economic Sanctions as Instruments of American*

Foreign Policy. Westport, Connecticut: Praeger.

Shambaugh,(1999). George E., *States, Firms, and Power: Successful Sanctions in United States Foreign Policy*.Albany, New York: State University of New York Press.

Sharma, Shalendra D.,(2000). "Weathering the Asian Financial Crisis: China's Economic Strengths, Weaknesses, and Survivability," *Issues & Studies*, vol. 36, no. 6, pp. 80-115.

Simons, Geoff,(1999). *Imposing Economic Sanctions: Legal Remedy or Genocidal Tool?* Sterling, VA: Pluto Press.

Solinger, Dorothy J.,(1999). *Contesting Citizenship in Urban China: Peasant Migrants, the State, and the Logic of the Market*.Berkeley: University of California Press.

Steinfeld, Edward S.,(1998). *Forging Reform in China: The Fate of State-Owned Industry*. New York: Cambridge University Press.

Sun, Haishun,(1998). "Macroeconomic Impact of Direct Foreign Investment in China: 1979-1996," *World Economy*, vol. 21, no. 5, pp. 675-694.

Sutter, Robert G.,(1998). *U.S. Policy Toward China: An Introduction to the Role of Interest Groups*. Lanham, Maryland: Rowman & Littlefield.

Swaine, Michael D.,(2001). "Chinese Decision-Making Regarding Taiwan, 1979-2000," in David M. Lampton (ed.), *The Making of Chinese Foreign and Security Policy in the Era of Reform*.Stanford, CA: Stanford University Press, pp. 289-336.

Tso, Allen Y.,(1996). "An Analysis of the Trade-Investment Relationship Across the Taiwan Strait", *Issues & Studies*, vol. 32, no. 8, pp. 54-72.

Tung, Chen-yuan,(1999). "Trilateral Economic Relations among Taiwan, China, and the United States", *Asian Affairs: An American Review*, vol. 25, no. 4, pp. 220-235.

Unger, Jonathan,(2000). "Power, Patronage, and Protest in Rural China," in Tyrene White (ed.), *China Briefing 2000: The Continuing Transformation*.Armonk, N.Y.: M.E. Sharpe, pp. 71 – 1994.

Wang, Shaoguang,(1994). "Central-Local Fiscal Politics in China," in Hao Jia and Zhimin Lin (eds.), *Changing Central-Local Relations in China: Reform and State Capacity*. Boulder: Westview Press, pp. 91-112.

Wang, Shaoguang, and Angang Hu,(2001). *The Chinese Economy in Crisis: State Capacity and Tax Reform*.Armonk, New York: M.E. Sharpe.

Wang, Zhi,(1997). *The Impact of China and Taiwan Joining the World Trade Organization on U.S. and World Agricultural Trade: A Computable General Equilibrium Analysis*, Technical Bulletin Number 1858. Washington, D.C.: The United States Department of Agriculture.

Wang, Zhi, and G. Edward Schuh,(2000). "Economic Integration Among Taiwan, Hong Kong and China: A Computable General Equilibrium Analysis," *Pacific Economic Review*, vol. 5, no. 2, pp. 229-262.

Whyte, Martin King,(1999). "The Changing Role of Workers," in Merle Goldman and Roderick MacFarquhar (eds.), *The Paradox of China's Post-Mao Reforms*.Cambridge, Mass.: Harvard University Press, pp. 173-196.

World Bank,(1997). *China 2020: Development Challenges in the New Century*.Washington, D.C.: World Bank.

World Bank,(1999). *China: Weathering the Storm and Learning the Lessons*.Washington, D.C.: World Bank.

Yang, Dali L.,(1994). "Reform and the Restructuring of Central-Local Relations," in David S. G. Goodman and Gerald Segal (eds.), *China Deconstructs: Politics, Trade and Regionalism*. New York: Routledge, pp. 59−1998.

Yang, Yongzheng,(1996). "China's WTO Membership: What's at Stake?," *World Economy*, vol. 19, no. 6, pp. 661-682.

Zhang, Amei, and Zou Gang,(1994). "Foreign Trade Decentralization and Its Impact on Central-Local Relations," in Hao Jia and Zhimin Lin (eds.), *Changing Central-Local Relations in China: Reform and State Capacity*. Boulder: Westview Press, pp. 153-177.

Zhang, Liang (comp.),(2001). Andrew J. Nathan and Perry Link (eds.), *The Tiananmen Papers*. New York: Public Affairs.

Zhang, Le-Yin,(1999). "Chinese Central-Provincial Fiscal Relationships, Budgetary Decline and the Impact of the 1994 Fiscal Reform: An Evaluation," *China Quarterly*, no. 157, pp. 115-141.

Zhao, Suisheng ed.,(1999).*Across the Taiwan Strait: Mainland China, Taiwan, and the 1995-1996 Crisis*. New York: Routledge.

Zhao, Suisheng ed.,(1999). "Military Coercion and Peaceful Offence: Beijing's Strategy of National Reunification with Taiwan," *Pacific Affairs*, vol. 27, no. 4, pp. 495-512.

Zhao, Suisheng ed.,(2000). "Chinese Nationalism and Beijing's Taiwan Policy: A China Threat?" *Issues & Studies*, vol. 36, no. 1, pp. 76− 1999.

李英明、張亞中／主編　　　　亞太研究系列 19

全球化下的兩岸經濟關係

著　　　者／童振源
出 版 者／生智文化事業有限公司
發 行 者／林新倫
執行編輯／吳曉芳
登 記 證／局版北市業字第 677 號
地　　　址／台北市新生南路三段 88 號 5 樓之 6
電　　　話／（02）23660309
傳　　　真／（02）23660310
網　　　址／http://www.ycrc.com.tw
E - m a i l ／book3@ycrc.com.tw
郵政劃撥／19735365　葉忠賢
印　　　刷／鼎易印刷事業股份有限公司
法律顧問／北辰著作權事務所　蕭雄淋律師
初版一刷／2003 年 2 月
定　　　價／新臺幣 450 元
I S B N ／957-818-468-9

總 經 銷／揚智文化事業股份有限公司
地　　　址／台北市新生南路三段 88 號 5 樓之 6
電　　　話／（02）23660309
傳　　　真／（02）23660310

※本書承蒙財團法人兩岸交流遠景基金會贊助※

本書如有缺頁、破損、裝訂錯誤，請寄回更換。

☜ 版權所有，翻印必究 ☞

國家圖書館出版品預行編目資料

全球化下的兩岸經濟關係 / 童振源著.
　-- 初版. --臺北市：生智, 民 92
　面；　公分. --　（亞太研究系列；19）
　參考書目：面

　ISBN 957-818-468-9（平裝）

1. 兩岸關係 – 經濟 2. 兩岸關係 – 貿易

552.2　　　　　　　　91022198